LE MANUEL DES ACHATS

Éditions d'Organisation
Groupe Eyrolles
61, bd Saint-Germain
75240 Paris cedex 05

www.editions-organisation.com
www.editions-eyrolles.com

Dans le cadre de sa politique de développement durable, Jouve initie en 2007 une démarche visant à la certification ISO 14001.
Cet ouvrage est imprimé sur papiers Amber Graphic pour l'intérieur et Ensocoat pour la couverture. Ces papiers sont fabriqués sur des sites papetiers certifiés ISO 14001 et enregistrés EMAS à partir de bois issus de forêts gérées durablement.

ISBN : 978-2-212-53814-4

Roger PERROTIN
François SOULET de BRUGIÈRE
Avec la participation de Jean-Jacques PASERO

LE MANUEL DES ACHATS

Processus, Management, Audit

Deuxième tirage 2008

EYROLLES
Éditions d'Organisation

REMERCIEMENTS

Nous tenons, en tout premier lieu, à remercier nos étudiants du Mastère Achats et Logistique de Grenoble École de Management qui ont efficacement mis au point et assuré la conférence très appréciée sur le thème : « La délocalisation, créatrice d'emploi ? » en mai 2005, et dont certains axes de réflexion sont repris dans cet ouvrage.

Également, pour leur contribution, Messieurs J.-M. LOUBÈRE, C. HORVAT, C. REY et A. MINVIELLE, L. MOREAU.

Que les oubliés nous pardonnent.

TABLE DES MATIÈRES

Chapitre 4 – Les périphériques

Deuxième partie
Le management des achats

Chapitre 5 – L'organisation et le management

Chapitre 6 – L'audit de la fonction achats

Annexes

Introduction

Les achats d'une entreprise ne peuvent se comprendre que dans la perspective du cadre économique dans lequel elle opère au moment où elle les effectue. Nous commencerons donc par brosser très rapidement ce tableau.

1. L'ENTREPRISE DANS LA MONDIALISATION

1.1. DES MÉCANISMES ÉCONOMIQUES EN PLEINE ÉVOLUTION[1]

La croissance des Trente Glorieuses ne fut qu'une exception

Pourra-t-on jamais retrouver l'âge d'or des années d'après-guerre, où il suffisait, semblait-il, de vouloir dépenser pour savoir s'enrichir ?

Il est possible que nous finissions un long cycle récessif. Mais si les tendances lourdes doivent servir de repère, la réponse ne fait aucun doute, elle est négative.

Comme le montrent les historiens de l'économie, c'est la croissance d'après-guerre qui a été exceptionnelle. Car une croissance de 2 % l'an (qui semble devenir la norme de nos jours) est exactement la croissance moyenne des pays industrialisés au cours du dernier siècle. Et ce taux de 2 % l'an, qui était totalement inconcevable pour les auteurs les plus éclairés du XIXe siècle, a très largement dépassé leurs prévisions !

1. Source : Conférence sur « La délocalisation, créatrice d'emploi ? » organisée en mai 2005 par les étudiants du Mastère Achats et Logistique de Grenoble École de Management, sous la direction de Roger PERROTIN, auteur de cet ouvrage.

À PARTIR DES ANNÉES SOIXANTE-DIX, LES ÉCONOMIES OCCIDENTALES SUBISSENT UN CHANGEMENT STRUCTUREL

C'est à partir des années soixante-dix que les économies occidentales voient s'accumuler des transformations structurelles lourdes :

- La croissance se combine à une montée de l'inflation (crise du modèle de régulation keynésien).
- L'augmentation du volume des échanges internationaux accentue ce qu'on appelle la « contrainte extérieure » (c'est-à-dire les effets d'une interdépendance croissante des économies.
- Le SMI de Bretton Woods entre en crise : la convertibilité du dollar/or, de la devise d'échange internationale, perd sa parité fixe. En 1973, la fin des parités fixes ouvre une période de changes flottants.
- Les deux chocs pétroliers alourdissent les coûts des entreprises et viennent réduire l'épargne des pays occidentaux.

La fin de l'époque des Trente Glorieuses, c'est la fin des économies « stables » dont les échanges étaient régulés par un État Providence.

L'ouverture sur l'extérieur et l'interdépendance des économies ne permettent plus à un pays dont la compétitivité est insuffisante de mener seul une relance par les dépenses publiques de la demande.

À LA MÊME ÉPOQUE SURVIENNENT LES PREMIÈRES VAGUES DE DÉLOCALISATION

Les premières vagues de délocalisation se produisent aussi à cette époque. Elles prennent la forme de contrats de sous-traitance vers les pays d'Asie du Sud Est.

- Ce sont les firmes américaines qui ont commencé pour réduire leur écart de coûts avec les firmes japonaises.
- Les firmes japonaises ont suivi mais avec d'autres objectifs : accéder à une main-d'œuvre abondante et amorcer une présence industrielle à l'extérieur.
- Enfin les firmes européennes se sont lancées pour rechercher des bassins d'emplois flexibles et à faible charge salariale.

Cependant durant cette première vague de délocalisation, les pays occidentaux restaient persuadés que les délocalisations et la concurrence des pays émergeants ne joueraient que sur les produits « bas de gamme » pour lesquels le coût de la main-d'œuvre est déterminant.

Comme les secteurs du cuir, du textile, de l'habillement, du jouet, de l'électroménager et des produits « bruns » qui ont besoin d'une quantité relativement importante de travail peu qualifié pour des travaux souvent répétitifs.

La croissance économique déstabilise la société en même temps qu'elle l'enrichit

À la même époque, à partir des années soixante-dix, les économies occidentales connaissent de profondes mutations.

Au-delà de l'ajustement à la baisse du taux de croissance, les économies des pays industrialisés doivent également faire face à un changement de nature. La croissance économique n'est plus la vague généreuse qui profite à tous. Elle détruit presque autant qu'elle crée, et sa marche déstabilise la société en même temps qu'elle l'enrichit.

Le déséquilibre créateur de Schumpeter

L'économiste Joseph Schumpeter, en centrant ses travaux sur la notion de déséquilibre créateur, a considérablement enrichi l'analyse économique et apporte un éclairage très novateur à l'étude du commerce international.

Le déséquilibre créateur identifié par Schumpeter est l'innovation : c'est l'innovation qui vient rompre l'économie de circuit, dans laquelle le profit tend à s'annuler.

En effet, en théorie, le profit attire d'autres entrepreneurs, ce qui entraîne une augmentation de l'offre accompagnée, en application du principe de la concurrence, d'une baisse des prix les rapprochant tangentiellement des coûts de revient et amenuisant donc le profit jusqu'à le faire disparaître.

Si, dans aucune économie de marché, ce phénomène ne se poursuit pas jusqu'à son terme, c'est grâce à l'innovation.

Pour Schumpeter, celle-ci peut prendre cinq formes : la fabrication de biens nouveaux, l'application de nouvelles méthodes de production, l'ouverture de nouveaux débouchés, l'utilisation de nouvelles matières premières et la mise en œuvre d'une nouvelle organisation du travail.

.../...

.../...

Ces innovations, survenant en « grappes », c'est-à-dire à termes irréguliers et de manière en général groupée, sont à l'origine du processus de croissance, mais portent également en elles les conditions de la dépression : selon Schumpeter, *« la seule cause de la dépression, c'est l'essor »*. En effet, **en créant de nouveaux produits, techniques et marchés, l'innovation détruit les produits, techniques et marchés en place en les rendant obsolètes**.

Le mouvement est alors continu : les anticipations de profits élevés dans les branches novatrices y stimulent les investissements, mais l'accroissement de la production dans ces branches entraîne bientôt une baisse du profit et l'épuisement de la croissance, qui ne reprend qu'avec la grappe suivante d'innovations.

C'est le secteur du textile, de l'habillement et du cuir qui a été l'un des premiers à délocaliser, pour avoir subi, dès le début des années soixante, la concurrence des pays à bas salaire La délocalisation de lignes de production, principalement vers le Maroc et la Tunisie, a été **lourde de conséquences économiques et sociales pour les régions industrielles où ces secteurs étaient traditionnellement implantés ou** dans des bassins d'emploi plus ruraux mais principalement consacrés à ces activités.

Initialement, les délocalisations ont eu lieu dans des secteurs qui utilisent une quantité relativement importante de travail peu qualifié pour des travaux souvent répétitifs : le cuir, le textile, l'habillement, le jouet, l'électroménager et les produits « bruns » sont, aujourd'hui, presque totalement délocalisés. La métallurgie, l'automobile, l'électronique sont touchés.

Une constante réduction d'emploi

Le secteur textile-habillement français comptait près d'un million de salariés dans les années soixante : ils ne sont plus que 200 000 aujourd'hui. Ces pertes d'emplois n'ont fait que s'amplifier ces six dernières années.

Selon l'Unedic, le textile employait 130 000 salariés en 1996 et seulement 107 000 en 2002. Dans l'habillement, sur la même période, leur nombre est passé de 126 000 à 77 000.

.../...

…/…

Tissage, filature ou tricotage, il n'est pas de secteur épargné par une mutation qui réduit l'emploi de plus de 15 000 salariés en moyenne par an.

La chute des effectifs est beaucoup plus marquée dans l'habillement (– 38 %), car la confection est avant tout une activité de main-d'œuvre, que dans le textile (– 18 %), activité un peu plus capitalistique.

1.2. LE LIBRE ÉCHANGE COMME MODÈLE DOMINANT

LES RÉPERCUSSIONS DE LA MONDIALISATION

La mondialisation de l'économie se traduit par :

Le développement des marchés financiers avec le passage de systèmes nationaux cloisonnés avec intermédiation bancaire prédominante vers des systèmes financiers ouverts marqués par la finance de marché et la vague de libéralisation des échanges, des investissements et des flux de capitaux.

■ Exemple

Taux annuel moyen d'augmentation des IDE dans le monde = 29 %
(Les IDE désignent les mouvements de capitaux entre pays en vue de la création d'une société, d'une augmentation de capital d'une filiale ou d'une prise de participation supérieure à 20 % dans le capital d'une société).

Le développement des FTN (65 000 FTN emploient 55 000 000 de salariés et représentent 10 % du PIB mondial ; Source : 2002 CNUCED).

L'accroissement de la concurrence internationale sur l'économie mondiale : l'accroissement de la productivité et les conditions de concurrence obligent souvent à baisser continuellement les prix. La concurrence mondiale instaure un perpétuel mouvement qui oblige à une lutte de tous les instants.

Face à ces bouleversements, les entreprises mettent en place des stratégies intégrant ces nouvelles donnes. La délocalisation constitue une de ces stratégies.

L'attractivité de certains pays qui est leur capacité à attirer des capitaux économiques. (Certains pays sont plus sûrs et plus rentables que d'autres pour les investisseurs ; on dit qu'ils sont « attractifs »).

Le tableau suivant donne l'image de l'évolution de l'attractivité des pays de 1998 à 2003.

	Septembre 2003	Septembre 2002	Février 2001	Janvier 2000	Juin 1999	Décembre 1998	Juin 1998
Rang	Pays	Pays	Pays	Pays	Pays	Pays	Pays
1.	Chine	Chine	États-Unis	États-Unis	États-Unis	États-Unis	États-Unis
2.	États-Unis	États-Unis	Chine	Royaume-Uni	Chine	Brésil	Brésil
3.	Mexique	Royaume-Uni	Brésil	Chine	Royaume-Uni	Chine	Chine
4.	Pologne	Allemagne	Royaume-Uni	Brésil	Brésil	Royaume-Uni	Royaume-Uni
5.	Allemagne	France	Mexique	Pologne	Mexique	Allemagne	Inde
6.	Inde	Italie	Allemagne	Allemagne	Inde	Pologne	Mexique
7.	Royaume-Uni	Espagne	Inde	Mexique	Australie	Inde	Pologne
8.	Russie	Canada	Italie	Italie	Pologne	Mexique	Argentine
9.	Brésil	Mexique	Espagne	Espagne	Allemagne	Espagne	Australie
10.	Espagne	Australie	France	Australie	France	France	Allemagne
11.	France	Pologne	Pologne	Inde	Italie	Italie	Espagne

Source : http://atkearney.com/septembre2003

LA DÉLOCALISATION : UNE STRATÉGIE ÉCONOMIQUE MÉDIATISÉE MAIS MAL CONNUE

Face à l'absence de définition consensuelle et clairement établie du phénomène, les médias utilisent souvent le terme dans des conditions inappropriées. Et l'amalgame est fréquent entre délocalisations et restructurations industrielles ou accroissement des échanges internationaux. Aussi, l'usage commun du terme est-il souvent abusif.

Il s'agit en fait du déplacement ou transfert géographique des activités productives ; transfert d'une partie de l'activité d'une entreprise de son pays d'origine vers un pays tiers.

Statistiques

Selon la DREE, les délocalisations auraient représenté en 1999-2000 moins de 5 % des investissements sur les pays proches (PECO et Maghreb) et moins de 1 % sur les marchés lointains.

▶ Les délocalisations : quels objectifs ?

1) Réduire les coûts des facteurs de production

Il s'agit, soit pour survivre (lorsque le phénomène est déjà amorcé par la concurrence), soit pour augmenter la marge, de bénéficier d'avantages comparatifs au niveau macroéconomique des pays d'implantation tels que les bas salaires.

Ainsi le déplacement international des activités de production peut être le résultat d'une stratégie délibérée d'entreprise ou des forces naturelles du marché basées sur la compétitivité des nations.

■ Exemple

En 2003, le coût horaire d'un ouvrier était de 21 dollars en France ou aux États-Unis, de 10 en Corée, de 2,5 environ au Brésil et au Mexique et, enfin, de 0,5 au Sri Lanka (source : US Bureau of Labor Statistics).

Ce cas de délocalisation concerne, pour couvrir ses frais fixes, d'assez grosses séries de production.

2) Utiliser des ressources locales

Lorsqu'il est impossible, dans le pays d'origine, de produire des quantités suffisantes.

3) S'implanter sur de nouveaux marchés et trouver des débouchés suffisants pour rentabiliser les investissements

Les volumes supplémentaires générés par le marché local permettent de rentabiliser les investissements et de dépasser le seuil de rentabilité de l'entreprise.

4) Profiter de conditions fiscales ou sociales avantageuses

Par exemple, un montant des prélèvements obligatoires ou un temps de travail plus avantageux.

5) Bénéficier de la productivité du travail

Il s'agit des aspects qualité/savoir-faire (niveau de formation, de qualification).

6) Contourner des quotas d'importation stricts imposés par certains pays

■ Exemple

Certains constructeurs d'automobiles fabriquent des voitures au Brésil parce que ce pays rend l'importation très difficile.

7) Participer à un échange commercial sous la forme d'un marché de compensation

Ce type d'échange sera largement commenté dans les chapitres qui suivent, car la contribution de la fonction achats y est prépondérante.

2. L'ENTREPRISE ET SES STRATÉGIES

2.1. UN NOUVEAU MODÈLE D'ENTREPRISE : L'ENTREPRISE ÉTENDUE

La profonde modification des marchés commerciaux, due en grande partie à la mondialisation des échanges, nécessite de redéfinir complètement l'entreprise : il est clair que l'entreprise, quelle que soit sa taille, ne peut plus rester isolée et prendre seule ses décisions concernant son évolution.

Il convient de faire appel à des partenaires ou coopérants, c'est-à-dire de créer un réseau d'acteurs à partir d'alliances pour créer un nouveau modèle d'entreprises que nous appelons « l'entreprise étendue »[1].

1. Dans un article paru dans *Les Échos* les 27 et 28/09/2002, intitulé : « À quoi servent les grands groupes ? », P. FABRA pose véritablement le problème de la survie des grands groupes, dans la mesure où le marché aurait tendance à valoriser la compétence et l'innovation plutôt que la taille ou la diversification de ses activités.

L'intégration des fournisseurs dans les processus de décision, la cotraitance, les marchés de compensation... sont des stratégies propres à la définition de l'entreprise étendue.

Nous définirons donc l'entreprise étendue comme une entreprise qui intègre, avec ses différents acteurs internes et externes, toutes les variables de fonctionnement, quelles soient d'ordre politique, stratégique ou tactique.

Cela suppose la création d'alliances, la mise en commun de ressources, mais également de nouvelles formes de management, de structures, et ce qui est fondamental, une nouvelle manière de penser l'entreprise.

Dans ce contexte, que penser du **cœur de métier** de l'entreprise, de la notion de **taille critique,** de l'organisation par **centres de profit**... ?

2.2. LES ALLIANCES INTERENTREPRISES

Une excellente définition nous est donnée par Dominique JOLLY, professeur de management et technologie au CERAM :

« L'alliance interentreprises est définie comme un lien tissé volontairement entre plusieurs firmes souveraines (centres autonomes de décision stratégique n'appartenant pas à un même groupe)... ».

L'objectif recherché est, bien évidemment, la complémentarité qui peut revêtir différentes formes :

- un apport de compétences,
- une synergie entre gammes de produits,
- une mutualisation de risques,
- une capitalisation de connaissances
- ...

Mais si l'alliance est aujourd'hui un phénomène incontournable lié en grande partie à la mondialisation, elle repose à son origine sur un **pilotage** très fin du **cœur de métier.** Le cœur de métier doit en permanence être défini par :

- son périmètre,
- le savoir-faire de l'entreprise.

Il est possible de globaliser ces deux notions en disant que l'entreprise doit en permanence se poser la question : **faire ou faire faire.** Ce concept, qui sera repris dans un prochain chapitre, dépasse largement le domaine purement industriel pour s'étendre à tous les produits, activités ou services de l'entreprise.

Ce cœur de métier, objet de nombreux ouvrages et débats, doit donc être revu en permanence pour tenir compte, en particulier, de l'apparition d'entreprises de plus en plus spécialisées. En effet, si le marché a tendance à favoriser la compétence et l'innovation, de nombreuses « niches » se créent et « horizontalisent » la filière à partir d'acteurs de plus en plus nombreux.

Mais cette évolution ou réaménagement du cœur de métier pose de nombreux problèmes organisationnels et sociaux. Aujourd'hui, c'est la problématique fondamentale de tout chef d'entreprise, voire même une condition de survie : combien d'entreprises ont perdu leur savoir-faire à grands coups de délocalisations, d'externalisation, de sous-traitance structurelle, et disposent en final d'un cœur de métier aussi petit que la fragilité de l'entreprise est grande. Elles se trouvent dans la situation d'avoir à racheter de la compétence perdue. Nous consacrerons une large part des stratégies d'achats à ce phénomène.

▶ Les alliances d'entreprises

Il est devenu fréquent de rechercher et de favoriser le développement des entreprises non plus uniquement par l'intégration juridique et (ou) des participations financières, mais par le rapprochement contractuel qui peut revêtir différentes formes :

Les contrats de coopération

Ils constituent la forme la plus générale de rapprochement contractuel reposant sur :

- une entreprise centrale (« pivot » des contrats de coopération) assurant la conception des produits, leur commercialisation et le soutien auprès des clients ;
- des entreprises en « réseau » (reliées à l'entreprise centrale par des contrats de coopération) fabriquant les différents sous-ensembles du produit final.

Il n'existe pas, surtout quand ces contrats de coopération revêtent un caractère international, de qualification juridique bien établie. Néanmoins ceux-ci doivent respecter trois règles spécifiques :

- la liberté contractuelle,

- l'obligation de coopérer,
- l'obligation de négocier.

La liberté contractuelle

Les parties au contrat (acheteur et fournisseur) doivent jouir dans les contrats de coopération d'une plus large liberté contractuelle que dans les contrats classiques appliquant les règles du droit commun.

L'obligation de coopérer

Les contrats de coopération prévoient généralement que les entreprises collaboreront ensemble de bonne foi (le « best efforts » dans le droit anglo-saxon).

Cela oblige :

- à fournir à l'autre l'assistance nécessaire,
- à respecter les intérêts de l'autre en s'interdisant notamment de le priver des avantages attendus au contrat,
- à exécuter les prestations promises avec toutes ses diligences.

L'obligation de négocier

Les contrats de coopération doivent prévoir qu'en cas de difficultés les parties devront négocier de nouvelles bases d'accord pour surmonter les difficultés apparues. Ces contrats devront également prévoir les conséquences de l'échec des négociations.

Le groupement momentané d'entreprises

Les contrats de groupement momentané d'entreprises ou « consortium » sont des contrats conclus entre deux ou plusieurs entreprises en vue d'obtenir et d'exécuter conjointement et solidairement un contrat de fourniture, de biens ou de services.

Tout groupement comprend un chef de file unique (parfois appelé mandataire commun) et des membres. Le mandataire commun doit en général :

- préparer, proposer et négocier une offre commune,
- prendre en charge la gestion générale du contrat,
- assurer la coordination technique,
- obtenir la réception de la part de l'acheteur.

Les marchés de compensation

Comme indiqué ci-dessus, ce type de stratégie prolifère et toutes les entreprises fonctionnant par grands projets sont soumises à ce type d'échanges.

Que ces compensations soient *directes ou indirectes*, la nature des échanges peut se présenter sous la forme de :

- *troc* : l'entreprise qui fournit reçoit à la place du prix qui lui est dû une quantité déterminée d'une matière ou marchandise convenue,
- *contre-achat* : l'entreprise qui fournit un produit ou un matériel s'engage à acheter à l'acheteur ou à une autre entreprise désignée par ce dernier une quantité déterminée d'un produit convenu,
- *reverse counter trade* : l'entreprise qui espère réaliser une fourniture prochaine commence par acheter un produit auprès de son futur cocontractant et obtient ainsi un crédit devant servir au règlement de sa fourniture,
- *switch* : l'entreprise qui livre détient un crédit inscrit en compte qu'elle pourra utiliser à l'achat de prestations convenues qui seront réglées par le débit de son compte.

Les joint-ventures

Elles ne constituent pas une catégorie juridique et signifient littéralement « l'entreprise en commun ».

Elles peuvent revêtir :

- une forme contractuelle (société en participation),
- une forme sociétale, c'est-à-dire avec création d'une personne morale nouvelle.

Le développement des joint-ventures s'explique par plusieurs motifs :

- *économique* : les synergies entre les partenaires permettent une accumulation de capitaux ou de marchés,
- *technologique* : la technologie lourde ou avancée nécessite une mise en commun des moyens,
- *politique* : dans certains pays, l'accès aux marchés publics ou aux contrats privés avec des sociétés nationales nécessite l'association avec des partenaires locaux.

Il existe bien entendu de nombreuses autres formes de stratégies d'entreprises, mais ces exemples sont très caractéristiques de la nécessaire contribution des achats, voire de l'application de certaines de ces stratégies par la fonction achats de l'entreprise dans ses relations avec ses fournisseurs.

▶ Un nouveau mode de relations client/fournisseur orienté vers un partenariat multiple

De ce qui précède, il est facile d'imaginer la contribution des achats à la mise en place de ces stratégies par l'entreprise.

■ Exemples

Si l'entreprise est soumise aux marchés de compensation, une très grande anticipation des achats, par un sourcing dans les pays faisant l'objet d'une action marketing, permet d'entrer dans la démarche « reverse counter trade » qui met le futur donneur d'ordres dans une position psychologique favorable.
De même une joint-venture de forme technologique impacte lourdement sur l'expression des besoins (type de cahier des charges), l'anticipation de l'action de sourcing et la qualification de ce nouveau partenaire.

Ainsi, si l'avantage concurrentiel d'une entreprise est bien souvent fourni par *l'innovation,* la fonction achats devient l'un des tout premiers contributeurs à la marge de l'entreprise et, pour ce faire, doit *anticiper.*

Ces deux dimensions induisent des comportements tout à fait particuliers et nouveaux.

L'innovation des acteurs du marché engendre une diminution drastique des durées de vie de produits. Face à ce phénomène, les acheteurs placés dans des grands projets à durée de vie longue doivent véritablement mettre en place des actions de marketing achats pour assurer la pérennité des sources et produits pendant la durée des besoins de l'entreprise.

L'anticipation des achats, dimension à caractère obligatoire, permet notamment de déterminer le budget sur affaires tenant compte du marché actuel et futur.

L'impact de ces dimensions induit un comportement en terme de négociation d'achat très nouveau, et qui peut se résumer de la manière suivante :

« l'objectif donné à l'acheteur n'est plus d'acheter chez le moins cher (en coût total) des fournisseurs consultés, mais d'obtenir des conditions

commerciales meilleures que celles des concurrents à l'achat, c'est-à-dire des acheteurs des entreprises du même secteur ».

Ainsi, les modes de relations clients/fournisseurs prennent des dimensions nouvelles et un mode de relations clients/fournisseurs autre que celui découlant des stratégies extrémistes de mise en concurrence ou de partenariat doit être promu.

Nous appelons ce troisième mode de relations : « **L'approvisionnement à la recherche de l'innovation** ». La force motrice de ce troisième comportement en matière d'approvisionnement est le désir de profiter des meilleurs outils de conception et du meilleur savoir-faire technique disponibles dans le monde. Si le principe est simple, l'application de ce modèle d'approvisionnement s'est toujours heurté à de nombreux freins et notamment à celui de la disponibilité des informations sur le marché mondial à l'achat.

Il est clair que les technologies « Internet » permettent aujourd'hui une recherche de renseignements rapide et efficace et donc autorisent l'approvisionnement par l'innovation grâce à leur application directe aux achats :

- une veille technologique et commerciale plus rapide,
- un sourcing international plus aisé,
- la présélection des fournisseurs plus efficace.

Ce mode de relations clients/fournisseurs est un **partenariat multiple**, qui possède ses propres règles du jeu, notamment sur les clés de sortie intégrant l'innovation : l'acheteur peut rompre le contrat commercial s'il trouve sur le marché un équipement ou une prestation fonctionnellement identique, mais apportant des innovations lui permettant de disposer d'un avantage concurrentiel dû à l'utilisation de produits novateurs et généralement à coût moindre.

Ainsi l'information ouvre la voie à un partenariat multiple et global, et l'outil « Internet » est probablement le déclencheur qui va nous permettre, enfin, d'accéder à ce type de démarche qui constituera l'une des deux grandes stratégies d'achat de demain.

En effet, depuis plus de quinze ans, les entreprises se sont recentrées sur leur cœur de métier et ont externalisé ou sous-traité les activités autres, perdant ainsi certaines de leurs compétences.

■ Exemple

L'approche de l'achat par l'utilisation abusive de cahiers des charges dits « fonctionnels » impliquant le fournisseur dans la recherche de solutions favorise la perte de compétence de l'acheteur.

Pour pallier les effets néfastes ci-dessus, de nombreuses sociétés sont obligées d'acheter ou de racheter de la compétence, le cœur de leur métier devenant trop petit pour satisfaire les actionnaires.

Nous pouvons donc affirmer que, dans un futur proche, deux types de relations clients/fournisseurs subsisteront :

- **L'achat automatisé**.
- **L'achat de compétence**.

L'achat automatisé concerne bien évidemment l'achat en ligne avec utilisation des nouvelles technologies. Les produits concernés sont plutôt de type standard ou hors production, avec des risques de rupture d'approvisionnement et de profit potentiel faibles.

L'achat de compétence est à envisager dès lors que le marché des fournisseurs possède les savoir-faire. Le partenariat d'innovation est alors la stratégie la plus efficace, facilitée, comme nous l'avons vu, par l'utilisation de l'outil « internet ».

3. INTERNET ET L'ENTREPRISE

Ce qu'il est convenu d'appeler les « nouvelles technologies » sont des « e. **quelque chose** ».

Ces nouvelles technologies qui bouleversent notre quotidien professionnel (dans un premier temps peut-être) sont à base d'électronique, d'informatique, et le tout à une sauce internet.

Il serait utopique de vouloir faire une segmentation des « e. quelque chose » tellement les imaginations sont fertiles.

On trouve notamment :

- e-business,
- e-market,
- e-achat,
- e-procurement,

- e-learning,
- e-company,
- e-prospect,
- e-consommateur,
- e-recherche,
- e-SRM,
- e-project,
- e-RH,
- e-CRM,
- etc.

Ne serait-ce pas un phénomène de mode, lequel engendrerait une e.société qui rejetterait tous ceux qui ne pratiqueraient la même langue ?

Au-delà du langage, quelles ont été les évolutions du B2B ces dernières années ?

La première étape a consisté à dématérialiser les échanges de données entre entreprises fournisseurs et donneurs d'ordres : c'est l'ÉDI (Échange de Données Informatiques).

L'ÉDI a permis l'émission et la réception de messages de manière automatisée, ainsi que la prise en compte de ces messages directement par les systèmes d'information.

Ainsi, les documents transmis se trouvèrent normalisés, c'est-à-dire exempts de possibilités d'erreurs d'interprétation.

Bien entendu, seules les entreprises de taille importante ont opté d'emblée pour ce système de communication et ont généré des réseaux dédiés.

Nous connaissons aujourd'hui un certain nombre d'effets pervers de ce système, notamment sur les conditions d'entrée et de sortie du réseau.

La seconde étape est née, en grande partie, de la conjonction entre la demande d'acheteurs de fournitures générales dans des entreprises importantes ou moyennes et l'idée d'anciens acheteurs selon laquelle ils proposaient aux responsables d'achat d'effectuer pour leur compte un certain nombre de transactions commerciales (sous-traitance d'achat).

On a alors assisté à la naissance **des catalogues électroniques** avec des actes d'achat en amont de la passation d'une commande ou d'un marché, l'acheteur disposant d'un catalogue de produits mis à jour en termes de définition de produits et de prix. Les produits sont bien évidemment standards et il existe une relation contractuelle entre l'acheteur et le vendeur (c'est le réseau dédié).

La troisième étape, actuelle, est celle des **marchés en ligne.** On entre ici dans ce que l'on peut appeler « l'entreprise en réseau » qui bouleverse l'écosystème des entreprises. Les marchés en ligne sont des « espaces virtuels » dans lesquels un très grand nombre d'acteurs peut entrer en relation simultanément.

Les dysfonctionnements notés dans les deux premières étapes se trouvent éliminés du fait que le marché est ouvert et, au-delà des transactions habituelles, la création de valeurs sur toute la chaîne d'approvisionnement est permanente et peut aller jusqu'à déterminer des indicateurs d'excellence, c'est-à-dire des « benchmarks ».

Tous les spécialistes s'accordent à dire qu'après l'ère de l'ÉDI et celle des catalogues électroniques, **les marchés en ligne** sont aujourd'hui déterminants dans la manière de traiter les affaires.

Le marché se stabilise, ou plus exactement une « hygiène interne » du marché s'opère : les alliances se multiplient, les poids lourds du marché font des acquisitions judicieuses et les faillites de start-up auxquelles on avait assisté précédemment se raréfient. Ainsi, le marché du B2B a considérablement changé en moins de 5 ans.

Nous l'avons vu, sur le marché mondial, une entreprise ne peut que grossir ou mourir. L'information joue un rôle capital. Cette information est aujourd'hui considérablement améliorée dans le sens de la réactivité grâce à Internet et donc des marchés en ligne ; ce qui va enfin permettre aux entreprises véritablement proactives de se recentrer sur leur cœur de métier et de jouer avec le paramètre « temps » qui est, à notre sens, le premier contributeur à l'avantage concurrentiel de l'entreprise. Ainsi, les marchés en ligne sont, dans l'avenir, des vecteurs de réussite pour les entreprises qui savent les utiliser.

4. CE QUI VA CHANGER LES ACHATS DEMAIN

La fonction achats va subir de nombreuses modifications liées aux changements fondamentaux des entreprises. En effet, la mondialisation oblige les entreprises à faire évoluer leurs stratégies et leurs organisations pour s'adapter aux nouvelles donnes de l'économie internationale.

■ Exemple

Que peut-on penser aujourd'hui des organisations dites ***« en centre de profit »****, qui prônent des organisations à la recherche de la rentabilité unitaire. Ces organisations étaient véritablement performantes dans le cadre d'une économie de production, mais avec l'arrivée de l'économie de marché, les entreprises multisites (par exemple, les groupes industriels) ont été obligées de mettre en place des coordinations entre les différents sites, c'est-à-dire d'adopter des modèles « matriciels » pour assurer une certaine consolidation. En fait, tout le monde s'accorde à dire que ces modèles matriciels ne sont que des pis allers.*

Par ailleurs, l'ensemble des entreprises, y compris les PME, ne trouvent aujourd'hui leur croissance que dans une démarche internationale avec tous les changements organisationnels que cela suppose.

À de nouvelles stratégies d'entreprise correspondent de nouvelles adaptations en terme d'achats, d'ordre :

- **Stratégique :** la délocalisation des fabrications, le « global sourcing », le multi-partenariat, la pré-compensation (ou le reverse counter trade)... sont autant de nouveaux échanges pour l'entreprise qui oblige la fonction achats à revoir ses stratégies.
- **Tactique :** l'entreprise se dote de nouvelles méthodes de travail, comme, par exemple, la mise en place de « supply-chain » pour organiser les flux de manière efficace, l'utilisation de l'informatique dans tous les domaines d'activité, de méthodes marketing performantes, qui permettent aux achats des démarches d'une autre convivialité.
- **Organisationnel :** comment, à partir de ce qui est dit plus haut, organiser la fonction achats de manière à ce qu'elle contribue le plus efficacement possible à la stratégie de l'entreprise en créant de la valeur sous de nombreux aspects ?
- **Humain :** quelles sont les nouvelles compétences requises pour exercer efficacement dans la fonction achats ? Comment former, et sur quels domaines, les acteurs en poste ?

Les entreprises aujourd'hui doivent « grossir ou mourir », en tout cas « croître ou stagner » car, dans l'économie actuelle, seuls ceux qui ont ou auront des moyens financiers importants subsisteront.

Au-delà des moyens financiers, se placer sur un marché mondial pose le problème de l'existence propre. D'une manière générale, l'entreprise française, si importante soit-elle au niveau local, ne sera jamais qu'une petite entreprise face aux poids lourds venus des grandes nations ; à moins de prendre en compte l'existence de l'Europe.

La mondialisation va créer un nouveau référentiel en termes de quantités à fabriquer, de délais de réalisation qui positionnera l'entreprise française traditionnelle dans une position des plus désagréables ; à moins de constituer une « niche ».

Ce nouveau rapport de forces oblige les entreprises à s'allier sous des formes différentes, mais qui ont toutes un point commun : la représentativité. Celle-ci ne se traduit pas forcément par le seul critère de taille critique, mais par un ensemble d'éléments qui doivent satisfaire les actionnaires.

Si les entreprises françaises disposent des meilleurs atouts en terme de technologies, en revanche elles ne disposent pas de consommation interne suffisante pour couvrir les investissements nécessaires à leur mise en œuvre. Combien de projets tout à fait novateurs n'ont-ils pas avorté faute de débouchés, autrement dit faute de besoins à l'intérieur du territoire.

Somme toute, la condition de survie des entreprises françaises placées dans un contexte d'économie de marché mondial est leur capacité à réagir à la constante évolution de ce marché.

Ainsi les marchés industriels évoluent considérablement pour tenir compte de l'économie de marché qui impose :

- une course à l'innovation qui se traduit par une accélération du développement de produits nouveaux afin de satisfaire la demande des consommateurs en terme de variété et de flexibilité,
- une réduction drastique des délais de production (*time to market*),
- une optimisation de la qualité des produits,
- une recherche permanente de la rentabilité en termes financiers.

Ces éléments traduisent la volonté des entreprises de disposer d'un avantage concurrentiel, qui apparaît, dans bien des cas, comme une condition de survie. Stratégiquement, chaque entreprise s'est recentrée sur son cœur de métier et s'est mise à rechercher des savoir-faire à l'extérieur.

Cette recherche prend aujourd'hui un caractère véritablement obligatoire dans les groupes industriels qui réalisent des projets d'importance (on pense naturellement à l'aéronautique).

En effet, il est fréquent, dans les échanges commerciaux entre les entreprises occidentales et les nouveaux pays industrialisés, que l'entreprise qui a obtenu un contrat de fournitures soit dans l'obligation d'acquérir des produits fournis par le pays acheteur pour un montant pouvant être équivalent au prix de sa fourniture. Cette opération est dite de **compensation.**

Ces compensations peuvent être :

- **directes** : opération de compensation en relation directe avec le type de matériels vendus au titre du marché principal,
- **indirectes** : opérations de compensation sans relation aucune avec le type de matériels vendus au titre du marché principal.

Ce type de transaction commerciale est très ancien, mais la mondialisation des échanges tend à les renforcer. Et, dans ce contexte, la contribution des achats est bien évidemment très forte, obligeant les entreprises à s'organiser en conséquence.

Par ailleurs, les entreprises deviennent **globales**, c'est-à-dire qu'elles réalisent des produits correspondant aux usages et à la culture des utilisateurs placés dans le monde entier. Ce qui conduit de plus en plus d'entreprises (par exemple, celles évoluant dans le domaine automobile) à envisager des fabrications personnalisées. C'est pour ces entreprises la seule voie de croissance, c'est-à-dire **externe à la France**. Ainsi, placent-elles leurs unités de production au plus près des clients, ce qui les conduit à placer également leurs fournisseurs au plus près des centres de fabrication et des clients finals. Cette démarche s'appelle le **global sourcing.**

On pourrait infiniment continuer la liste des éléments qui changent l'entreprise qui évolue constamment. Bien entendu les achats doivent suivre cette évolution, aussi bien en termes d'organisation que de stratégies, car ils contribuent massivement aux résultats de l'entreprise en créant une vraie valeur ajoutée.

Cet ouvrage n'a pas la prétention d'être exhaustif quant à la place des achats dans l'entreprise, mais, à partir des nombreux ouvrages de Roger PERROTIN et l'expérience opérationnelle des auteurs, cherche à faire un point le plus précis possible sur les enjeux de cette fonction dont le caractère stratégique n'est plus à démontrer.

Première partie

LES PROCESSUS D'ACHAT

Première partie

LES PROCESSUS D'ACHAT

CHAPITRE 1

Les achats et l'entreprise

Les éléments développés dans l'introduction sur le changement de fonctionnement des entreprises, dû en grande partie à l'impact de la mondialisation, doivent maintenant être déclinés au niveau de l'organisation des achats.

Nous avons montré quel type de relations nouvelles clients/fournisseurs se mettent actuellement en place. Mais avec plus ou moins de réussite.

Pour preuve les « enchères en ligne », présentes depuis pratiquement dix ans, qui n'ont toujours pas trouvé leur véritable raison d'être malgré les argumentaires agressifs des vendeurs de ce type de produits, réservés à des entreprises de tailles importantes. D'ailleurs ces enchères engendrent de nombreuses dérives déontologiquement très incorrectes.

On a également vu apparaître les démarches de « cost killing » qui ont fait le bonheur de cabinets de conseil, mais qui sont totalement en décalage avec les pensées managériales actuelles qui prônent la relation de long terme.

La liste des démarches dites nouvelles, dont beaucoup restent sans effet à moyen ou long terme, est le symptôme d'une recherche de la rentabilité. Quelles que soient les techniques employées, ces nouvelles démarches doivent nécessairement s'inscrire dans une politique d'achat.

Ainsi, ce chapitre sur les achats et l'entreprise traitera non seulement de la politique d'achats, mais également des enjeux ainsi que de l'interaction des achats avec les autres fonctions de l'entreprise.

1. LA POLITIQUE D'ACHATS

Au-delà des missions attribuées au service achats (acheter des produits, prestations ou services dans les meilleures conditions du marché...), le directeur des achats doit établir les règles sur un certain nombre de thèmes traitant de la politique produits, la politique fournisseurs, les règles de déontologie...

Voici deux exemples de synthèses sur la politique d'achat tirés de l'expérience terrain des auteurs.

■ Exemple 1

1. Généralités

La politique d'achat est guidée par la recherche de la meilleure contribution de la fonction à la compétitivité globale de l'entreprise. En outre, elle est en parfaite cohérence avec la stratégie générale et porte sur les points suivants, constituant autant de domaines d'action complémentaires :

- *la participation et la mise en œuvre d'une politique produits,*
- *la définition d'une politique fournisseurs,*
- *la définition d'une stratégie de communication interne et externe et des systèmes d'information associés,*
- *la mise en œuvre d'une politique de ressources humaines adaptée aux besoins précédents,*
- *l'établissement de règles de déontologie.*

2. La politique produits

Elle s'inscrit dans le cadre d'une description technique à l'aide de cahiers des charges permettant l'homogénéisation et l'harmonisation des différents types de produits, prestations ou services achetés.

Les produits doivent être de qualité dite « juste pour juste », c'est-à-dire correspondant à une optimisation optimale intégrant la notion de service à moyen ou long terme.

3. La politique fournisseurs

La politique de notre entreprise en matière de relation fournisseurs va dans le sens d'une fidélisation de ceux-ci.

Pour ce faire, la relation de long terme créée par cette politique doit être gérée à l'aide d'un système de mesure de performances du panel fournisseurs existant ou futur.

4. La politique de communication

Elle s'exerce à deux niveaux :

– en interne, le service achats est un lieu d'échanges privilégié dans lequel les différents acteurs des établissements du groupe peuvent intervenir au travers de notre Intranet,

– en externe, le service achats met en œuvre tous les moyens permettant au groupe de fournir une image forte en matière d'éthique et de compétences dans le domaine des achats.

5. La politique de ressources humaines

Dans l'économie actuelle, l'acte d'achat est devenu complexe et donc les profils des acteurs de la fonction sont en constante évolution.

Le niveau demandé pour exercer cette profession est de plus en plus élevé et, en s'appuyant sur les compétences internes, le groupe met en place une « filière » pour favoriser des modes de pensée et d'actions communs à l'ensemble des acheteurs du groupe. Les qualités essentielles que l'on attend généralement d'un acheteur sont :

– la compétence,

– la crédibilité,

– le discernement,

– l'indépendance,

– la responsabilité.

La communauté ainsi créée doit générer des mouvements internes favorables à la professionnalisation de la fonction dans le groupe.

6. La politique qualité

Le service achats s'engage à mettre le processus achats sous assurance qualité ISO 9001 : 2000 (pilotage, maîtrise des processus et obligation de résultats).

L'article 7.4 de la norme ISO 9001 : 2000 traite globalement des obligations du service achats en trois étapes :

- *les obligations concernant le processus d'achats :*

– l'organisme doit s'assurer que le produit acheté est conforme aux exigences d'achats spécifiées,

– le type et l'étendue de la maîtrise appliquée au fournisseur et au produit acheté doivent dépendre de l'incidence du produit acheté sur la réalisation ultérieure du produit ou sur le produit final,

– l'organisme doit évaluer et sélectionner les fournisseurs en fonction de leur aptitude à fournir un produit conforme aux exigences de l'organisme,

– les critères de sélection, d'évaluation et de réévaluation doivent être établis,
– les enregistrements des résultats des évaluations et de toutes les actions nécessaires résultant de l'évaluation doivent être conservés.

- *les obligations concernant la communication :*

– les informations relatives aux achats doivent décrire le produit à acheter,
– les exigences pour l'approbation du produit, des procédures, des processus et des équipements doivent être clairement définis,
– les exigences pour la qualification du personnel doivent être formalisées,
– les exigences relatives au système de management de la qualité doivent être formalisées,
– l'organisme doit s'assurer de la pertinence des exigences d'achats spécifiées avant de les communiquer au fournisseur.

- *les obligations concernant le contrôle des produits, activités ou services achetés :*

– l'organisme doit établir et mettre en œuvre le contrôle ou autres activités nécessaires pour assurer que le produit acheté satisfait aux exigences d'achat spécifiées,
– lorsque l'organisme ou son client a l'intention d'effectuer des vérifications chez le fournisseur, l'organisme doit faire état, dans les informations relatives aux achats, des dispositions pour la vérification et des modalités de libération du produit prévues.

Du point de vue de notre groupe, la ***politique qualité achats*** *s'exprime selon cinq axes :*
– Service : satisfaction des clients internes ou externes.
– Assurance qualité : des produits et services achetés, des fournisseurs sélectionnés, des processus d'achat et d'approvisionnement.
– Coût global.
– Innovation : la rechercher, l'utiliser, la demander à nos fournisseurs et simplifier les processus d'achat.
– Pérennité : sélectionner des fournisseurs solides, engagés dans des démarches de management par la qualité totale, concrétisées dans des contrats de progrès.

7. La déontologie

Elle se décline selon trois axes :

- *l'établissement des règles et procédures*

La corruption est toujours latente dans l'environnement de la fonction achats, d'où la nécessité de mettre en place des règles, des chartes,

des procédures, afin d'apporter plus de transparence et de conserver la confiance des fournisseurs et des clients.
Le groupe possède un cahier de procédures et une charte de déontologie dont les éléments suivants sont les principes fondateurs :
– évaluation et sélection des fournisseurs,
– implication des fournisseurs en amont,
– communication et échange d'informations avec les fournisseurs,
– propriété intellectuelle et industrielle,
– fréquences de consultation des fournisseurs,
– principes de contractualisation – principales clauses contractuelles,
– principes de remise en cause des fournisseurs,
– politique d'approvisionnement,
– conditions générales d'achat.

• *procédures vis-à-vis des fournisseurs*

Une stricte égalité doit être assurée entre les fournisseurs tout au long du processus d'achat :
– envoi de dossiers semblables,
– demande de renseignements similaires,
– égalité d'accès à l'information,
– déroulement des négociations identique,
– synthèse des contacts, des offres et des négociations pour chaque affaire.

• *la charte éthique*

L'éthique achat, c'est l'ensemble des règles de comportement que l'on s'impose ou que l'on impose à ses fournisseurs. Une charte déontologique a été mise en place. Ce document, distribué à l'ensemble des acheteurs, décrit non seulement les procédures d'achats, mais fixe aussi les règles d'éthique auxquelles ils doivent se soumettre. Il y est autant question de transparence que d'intégrité ou de responsabilité.
Le grand principe de la charte déontologique consiste à rappeler quelques règles de bonne conduite et à informer les acheteurs des risques du métier. La volonté du service achats est de faire respecter ces mesures préventives.
Quelques règles fondamentales de la charte à respecter :
– l'acheteur représente sa société par une délégation d'autorité seulement : cette délégation lui sera retirée inéluctablement un jour : démission, mutation, disparition,
– éviter le mépris et le cynisme vis-à-vis des fournisseurs et sous-traitants,
– les relations clients/fournisseurs s'établissent sur le long terme après de nombreux efforts mutuels et soutenus,

- *ces relations sont remises en cause en permanence par une vigilance économique et technique,*
- *travailler sur le long terme et éviter les coups gratifiants à court terme, mais hypothéquant l'avenir des relations,*
- *tenir parole et faire preuve d'honnêteté sont des attitudes qui pérennisent les relations,*
- *ne pas construire la prospérité de son entreprise sur la ruine des autres,*
- *ne pas oublier que la fonction achats est une fonction importante de l'entreprise, mais pas plus que les autres.*

Exemple 2

1. Généralités

La politique achats s'organise autour d'une stratégie d'entreprise, fixe des objectifs et des valeurs communes à respecter.

2. Contribution à la stratégie d'entreprise

La mission du service achats s'intègre dans le système global de management de l'entreprise. La stratégie des achats est une contribution à la stratégie générale de l'entreprise.
Le groupe a décidé de renouveler les gammes de produits de ses différentes filiales afin de créer une synergie entre les différents produits et donc d'être plus compétitif sur son marché.
La stratégie des achats est donc de diminuer les coûts de revient et d'optimiser sa base fournisseurs pour améliorer les performances du groupe de manière globale.

3. Objectifs du service achats

Pour mettre en place sa stratégie, le service achats s'est fixé des objectifs mesurables à partir d'un certain nombre d'indicateurs.
- *diminuer les coûts de revient de production/frais généraux de X % par an,*
- *assurer le respect des plannings projets, en fixant un objectif de Y % de respect des délais de livraison, à ses fournisseurs,*
- *améliorer et assurer la qualité attendue (réduire les conformités, PPM, etc.),*
- *rationner le panel fournisseurs en diminuant le nombre d'entre eux.*

Ces indicateurs sont le fil conducteur du service achats et sont, pour la plupart, partagés par plusieurs services (qualité, bureau d'études, projets, logistique...).

4. Qualité achats

Le but est d'assurer la satisfaction des clients par une politique de sélection des produits/services/fournisseurs de qualité, offrant un triptyque coût/qualité/délais optimisé par des processus structurés visant à obtenir le meilleur coût global pour l'entreprise.

Un certain nombre de procédures sont en place pour qualifier un fournisseur. On peut prendre l'exemple de la grille d'évaluation qui inclut les critères principaux suivants :

- *management de l'entreprise,*
- *stratégie et marchés (clients principaux),*
- *situation financière,*
- *moyens de production,*
- *procédures qualité,*
- *système d'information.*

L'audit doit être mené conjointement par le service achats et un spécialiste de l'organisation en entreprise.

C'est à partir des résultats de cet audit, qui par ailleurs doit être actualisé tous les deux ans, que la décision d'intégrer, ou de retirer, un fournisseur au panel doit reposer.

5. Éthique et valeurs morales

L'instauration de procédures claires permet d'agir de manière structurée et ainsi d'être transparent vis-à-vis des fournisseurs et des services internes.

La déontologie de l'acheteur s'articule autour des trois axes suivants :

- *Égalité entre fournisseurs*
  Elle repose sur :
  - *le même accès à l'information : même temps consacré par l'acheteur pour répondre aux éventuelles questions,*
  - *des dossiers de consultations identiques : mêmes délais accordés,*
  - *des rapports internes permettant de suivre le dossier : fiches d'entretien, offres, critères d'évaluation.*
- *Qualité de la relation*
  Elle repose sur :
  - *le respect mutuel : éviter le mépris et tenir ses engagements permettent de construire une relation de confiance avec ses partenaires,*
  - *la relation de long terme : les bons coups à court terme ne construisent pas l'avenir de l'entreprise, il faut consentir des efforts mutuels avec ses fournisseurs afin de poser des bases solides pour le développement des affaires à venir,*
  - *le partenariat : les règles doivent être les mêmes pour tous ; le partenaire doit nous apporter ce qui se fait de mieux en termes*

d'innovation, de performances tant du point de vue technique que financier.

– *Liberté et neutralité*

L'acheteur doit respecter ses engagements en matière de choix du fournisseur : « je fais ce que j'ai dit et je montre ce que je fais ».

Afin d'être libre de ses choix et de garder un pouvoir de négociation, l'acheteur doit maintenir un taux de dépendance sur le chiffre d'affaires de son fournisseur compris entre 10 et 30 %.

Son choix doit être indépendant des cadeaux offerts par les fournisseurs, c'est pourquoi l'acheteur doit refuser ceux qui dépassent un montant raisonnable.

Il doit changer de famille de produit assez fréquemment afin d'éviter la préférence personnelle de ses fournisseurs « historiques ».

Sur ces deux exemples, réels, on voit que ces documents sont rédigés par le directeur des achats dans le langage le plus simple possible et comportent un côté impératif. Ils servent, en effet, de référence pour l'existence et les principes de fonctionnement de la fonction achat.

2. LES ACHATS ET LA CRÉATION DE VALEUR

Les développements qui suivent sont extraits d'un document réalisé par Jean-Michel LOUBÈRE, ancien directeur à la Cégos.

Historiquement, d'une manière comptable, on a tout d'abord mis en évidence la **valeur ajoutée** d'une entreprise en mettant en parallèle :

- ce qu'elle achète (consommation intermédiaire),
- ce qu'elle crée (en interne),
- puis, après différentes approches telle que **la valeur créée pour le client final,** on privilégie aujourd'hui **la création de valeur pour les actionnaires (EVA = Economic Value Added).**

► Définition de l'EVA

Pour comprendre cette notion, il convient de se rappeler la structure d'un bilan :

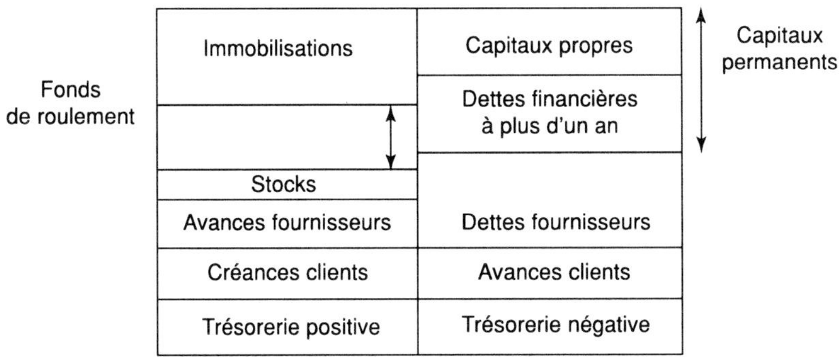

Avec ces deux notions :

- **Le fonds de roulement** qui est la différence entre les capitaux permanents et l'actif immobilisé et qui est un indicateur du financement à long terme de l'entreprise.
- **Le besoin en fonds de roulement** qui s'établit à partir de la formule :

  Stocks + Crédits clients – Dettes fournisseurs,

et qui est un indicateur du financement de l'entreprise à court terme.

Le tableau de financement de l'activité de l'entreprise s'établit en classant les variations des différents postes du bilan en emplois et ressources.

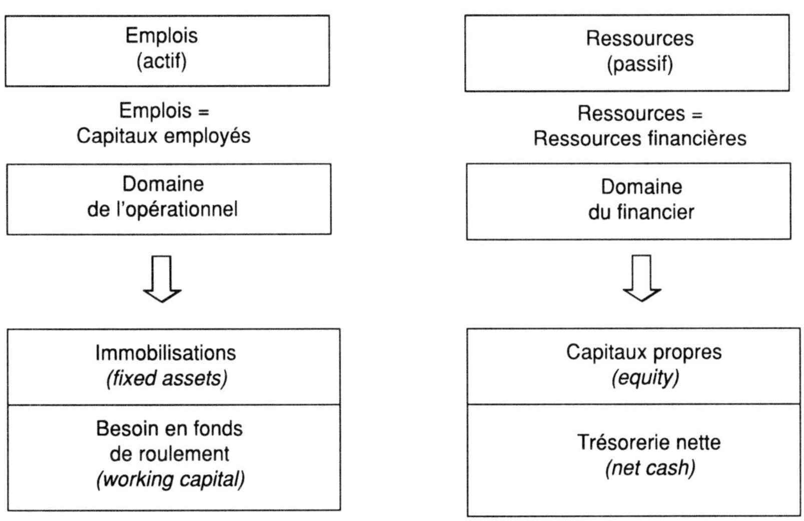

De ce tableau « emplois/ressources », il est possible de dégager la notion de **création de valeur pour les actionnaires.**

Elle se formule de la manière suivante :

Création de valeur pour les actionnaires = Résultat opérationnel (tiré du compte de résultat) diminué du coût des capitaux employés.

Ainsi les leviers d'action qui permettent de créer de la valeur pour les actionnaires sont :

– la rentabilité opérationnelle (performance achats « pure »),
– la réduction des capitaux employés.

Si le premier point consiste en l'achat pur dans son contexte de réduction des coûts, le second point doit faire l'objet d'une attention particulière de la part de l'acheteur.

▶ La contribution des achats à la création de valeur

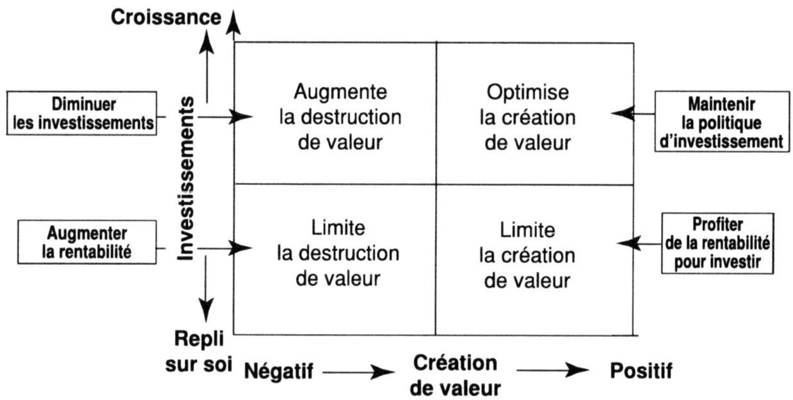

Les achats et la création de valeurs

Les leviers achats pour la création de valeur sont alors les suivants :

Dettes fournisseurs.

– conditions générales et particulières d'achats,
– conditions de règlement différenciées par *nature d'achats*,

- relation entre événement physique d'acceptation du produit (du service) et le déclenchement du règlement (recettes, livraison, réception, dates indicatives, impératives, de rigueur),
- acceptation de livraisons anticipées (à l'initiative unilatérale du fournisseur),
- report des dates de règlement en cas de litiges (à la livraison, à la réception),
- application des clauses de pénalités,
- arbitrage entre retenues (pour causes diverses : remise documentaire, garantie sur vices apparents...) et cautions de restitution,
- règlement en devises.

Acomptes fournisseurs

- existence **ou pas** d'acomptes par nature d'achats,
- garanties exigées en contrepartie des acomptes.

Stocks

- pratique du stock consignation.

Investissements

- investissement : choix basé sur la valeur actuelle entre immobilisations/location,
- définition des stratégies « outillages »,
  - participation,
  - propriété,
  - amortissement au fur et à mesure des pièces fabriquées.

3. LES ACHATS ET LA SUPPLY CHAIN

Le supply chain management est aussi appelé global supply chain management ou encore global supply network management. C'est une approche de la chaîne logistique globale et optimisée centrée sur la demande du consommateur final et non plus sur la succession des besoins des fournisseurs, des producteurs, des grossistes et des détaillants. Ce n'est donc plus une approche séquentielle du management, mais une intégration du « fournisseur de fournissseur au client du client » qui permet l'optimisation globale des flux physiques et des flux d'information associés de tous les acteurs de la chaîne logistique.

C'est pour cela que l'on dit aussi que le supply chain management est un système de pilotage de la logistique de l'entreprise étendue. Il permet de passer d'une gestion par grandes fonctions à un management global et transversal orienté vers le client de l'amont à l'aval.

Cela consiste à considérer l'ensemble des processus comme un modèle intégré. Sans cette intégration les maillons de l'approvisionnement, de la fabrication, de la livraison et des ventes sont planifiés séparément en suivant les priorités de chacune de ces fonctions qui peuvent être incompatibles entre elles. Une fois l'intégration réalisée en interne, celle-ci peut être étendue aux fournisseurs et aux clients.

Un pilotage par la demande du marché

Chris VAN DER HARTS du Descartes Systems Group disait dans *le Figaro* du 9 novembre 1998 : « Au final, un projet de supply chain management doit aboutir à ce que l'entreprise soit pilotée par la demande du marché, aux moindres coûts et en ayant éliminé l'ensemble des sources de gaspillage : réduction des stocks, amélioration de la réactivité et optimisation du service au client ».

Depuis, il est apparu aussi que le supply chain management permet aussi de réduire le temps de mise sur le marché (time to market) en supprimant les temps morts dans la chaîne logistique, en particulier les stockages intempestifs.

En se focalisant sur le besoin client, certains préfèrent parler de demand chain plutôt que de supply chain. Sans aller jusqu'à dire que c'est affaire de goût, le schéma suivant permet de voir qu'il s'agit bien de deux visions parallèles d'un même objet.

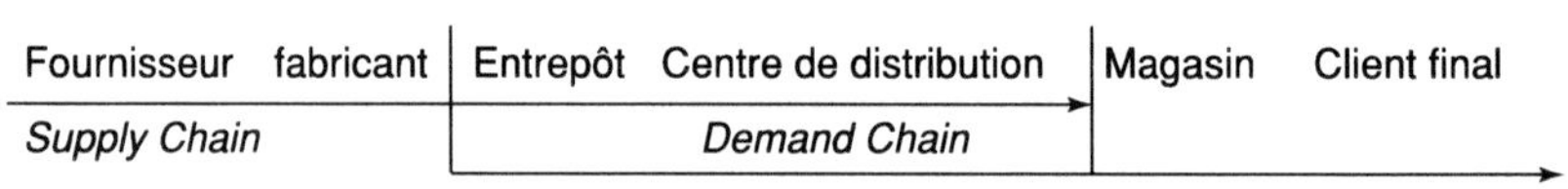

supply chain et demand chain

Les études sur la chaîne de valeur éclairent le supply chain management en mettant en avant les besoins d'adéquation du produit à son cahier des charges, d'intimité client, et d'excellence opérationnelle. L'entreprise recherche le meilleur produit au meilleur prix, la maîtrise des processus de fabrication et/ou de distribution et la simplification des opérations dans une optique d'optimisation des coûts de fabrication et un raccourcissement du temps de mise sur le marché.

Mais la réflexion de type supply chain management connaît ses limites, car elle part du principe que l'optimisation globale des flux de produits donnera un meilleur résultat que l'optimisation partielle de chaque maillon de la chaîne. C'est une réflexion intéressante lorsque l'on travaille sur le long terme avec des fournisseurs et des clients stables qui possèdent des services suffisamment étoffés pour avoir un contrôle réaliste et efficace sur des points de la chaîne qui peuvent être très éloignés géographiquement les uns des autres.

■ Exemple

Prenons le cas d'une table de jardin dont le bois vient de Malaisie. Fabriquée au Vietnam, la table est achetée par une centrale d'achat française pour être stockée en Belgique puis dirigée vers un magasin polonais avant d'être vendue à un client biélorusse. Il faut une organisation sans faille pour s'assurer une visibilité, un tracing et une optimisation globale des flux concernés.

Dans le cas de flux dont les maillons sont très lâches avec des fournisseurs qui changent souvent et des équipes trop peu étoffées pour contrôler tous les paramètres de la chaîne logistique, il est difficile de penser que le pilotage de la logistique peut se faire efficacement selon les méthodes développées pour le pilotage de la supply chain étendue.

► L'acheteur initiateur de la supply chain

Le supply chain management permet une nouvelle appréhension :

- de la logistique amont en intégrant les concepts stratégiques de Juste à Temps (JIT ou : Just In Time) et les méthodes d'approvisionnement, comme le MRP (Material Requirements Planning),
- de la logistique de production avec la généralisation des logiciels ERP (Enterprise Resource Planning) et des méthodes de production MPS (Master Production Scheduling),
- de la logistique aval avec la montée en puissance de l'ECR. (Efficient Consumer Response), la mise sur le marché des logiciels de *supply chain Planning* et la mise en œuvre des processus de cross-docking.

▶ Le concept de supply chain : une application de la gouvernance partagée

Le professeur Olivier BADOT a étudié avec pertinence en quoi la supply chain peut se concevoir comme une application de la gouvernance partagée.

Selon lui, pour Paquet (1998), étudier la gouvernance partagée dans une organisation c'est étudier à la fois :

- les modes de distribution des droits et obligations, quelles que soient leur forme et leur nature juridique,
- les règles du jeu tacites et expresses,
- les modes de coordination des activités permettant la survie de la firme,
- les modes de motivation des différents partenaires, ainsi que les fautes de coordination.

Pour RINDFLEISCH et HEIDE (1997), parler de gouvernance à l'intérieur d'une firme ou d'un réseau de firmes, c'est parler de phénomènes multidimensionnels orientant le commencement, le déroulement et la fin des relations entre un ensemble complexe de parties.

Les grands principes de la gouvernance moderne peuvent donc s'appliquer au supply chain management :

1/ Allègement du sommet hiérarchique de ses fonctions de direction et de centralisation en réduisant ainsi le degré de complexité des outils de supervision et de contrôle... afin d'éviter le « smog bureaucratique ».

2/ Transfert du pouvoir et des moyens maximums à la périphérie (les entités ou équipes de front office) afin qu'elles soient en symbiose avec la demande et l'environnement, et contraintes à la survie « par l'autosuffisance » (ou presque).

3/ Émergence d'un centre stratégique donnant à l'ensemble de la firme, une « direction » générale en assurant la disponibilité, sur le long terme, des ressources (financières, humaines, conceptuelles et techniques) qui permettront l'adaptation continue.

4/ Impulsion des idées managériales à partir du terrain. Une fois les tests réalisés, les nouvelles pratiques de management sont proposées à la direction qui les adaptent et les diffusent dans l'entreprise en mettant en œuvre les techniques d'apprentissage appropriées (les anglo-saxons appellent cette méthode ; bottom – up – bottom / base – sommet – base).

5/ Constitution d'équipes humaines le plus polyvalentes possible, œuvrant à des tâches moins délimitées (même superposées) et une connaissance fine des séquences adjacentes amont et aval (les contraintes variant tout le temps et certaines capacités étant inemployées).

6/ Diffusion aux opérateurs d'informations fines sur l'entreprise permettant un apprentissage permanent dans l'action, par rotation des tâches et partage des connaissances ce qui implique le développement d'une sorte « d'empathie de l'emploi de l'autre ».

7/ Obtention rapide par chacun de l'information pertinente. Partage avec les autres au travers de la firme et de son réseau pour l'injecter dans les prises de décisions, notamment pour la résolution des problèmes courants.

8/ Traitement des sous-traitants comme des acteurs internes et des acteurs internes comme des cocontractants, sur une palette large de types de contrat ce qui rend les frontières de la firme moins nettes.

9/ Gestion des produits et des processus en même temps par des équipes interdisciplinaires et polyfonctionnelles selon une logique de cohérence.

L'apparition de ces nouvelles logiques pour gérer l'entreprise permet de présenter le concept de supply chain comme une source d'économies budgétaires importantes pour les entreprises.

Il repose sur l'apparition de nouvelles logiques qui doivent révolutionner les modes de fonctionnement des sociétés dans les années futures[1]. Parmi celles-ci on peut retenir :

- la nouvelle logique organisationnelle des entreprises fondée sur un approfondissement du « B to B »,
- la convergence des systèmes de télécommunication et d'informatique qui permettent une diffusion instantanée d'informations,
- la réduction des coûts par la rationalisation des processus : un seul interlocuteur, une seule facture, un seul règlement, un seul envoi.

Une logique de partenariat apparaît permettant l'optimisation des relations de l'entreprise avec ses fournisseurs et ses clients, ce qui nécessite une confiance partagée.

1. Gérard HYRIGOYEN – Colloque sur le supply chain Management – IUT Bordeaux IV – novembre 2000.

Une logique de performance se met en place. L'entreprise positionne sa stratégie logistique comme l'épine dorsale de son activité, l'élément différenciateur, le moteur de la création d'activité supplémentaire, et donc, de la création de valeur. Le supply chain management est au cœur de la réflexion stratégique : c'est une compétence clé, une opportunité de création de valeur.

Un concept transversal dans l'entreprise s'impose à tous, car il fait remonter l'intégration logistique jusque chez les fournisseurs.

■ Exemples

Ainsi, Ford à Valencia, en Espagne, a regroupé sur un parc industriel 42 fournisseurs pour construire la Ford Ka. 75 % des achats de la Ka sont effectués dans ce parc. Un système de 3 convoyeurs livre les produits directement à la chaîne d'assemblage le DAD (Direct Automatic Delivery). Mercedes utilise le même concept à Ambach en Moselle pour la Smart.

La nécessité de re-engineering, la réduction des stocks, des coûts de fabrication et l'amélioration du taux de service aux clients sont les conséquences les plus immédiates de cette nouvelle vision logistique.

Comme nous l'avons dit plus haut, le supply chain management s'inscrit dans la réflexion sur l'ECR qui n'est pas une technologie particulière mais un ensemble de méthodes et de technologies qui permettent d'accroître la satisfaction de la clientèle des biens de consommation et donc les ventes. Ce concept a été mis en avant par la grande distribution. « C'est un peu l'équivalent pour elle de la démarche qualité totale dans l'industrie », explique Maël BARRAUD, P-DG d'Influe. (*Exa'Mag* n° 8, mars 1997).

Le supply chain management est concerné par l'ECR dans sa branche du management de la demande :

- Optimisation des assortiments, des promotions et de l'implantation des nouveaux produits (time to market, taux et vitesse d'implantation).
- Optimisation des approvisionnements : fiabilité des livraisons de commande, production synchronisée, cross – docking et automatisation des commandes avec des services dédiés chez le fournisseur.
- Optimisation des échanges d'information : codification EDI et dématérialisation des documents comptables et commerciaux.

La réflexion sur le supply chain management s'est construite autour de divers axes de travail dans des entreprises qui avaient fait de la logistique un axe de renouveau et d'optimisation :

- Faut-il externaliser la logistique ou la garder en tout ou en partie en prenant soin de conserver en interne les compétences nécessaires ?
- Comment adapter les processus commerciaux aux nécessités et aux contraintes de la supply chain ?
- Peut-on profiter de cette réflexion nouvelle pour améliorer les performances du service client, la flexibilité et la réactivité des services de production et créer un tableau de suivi performant et synthétique ?

Prenons en exemple le tableau de bord du modèle SCOR de PRTM consulting (PITTIGLIO, RABIN, TODD ET MCGRATH) : les indicateurs de premier niveau sont regroupés autour de 4 axes :

- Service client : performance de livraison, parfaite réalisation de la commande, performance de la satisfaction des commandes moins taux de la disponibilité (fabrication sur stock) moins délai de réalisation de la commande.
- Flexibilité et réactivité : temps de réponse de la chaîne logistique et flexibilité de la production.
- Coûts : coût total de gestion de la chaîne logistique et coût de garantie.
- Actifs : cycle de rotation des liquidités, productivité à valeur ajoutée, jours de stocks et rotation des stocks.

Il faut changer notre approche de la supply chain : agir et penser en terme de processus et non pas en terme d'organisation : processus d'approvisionnement (saisie des commandes, production et distribution), processus de planification (capacité de production et prévision des ventes), processus d'infrastructure : sélection des fournisseurs et maintenance du catalogue. Il s'agit de structurer les processus autour des besoins des clients alors qu'ils étaient structurés autour du produit. L'étude des flux physiques cède le pas à une étude plus large sur les temps de cycle.

La réflexion logistique s'inscrit alors dans le mouvement plus vaste de réflexion globalisée sur l'entreprise étendue. Il faut intégrer la gestion des actifs et des coûts.

La chaîne logistique globale doit rester agile. Certains cherchent à baisser les coûts en délocalisant ce qui agit négativement sur les délais de fabrication, sur le montant des stocks et sur la maîtrise du processus d'assemblage.

Il s'agit donc d'abattre les barrières organisationnelles pour travailler en transversalité. Les chaînes logistiques doivent être transformées pour devenir globales, rentables et agiles. Souvent cette réflexion entraîne le décalage des points de découplage : le point d'entrée de la demande dans la chaîne logistique peut être la production, le déstockage ou mieux la vente au client final.

Il est souhaitable de rechercher une optimisation globale des coûts sur l'ensemble de la chaîne. « La somme des optimisations partielles ne fait pas une optimisation globale ». Il faut créer des groupes de travail transversaux. Le supply chain management est une démarche transverse qui consiste essentiellement à faire travailler ensemble les acheteurs, les vendeurs et les logisticiens. Comme ils ont beaucoup d'informations à échanger, il est peu réaliste d'espérer un bon degré d'optimisation sans le support d'un système d'information performant.

Cette réflexion sur l'optimisation de la supply chain aboutit à la conclusion que le service logistique vient en appui des positions qui sont prises par les acheteurs et les vendeurs de l'entreprise. Il y a donc nécessité d'une prise de conscience dans l'entreprise de l'importance des actes qui sont posés par les acheteurs et les vendeurs et qui engagent ensuite la qualité du service logistique. On ne le dit jamais assez fort : dans une démarche de supply chain management les donneurs d'ordre sont les acheteurs et les vendeurs dans la mesure où ce sont eux qui engagent l'entreprise vis-à-vis de ses fournisseurs et de ses clients. Cela doit se traduire par des programmes de formation adaptés pour qu'acheteurs et vendeurs soient capables de déceler rapidement les points de négociations avec les fournisseurs et les clients qui permettront d'optimiser la chaîne logistique de l'entreprise. Bien sûr l'équipe logistique est là pour les aider dans leurs choix et leurs négociations, mais bien souvent les décisions qui vont impacter directement la logistique sont prises dans les face-à-face entre acheteur et fournisseur ou vendeur et client. Il est donc important que les acheteurs et les vendeurs de l'entreprise aient une vision claire des enjeux logistiques qui impacteront le compte de résultat de l'entreprise.

Dans ces conditions, on comprend bien que le véritable initiateur de la supply chain est l'acheteur. C'est lui qui a la compréhension la plus large du processus commercial puisque l'ensemble de la chaîne logistique est maintenant tourné vers la satisfaction de son besoin. Certes, ce besoin est souvent celui d'un consommateur du produit qui a, en quelque sorte, mandaté l'acheteur au travers d'un cahier des charges précis, mais dans la chaîne logistique celui qui apparaît comme le vrai donneur d'ordre c'est l'acheteur.

Ce rôle de pilote de la supply chain apparaît de manière la plus nette dans le monde de la distribution. C'est l'acheteur de la centrale d'achat qui négocie les conditions logistiques avec les fournisseurs. Il le fait pour l'approvisionnement central, souvent un grand entrepôt, mais il se soucie également des conditionnements qui seront livrés aux magasins et même au-delà, de la façon dont le produit sera pris en charge par le client final. Aujourd'hui son action s'étend aussi au flux amont pour avoir la maîtrise ou au moins un contrôle sur le flux des matières premières ou des produits semi-finis afin de garantir que les produits sont fabriqués selon les engagements éthiques et écologiques qu'affiche son entreprise. Le logisticien vient ensuite en support de ces engagements pris par l'acheteur, mais finalement, quand le service logistique commence à intervenir, l'essentiel du cadre dans lequel doit se dérouler l'opération logistique a déjà été fixé par l'acheteur qui a figé le jeu avec son fournisseur dans le contrat commercial d'achat/vente.

Bien souvent par ignorance de la matière logistique ou par excès de concentration sur le produit et ses caractéristiques, l'acheteur ne perçoit pas l'importance de ses décisions en ce qui concerne la logistique, du coup le logisticien, lorsqu'il intervient, se retrouve en position difficile pour optimiser la gestion du flux.

■ Exemple

Prenons un exemple simple : l'acheteur passe contrat avec un fournisseur chinois et accepte un Incoterm du style : « FOB ports chinois ». Il est évident que le fournisseur va tenter de minimiser ses coûts de livraison et va chercher le port le plus proche de chez lui où ne passe pas nécessairement la compagnie maritime avec laquelle le service logistique de l'acheteur a des accords tarifaires intéressants. De plus la fréquence de passage des navires peut y être beaucoup plus faible que dans le grand port régional, certes plus loin, mais aussi mieux desservi.

Il ne s'agit pas d'exiger que tous les acheteurs soient des logisticiens expérimentés. Il s'agit dans un double mouvement que l'acheteur soit conscient de son rôle majeur et premier dans la construction du flux logistique tandis que le logisticien accepte d'être à la disposition et au service de l'acheteur pour l'aider et l'assister dès le début de sa réflexion à prendre les bonnes options logistiques. Chacun reste à sa place mais, dans un bel élan de transversalité bénéfique, l'acheteur et le logisticien sont côte à côte de la définition du besoin à la livraison au consommateur du produit en passant par la confection du cahier des charges et la rédaction du contrat commercial d'achat/vente.

Les consultants spécialisés en matière de supply chain s'accordent pour dire qu'une démarche d'optimisation de la supply chain dans une entreprise, qui a peu remis en cause sa chaîne logistique jusqu'au jour de cette démarche, peut se traduire raisonnablement par les espérances d'amélioration suivantes :

- performance de livraison : 16 à 28 %
- réduction des stocks : 25 à 60 %
- délai de livraison : 30 à 50 %
- précision des prévisions : 25 à 80 %
- productivité : 10 à 16 %
- coûts de la supply chain : 25 à 50 %
- Niveau d'exploitation des capacités de production : 10 à 20 %

Ainsi la réflexion sur l'optimisation de la chaîne logistique se traduira par une amélioration des ratios financiers directement impactés par la logistique :

- Des niveaux de stock réduits de 20 à 50 %
- Des erreurs de prévision abaissées de 20 à 40 %
- Un cycle de commande raccourci de 25 à 35 %
- Des coûts (en % du CA) réduits de 5 à 10 %
- Un retour sur actifs augmenté de 15 à 20 %
- Un taux de service amélioré de 10 à 15 %
- Une productivité en hausse de 5 à 10 %
- Des parts de marché que l'on a vues monter de 1 à 5 %.

Souvent dans l'entreprise, seule la logistique globalisée et revue dans un contexte de supply chain peut autoriser de tels espoirs d'amélioration dans des délais de court ou moyen terme.

C'est la preuve que la fonction passe en phase de maturité. Dans un premier temps l'entreprise se contente d'une logistique traditionnelle. La qualité et la fiabilité des livraisons sont peu prévisibles. Il n'y a pas de réflexion approfondie sur les processus logistiques. L'entreprise utilise peu d'indicateurs qu'elle suit peu. Puis elle évolue : la vision de la chaîne logistique devient linéaire, chaque fonction est motivée par ses propres indicateurs. Il en résulte une sous-optimisation d'ensemble. L'entreprise commence alors à intégrer une compréhension plus globale de la chaîne logistique. Planification, approvisionnement, fabrication, livraison, sont analysés comme un processus transversal unique. Des indicateurs communs et motivants sont mis en place pour toutes les fonctions, mais le partage de l'information reste incomplet entre l'entreprise, ses fournisseurs et ses clients. De ce fait, le logisticien et l'acheteur se concertent pour échanger leurs informations ce qui aboutit finalement à un partage optimisé des prises de décisions grâce à la mise en œuvre de systèmes d'information interentreprise.

► Les techniques collaboratives : GPA, multi-pick et multi-drop

Le supply chain management dans la chaîne de création de valeur

Dans une entreprise qui élabore sa stratégie d'achat, la question se pose de savoir comment « créer de la valeur » pour les clients à partir des achats. Quels fournisseurs sont à intégrer dans la démarche de supply chain management et quelles relations mettre en place avec les prestataires de service de la supply chain ?

Toute entreprise recherche au sein de son secteur d'activité une stratégie qui lui permette de se différencier, dans de bonnes conditions, des concurrents qui comptent dans son secteur. Elle cherche à se différencier en mettant en valeur ses points forts.

L'utilisation du concept de chaîne de valeur de PORTER

Ce concept de chaîne de valeur de PORTER est tout indiqué pour réfléchir à la création de valeur et à la rentabilité des options que prend l'entreprise dans sa stratégie d'achat. Cette réflexion permet de dégager une stratégie pour atteindre le niveau de marge souhaité avec la génération du nouveau flux.

.../...

.../...

PORTER apporte un outil précieux de réflexion et d'analyse avec sa présentation des forces concurrentielles qui caractérisent l'entreprise :

1/ l'infrastructure de l'entreprise favorise-t-elle les activités de cette dernière. L'information circule-t-elle bien entre le sommet de la hiérarchie et la base opérationnelle ?

2/ la politique de ressources humaines permet-elle de mettre les bonnes personnes aux bons postes avec les bons systèmes et les bons niveaux de rémunération ?

3/ l'entreprise est-elle propriétaire de son savoir-faire ou fait-elle appel à des appuis extérieurs pour acquérir et maîtriser les technologies innovantes qui permettent de se maintenir dans le peloton de tête sur son marché ?

4/ les différentes fonctions de l'entreprise sont-elles sous-traitées ou réalisées en interne :

- Les approvisionnements de l'entreprise sont-ils le fait d'un service achat ou d'un acheteur spécialisé et expérimenté ?
- La fabrication et la logistique sont-elles intégrées ou sous-traitées ?
- L'entreprise sait-elle valoriser ses produits aux yeux de ses clients en y incorporant le maximum de valeur ajoutée : fiches ou service conseil d'utilisation, SAV, hot line, etc.
- L'image de l'entreprise auprès de son public est-elle en adéquation avec la stratégie de conquête et de marge dont l'entreprise a voulu se doter ?

L'analyse de la chaîne de valeur est un instrument qui permet de positionner l'ensemble des activités de l'entreprise pour visualiser les efforts qu'elle devra accomplir pour réduire ses coûts et dégager le niveau de marge qu'elle souhaite atteindre.

La grille d'analyse du « Global Fulfillment » ou « Accomplissement global » de Norbert COHEN (directeur associé de PEA Consulting) aide l'entreprise qui doit chercher à progresser d'un niveau à l'autre sans sauter d'étape en faisant évoluer progressivement son mode d'organisation, ses méthodes de gestion, ses indicateurs de performance et son système d'information.

Tableau 1 – Grille d'analyse du Global Fulfillment de Norbert COHEN

Niveau élémentaire	Niveau intermédiaire	Niveau intégré	Niveau Etendu	Niveau communautaire
Focus Produit	Focus commandes clients	Focus Clients	Focus Chaîne de valeur	Focus synergie de chaîne de valeur
Atteindre la qualité requise au moindre coût	Satisfaire parfaitement les commandes des clients	Fournir une réponse profitable au besoin du client	Piloter globalement toute la chaîne en intégrant les partenaires	Étendre le pilotage global aux sociétés pouvant avoir des synergies avec l'entreprise

Réduction des coûts logistiques

De son côté, DON RATIFF (P-DG de Velant, une société américaine spécialisée dans l'optimisation des systèmes de transport), dans un exposé au colloque annuel 2002 du Council of Logistics Management, propose dix règles à suivre pour réduire les coûts logistiques de 10 à 40 %.

Les 10 règles de DON RATIFF

1/ Se fixer des objectifs précis : quantifiables et mesurables.

2/ Quantifier le retour sur investissement de façon précise : coûts techniques, coûts salariaux, coûts de changement des organisations.

3/ Choisir des modèles efficaces, non les modèles de l'air du temps.

4/ Réunir des données précises, à jour et complètes, sur les processus à faire évoluer.

5/ Faire appel à des algorithmes pertinents par rapport aux structures existantes qui n'obligent pas de tout bouleverser.

6/ Être capable de faire dialoguer les systèmes informatiques de façon autonome et automatique.

7/ S'assurer que les plans d'optimisation de la supply chain sont fournis sous forme facilitant l'exécution, la gestion et le contrôle du processus logistique.

8/ Utiliser des ordinateurs suffisamment puissants pour réaliser en temps réel les calculs nécessaires.

.../...

.../...

9/ Faire appel à du personnel suffisamment formé pour faire tourner la machine logistique optimisée telle qu'elle a été conçue.

10/ Ne retenir que des procédures évolutives qui pourront être à leur tour améliorées et optimisées.

Ce n'est certes pas la seule méthode pour optimiser les coûts logistiques dans une démarche de supply chain management, mais celle-ci a le mérite de poser clairement une dizaine d'exigences concrètes et réalistes qui peuvent facilement faire l'objet d'un programme de réflexion et de mise en œuvre dans les entreprises quelles que soient leurs tailles.

Une autre approche est celle du « cost killing » : comment abaisser les coûts sans perdre en qualité de service logistique ? Le plus simple et le plus évident est de « taper » sur le fournisseur pour obtenir des baisses de tarif. Cette méthode peut faire illusion à court terme, mais soit le fournisseur finit par vous en donner pour le prix, soit il disparaît pour cause de rentabilité insuffisante.

Le vrai « cost killer » va d'abord chercher à simplifier les circuits, éliminer les processus redondants ou inutiles, adapter ses exigences aux besoins réels de ses clients tout en se rapprochant des standards les plus productifs de son fournisseur : pourquoi faire spécifique quand on peut faire comme tout le monde, avec les baisses de coût que cela implique ? On permet ainsi au fournisseur d'être moins cher tout en conservant sa marge et son taux de service : passer d'un service de livraison de nuit à un service de jour, utiliser un transport moins rapide tout en conservant des délais de livraison adaptés, simplifier un circuit documentaire en conservant un niveau de contrôle adapté, etc.

Optimisation de la logistique dans le contexte ECR

L'optimisation de la chaîne de valeur passe par une profitabilité accrue : croissance du chiffre d'affaires par :

- l'amélioration de la qualité du produit, de sa disponibilité,
- la performance du service client,
- la réduction des coûts opérationnels de distribution, de transport d'achat et de personnel,
- la réduction du capital investi : réduction du niveau de stock et amélioration du processus de commande,

– réduction du fonds de roulement par transfert d'actif et amélioration de leur utilisation.

L'utilisation de logiciels adaptés aide fortement à cette optimisation :

– ERP (Enterprise Ressource Planning),
– APS (Advanced Planning System),
– SCEM (supply chain Event Management),
– et SCE (supply chain Execution),

sont autant d'assistants pour un meilleur pilotage de la chaîne logistique.

Il ne faut pas négliger le coût d'installation d'une telle palette de logiciels : 1,5 à 5 ME (Millions d'Euros) pour une installation franco-française, dix fois ce chiffre et plus pour un groupe multinational, sans compter les fréquents dépassements de budget.

GPA : Gestion Partagée des Approvisionnements

Au début des années quatre-vingt-dix, la gestion partagée des approvisionnements semblait être la réponse ultime du logisticien à l'optimisation des flux et des stocks dans le contexte de l'ECR. Après 15 ans d'expérimentation, il est apparu que cet outil est très performant pour certaines catégories de produits, mais assez peu pour d'autres. Les meilleurs résultats sont obtenus pour des produits à rotation rapide, fabriqués dans un rayon faible ou moyen par rapport aux lieux de vente (dans la plupart des cas il faut éviter les flux transcontinentaux) et provenant d'un fournisseur fiable, stable dans sa relation avec l'acheteur et bien équipé au niveau du système d'information.

Au niveau opérationnel, la GPA apporte un soutien aux ventes par introduction de nouveaux produits, maîtrise de l'assortiment, baisse du niveau des ruptures et meilleure mise à disposition des produits dans les entrepôts.

La GPA ne peut pas vivre sans une communication continue et fiable des prévisions à moyen et long terme faites par les points de consommation : communication en temps réel des besoins, mise en place des solutions JIT, accélérer les flux d'informations et mesure des performances fournisseurs.

La GPA donne au fournisseur l'occasion de se rapprocher du linéaire et de mieux comprendre l'impact d'une rupture de stock ou l'inconvénient d'un stockage trop important en magasin.

Multi-pick et multi-drop

Pour cause de concurrence exacerbée, de pétrole cher et de protection de l'environnement les entreprises essayent aujourd'hui de privilégier la massification de leur flux et les livraisons directes ce qui représente deux exigences contradictoires.

La massification se traduit par le transport de plus en plus de produits dans un même vecteur logistique : camion, conteneur, caisse mobile, wagon, citerne, navire spécialisé, avion-cargo. Dans ce domaine, il reste beaucoup à faire quand on sait qu'aujourd'hui encore un camion sur quatre roule à vide. Le progrès est malgré tout important puisqu'il y a 10 ans c'était un sur trois ! Mais tout le monde n'a pas besoin de se faire livrer régulièrement un conteneur ou un camion complet du même produit sous peine de gonfler inconsidérément ses stocks.

Dans le même temps, la recherche du moindre coût exige d'éliminer, si possible, toutes les manipulations du produit. On en revient donc à une recherche de livraison directe entre le fournisseur et l'acheteur.

Un peu comme les aveugles sont devenus « non-voyants », ce qui n'a pas changé grand-chose à leur difficile condition d'existence, le groupage, parfois appelé consolidation par assimilation au terme anglais, est devenu « multi-pick » ou « multi-drop ». pour les transporteurs et les commissionnaires de transport (dire 3PL ou 4PL pour third party logistics et fourth party logistic, c'est pareil, mais c'est plus chic).

Le multi-pick est le fait pour un acheteur d'organiser une tournée de ramassage chez plusieurs fournisseurs implantés dans le même secteur géographique pour massifier un certain nombre de commandes destinées à un même point de consommation : usine, atelier, magasin, etc. Les professionnels parlent d'un flux LCL – FCL (Less than full container load to full container load).

Cette activité est aussi parfois appelée consolidation. Dans ce cas, le flux amont est souvent sous-traité à un transporteur ou un commissionnaire de transport qui prépare l'envoi en organisant la concentration des lots sur l'une de ses plates-formes de transit/cross-docking.

L'avantage est de mutualiser les frais de transport et donc d'abaisser le coût unitaire de ce transport. L'inconvénient est qu'il faut synchroniser les périodes d'enlèvement et s'assurer que la somme des commandes ne génèrera pas un reliquat de fret à acheminer en fret express ou en petit groupage classique. Bref, le muti-pick est un flux de groupage organisé à l'initiative de l'acheteur qui cherche à se rapprocher des coûts d'un véhicule complet tout en pratiquant du groupage. Ce procédé présente un avantage évident à condition que le coût d'organisation du système ne soit pas plus cher que les économies attendues.

Le multi-pick est à proscrire si l'entreprise ne possède pas un système d'information performant ainsi que des flux réguliers et prévisibles en provenance de fournisseurs suffisamment fiables pour que les quantités à livrer soient estimées et cadencées de façon précise.

Le multi-drop, c'est la même chose que le multi-pick sauf que c'est l'inverse ! Ce sont plusieurs fournisseurs qui s'organisent, en général sous la houlette d'un commissionnaire en transport, pour livrer ensemble leurs commandes sur un même point de consommation. Les remarques positives et négatives que nous avons faites pour le multi-pick restent valables à ceci près que les fournisseurs, qui sont en général des entreprises indépendantes les unes des autres, doivent mettre plus d'énergie et de conviction pour trouver un modus vivendi commun.

Le terme de multi-drop est parfois utilisé aussi par un fournisseur qui organise au départ de chez lui un camion complet qui va livrer sa marchandise à plusieurs clients qui se trouvent sur une même aire géographique. Les professionnels parlent de FCL-LCL. Ce type de distribution, somme toute assez classique, présente de l'intérêt pour autant que les clients ne soient pas trop loin les uns des autres, que les temps de déchargement restent raisonnables et que tous n'aient pas la mauvaise idée de souhaiter la livraison le même jour à la même plage horaire.

► La normalisation du supply chain management

Plusieurs normes AFNOR (Association Française de Normalisation) viennent nous aider à mieux organiser notre supply chain. Elles sont disponibles auprès des services de l'AFNOR à La Plaine Saint-Denis au siège de l'organisation (www.afnor.fr).

- Norme AFNOR NF X 50.600 (indice de classement X 50-600) édictée en janvier 1999 : Fonction et démarche logistiques. ÉTUDE de la terminologie en logistique, définition des concepts, des acteurs et de la logique de la démarche logistique.
- Norme AFNOR NF EN 12777 (indice de classement X 50-601) édictée en mars 1997. Structure, termes de base et définitions de la logistique.
- Norme AFNOR FD X 50.602 (indice de classement X 50-602) édictée en octobre 1997 : fonctions logistiques.

4. LA CLASSIFICATION DES ACHATS

Il est difficile de s'y retrouver dans les différentes terminologies employées. Selon la finalité attendue, on peut parler de nature d'achats, de classification comptable, de classification marketing, de segmentation marché…

L'ensemble aboutit à des familles d'achats dont les paramètres de définition sont nombreux :

- le marché fournisseurs,
- l'enjeu politique,
- les risques d'approvisionnement,
- l'enjeu technique,
- l'enjeu financier,
- les secteurs géographiques,
- les enjeux production,
- les achats d'investissement,
- les achats de production,
- les achats hors production,
- les achats de fonctionnement,
- les achats répétitifs ou ponctuels,
- …

Nous vous présentons ci-après une approche simple qui permet de dégager des actions à court terme, c'est l'approche « familles-processus ».

Bien entendu, dans le chapitre traitant des stratégies d'achat, une approche plus fine vous sera proposée, c'est l'approche « marketing ».

► L'approche familles/processus

Familles d'achat et logiques d'achat

	Familles	Exemples de quelques segments
1	Equipements mécaniques et électromécaniques de centrales de production	Machines électriques tournantes Machines électriques statiques
2	Maintenance de l'outil de production	Chaudronnerie Robinetterie
3	Matériels électriques	Câbles isolés HT Poteaux et pylones

	Familles	Exemples de quelques segments
4	Logistique industrielle	Matériel de protection
5	Ouvrages de production (génie civil, réseau de répartition des fluides)	Béton à l'air libre Peinture
6	Études, construction, maintenance ouvrage de réseau	Postes et lignes HT Liaisons souterraines HT
7	Études construction, location de bâtiments administratifs et industriels	Gros œuvre Service de gestion de biens immobiliers
8	Informatique Télécommunications	Bureautique et informatique personnelle
9	Téléconduite et contrôle – commande	Téléconduite du système simulateur
10	Conseils et prestations intellectuelles	Services juridiques Formation
11	Logistique générale	Nettoyage, transports automobiles

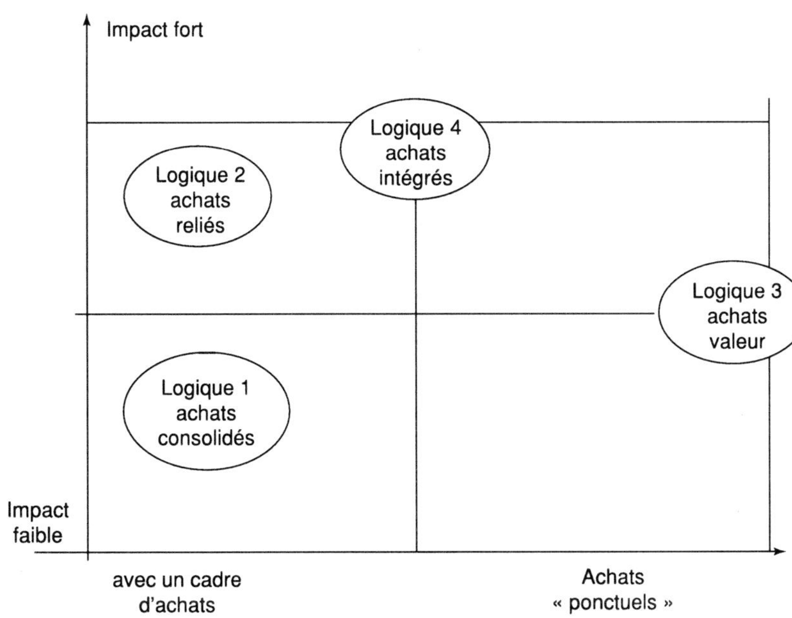

Représentation des logiques d'achats

LOGIQUE 1 : ACHATS CONSOLIDÉS

Il doit exister, pour les achats, un cadre d'achats très formalisé. Les entités consommatrices peuvent se contenter d'un simple approvisionnement.

■ Exemples

Fournitures administratives.

LOGIQUE 2 : ACHATS RELIÉS

Les achats nécessitent la collaboration des techniciens et des acheteurs pour permettre d'exploiter des leviers de gains à la fois techniques et économiques.

■ Exemples

Câbles isolés HT.

LOGIQUE 3 : ACHATS VALEUR

Il s'agit d'achats critiques pour l'entreprise mais non récurrents et pour lesquels un acheteur de haut niveau pourrait appuyer l'ingénieur concepteur dans le sens d'une réduction de la complexité ou d'une plus grande implication des fournisseurs en amont.

■ Exemples

Machines électriques tournantes.

LOGIQUE 4 : ACHATS INTÉGRÉS

Ce sont des achats ponctuels ou de petite série ayant un impact fort sur les coûts et les résultats dégagés. Ce type d'achats peut impliquer une organisation en groupe-projet regroupant l'ingénierie et les fournisseurs.

Familles d'achat et processus

	Familles	Exemples de quelques segments
1	Frais généraux	Voyages – reprographie Fournitures de bureau Prestations informatiques
2	Consommables	Petites fournitures industrielles Outillage Lubrifiants
3	Fournitures industrielles et équipements	Fournitures de tuyauterie Pompes, vannes et robinetterie industrielle Chariots élévateurs
4	Prestations de services industrielles	Sous-traitance électrique Mécanique et chaudronnerie Prestations bâtiment et génie civil Traitement des déchets
5	Énergie	Électricité – Gaz naturel
6	Matières premières	Quartz – Calcaire Étain – Fer blanc
7	Transports	Transport routier Transport maritime
8	Sous-traitance de fabrication	Sous-traitance de capacité Sous-traitance de compétences

Il est possible de caractériser 6 logiques différentes.

Logique	Caractéristiques	Exemples de segments	Points clés
1	Produits et services standards. Contenu technique faible. Pas de participation additionnelle locale	Location de voitures-Carburants	Globalisation Performances fournisseurs Mise en concurrence Contrats cadres

Logique	Caractéristiques	Exemples de segments	Points clés
2	Produits et services standards Contenu technique faible Négociation locale additionnelle	Nettoyage de bureaux Protection incendie Emballages Intérim	Contrats cadres avec conditions de base et adaptations locales Performance des fournisseurs
3	Produits standards Contenu technique faible ou fort Implication des prescripteurs	Protections individuelles Prestations informatiques Télécommunications	Performances des fournisseurs Contrats spécifiques Globalisation des achats Mise en concurrence
4	Produits avec contenu technique fort Implication des prescripteurs Négociation locale additionnelle	Mécanique et chaudronnerie Prestations de formation	Expression et analyse du besoin Gestion des fournisseurs sur la durée du contrat Réactivité et disponibilité Développement de relations partenariales
5	Services industriels Contenu technique fort Déploiement spécifique avec groupe projet	Maintenance Génie civil Nettoyage industriel	Expression et analyse du besoin Cahier des charges fonctionnel Approche coût global
6	Investissements Contenu technique fort Déploiement spécifique avec groupe projet	Équipements spécifiques de process Équipements industriels	Spécifications fonctionnelles Transparence des coûts Planification

5. LES PROCESSUS D'ACHAT

▶ L'aspect stratégique

La chaîne de valeurs achats peut se représenter de deux manières différentes. Un processus représenté en ligne, qui fera l'objet du prochain chapitre, représente d'une manière opérationnelle l'ensemble des tâches à accomplir pour traiter un acte d'achat.

Mais une seconde représentation, mise en œuvre par Jean LOUBÈRE (déjà cité), est la suivante.

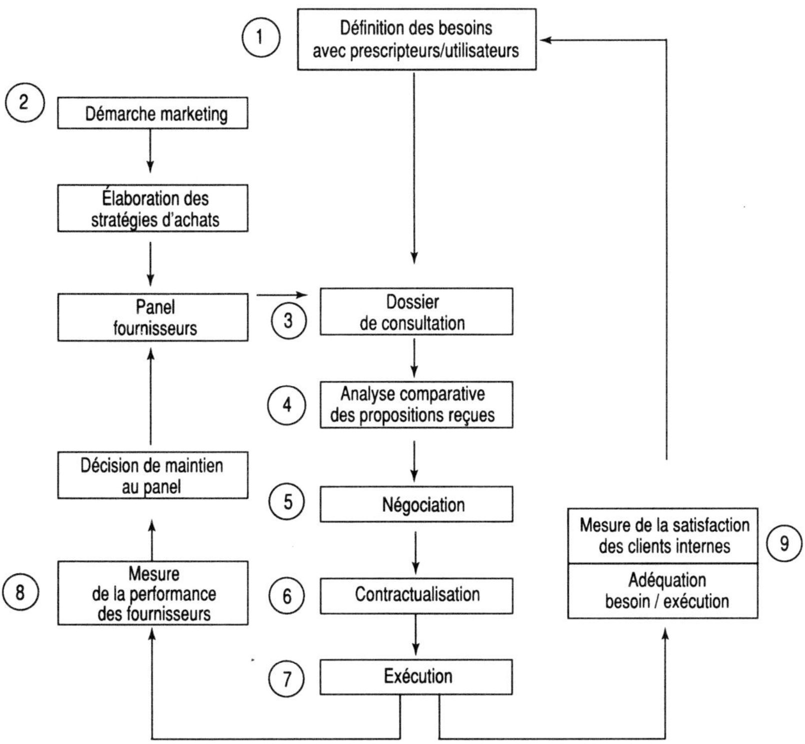

Le processus d'achat stratégique

Cette représentation permet de mettre en évidence les différentes étapes de l'acte d'achat en mettant l'accent sur la valeur dynamique du processus.

En effet, le processus d'achat est comme un « système asservi », dans lequel l'élaboration des stratégies d'achat se comporte comme la mise en place d'une perturbation et la mesure des performances des fournisseurs comme une contre-réaction permettant de mesurer des écarts. Sans cette mesure et la prise de décision en découlant, le système serait en boucle ouverte avec toutes les conséquences inhérentes à cet état. Également, une seconde boucle de réaction est formée par la mesure de la satisfaction des clients internes qui est, sans exagérer le terme, la « survie de la fonction achats de l'entreprise ».

La plupart des étapes constituant le processus stratégique s'appuient sur des outils que l'on peut résumer ci-dessous :

La définition des besoins : elle est à la fois qualitative et quantitative et fait appel à des outils tels que :

- l'analyse fonctionnelle,
- le plan industriel et commercial.

L'analyse fonctionnelle

Elle permet, pour décrire un produit ou un service, de raisonner en « c'est fait pour » et non pas en « c'est fait de ».

Elle peut être utilisée en :

- développement de nouveaux produits,
- réduction de coûts sur produits existants.

Elle s'appuie sur le fonctionnement de groupes projets (d'où l'émergence d'une fonction acheteur projet).

Son emploi pour les achats est d'un intérêt certain :

- on ne s'enferme pas *a priori* dans une solution technique donc on peut maintenir ouvert le champ de la concurrence,
- on peut utiliser le concept de taux d'échange : contrepartie financière à une moindre exigence sur les résultats attendus d'un besoin à satisfaire,
- l'acheteur peut rapprocher les exigences fonctionnelles du groupe projet avec les standards du marché de l'offre fournisseurs.

Le plan industriel et commercial

Il s'agit de la partie applicative des progiciels type ERP.

Cet outil traite de tous les articles nomenclatures dans les produits finals de l'entreprise. Il assure la liaison entre la fonction achats (contrat-cadre ou accord-cadre) et la fonction approvisionnements (appels de livraison). La notion d'horizon est extrêmement intéressante puisque l'on peut obtenir :

- des prévisions de consommation annuelle,
- des programmes de livraison sur un horizon défini.

LA DÉMARCHE MARKETING

C'est une démarche structurée comprenant :

- une segmentation des achats par famille technologique,
- une mesure des enjeux quantitatifs par segment ainsi que de la position concurrentielle (fournisseurs utilisés),
- une étude de marché : offre/demande :
  - préévaluation de fournisseurs potentiels,
  - mesure des concurrents à l'achat tant directs qu'indirects ?
- une analyse des contraintes (techniques/commerciales, internes/externes),
- un positionnement des segments dans une matrice risques/profit d'où découle une déclinaison des stratégies possibles.

L'ÉVALUATION DES FOURNISSEURS

Démarche permettant de construire un panel fournisseurs c'est-à-dire une base de données fournisseurs décrivant par segment d'achats les fournisseurs susceptibles d'être consultés.

On distingue généralement :

- des fournisseurs stratégiques : ils correspondent aux segments situés à l'optimum risques-profit, c'est avec eux que l'on peut construire des alliances de partenariat,
- des fournisseurs actifs,
- des fournisseurs connus,
- des fournisseurs interdits.

Le processus d'évaluation fournisseurs doit être cohérent avec la mesure de la performance des fournisseurs afin de pouvoir envisager le maintien des fournisseurs au panel.

LA CONSULTATION DES FOURNISSEURS ET LA NÉGOCIATION

- La **consultation** est une interrogation du marché (sur la base du panel fournisseurs) avec :
  - une procédure (règlement de la consultation),
  - un dossier de consultation (aspects administratifs, technique, mode de décomposition des prix).

- Le **dépouillement** c'est une modalité d'analyse comparative des offres reçues (critères d'appréciation, coefficients de pondération, méthode de dégressivité par critère, partage entre mesure quantitative (85 %) et mesure qualitative (15 %).
- La **négociation** : relation de face à face (acheteur/fournisseur) aboutissant à choisir un fournisseur après avoir défini avec lui les éléments clés de la contractualisation.

LA CONTRACTUALISATION

Il s'agit du lien juridiquement valable entre l'acheteur et le vendeur (commune intention des parties, accord des volontés).

On peut aujourd'hui distinguer 4 pratiques :

- **L'accord-cadre :** est pratiqué pour des accords de référencement ; il est souvent utilisé dans les achats de négoce où des structures décentralisées peuvent comparer les tarifs de l'accord-cadre avec ceux qu'elles sont susceptibles d'obtenir localement par leur propre démarche.
- **Le contrat cadre :** est le support juridique associé à des relations de partenariat. Il est presque toujours pluriannuel. Il n'est pas, seul, opérationnel, car il s'accompagne d'appels de livraison eux-mêmes issus des calculs de besoin évoqués plus haut.
- **Le contrat :** se suffit à lui-même. Il est utilisé essentiellement pour les achats d'investissement (immobilier, équipements industriels, systèmes d'informations, études...).
- **Le bon de commande** : c'est le terme le plus usuellement utilisé, mais qui est juridiquement incorrect (bon de commande + acceptation = contrat). Il devrait être aujourd'hui utilisé de manière résiduelle quand l'une des trois autres formes n'a pas été retenue. Son utilisation est recommandée quand :
  - le risque sur l'achat est très faible,
  - le coût du transfert marginal.

Il est toujours complété par des conditions générales d'achats.

L'EXÉCUTION

Elle nécessite deux outils :

- une mesure de la satisfaction « clients internes »,
- une mesure de la performance fournisseurs corrélée avec l'évaluation fournisseurs (cette mesure doit prendre en compte un taux de service global, un plan de progrès).

Ces différents outils et méthodes seront largement étudiés dans le chapitre traitant de l'achat amont et des stratégies d'achat.

► L'aspect opérationnel

Pour étudier les différentes étapes de l'acte d'achat, il est intéressant de les modéliser en ligne selon un schéma que nous appelons **la chaîne de valeurs achats**.

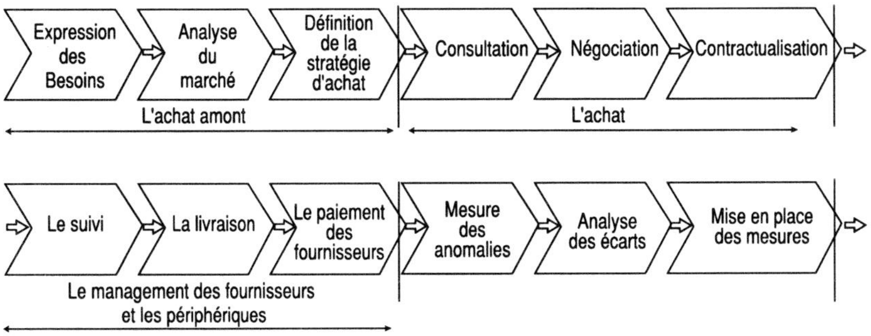

Représentation des processus d'achat

Ce processus d'achat opérationnel permet de visualiser l'ensemble des étapes formant l'acte d'achats. Bien entendu, comme nous l'avons vu dans le chapitre précédent, l'analyse stratégique se fait d'une manière permanente du fait de la nécessaire anticipation pour connaître le marché et déterminer les vulnérabilités d'approvisionnements à court et moyen long terme.

Ainsi, pour obtenir cette chaîne de valeurs il convient de vérifier qu'avant la consultation du marché fournisseurs, les différentes options stratégiques ont été prises pour le projet en cours ou pour l'achat faisant l'objet de cette démarche. C'est l'objet du chapitre suivant.

CHAPITRE 2

Le processus d'achat stratégique ou l'achat amont

1. L'ACHAT AMONT

Ce que nous appelons l'achat amont est un ensemble de démarches d'anticipation des achats et qui regroupe le « marketing achats et l'élaboration des stratégies d'achats ». Il s'agit donc bien de stratégies d'approvisionnement à la disposition de la stratégie d'entreprise. Les outils et méthodes ci-après sont à mettre en œuvre de manière permanente afin de disposer d'aides aux différentes décisions à prendre dans le cadre d'un projet ou d'une production annuelle, par exemple.

Les différentes étapes de l'achat amont sont les suivantes :

- la segmentation des achats,
- l'analyse du marché,
- la visualisation du portefeuille des achats,
- le diagnostic et l'élaboration des stratégies d'achats,
- les variables de l'achat opérationnel,
- la mise en place des tactiques d'achats.

Nous définirons les quatre premières étapes comme **l'axe stratégique de l'achat amont.**

Et les deux dernières comme **l'axe opérationnel de l'achat** qui seront décrites dans le chapitre suivant.

L'ensemble de ces démarches s'inscrit dans ce que nous appelons « **le marketing achats** ». En effet, d'une manière générale, le marketing achats est une recherche en vue de l'acquisition de produits, activités ou services, sur le marché fournisseurs, en fonction des besoins actuels ou futurs, aux conditions optimales de rentabilité pour l'entreprise.

C'est donc une démarche privilégiée qui permet :

– soit de tirer un meilleur parti du marché fournisseurs à partir d'une pratique de l'entreprise,
– soit de découvrir ou construire le réseau d'un marché fournisseurs, pour un nouveau produit à acheter.

Enfin, cette démarche conduit à la connaissance systématique de l'environnement pour faciliter l'interaction de l'entreprise avec celui-ci en s'y adaptant ou en le modifiant.

> Les pages qui suivent sont largement détaillées dans les ouvrages de Roger PERROTIN :
>
> *Le marketing achats* et *Stratégies d'achat* aux Éditions d'Organisation.
>
> (Voir bibliographie).

2. LES ALLIANCES STRATÉGIQUES

Au même titre que l'entreprise, la fonction achats tisse des relations particulières avec ses fournisseurs. La plupart d'entre elles repose sur des démarches de long terme. En effet, seule la pérennisation de la relation client/fournisseur permet de créer de la valeur à moyen et long terme. Étudions quelques stratégies d'achats adaptées à l'économie actuelle.

▶ La mise en concurrence

Il s'agit d'une action qui consiste à susciter l'intérêt de nouveaux fournisseurs pour le produit ou le service dans le but d'élargir le panel fournisseurs.

La mise en œuvre se fait par :

– l'interrogation de nouvelles sources,
– le préciblage et la consultation des fournisseurs.

L'objectif de cette démarche est de comparer les offres de différents fournisseurs sur un certain nombre de critères. Que cette consultation, ou appel d'offres dans les marchés publics, soit effectuée d'une manière traditionnelle ou « en ligne », elle doit nécessairement être « éthique », c'est-à-dire reposer sur :

- des documents identiques,
- un tableau de dépouillement permettant à chaque consulté d'obtenir sa chance lors du choix définitif.

Malgré tout, la mise en concurrence des fournisseurs, utilisée trop souvent de manière systématique, si elle comporte un certain nombre d'avantages tels que :

- l'obligation d'établir un cahier des charges précis, condition nécessaire pour comparer les offres des fournisseurs,
- l'assurance de conserver la propriété des études,
- etc.

comporte les inconvénients propres à sa définition :

- obligation pour le donneur d'ordres de disposer du savoir-faire total,
- capacité pour le donneur d'ordres d'imaginer la solution technique la plus novatrice.

Ainsi, si la mise en concurrence est souvent de mise dans le cas d'achats de produits standards, il n'en est pas de même pour les achats spécifiques.

La mise en place de stratégies d'achats, objet de ce chapitre, vous aidera dans le choix d'une mise en concurrence ou toute autre forme de relation client/fournisseur.

▶ L'achat international et la délocalisation des fabrications

Cette démarche, aujourd'hui incontournable pour bon nombre d'entreprises, a été largement commentée dans l'introduction.

Disons seulement que cette stratégie présuppose une mise en œuvre très structurée tant les problèmes culturels, sociaux, techniques... sont nombreux si la démarche n'est pas gérée comme un véritable projet d'entreprise.

En fait, au-delà de la délocalisation des fabrications, l'achat international fait partie de décisions à prendre en intégrant deux dimensions :

– stratégique, exposée ci-après,
– juridique et fiscale.

Cette seconde dimension concerne l'identification des risques encourus et est bien souvent difficile à apprécier.

Dans les grands groupes, un service spécialisé est souvent dédié à cette fonction : c'est le « risk management ». En revanche, dans le cas des PME, le chef d'entreprise s'entoure d'une compétence extérieure sous la forme, par exemple, d'un banquier ou d'un assureur.

Les risques liés à l'internationalisation des achats peuvent être regroupés en plusieurs catégories :

– risque pays,
– risque commercial,
– risque juridique,
– risque produit,
– risque logistique,
– risque financier.

Les tableaux suivants vous permettront d'identifier chacun de ces risques.

Tableau 1 – Le risque pays

Critère d'Analyse	Indicateur	Nature du Risque
Régime politique	• Démocratie/Régime • Démocratie autoritaire (Stable ou explosive)	• Confiscation • Nationalisation • Choix des dirigeants (entité délocalisé (B, HA, entrepôt) imposé par régime. • Émeutes, grèves
Données géographiques	• Climat, • Relief • (Ports, fleuves, aéroports) • Distances	Catastrophes naturelles probables • Délais supplémentaires pendant le transport • Ruptures de charges nombreuses
Démographie	• Pyramide des âges • Accès à l'éducation • Niveau technique acquis	• Productivité • Marge de progression • Non-Qualité

Critère d'Analyse	Indicateur	Nature du Risque
Situation sociale	• Groupes ethniques • Culture des populations • Climat social (agité, stable, troublé) • Librement acceptée ou imposée.	• Émeutes, guerres • Grèves • Boycott] Implications logistiques et financières
Données économiques	• PNB global • PNB/habitant • Taux de croissance • Richesses naturelles • (Matières premières) • Balance commerciale • Balance paiements • Inflation • Stabilité monétaire • Taux salaire horaire	• Opportunités à la vente • Compensation • Financier (devise, inflation) • Stabilité de la source d'approvisionnement

Tableau 2 – Le risque commercial

Critères	Indicateur	Nature du Risque
Composante culturelle dans la négociation	• Langue des affaires • Nécessité d'un intermédiaire local	• Échec des négociations • Mauvaise compréhension • Surcoûts liés aux traductions

Tableau 3 – Le risque juridique

Critères	Indicateur	Nature de Risque
Système juridique	• Droit écrit/Droit coutumier	• Rédaction contractuelle (notion d'ordre public)
Propriété intellectuelle	• Notion de propriété intellectuelle au niveau local	• Copie • Perte du savoir-faire
Responsabilité produit	• Vices propres du produit • Erreur fabrication... • Responsabilité civile	• Financier (produits inutilisables, dommage sur autres composants) • Image de marque • Juridique action en dommages et intérêts du client final

Critères	Indicateur	Nature de Risque
Règlement des litiges	• Instances nationales • Non-validation des conventions d'arbitrage	• Financier (coût des procédures) • Image de marque (implication dans un contentieux juridique)
Cautions et garanties bancaires	• Mise en œuvre abusive de cautions	• Financier (perte du montant de la garantie bancaire)

Tableau 4 – Le risque produit

Critères	Indicateur	Nature de Risque
Normes	• Normes intérieures • Normes à l'export • Normes à l'importation selon les zones	• Financier logistique (douanier)
Usages	• « Règles de l'Art » locales	• Image de marque • financier
Technologie	• Copie : • Dépôt marques, brevets • Actions en contrefaçon	• Concurrence à la vente
Emballages	• Techniques disponibles localement (matériaux)	• Dommages sur la marchandise
Qualité	• Normes qualités Réputation du pays	• Financier logistique (temps de réapprovisionnement)

Tableau 5 – Le risque logistique

Critères	Indicateur	Nature de Risque
Dédouanement export	• Entreposage à l'exportation • Régime des retours • Procédure de dédouanement export (documents, intermédiaires)	• Délais d'acheminement • Coûts

Critères	Indicateur	Nature de Risque
Dédouanement import	• L'espèce tarifaire • Droits de douanes • Quotas et licences • Normes à l'import • Certificats de toutes natures • Langue emballages… • Mesures techniques à l'entrée des marchandises	• Barrières douanières à l'import entraînant coûts, délais, rebut.
Transport et transit	• Nombre rupture de charge et types de transport • Moyens logistiques (aéroport, réseau ferroviaire, routes, fleuves) • Variations climatiques (moussons)	• Avarie de la marchandise • Pertes ou vol • Livraisons erronées • Date de livraison dépassée • Surcoût financier
Emballage et marquage	• Normes nationales • Normes CEE = > analyse des coûts	• Rebut • Non-acceptation par le transporteur • Incompatibilité avec le moyen de transport • Coûts de manutention élevés

Tableau 6 – Le risque financier

Critères	Nature de Risque	Indicateur
Paiement en devise	• Risque de change • Risque de non-transfert • Frais bancaires • Retards du paiement	• Variabilité de la devise • Taux d'intérêt sur marché monétaire • Information sur les performances bancaires locales.
Commissions	• Financier • Logistique (retard/ dédouanement)	• Information sur les pratiques commerciales locales
Rentabilité du capital investi	• Absence de rentabilité • Obligation de supporter les pertes • Obligations de réinvestir	• Analyse des pratiques fiscale et comptable locales par rapport aux investissements étrangers

Critères	Nature de Risque	Indicateur
Prix à payer	• Mauvaise utilisation des Incoterms (FOB US) • Mauvais calcul du coût de revient • Inflation (si production locale)	• Connaissance interne des pratiques du commerce international • Taux d'inflation sur les dernières années

Il convient également, et c'est un des éléments pesant très lourdement dans la décision de délocaliser les fabrications, de prendre en compte le « coût d'acquisition », c'est-à-dire les frais relatifs à l'internationalisation des achats.

Frais fixes préalables, indépendants du chiffre d'affaires	• salaires des personnes spécialisées, • recherche de renseignements de toutes sortes • études de marché, achat de renseignements et de documentation • rémunération des conseils et avocats • recherche de partenaires et d'intermédiaires • adaptation du produit aux habitudes commerciales locales • certifications diverses du produit • déplacement divers • téléphone, télex, fax
Frais variables, fonction du chiffre d'affaires et des marchés choisis :	• échantillons • démonstrations (personnel, transport du matériel, location des locaux, invitation des professionnels, traitement de l'information, coût du matériel...) transport • accompagnement administratif de l'achat : factures, liste de colisage, documents de dédouanement... • primes d'assurances diverses y compris l'assurance-crédit • redevances diverses • commissions des intermédiaires de vente

Enfin, les aspects interculturels sont bien évidemment à prendre en compte ; cet aspect sera traité dans le chapitre sur la « négociation d'achat ».

▶ L'externalisation

Attardons-nous sur cette stratégie qui est très prisée actuellement : on estime en effet que le marché européen de l'externalisation pèse de l'ordre de 300 milliards de dollars soit l'équivalent du marché américain. L'externalisation est considérée comme l'un des grands outils stratégiques des entreprises, au même titre que les joint-ventures, les compensations industrielles, ou la délocalisation des fabrications. C'est la logistique qui est probablement la fonction la plus attirée par cette démarche.

L'externalisation consiste à confier une activité et son management à un prestataire extérieur plutôt que de la réaliser en interne.

Une opération d'externalisation s'accompagne parfois d'un transfert de personnel et d'équipements vers le prestataire.

L'externalisation doit être distinguée de la sous-traitance **« La sous-traitance est une opération par laquelle un client confie au sous-traitant le soin d'exécuter pour lui et selon un cahier des charges préétabli une partie des actes de production ou des services dont le client conserve la responsabilité économique finale ».**

Cette définition est celle généralement admise dans les secteurs industriel et tertiaire ; elle peut être rapprochée de celle figurant dans la loi de décembre 1975 sur la sous-traitance. La différence étant que, dans ce dernier cas, il y a 3 acteurs et 2 contrats (maître de l'ouvrage, entrepreneur principal, sous-traitant).

La sous-traitance implique une obligation de moyens. Le prestataire apporte son **industrie**, mais le client conserve la responsabilité globale de l'activité.

L'externalisation suppose une obligation de résultat. Le prestataire fournit ses moyens et son industrie, mais assure aussi la responsabilité globale de l'activité.

Aujourd'hui, si la décision d'externaliser constitue un des domaines privilégiés de la direction générale, la fonction achats se trouve en première ligne pour choisir les prestataires.

Les raisons incitant les entreprises à décentraliser certaines fonctions sont multiples. Parmi elles :

– la volonté de réduire les coûts,

– la volonté de se recentrer sur le cœur de métier,
– le manque de ressources internes en termes d'effectif ou de compétences,
– l'amélioration de la qualité de service.

Les freins sont bien évidemment identiques à ceux de la démarche de délocalisation :

– déficit d'image de par le mythe de la perte d'emploi,
– dépendance créée vis-à-vis des prestataires,
– perte de savoir-faire.

Mais d'une manière générale, les fonctions externalisées aujourd'hui peuvent être visualisées de la manière suivante :

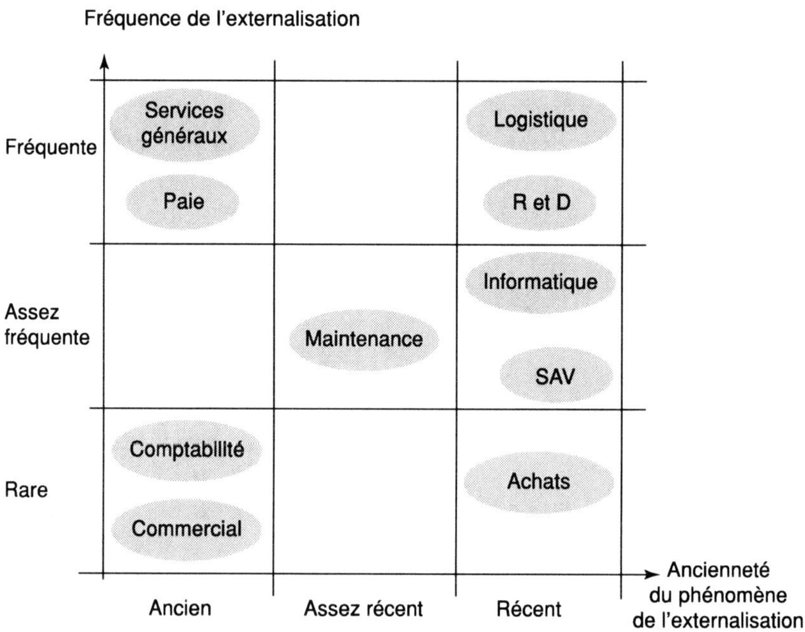

Les fonctions externalisées dans le temps

Les bénéfices attendus sont les suivants :

– **Amélioration de la focalisation**. L'acheteur peut se recentrer sur ses métiers stratégiques et externaliser les activités périphériques.
– **Accès à des compétences de haut niveau :** les prestataires, chacun sur leurs activités, peuvent offrir des prestations d'excellent niveau (mutualisation et investissements chez le prestataire).

- **Simplification des opérations de reengineering.** Quand un reengineering est mis en route chez l'acheteur, la réponse aux questions *make or buy* ou simplification des procédures est nettement améliorée par la contribution des prestataires.
- **Partage (si ce n'est transfert) des risques chez le prestataire**. Ce sont surtout les investissements futurs qui sont en cause. C'est le prestataire qui doit investir, mais en même temps il faut qu'il fasse des choix d'investissement judicieux pour assurer une prestation de qualité.
- **Possibilité de libérer des ressources pour d'autres emplois**. Pour l'acheteur, l'équilibre emplois/ressources est fondamental. Avec bien évidemment une optimisation des ressources (d'où l'introduction de la notion de création de valeur).
- **Variabilisation des coûts**. L'externalisation diminue la part de charges fixes et permet de relier le service fait et le paiement de celui-ci.
- **Rentrée de trésorerie à la suite de la cession d'actifs**. L'externalisation comprend des reprises de matériel par le prestataire donc des revenus issus des cessions.
- **Réduction des coûts**. C'est l'un des fondements de l'externalisation. Il faut toutefois apprécier le risque ultérieur de dérives. Ceci étant, l'économie réalisée au départ doit couvrir plusieurs années d'une éventuelle dérive.
- **Accès à des ressources non disponibles en interne**. Le prestataire, notamment grâce à un effet de volume, peut avoir des moyens (humains, matériel, logiciels...) difficilement accessibles au client.
- **Amélioration de la gestion d'une activité**. Le prestataire doit mettre en œuvre les meilleures pratiques de l'activité sans toutefois que le client renonce à toute responsabilité.

Par ailleurs, les risques encourus sont :

1	*Mauvais management de l'activité externalisée* Lorsqu'une entreprise externalise une activité parce qu'elle ne parvient pas à bien la gérer en interne, rien ne garantit qu'elle sera capable de mieux la gérer en externe.
2	*Manque d'expérience du prestataire* Un argument fréquemment avancé en faveur de l'externalisation est l'accès à l'expertise du prestataire. Toutefois, de nombreux marchés de la prestation d'externalisation sont émergents et tous les prestataires ne disposent pas d'une véritable expertise.
3	*Incertitude liée à l'activité externalisée* Lorsqu'une entreprise externalise une activité pour des raisons de coûts ou de recentrage, elle fait le pari que cette activité n'appartiendra jamais à son « cœur de métier ». Or rien ne peut garantir que ce sera le cas.
4	*Perte de valeur des compétences technologiques du prestataire* Lorsque l'on externalise une activité, il faut s'assurer que le prestataire aura les compétences nécessaires pour la maintenir au niveau de l'état de l'art technologique.
5	*Incertitude* Certaines activités sont caractérisées par un degré d'incertitude très élevé. Les utilisateurs peuvent difficilement prévoir leurs besoins à venir et de nouvelles technologies émergent en permanence. S'il est toujours possible de renégocier le contrat d'externalisation, les coûts induits sont loin d'être négligeables.
6	*Coûts cachés* Ils sont de deux grands types : les coûts de mise en place de l'opération d'externalisation – recherche du prestataire et rédaction du contrat – et les coûts de gestion de la relation avec le prestataire.
7	*Absence d'apprentissage organisationnel* Pour la plupart des activités, l'apprentissage est issu de l'expérience. Une entreprise qui externalise une activité ne la réalise plus elle-même. Elle perd alors peu à peu ses compétences.
8	*Absence de capacité d'innovation* L'externalisation peut aboutir à une réduction considérable de la capacité d'innovation d'une entreprise. Car l'innovation nécessite de disposer de ressources excédentaires et le recours à un prestataire extérieur contribue généralement à éliminer de telles ressources.

9	*Transfert de compétences* Dans le cas d'une activité comme l'informatique par exemple, des postes ont été créés pour jouer le rôle d'intermédiaires entre les informaticiens et les utilisateurs. L'externalisation permet de transférer ces employés au prestataire. Ils sont alors remplacés par des employés chargés de superviser le prestataire.
10	*Indivisibilités technologiques* L'externalisation est intéressante quand elle porte sur des activités mûres et peu intégrées au reste de l'entreprise. Dans le cas contraire, elle est beaucoup plus risquée du fait des interactions de l'activité avec le reste de l'entreprise.
11	*Type de prestation* L'externalisation permet aisément d'obtenir des prestations standardisées. Il n'en est pas de même pour les prestations plus spécifiques ou novatrices.

Ces risques peuvent être résumés en 2 risques majeurs (cités par ordre d'importance décroissante).

a - Dépendance vis-à-vis du prestataire

L'externalisation n'est pas la cession (et donc la cessation) d'une activité mais un **transfert d'activité** (dont le client continue par conséquent d'avoir besoin, par exemple l'informatique ou la maintenance...). De plus, cette dépendance peut être accentuée par une concentration des prestataires potentiellement capables d'exécuter ces prestations ; il y a en effet un aspect globalisation (la totalité de la fonction informatique) et un aspect technique (exemple : en maintenance, on externalisera de la multitechnique voire du multiservice).

b - Sous-performance du prestataire

Elle est d'autant plus cruciale que l'on a construit un contrat à obligation de résultat avec le prestataire.

La relation client/prestataire est un contrat à exécution successive et cette dernière peut subir des aléas au fil du temps.

Ces derniers ont quatre causes essentielles :

- pannes et problèmes techniques perturbant, voire interrompant l'exécution de l'activité,
- la variabilité des moyens humains dédiés par le prestataire à l'exécution du contrat (turnover, formation...)

- incertitudes quant à la capacité du prestataire à choisir des matériels offrant le meilleur compromis (fonction/coût) et suivant l'évolution de l'art dans le domaine considéré,
- existence, chez le prestataire, de clients concurrents sur la prestation achetée (le prestataire fait un raisonnement d'allocation de ressources rares par niveau de difficulté croissante de la prestation et de rentabilité croissante de la prestation).

> Le chapitre traitant de la contractualisation permettra de définir un certain nombre de règles simples dans l'établissement d'un contrat d'externalisation.

▶ La coopération

C'est une alliance stratégique dans le but de maximiser le pouvoir de l'entreprise acheteuse.

Elle peut être de deux types :

– la coopération horizontale qui consiste en une collaboration avec un ou plusieurs donneurs d'ordres,
– la coopération verticale ou partenariat.

La coopération horizontale, ou « groupements d'achats » est aujourd'hui en pleine expansion.

Face à la concentration toujours accrue des fournisseurs, certains donneurs d'ordres font le choix de s'allier pour jouer eux aussi la carte de la concentration.

■ Exemple

Citons le cas du groupement d'achats de cinq plasturgistes, groupement nommé SAS GMB décrit dans « La lettre des achats de septembre 2006 » *qui se définit de la manière suivante :*
« La SAS GMB est un groupement de cinq plasturgistes créé en 2001 pour échanger et travailler en réseau, essentiellement autour des achats. Régulièrement, le comité achats de GMB rassemble les acheteurs pilotes issus des entreprises adhérentes. Ces derniers, chargés d'un segment d'achats, sont nommés pour trois ans. Toutes les étapes clés du processus achats sont traitées lors du comité GMB... L'ensemble des choix se fait de manière consensuelle sur proposition des pilotes... »

On pourrait citer de nombreux groupements d'achats, mais nous n'avons pas suffisamment de recul pour vérifier l'efficacité de ces « mariages à la carte entre acheteurs ».

Quoi qu'il en soit, ce type de structure prolifère, avec ses faciles dérives tant sur le plan juridique qu'humain et nous pensons que ce phénomène va s'assainir et trouver son vrai rythme.

▶ Le partenariat

Ce choix stratégique consiste à exploiter les synergies client/fournisseur dans un esprit de partage des risques, moyens et gains, ainsi que l'accroissement de la compétitivité sur le long terme.

La mise en œuvre se fait par :

- l'identification d'un enjeu,
- l'évaluation des contraintes et des risques,
- l'évaluation des fournisseurs,
- l'amélioration continue des performances des fournisseurs,
- la définition d'un coût objectif,
- l'établissement d'une transparence du contrôle des coûts,
- la fixation des règles d'échange entre les deux partenaires.

À ce sujet, et les mauvaises expériences sont nombreuses dans ce domaine, il est nécessaire de rappeler un certain nombre de règles pour mettre en place un partenariat avec un fournisseur.

LES RÈGLES D'OR DU PARTENARIAT
1 - Planifier – Définissez clairement vos objectifs stratégiques. – Évaluez les autres moyens permettant d'y parvenir. – Décidez comment structurer et gérer au mieux l'opération. **2 - Accorder sa confiance en fonction de ses intérêts** – Faites savoir quels sont vos objectifs et assurez-vous que votre futur partenaire pourra y satisfaire. – Renseignez-vous sur les objectifs de ce partenaire et assurez-vous que vous pouvez y satisfaire. – Établissez de bonnes relations personnelles.

.../...

.../...

3 - Anticiper les conflits
- Soyez sûr de bien comprendre les intérêts à long terme de votre partenaire.
- Identifiez à l'avance les zones de conflit potentiel.
- Prévoyez dans votre accord un mécanisme qui permettra de résoudre les conflits.

4 - Être flexible
- Jouez avec finesse et diplomatie.
- Soyez prêts à modifier les accords passés en matière de contrôle si les circonstances changent.
- Donnez toujours la priorité à vos propres intérêts.

5 - S'adapter aux différences culturelles
- Apprenez à connaître le style de management de votre partenaire.
- Ayez une conduite appropriée dans vos relations personnelles comme dans vos relations d'affaires.

Ceci étant, le partenariat comporte de nombreux effets négatifs, et nous préférons la recherche de l'innovation ou le **partenariat multiple** pour rechercher en permanence le fournisseur le plus innovant.

Nous préconisons donc un partenariat avec, en permanence, au moins une double source et avec un ensemble de clés de sortie contractuelles, notamment dans le cas où un nouvel entrant apparaîtrait avec une solution novatrice à moindre coût.

▶ La planification et la globalisation

La planification consiste à consolider l'ensemble des besoins prévisionnels à moyen et long terme.

La mise en œuvre se fait par :

- l'intégration des besoins prévisionnels,
- l'évaluation de l'incertitude des besoins prévisionnels,
- l'information donnée aux fournisseurs.

La globalisation est une planification étendue soit à l'ensemble des unités d'un même groupe d'entreprises, soit à une plate-forme d'achat.

La mise en œuvre se fait par :

- la coordination des consommations,
- la standardisation des besoins,
- la réduction du nombre de fournisseurs,
- la réduction du nombre de commandes,

- le benchmarking des produits,
- le contact avec les acheteurs de mêmes besoins.

▶ L'intégration verticale et l'achat de compétences

L'intégration verticale est un choix stratégique très lourd à assumer et qui consiste à remonter dans la filière industrielle, en s'assurant la maîtrise des tâches en amont :

- soit par un développement interne à l'entreprise,
- soit par un développement externe sous la forme d'un rachat d'entreprise ou d'une prise de participation financière ou de tout autre forme de relations.

L'achat de compétences se situe dans une logique « entreprise » qui cherche à retrouver un cœur de métier suffisamment large pour conserver un avantage concurrentiel. Cette démarche est nécessaire dans bien des cas car le codéveloppement avec les fournisseurs (ou partenariat), la délocalisation des fabrications, l'externalisation de fonctions telles que la R & D, les marchés de compensation, amènent immanquablement une perte de savoir-faire finalement néfaste au bon fonctionnement de l'entreprise.

▶ Le global sourcing

Au-delà du mot « sourcing » qui n'exprime qu'une recherche de fournisseurs, le global sourcing est une vraie stratégie d'achat au service de l'entreprise.

Celle-ci repose sur la notion **d'entreprise mondiale.** Cela signifie que ce type de stratégie, récente, s'adresse à des entreprises internationales, c'est-à-dire qui exportent ou fabriquent leurs produits dans le pays des clients.

Si l'entreprise est mondiale, les fournisseurs doivent l'être.

Selon l'orientation des entreprises, cette stratégie se décline de différentes manières :

- Les groupes industriels qui ont une politique de « marché local », à partir d'une stratégie marketing de pénétration ou qui entrent dans un marché de compensations, doivent fabriquer dans le pays d'accueil. Le global sourcing consiste à « sourcer » au plus près des unités de fabrication et donc des clients finals. Les fournisseurs ont ainsi la même culture que leurs clients et les coûts sont optimisés. C'est le cas de groupes industriels qui doivent leur survie à une expansion ne pouvant plus se faire en France, les besoins locaux étant insuffisants.

– Les groupes industriels déjà implantés mondialement et qui fabriquent des parties des produits revendus dans différents pays peuvent admettre une définition différente. Citons John MILLER, vice-président of purchasing at Nissan, lors d'une interview par Karen PREMA de la revue Purchasing le 6/4/2006 :

  « In the automotive industry, global sourcing means global cost structures. We have to ask : How do we drive cost and have the lowest global cost structure so that our parts can come from anaywhere in the world ? We have common models and platforms we're building all over the world. To try to reduce our investment, we only put those tools in several regions and send those smallers parts around the world. We're looking at what is the most competitive cost structure. »

Dans tous les cas, le terme de « global sourcing » est parfaitement adapté dans la mesure où il s'agit d'une stratégie d'achat globale pour l'ensemble des unités d'un groupe généralement industriel.

Les problèmes rencontrés lors de la mise en œuvre se situent à différents niveaux :

– adaptation interculturelle sur les plans techniques, communication…
– harmonisation des spécifications techniques,
– constance de la qualité,
– élaboration de contrats juridiques particuliers,
– propriétés des plans, outillages,
– etc.

3. LES DIFFÉRENTES ÉTAPES DU MARKETING ACHATS

▶ La segmentation des achats

Elle consiste à découper les besoins de l'entreprise ou à compacter la liste des articles achetés en classes homogènes d'achats que nous appelons des « familles d'achat » ou « segments technologiques ».

Ce découpage des achats de l'entreprise en familles d'achats est un travail fondamental à exécuter avant de bâtir une stratégie d'achats et donc d'engager des ressources.

L'efficacité de l'action stratégique dépend en grande partie de cette segmentation.

Les actions marketing et stratégie d'achats étant tournées vers l'extérieur et construites à partir d'une réflexion « marchés », nous définirons la « famille d'achats » ou le « segment technologique » comme un ensemble homogène de produits, activités ou services représenté par un marché fournisseur spécifique et pour lequel il est possible de formuler une stratégie d'achats.

Il n'existe pas de méthodologie universelle pour effectuer cette démarche. Toutefois il est intéressant de considérer trois niveaux de déclinaison :

1er niveau

Il s'agit d'une classification fonctionnelle à partie de la typologie des achats décrite dans le chapitre précédent.

À titre d'exemple, nous trouvons dans ce premier découpage :

- les achats de matières premières,
- les achats de sous-traitance,
- les achats d'informatique,
- etc.

2e niveau

Au deuxième niveau, on trouve des lignes de produits correspondant à des métiers. Ces lignes de produits déterminent, dans une large mesure, le profil des acteurs de la fonction achats. Elles correspondent aux différents secteurs d'activité de l'entreprise et doivent donc être choisies avec le plus grand soin, car elles constituent le point de départ de l'analyse du marché.

En outre, ces lignes de produits doivent nécessairement permettre le recueil de l'information. En effet, l'interrogation des sources officielles (syndicats de corporation, fédérations, banques de données...) ne peut être faite qu'à partir de segments homogènes avec leur propre découpage.

3e niveau

Ce troisième niveau consiste à créer des familles d'achats qui permettent de déterminer les enjeux aussi bien en termes financiers qu'en termes de risques de tous ordres.

La figure ci-dessous constitue un exemple de segmentation des achats de type : « composants de production ».

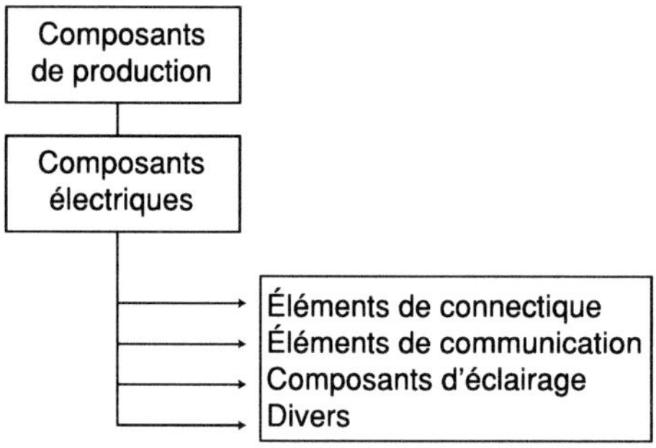

Exemple de segmentation des achats

Cette segmentation est bien entendu évolutive. Après avoir analysé le marché, il vous sera peut-être utile de regrouper certaines familles s'il s'avère que ce compactage permet d'améliorer votre représentation sur le marché.

En revanche, il vous faudra peut-être découper plus finement certaines familles afin de toucher de façon pointue un marché bien défini et peut-être très étroit.

Il convient donc de déterminer un ensemble de critères d'homogénéité permettant de vérifier la cohérence des familles déterminées par rapport au marché de l'offre et de la demande.

La check-list ci-après, tirée de l'ouvrage *Le marketing achats* de Roger PERROTIN aux Éditions d'Organisation, permet de vérifier si une famille déterminée correspond bien à un segment de marché homogène. Une série de réponses positives tend à démontrer qu'il s'agit bien d'une famille de produits correspondant à un même marché.

	OUI	**NON**
1. Les principaux fournisseurs, au niveau des différents produits de la famille, sont-ils les mêmes ? 2. La famille considérée correspond-elle à un segment de marché homogène (existence d'un syndicat professionnel, d'une Fédération, de statistiques officielles...) ?		

	OUI	NON
3. Le comportement des fournisseurs sur le marché est-il identique (variation de prix à partir de l'effet d'expérience, de cours internationaux, de la présence d'un leader, etc.) ? 4. Pour un groupe multisites ou groupe industriel, est-il possible de centraliser la puissance d'achat de la famille déterminée (cumuler les chiffres d'affaires achats des différents sites) ? 5. Est-il possible de positionner financièrement la famille déterminée par rapport : – au marché de l'offre ? – au marché de la demande ? 6. Le marché de l'offre de chacun des produits de la famille a-t-il les mêmes caractéristiques géographiques (provenance de pays ouverts tels que les pays de la CEE ; les pays étanches, c'est-à-dire protégés par des barrières douanières ou politiques ; des pays perméables, c'est-à-dire présentant une caractéristique intermédiaire) ? 7. Tous les produits de la famille concernée sont-ils tous placés sur le même **marché électronique**, c'est-à-dire place de marché ou plate-forme d'achat ? 8. Sur le plan interne, tous les produits de la famille sont-ils tous achetés de manière régulière (récurrents) et ont-ils tous un caractère standard ?		

▶ L'analyse du marché

Analyser un marché consiste à le caractériser en recueillant un certain nombre d'informations permettant de déterminer les différents freins à l'achat.

L'information utile à l'analyse du marché comporte deux niveaux :

- l'approche documentaire,
- l'enquête terrain.

Et deux dimensions :

- interne,
- externe.

Le recueil de l'information

Quels que soient le niveau ou la dimension de cette information, son recueil comporte un certain nombre de freins que nous qualifierons de relationnels.

En effet, nous nous heurtons, par exemple, en interne à l'inertie (ou la rétention d'information) de l'information qui tient au fait que dans la culture française, **celui qui détient l'information a le pouvoir**. Les causes annexes sont :

- le confort de l'indispensable,
- la crainte de donner une information par écrit sans intérêt et ainsi de passer pour un incompétent,
- la difficulté de mise à jour des informations.

En externe, le frein est généralement le manque **d'adaptation au style de l'autre.** Dans le milieu international dans lequel nous évoluons, tenir compte du style d'un fournisseur potentiel consiste à accepter sa culture, car elle détermine à travers les valeurs, les croyances, les idéologies, les comportements ou les usages locaux, un style partagé par les individus du même groupe. Obtenir de l'information de la part d'un Japonais ou d'un Américain nécessite un effort d'adaptation.

> Le chapitre traitant de « la négociation » vous donne un certain nombre de conseils concernant cette approche interculturelle.

Car le recueil d'information constitue une véritable négociation ou une relation entre deux individus qui prend en compte les outils relationnels de la négociation.

Ainsi, obtenir de l'information nécessite d'adopter la démarche suivante :

1/ Savoir se préparer à l'entretien : anticiper :

Quel que soit le type d'entretien, verbal ou non, il s'agit dans tous les cas

> **D'informer pour être informé**

Cette démarche consiste à se préparer **techniquement** :

- *communiquer en interne* en informant le ou les futurs interviewés sur :
  - la politique d'achats menée : ce sont les objectifs poursuivis,
  - l'objectif de la demande,
  - l'intérêt pour l'interlocuteur.
- *communiquer en externe* en informant à l'aide d'une « plaquette d'achats » comprenant :
  - une présentation rapide de notre société,

- l'identification des familles achetées,
- l'organigramme de la fonction achats.

et mentalement :

– se fixer un objectif précis, vérifiable, assorti d'indicateurs sensoriels de réussite,
– formuler positivement l'objectif à atteindre,
– vérifier le réalisme de l'objectif.

2/ Créer un climat favorable à l'entretien

On sait à quel point les premières minutes d'un entretien sont cruciales : les premiers contacts, la première poignée de main influent sur l'ambiance dans laquelle l'entretien proprement dit se développera.

Mais que ce soit ou non un premier contact, le langage non verbal prend une dimension importante dans la mesure où il constitue le fondement du climat de l'entretien. Ainsi, en préparant l'accueil de manière rigoureuse, vous mettez à l'aise votre interlocuteur, ce qui ne manquera pas de créer un climat de confiance au cours de l'entretien qui va suivre.

On peut considérer que la confiance est une émotion qui agit dans le présent, mais qui prend ses racines dans le passé. Ainsi, nous ne pouvons faire confiance à quelqu'un que si notre langage verbal et non verbal est « apparié » à celui de notre interlocuteur.

Ce mot de « confiance » n'est pas vain dès lors qu'il s'agit de relations interculturelles. En effet, ce cadre de travail fait naître « l'appréhension réciproque ». Le langage non verbal employé par les parties en présence est très souvent différent du langage verbal des protagonistes.

Cet axe de réflexion concernant le langage sera développé dans le chapitre traitant de la négociation.

Cette recherche, qu'elle soit verbale ou non doit être menée avec beaucoup de précautions, car le résultat dépend en grande partie de la nature du contact. En effet, dans bien des cas, la solution « Internet » ne constitue qu'une première approche.

Pour obtenir des informations plus « fouillées », une interrogation verbale est bien souvent nécessaire.

3/ Les sources d'informations

Les principales sources d'information dont dispose l'acheteur dans sa recherche sont :

- la presse,
- les annuaires de base,
- les banques de données.

L'analyse de l'offre et de la demande

Analyser un marché consiste effectivement à analyser le marché de l'offre et celui de la demande.

L'analyse de l'offre

Il convient tout d'abord d'évaluer les fournisseurs potentiels, d'identifier les segments de marché susceptibles d'intéresser notre entreprise et ensuite de détecter les fournisseurs ayant les capacités de production adéquates et une bonne santé financière, cela dans une démarche prospective, c'est-à-dire en tenant compte de la durée totale du projet ou du cycle de fabrication.

Mais analyser le marché de l'offre, et corrélativement celui de la demande, pose la question de savoir quelle est la **taille du marché** à étudier. Est-ce une région française, la France, l'Europe, le monde ?

Le premier élément d'analyse est le suivant : le marché est-il concentré ou atomisé ?

La réponse à cette question détermine grossièrement la taille du marché à étudier. En effet, le marché peut être concentré à une région du monde ou atomisé autour de l'entreprise.

Ensuite les éléments de l'étude sont, dans un ordre indifférent :

- **la mesure du marché fournisseurs** : pour mesurer le marché amont, il faut être capable d'identifier l'ensemble des fournisseurs existants et de sélectionner ceux qui potentiellement peuvent répondre à nos exigences. Connaître leur poids respectif et leur évolution sur le marché ; distinguer les leaders, les nouveaux entrants, etc.
- **La capacité de production** : l'étude permet de répondre à la question fondamentale : est-ce que les fournisseurs sont capables de s'adapter aux besoins croissants du marché ? quelle est leur capacité de production actuelle et quelles sont leurs possibilités d'extension ?

- **La santé financière** : l'analyse permet de déterminer si les entreprises potentiellement intéressantes ont une gestion financière saine. Les fournisseurs ont-ils, par exemple, les fonds nécessaires à leur exploitation courante et à l'investissement dans l'amélioration de leurs équipements ? Quelle est leur dépendance financière vis-à-vis de la géographie du capital et des organismes financiers ainsi que leur capacité à rentabiliser leurs opérations ?
- **Les produits et la motivation des fournisseurs** : il convient de détecter si notre entreprise est une cible pour les fournisseurs potentiels. Pour ce faire, la connaissance du cycle de vie du produit ainsi que son positionnement stratégique nous renseigne de façon pertinente sur la motivation du ou des fournisseurs potentiels pour la réalisation à long terme du type de produit ou prestation, objet de cette analyse de marché.
- **L'analyse des fournisseurs de nos fournisseurs** : elle permet de comprendre la dynamique du marché, voire de contrôler certains éléments proposés par les fournisseurs (contrôle de la part matière, de la part valeur ajoutée, de la dérive des prix nominaux, des difficultés d'approvisionnement).
- **La détermination des obstacles à l'entrée d'un nouveau fournisseur** : maîtrise de la technologie par très peu de fournisseurs, coût de transfert important (propriété des outillages, des études – qui est souvent le cas lors de l'utilisation abusive des cahiers des charges fonctionnels), délai de transfert généralement dû à la qualification du ou des nouveaux fournisseurs.
- **La détermination des obstacles à la sortie du ou des fournisseurs actuels** : contrat de partenariat en cours, savoir-faire du fournisseur, réglementations sociales, confidentialité, compensations industrielles, situation de monosource.

L'analyse de la demande

Cette partie de l'étude du marché est probablement la plus importante. En effet, il est facile de comprendre que le produit restera présent sur le marché tant que la demande existera. Il convient donc, en particulier sur le marché international, de surveiller les différents opérateurs de la demande et surtout d'identifier le ou les donneurs d'ordres leaders sur le marché et de connaître leur politique à moyen et long terme.

- **La définition de la demande :** la demande d'achats est composée de vos propres besoins et des besoins d'un certain nombre de concurrents à l'achat. La concurrence à l'achat est « directe » quand l'ensemble des entreprises achètent des produits ou services identiques afin de satisfaire des besoins identiques ou différents. Elle est « indirecte » lorsqu'il s'agit de satisfaire des besoins avec des produits ou services différents. Ainsi définie, l'étude revient à recenser les entreprises concurrentes, directement ou indirectement, à l'achat.

- **L'impact financier chez nos fournisseurs :** il s'agit de vérifier si notre offre d'achat se trouve située de sorte à intéresser nos fournisseurs sans risque de dépendance marquée. Par exemple en ayant une représentativité de l'ordre de 2 à 20 % du CA produit du fournisseur.
- Cette dimension est des plus importantes, car une dépendance fournisseur supérieure à 20 % peut générer des contraintes importantes et graves pour l'entreprise.
- **Les obstacles venant de nos clients :** ils viennent souvent de clients qui achètent des systèmes complexes et qui, pour des raisons d'homogénéité et de gestion de leur parc d'équipements de rechanges, imposent à leur fournisseur de conserver, pour les équipements dont la liste est négociée, les sources dites de « première monte ». L'acheteur de l'entreprise fournisseur est alors tenu à une grande fidélité vis-à-vis de ses sources d'approvisionnement pour respecter l'imposition venant des clients de son entreprise.

Un certain nombre d'outils permettent de représenter les résultats de l'analyse. Citons le schéma de PORTER, universellement connu.

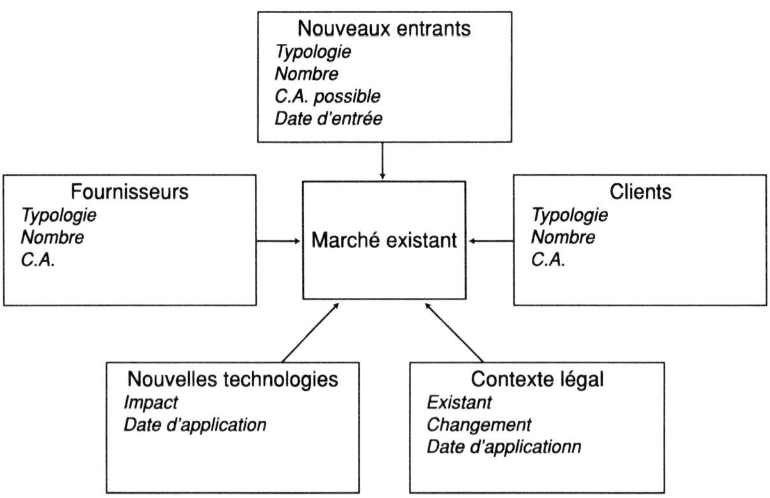

Les forces de PORTER

▶ La visualisation du portefeuille d'activité

La représentation ci-après est suffisamment détaillée pour être utilisée telle qu'elle.

> Pour plus d'information, se reporter à l'ouvrage :
>
> *Le marketing achats* de Roger PERROTIN aux Éditions d'Organisation.
>
> Voir bibliographie.

Visualiser le portefeuille d'achats consiste à représenter l'activité achats de l'entreprise en termes d'adéquation entre les besoins et le marché dans le but d'identifier et de hiérarchiser les actions à mener. L'outil utilisé est la recherche des **contraintes d'approvisionnement.**

Une contrainte est un **frein** à l'achat, c'est-à-dire un événement qui ne permet pas de faire l'adéquation entre les besoins de l'entreprise et le marché.

Deux paramètres permettent de caractériser les contraintes d'achat :

- leur origine : interne ou externe,
- leur cause : commerciale ou technique.

Les contraintes internes sont celles que l'entreprise se donne à elle-même et répercute sur le marché des fournisseurs. Les contraintes externes sont celles que le marché exerce sur les achats de l'entreprise.

La démarche d'identification des contraintes consiste à examiner les freins à l'achat, puis à déterminer si la cause est d'ordre technique ou commerciale, à partir du marché de l'offre et de la demande et des besoins de l'entreprise.

D'une manière générale, toute contrainte qui procède d'un cheminement originel d'aval en amont est considérée comme une **contrainte interne.** Par défaut, nous pouvons définir les **contraintes externes :** ce sont celles que peut exercer l'environnement global ou spécifique sur les achats de l'entreprise.

Il convient, dans un premier temps, d'observer l'ensemble du portefeuille des achats et d'établir la liste des contraintes qui s'y rapportent. Cette démarche doit être effectuée dans le cadre d'une réunion rassemblant les représentants des différentes fonctions de l'entreprise qui subissent les contraintes qui constituent un frein à l'achat.

Dès lors peut être démarrée la rédaction d'un catalogue de contraintes. Il convient, à ce stade, de traiter toute la collecte d'informations et de voir si plusieurs aspects coercitifs ne définissent pas une seule et même contrainte.

Ainsi une expression générique doit-elle être déterminée pour chaque contrainte afin d'éviter un phénomène de redondance, autrement dit d'exagération.

Établir un catalogue de contraintes consiste à rédiger une définition pour chaque contrainte. En fait, il s'agit de définir les caractéristiques d'une contrainte en six paliers d'intensité croissante :

- palier 0 : sans impact pour l'achat,
- palier 1 : une faible gêne pour l'achat,
- palier 2 : une gêne dans certains cas,
- palier 3 : une gêne,
- palier 4 : une source de difficultés,
- palier 5 : un obstacle à l'achat.

L'établissement de ce catalogue est d'une grande importance car, propre à l'entreprise, il constitue « le référentiel » qui permet :

- de suivre l'évolution du marché et son incidence sur les achats de l'entreprise,
- de disposer d'un référentiel consultable à tout moment pour mettre à jour l'analyse marketing.

Voici, quantifiées, quelques exemples de contraintes :

CONTRAINTES INTERNES TECHNIQUES	
Difficulté d'homologation venant des clients	
0	elles rejoignent nos propres spécifications,
1	les modifications sont minimes et sans conséquence sur l'achat,
2	l'achat n'est remis en question que pour quelques pièces,
3	les spécifications obligent à des renégociations avec les fournisseurs,
4	les spécifications sont à l'origine d'une réduction du nombre de fournisseurs potentiel,
5	il n'existe pas sur le marché de produit pouvant satisfaire à ces spécifications.

.../...

.../...

Diversité des outillages requis

0 égale à la moyenne du secteur,
1 de nombreux fournisseurs possèdent le parc requis,
2 ennuyeux pour certains produits achetés en petite quantité,
3 entraîne une réduction du nombre de fournisseurs potentiels,
4 oblige à recourir à plusieurs fournisseurs ou sous-traitants,
5 les conditions de vente sont incompatibles avec nos exigences.

Dossier technique incomplet

0 sans impact pour l'achat,
1 les précisions nécessaires au fournisseur peuvent être obtenues sans difficulté,
2 retarde l'achat en l'absence de responsabilité technique,
3 reporte l'achat à cause d'une refonte nécessaire du dossier technique,
4 occasionne des achats approximatifs,
5 les manques bloquent l'acte d'achat.

Qualité demandée inhabituelle sur le marché

0 la qualité demandée correspond à la moyenne du marché,
1 la forte concurrence amène les fournisseurs à s'adapter,
2 occasionne quelques déboires avec les nouveaux fournisseurs,
3 entraîne une réduction du nombre de fournisseurs qualifiés,
4 est à l'origine d'un marché fermé (1 acheteur et 1 vendeur),
5 est à l'origine d'un marché visqueux (1 seul fournisseur qualifié).

Services techniques peu ouverts aux produits de substitution

0 aucune difficulté pour recourir à des produits de substitution,
1 il faut que l'acheteur démontre la pertinence technique des produits de substitution,
2 produits imposés pour certaines phases de production,
3 oblige à n'acheter que des produits de substitution homologués,
4 oblige à négocier âprement avec le fabricant retenu par les services techniques,
5 aucune marge de manœuvre n'est possible.

CONTRAINTES INTERNES COMMERCIALES

Connaissance tardive des besoins

0 les prévisions à moyen et long terme sont fiables,
1 les prévisions sont relativement satisfaisantes pour couvrir les besoins des acheteurs,
2 les variations d'activité sont mal évaluées, ce qui oblige à des révisions de contrats,

.../...

.../...

3 les prévisions sont aléatoires, ce qui est préjudiciable aux négociations,
4 les prévisions n'existent qu'à court terme et ont donc un impact moindre auprès des fournisseurs,
5 les achats ne sont que des achats d'urgence par manque de prévisions.

Fournisseur imposé

0 l'acheteur a toute latitude dans le choix du fournisseur,
1 les impositions correspondent au meilleur choix,
2 après négociation interne, l'acheteur parvient à qualifier d'autres fournisseurs,
3 quelques rares fournisseurs imposés peuvent faire l'objet d'une mise en concurrence,
4 l'acheteur a des difficultés pour obtenir des conditions commerciales favorables,
5 l'acheteur subit la pression du fournisseur qui connaît la situation.

Limites géographiques imposées en interne

0 il n'y a pas de limite géographique à l'achat,
1 les limites géographiques imposées n'entraînent pas de frein à l'achat,
2 les limites géographiques imposées limitent le choix de fournisseurs,
3 les limites géographiques imposées obligent à requalifier un ou plusieurs fournisseurs,
4 les limites géographiques imposées ont des répercussions sur la qualité des produits livrés,
5 il n'existe pas de fournisseur apte à délivrer des produits dans la qualité requise, dans la zone géographique imposée.

Lourdeurs administratives créant un frein à l'achat

0 pas de lourdeur administrative,
1 le circuit administratif retarde les modifications de dossiers d'achat,
2 les lourdeurs administratives occasionnent des retards de paiement des fournisseurs,
3 le circuit administratif engendre des litiges avec les fournisseurs,
4 le changement de fournisseur est long et fastidieux du fait des procédures administratives,
5 tout changement de fournisseur est impossible sauf à disposer d'un temps très long pour anticiper.

Manque de communication interne

0 la communication interne est excellente et fiable,
1 la communication est suffisante pour les besoins des achats,
2 les contacts sont rares avec les services non directement concernés par l'acte d'achat,

.../...

.../...

3 la communication ne permet pas d'anticiper les besoins,
4 le défaut de communication interne crée un frein à l'étude du marché,
5 le défaut de communication interne est à l'origine d'achats réalisés dans des conditions défavorables.

CONTRAINTES EXTERNES TECHNIQUES

Dépendance technique vis-à-vis du fournisseur

0 aucune dépendance technique,
1 le changement de fournisseur nécessite une période d'accompagnement sous la forme d'une formation des acteurs du fournisseur,
2 il existe un risque de divulgation de notre savoir-faire pour les articles développés en commun,
3 le coût et la durée de l'accompagnement du fournisseur sont handicapants,
4 la solution technique retenue fait l'objet d'un brevet commun,
5 le savoir-faire se trouve entièrement chez le fournisseur.

Coût de transfert d'outillage

0 le coût de transfert d'outillage est nul,
1 les gains générés par le changement de fournisseur compensent largement le coût de transfert de l'outillage,
2 le fournisseur supporte le coût de transfert de l'outillage contre une assurance de charge,
3 le fournisseur supporte le coût de transfert avec des contreparties gênantes,
4 le coût de transfert est à la charge de l'acheteur,
5 il n'y a pas de transfert possible.

Maîtrise de la technologie par très peu de fournisseurs

0 la technique de fabrication des produits est largement maîtrisée par le marché des fournisseurs,
1 il existe plusieurs fournisseurs potentiels qualifiés,
2 des fournisseurs potentiels sont prêts à entrer sur le marché,
3 peu de fournisseurs maîtrisent la technologie, mais la concurrence existe,
4 il y a une entente des fournisseurs maîtrisant la technologie,
5 un seul fournisseur maîtrise la technologie et impose ses conditions.

Normes strictes sur l'écologie et le recyclage

0 elles ne concernent pas le produit acheté,
1 l'acheteur a les moyens de respecter ces normes par lui-même,
2 de nombreux fournisseurs sont équipés pour ce genre de situation,
3 peu de fournisseurs sont capables de suivre ces normes,
4 il existe une entente des fournisseurs habitués à suivre ces normalisations,
5 le marché des fournisseurs doit investir pour suivre ces normes.

.../...

…/…

Manque de flexibilité des fournisseurs

0 aucun problème lors des demandes de modifications de la part de l'acheteur,
1 les demandes non contractuelles de l'acheteur sont encadrées par une « clause de flexibilité »,
2 l'acheteur obtient satisfaction, mais à partir d'un circuit administratif lourd,
3 les besoins non contractuels subissent des délais longs,
4 toute demande nouvelle entraîne une renégociation,
5 il y a impossibilité d'obtenir satisfaction hors contrat.

CONTRAINTES EXTERNES COMMERCIALES

Entente sur le marché des fournisseurs

0 il n'y a pas d'entente entre fournisseurs, la concurrence est vive,
1 il y a présomption d'entente, mais la concurrence existe quand même,
2 l'entente entre les fournisseurs oblige l'acheteur à des consultations permettant de gérer ce phénomène,
3 la marge de négociation est faible du fait de l'entente entre les fournisseurs,
4 l'acheteur doit engager un processus lourd pour « casser » l'entente à moyen et long terme,
5 le marché est complètement verrouillé.

Instabilité sur le marché

0 le marché est stable,
1 l'acheteur n'est pas affecté par une éventuelle instabilité du marché,
2 l'instabilité est gênante pour les produits fabriqués seulement dans quelques zones,
3 l'acheteur doit recourir à un intermédiaire pour assurer ses approvisionnements,
4 l'instabilité est productrice de retards de fabrication et de hausses des prix,
5 l'achat est impossible.

Réglementation contraignante

0 la réglementation est souple et favorable à l'acheteur,
1 la réglementation oblige l'acheteur à faire vérifier systématiquement ses contrats par un juriste,
2 la réglementation oblige l'acheteur à adapter ses conditions générales d'achat,
3 les conditions d'achats sont incompatibles avec la réglementation en vigueur, obligeant à des remises en cause profondes,
4 la réglementation entraîne des surcoûts d'achat importants,
5 il y a une réelle incompatibilité entre les différentes réglementations, interdisant l'achat.

…/…

.../...

Situation relationnelle tendue

0 la relation client/fournisseur est excellente,
1 il existe une situation tendue du fait d'un historique conflictuel, mais sans impact sur les relations actuelles,
2 un certain nombre d'accords et de procédures permettent d'aplanir la situation,
3 la négociation est difficile du fait de cette relation tendue,
4 les litiges sont nombreux et difficiles à gérer,
5 le fournisseur refuse toute transaction.

Usages de la profession contraignants

0 les usages de la profession ne sont pas contraignants,
1 l'acheteur a pu insérer des clauses contractuelles pour minimiser l'effet de certains usages de la profession,
2 l'acheteur maîtrise ces usages,
3 ces usages obligent l'acheteur à accepter des conditions particulières,
4 ces usages entraînent des pertes de temps et des pertes financières,
5 ces usages interdisent l'achat.

Un système de pondération de ces contraintes peut être souhaitable pour :

- « grossir à la loupe » les contraintes les plus importantes,
- rendre le résultat de l'analyse indépendant du nombre de critères retenus.

La représentation graphique est alors aisée et, pour donner une échelle de valeurs sur 100 points, par exemple pour les contraintes externes, il convient d'adopter une échelle de 50 points pour les contraintes commerciales et 50 points pour les contraintes techniques.

La pondération est alors la suivante :

- attribuer un coefficient de 5 pour la contrainte la plus forte,
- attribuer un coefficient de 2 à la suivante,
- attribuer encore un coefficient de 2 à la suivante,
- enfin un coefficient de 1 pour la dernière

Soit un total de coefficient égal à 10.

L'exemple ci-après montre une représentation construite de cette façon dans une entreprise de fabrication d'équipements électriques.

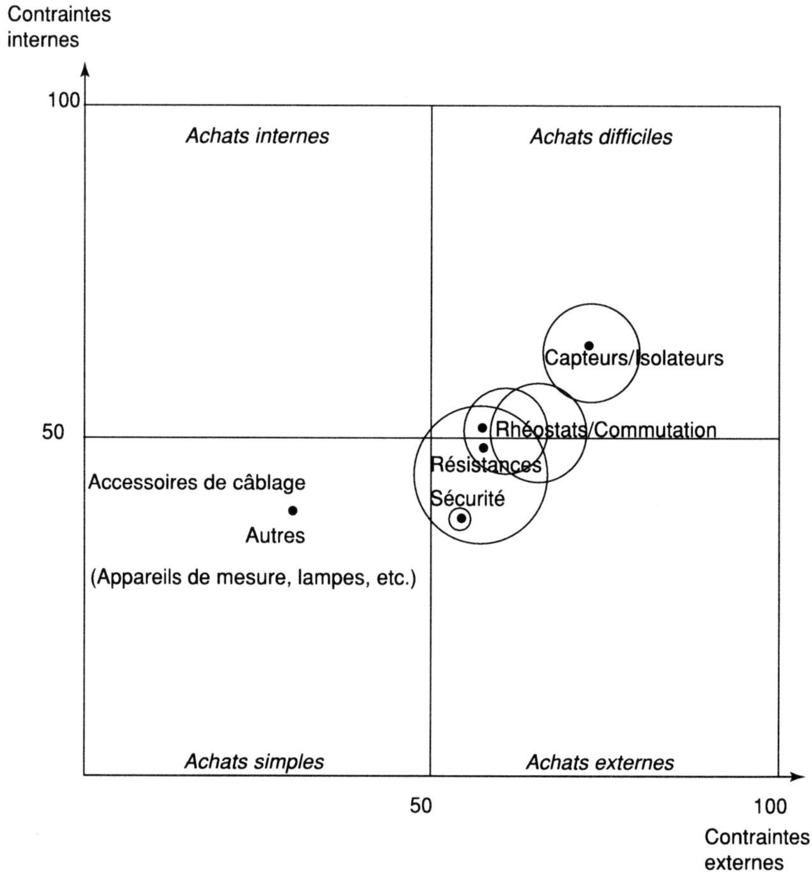

Exemple de représentation du portefeuille des achats

La cotation, par exemple du segment « capteurs/isolateurs » a été obtenue de la manière suivante :

Contraintes internes techniques	
Difficultés d'homologation venant des clients	4
Diversité des outillages requis	0
Dossier technique incomplet	3
Qualité demandée inhabituelle sur le marché	0
Services techniques peu ouverts aux produits de substitution	2

.../...

.../...

Contraintes internes commerciales	
Connaissance tardive des besoins	4
Fournisseur imposé	0
Limites géographiques imposées en interne	0
Lourdeurs administratives créant un frein à l'achat	3
Manque de communication interne	4
Contraintes externes techniques	
Dépendance technique vis-à-vis des fournisseurs	4
Coût de transfert d'outillage	0
Maîtrise de la technologie par très peu de fournisseurs	4
Normes strictes sur l'écologie et le recyclage	0
Manque de flexibilité des fournisseurs	3
Contraintes externes commerciales	
Entente sur le marché des fournisseurs	0
Instabilité sur le marché	3
Réglementation contraignante	4
Situation relationnelle tendue	4
Usages de la profession contraignants	0

Le positionnement est alors le suivant :

– **contraintes internes :**
  - techniques : $(4 \times 5) + (3 \times 2) + (2 \times 2) = 30$
  - commerciales : $(4 \times 5) + (4 \times 2) + (3 \times 2) = 34$

Soit un total de **64**

– **contraintes externes :**
  - techniques : $(4 \times 5) + (4 \times 2) + (3 \times 2) = 34$
  - commerciales : $(4 \times 5) + (4 \times 2) + (3 \times 2) = 34$

Soit un total de **68**

Ces deux coordonnées déterminent, par exemple, le centre d'un cercle dont la taille est proportionnelle à l'enjeu financier.

Cette représentation a l'intérêt de visualiser en même temps le lieu du dysfonctionnement et l'enjeu financier. En revanche, il s'agit d'une représentation « statique », c'est-à-dire visualisant les éventuelles incompatibilités entre la demande de l'acheteur et le marché, à un instant donné. Il convient donc d'instruire cette représentation en émettant un diagnostic.

▶ Le diagnostic et l'élaboration des stratégies d'achat

Le diagnostic de la situation

Faire un diagnostic consiste à porter des jugements sur la situation des achats. Le diagnostic a plusieurs objectifs qui se traduisent en définitive par le choix du type d'action à mener pour réduire les vulnérabilités d'approvisionnement :

- il doit vous aider à une meilleure maîtrise des contraintes,
- il doit servir de guide à l'allocation judicieuse des ressources que vous pouvez consacrer à l'étude.

Si nous reprenons la représentation des contraintes d'achat, il est évident que la démarche dite de « marketing opérationnel » consiste, par action sur un certain nombre de paramètres, à faire en sorte que les segments se déplacent vers la zone des achats simples

Les paramètres à mettre en œuvre sont les variables du « mix achats » :

- **le Prix**,
- **le Produit**,
- **la Communication**,
- **le Marché**.

La variable « Prix » est à actionner quand le segment se trouve déjà placé dans la zone des achats simples. En effet, dans la mesure où vous cherchez des relations client/fournisseur de long terme, il convient de négocier les futurs achats en se préoccupant de la variation des prix dans le temps.

La variable « Produit » est pertinente pour les produits segments placés dans la zone des achats internes. En effet, les problèmes d'achat se trouvent en interne et peut-être faut-il revoir la définition des produits du segment.

La variable « Marché » est bien évidemment à actionner dans le cas des segments placés dans la zone des achats externes, car c'est le marché qui occasionne le dysfonctionnement et une étude pour ouverture du marché s'impose.

Quant à la variable « Communication », elle permet, à l'aide d'une bonne communication interne et externe, par exemple sous la forme d'un Intranet et d'une « plaquette commerciale achats », de minimiser les difficultés.

Le logigramme ci-dessous récapitule ces différents éléments

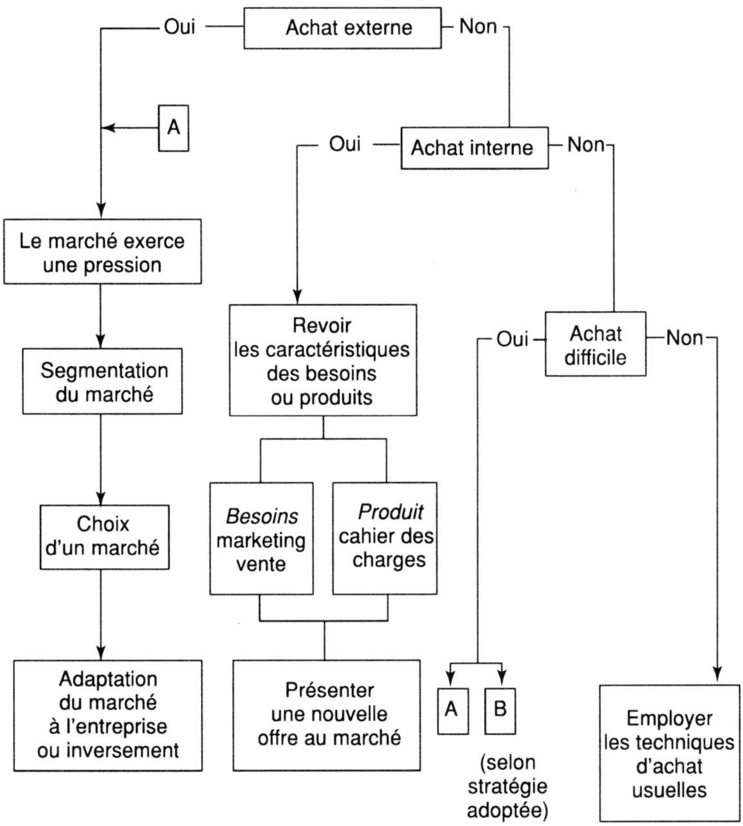

Le diagnostic de la situation des achats

Mais ces actions nécessaires doivent être positionnées dans le temps. Or nous sommes dans un marché essentiellement mouvant devant la course à l'innovation. Par ailleurs, certaines contraintes peuvent disparaître ou s'amplifier du fait des démarches internes en cours.

Ces considérations posent un double problème :

- **Quelle est la fréquence de mise à jour de l'analyse des contraintes ?**
- **Quelles sont les solutions à adopter à court terme ?**

La réponse à la première question repose sur une analyse très fine du niveau probable de l'évolution des contraintes. Une analyse permanente du marché et la veille technologique et commerciale sont les ingrédients qui permettent d'anticiper les évolutions probables des contraintes. En effet, nous sommes dans un marché essentiellement mouvant du fait de l'innovation des fournisseurs. Par ailleurs, certaines contraintes peuvent disparaître grâce à l'amélioration des compétences des acteurs de l'entreprise.

Ces considérations posent le problème de la fréquence à laquelle nous devons mettre à jour cette analyse, car celle-ci peut très rapidement être obsolète. Il convient donc d'anticiper ces évolutions et modifier cette visualisation en essayant d'apporter des réponses aux trois questions suivantes :

Questions	Réponses
Pendant combien de temps la cotation faite restera-t-elle valable ?	Par le biais de la retranscription du niveau probable d'évolution des contraintes.
Quelle sera la pérennité de nos stratégies ?	– Une probabilité d'évolution forte des contraintes impose de ne pas se fixer des axes stratégiques à long terme. – Une probabilité d'évolution faible des contraintes permet au contraire de s'assurer que les axes stratégiques mis en place resteront valides longtemps.
Comment exprimer la probabilité d'évolution des contraintes ?	Par une cotation appropriée, fonction de l'évolution soit du marché, soit des exigences de l'entreprise.

Pour tenir compte de cette nouvelle dimension, chaque contrainte recevra une note supplémentaire de valeur – 1, 0, +1.

- **La note – 1 correspond à une contrainte qui a tendance à se détériorer.**
- **La note 0 correspond à une contrainte qui a tendance à stagner.**
- **La note + 1 correspond à une contrainte qui a tendance à s'améliorer.**

La représentation suivante constitue un exemple de cotation de contraintes internes commerciales intégrant les possibles évolutions dans le temps.

■ Exemple de contraintes et leurs évolutions

Contraintes internes commerciales	**0**	**1**	**2**	**3**	**4**	**5**			
Absence de coordinateur			x					x	
Absence de politique globale pour le service achats		x						x	
Résistance des acheteurs à l'utilisation des nouvelles technologies					x				x
Absence de stratégies d'achats					x				x
Charges de travail mal réparties			x				x		
Connaissance tardive des besoins				x			x		
Limites géographiques imposées en interne	x							x	
Difficultés pour établir des prévisions à long terme			x						x
Intervenants multiples avec le fournisseur				x			x		
Lenteur du processus d'homologation					x		x		
Segmentation des achats incohérente avec le marché			x					x	
Performance de la fonction mesurée uniquement sur les prix				x					x
Connaissance tardive des besoins				x				x	
Processus de commande rigide			x						x
Fournisseur imposé par le client					x			x	
Manque de coordination avec les autres sites du groupe		x					x		
Délais exigés incompatibles avec le marché				x			x		
Trop de commandes urgentes et non regroupées				x			x		
							–1	**0**	**+1**

Le calcul arithmétique, décrit ci-après, permet de quantifier une évolution probable du positionnement du produit, et donc de modifier notre stratégie en conséquence.

Calcul et représentation de l'évolution des contraintes

Le point de départ est la liste des contraintes notées précédemment.

Dans la pratique, l'acheteur pourra ne retenir que les 10 contraintes principales et déterminer l'évolution probable du niveau de ces contraintes en les codifiant comme suit :

0 : Stagnation.

– 1 : Détérioration probable.

1 : Amélioration probable.

Dans chaque liste (Contraintes Internes d'une part, Contraintes Externes d'autre part), on détermine les coordonnées de chaque famille, suivant le système de calcul :

Stagnation → 0 × (niveau de contrainte)

Détérioration → – 1 × (niveau de contrainte) + 1

Amélioration → 1 × (niveau de contrainte)

Puis on effectue la moyenne de ces termes de calcul.

Attention : Une contrainte préalablement notée 0 ne peut pas s'améliorer ; une contrainte préalablement notée 5 ne peut pas se détériorer.

Donc, pour l'ensemble des contraintes, on multiplie le chiffre correspondant à une évolution favorable (1) par le niveau de contrainte (1 à 5), et le chiffre correspondant à une évolution défavorable (– 1) par le niveau de contrainte (0 à 4) + 1 pour compenser le décalage de 1.

Il suffit alors de faire la somme des chiffres obtenus pour obtenir le niveau de variation des contraintes cherché.

■ Exemple

Contraintes internes	0	1	2	3	4	5		–1	0	1
1. Absence de justification des choix techniques	x								x	
2. Absence de procédure de gestion des urgences				x						x
3. Assurance qualité	x							x		
4. Blocage d'informations techniques		x						x		
5. Cahier des charges draconien					x					x
6. Capacités-flexibilité du parc machines en production	x								x	
7. Difficulté d'homologation venant des spécifications clients	x							x		
8. Diversité des outillages requis	x								x	
9. Dossier technique incomplet					x			x		

Calcul du niveau d'évolution des contraintes internes :

$0 \times 0 + 1 \times 3 - 1 \times (0 + 1) - 1 \times (1 + 1) + 1 \times 4 + 0 \times 0 - 1 \times (0 + 1) + 0 \times 0 - 1 \times (4 + 1) = -2$

Contraintes externes	0	1	2	3	4	5		–1	0	1
1. Absence de manifestation professionnelle	x								x	
2. Fournisseurs indiscrets		x							x	
3. Brevet/secret de fabrication				x						x
4. Écart culturel client/fournisseur	x								x	
5. Éloignement géographique du marché fournisseur					x			x		
6. Entente de fournisseurs				x					x	

Contraintes externes	0	1	2	3	4	5		–1	0	1
7. Faible confiance dans les nouveaux fournisseurs			x					x		
8. Instabilité politique sur le marché					x			x		
9. Législation contraignante			x					x		

Calcul du niveau d'évolution des contraintes externes :

$0 \times 0 + 0 \times 1 + 1 \times 3 + 0 \times 0 - 1 \times (4 + 1) + 0 \times 3 - 1 \times (52 + 1) - 1 \times (4 + 1) - 1 \times (2 + 1) = -13.$

Il est alors possible de visualiser l'évolution des contraintes suivant le schéma ci-après :

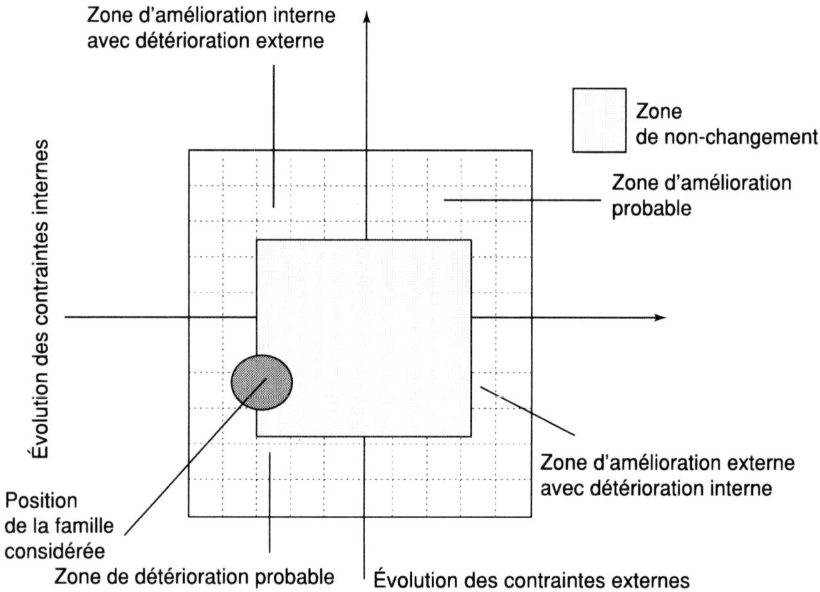

Évolution probable des contraintes

La zone de non-changement représentée sur la figure est la zone dans laquelle on considère que les évolutions de contraintes sont trop faibles pour influencer les risques et les profits de la famille. La limite de cette zone peut, par exemple, se calculer en prenant **le quart** de la détérioration et de l'amélioration maximale pour l'ensemble des contraintes. On peut alors diviser les coordonnées par le nombre de contraintes.

Dans l'exemple précédent les limites de la zone se calculent ainsi :

En abscisse, la zone est comprise entre :

$1 \times 0 + 1 \times 1 + 1 \times 3 + 1 \times 0 + 1 \times 4 + 1 \times 3 + 1 \times 2 + 1 \times 4 + 1 \times 2 = 19$
soit $1/4 \times 19 =$ **4,79**

et :

$-1 \times (0+1) - 1 \times (1+1) - 1 \times (3+1) - 1 \times (0+1) - 1 \times (4+1) - 1 \times (3+1)$
$-1 \times (2+1) - 1 \times (4+1) - 1 \times (2+1) = -28$

soit $1/4 \times -28 =$ **– 7**

En ordonnée, la zone est comprise entre :

$1 \times 0 + 1 \times 3 + 1 \times 0 + 1 \times 1 + 1 \times 4 + 1 \times 0 + 1 \times 0 + 1 \times 0 + 1 \times 4 = 12$

soit $1/4 \times 12 =$ **3**

et :

$-1 \times (0+1) - 1 \times (3+1) - 1 \times (0+1) - 1 \times (1+1) - 1 \times (4+1) - 1 \times (0+1)$
$-1 \times (0+1) - 1 \times (0+1) - 1 \times (0+1) - 1 \times (4+1) =$ **– 21**

soit $1/4 \times -21 =$ – **5,25**

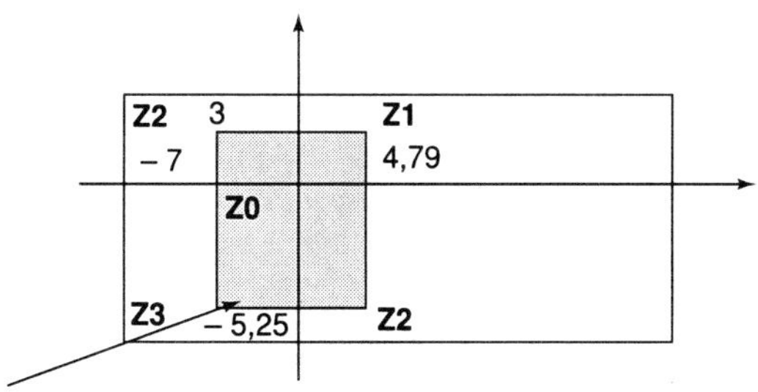

Zone de non-changement

Dans notre exemple, l'abscisse de la famille sort des limites de la zone de non-changement, il est donc à prévoir un léger impact sur le potentiel de profit de cette famille. Les contraintes externes sont à surveiller régulièrement et des actions doivent être menées pour améliorer leur évolution. Par exemple, l'éloignement géographique des fournisseurs est une contrainte déjà cotée à 4 et qui devrait se détériorer. De nouvelles prospections fournisseurs doivent être menées, on peut éventuellement revoir le cahier des charges en pratiquant une analyse de la valeur sur le produit pour être moins réducteur, **ou encore réaliser une étude faire ou faire faire.**

Dans la matrice d'évolution des contraintes, nous avons segmenté les zones ainsi :

Zone 0 : Zone de non-changement.

Zone 1 : Zone d'amélioration probable des contraintes.

Zone 2 : Zone d'amélioration des contraintes internes avec détérioration des contraintes externes + Zone d'amélioration des contraintes externes avec détérioration des contraintes internes.

Zone 3 : Zone de détérioration probable des contraintes.

On peut également déterminer l'échéance de mise à jour de l'analyse stratégique des achats. Suivant que les contraintes vont subir une évolution de grande ampleur ou non, il faudra mettre à jour notre analyse des contraintes et des risques plus ou moins rapidement.

Dans notre exemple, une mise à jour semestrielle semble la plus appropriée.

L'acheteur segmentera ces zones en fonction de son appréciation personnelle des conséquences des évolutions des contraintes sur son profit et ses risques. Voici par exemple un choix de segmentation de la matrice :

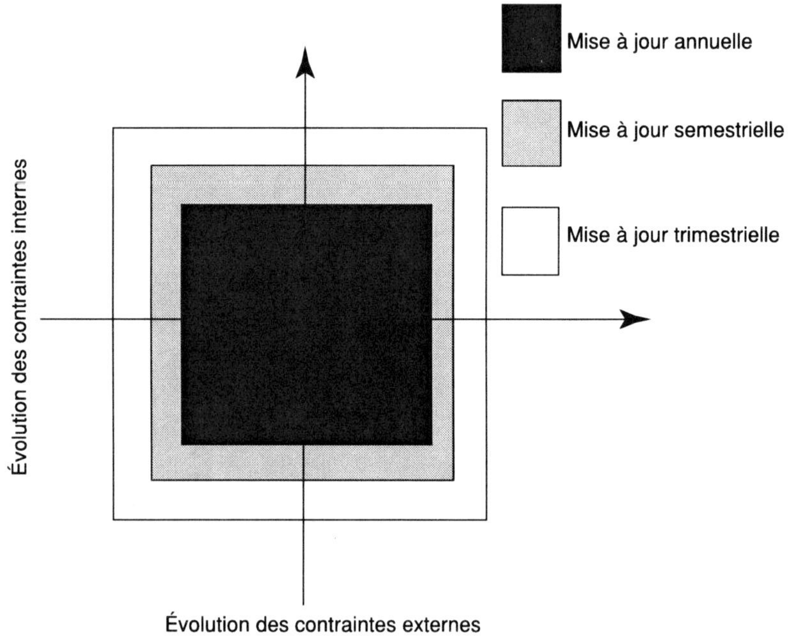

Mise à jour de la représentation des contraintes d'achats

Cette approche permet une bonne représentation ou visualisation du portefeuille des achats. Elle permet, comme nous allons le décrire, de mettre en place l'analyse stratégique des achats et, dans un premier temps, de déterminer les risques de rupture d'approvisionnement.

Il faut bien considérer que toute réflexion stratégique comporte principalement deux paramètres :

- les risques encourus dans la réalisation du projet,
- les gains prévisionnels dus à cette réalisation.

Dans le cas de l'achat, les paramètres à déterminer sont de même nature. On va donc identifier :

- les risques de rupture d'approvisionnement,
- le profit potentiel,

et représenter ce que nous appelons les « vulnérabilités d'approvisionnement » à l'aide d'un portfolio stratégique appelé : **la matrice Risques/Profit.**

La matrice Risques/Profit ou portfolio stratégique

Identification des risques de rupture

Rappelons seulement qu'une contrainte peut exister et occasionner une gêne parfois importante sans qu'il y ait pour autant un quelconque risque de rupture d'approvisionnement. Au contraire, certaines contraintes de faible intensité peuvent occasionner des risques importants d'ordre technique, commercial ou logistique.

> Également, dans les ouvrages déjà cités, notamment S*tratégies d'achats* de Roger PERROTIN aux Éditions d'Organisation, des méthodes de quantification ont été largement développées.

Toutefois, l'expérience terrain a permis de simplifier ces méthodes et vous trouverez ci-après une méthodologie, tirée de ces ouvrages et utilisée dans de nombreuses sociétés notamment dans les groupes bancaires et les équipementiers automobiles.

Cette méthode simplifiée consiste à recenser les risques en distinguant les risques « forts » des risques « faibles ». Ces risques sont déduits de la liste de toutes les contraintes identifiées auparavant et sont visualisés de la façon suivante :

- Sélectionner les **10 contraintes** paraissant les plus pertinentes.
- Pour chacune de ces contraintes, identifier le ou les risques techniques, commerciaux ou logistiques, induits par la contrainte.
- Noter de 0 à 5 la force de chaque risque comme indiqué dans le tableau ci-dessous.

Probabilité d'occurrence du risque

	Insuffisant	Moyen	Suffisant
60 %	5	4	3
30 %	4	3	2
	3	2	1

Temps pour pallier au risque

■ Exemple de risques rencontrés dans un groupe bancaire :

- *risques techniques : arrêt pour panne, non-respect des délais d'intervention pour dépannage, obsolescence,*
- *risques commerciaux : dépendance vis-à-vis du fournisseur, risque juridique.*

Identification du profit potentiel

Une fois les risques identifiés, vous devez évaluer le profit potentiel du segment considéré.

Afin de déterminer ce profit, vous devez établir son niveau actuel selon le raisonnement suivant : plus l'acheteur intervient en amont et plus le profit potentiel est élevé.

C'est donc l'adéquation entre le profit actuel et le profit souhaité qui permet de déterminer si le profit sera faible ou fort.

Vous devez donc évaluer ce profit potentiel en comparant le niveau d'intervention actuel des achats à celui souhaité, à savoir :

- Le niveau d'intervention des achats actuels correspond aux actions déjà engagées sur le segment.
- Le niveau d'intervention des achats souhaité correspond à ce qu'il est possible de faire sur le marché.

Qu'il soit actuel ou souhaité, ce niveau se quantifie de la manière suivante :

1 = participation de l'acheteur à la première réflexion sur un éventuel produit nouveau,
2 = participation de l'acheteur à la réflexion sur un produit déjà travaillé,
3 = marketing achat, sourcing et négociation,
4 = négociation avec des fournisseurs déjà présélectionnés,
5 = passation de commandes ou de marchés,
6 = aucune intervention de l'acheteur.

À partir de ces considérations, vous disposez des deux grilles suivantes pour évaluer le profit potentiel sur le segment considéré.

Niveau souhaité		Niveau actuel					
		1	2	3	4	5	6
	1	–	Profit fort	Profit fort	Profit fort	Profit fort	Profit fort
	2	–	–	Profit fort	Profit fort	Profit fort	Profit fort
	3	–	–	–	Profit faible	Profit faible	Profit faible
	4	–	–	–	–	Profit faible	Profit faible
	5	–	–	–	–	–	Profit faible
	6	–	–	–	–	–	–

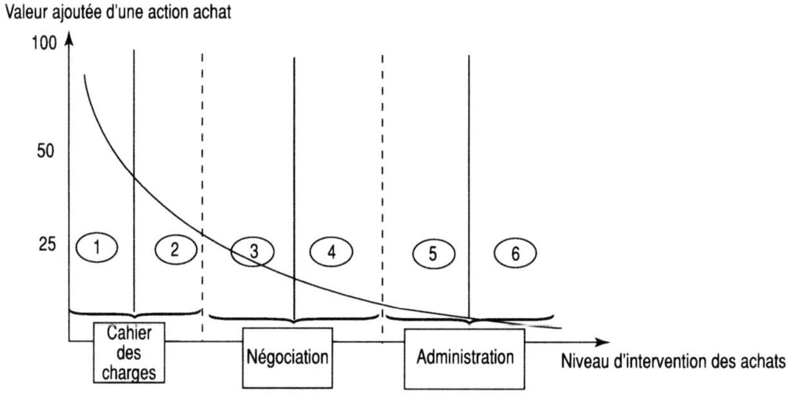

Évaluation du profit potentiel

Représentation stratégique

À partir de ces deux dimensions, nous pouvons établir la matrice stratégique. Cet outil détermine quatre régions : tactique, profit, sécurisation, stratégique ; elles-mêmes paramétrées avec :

- la nature du produit ou de la prestation : **standard ou spécifique,**
- la périodicité d'achat : **récurrent ou non.**

On obtient ainsi une matrice comportant seize régions ; chacune d'entre elles admettant des leviers de gains différenciés.

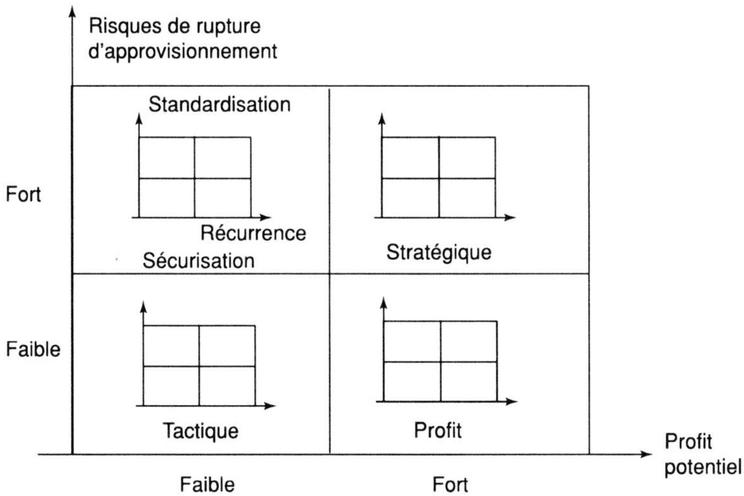

La matrice Risques/Profits

Dans chacune des régions de la matrice ci-dessus, vous pouvez déterminer un certain nombre de leviers pour atteindre vos objectifs dans des conditions optimales. Examinons tout d'abord la région tactique.

Région tactique

Dans cette région, les segments d'achats ne présentent pas de difficultés majeures en termes de risques de rupture d'approvisionnement et, par ailleurs, ne peuvent dégager de profit par une action achats.

L'idée est bien évidemment de limiter les coûts de la démarche achats, que ce soit lors d'éventuelles consultations qu'à la passation des actes d'achat.

Le levier principal est donc « **le contrat cadre** ».

	Achats non récurrents	Achats récurrents
Achats spécifiques	– Consultation de fournisseurs connus – Analyse de la valeur – Simplification des spécifications	– Simplification des spécifications – Standardisation – **Contrat cadre** – E-procurement intégré – Veille technologique

	Achats non récurrents	Achats récurrents
Achats standards	– Enchères inversées – Paiement électronique – Délégation d'achat	– Enchères inversées suivies d'un contrat cadre – E-procurement intégré – Veille commerciale (recherche de produits de substitution)

Dans cette région, le « prix » n'est pas obligatoirement la valeur la plus importante dans le cas de produits spécifiques. Il convient en effet de se préoccuper des autres éléments du coût global, tels que le coût de la consultation, le coût de l'acte d'achat, le transport, la garantie...

Pour des produits standards, le prix est une valeur sûre et c'est le domaine de prédilection des enchères en ligne.

Si ces enchères sont accompagnées :

- d'un Intranet,
- d'un e-procurement,

et, d'une manière générale, d'outils permettant d'effectuer l'ensemble des transactions en ligne, on atteint l'optimisation de l'acte d'achat.

Région profit

Les caractéristiques générales des segments placés dans cette région sont telles que les risques de rupture d'approvisionnement sont plutôt faibles, mais, en revanche, le profit potentiel est important.

On attend donc beaucoup de ces produits et il est possible de se fixer des objectifs de négociation ambitieux. Ces produits impactent donc de manière significative la performance de la fonction achats.

Le marché étant très certainement concurrentiel, le levier principal est donc la **mise en concurrence.**

La réflexion doit être alors la suivante : mise en concurrence, puis négociation et choix d'un fournisseur. Une fois l'ordre passé, le produit se trouve dans la région « tactique ». Si le marché est récurrent, il convient alors de passer un contrat cadre avec le fournisseur retenu de sorte à optimiser les gains à partir d'une double démarche : profits externe et interne.

Si nous poussons ce raisonnement « profit » à l'extrême, on peut alors penser à l'achat international ou la délocalisation. En effet, pourquoi ne pas consulter sur le mode international ?

Mais il faut alors tenir compte de différents aspects. Bien évidemment, le premier critère de délocalisation des fabrications est rempli car les risques d'approvisionnement sont faibles. En effet, sauf à être obligé de délocaliser certaines fabrications, par exemple, dans l'application de marchés de compensation, il serait utopique d'envisager de « sourcer » dans un pays à bas coût pour des produits comportant un certain nombre de risques, notamment techniques.

Ainsi donc un premier critère est rempli. Il faut également tenir compte de l'investissement financier lié à une délocalisation. En fait, le coût d'acquisition des produits nécessite un ensemble de dépenses entachant le coût global du produit à délocaliser.

Ce sont :

- Le sourcing ou recherche de zone de fabrication et de fournisseurs.
- La qualification des fournisseurs.
- L'adaptation des cultures aux différentes coutumes.
- La délicate contractualisation.
- Le coût des stocks.
- Les coûts logistiques.

Bien qu'un certain nombre de ces frais soient fixes, il convient de faire un bilan prévisionnel à long terme.

Les éléments de réflexion sont les suivants :

- augmenter la durée de la relation avec le fournisseur,
- augmenter les quantités achetées et revendre l'excédent localement, c'est-à-dire trouver un marché local (il s'agit là d'une stratégie d'entreprise),
- délocaliser un ensemble de produits chez le même fournisseur pour émietter les frais fixes (c'est alors une stratégie d'achat).

Ces considérations sont d'ordre économique et une délocalisation des fabrications entraîne un ensemble de problèmes sociaux qu'il convient d'apprécier.

Finalement, les leviers concernant cette zone de profit sont les suivants :

	Achats non récurrents	Achats récurrents
Achats spécifiques	– Sourcing et appel d'offres en ligne – Mise en concurrence éventuellement par enchères inversées – Veille technico-économique par Internet	– Conception à coût objectif et analyse de la valeur – Mise en concurrence internationale – Contrat de moyen et long terme. – Région typique de produits pouvant relever d'une délocalisation de fabrication.
Achats standards	– Enchères inversées – Globalisation des besoins – Effet de taille	– Mise en concurrence internationale – Achat à la source (achat international) – Globalisation des besoins – Contrat de longue durée

Région sécurisation

Pour les produits placés dans cette région, il convient avant tout de sécuriser les approvisionnements, car le potentiel de profit est faible mais les risques de rupture des approvisionnements sont élevés.

Mis à part le cas des produits nouveaux de haute technologie, les acheteurs sont souvent à l'origine des risques encourus.

Citons quelques exemples :

– Le mauvais choix de fournisseur lors de la fabrication d'un prototype. Ce phénomène est bien connu des acheteurs qui se trouvent devant le fait accompli d'un fournisseur choisi par l'équipe technique de l'entreprise ; choix portant sur un fournisseur très performant techniquement, capable de réaliser des petites séries, mais incapable de supporter la charge de production prévue à terme.
– La motivation du fournisseur. Un audit fournisseur, outre les considérations de capacité à réaliser un produit ou une prestation, doit comporter un certain nombre de rubriques à renseigner concernant la politique à moyen et long terme du fournisseur. Il n'a peut-être pas envie de continuer ce type de fabrications ou de prestations pour des raisons comptables ou toute autre raison.
– Notre capacité de motivation. Le produit que l'acheteur projette d'acheter est peut-être un « poids mort » pour le fournisseur, car

finalement les volumes que l'acheteur peut lui « passer » annuellement sont insuffisants pour envisager une continuité de l'activité supportée par très peu de clients.

Ainsi les leviers de gains sont délicats à manier et relèvent d'une grande compétence achats.

En tout état de cause, le levier majeur est **la relation de long terme.**

	Achats non récurrents	Achats récurrents
Achats spécifiques	– Reconception de produits – Recherche de marché de sous-traitance, soit de bureau d'études, soit de fabrication	– Réflexion faire ou faire faire – Intégration verticale ou prise de participation financière chez le fournisseur – Reconception de produit à partir d'un cahier des charges fonctionnel
Achats standards	– Enchères inversées – Stocks de sécurité – Veille technico-économique	– Contrats de long terme – Stocks de sécurité – Veille technico-économique

Région stratégique

Cette région est celle du **partenariat.** La gestion des risques associée à l'obtention d'un fort profit potentiel relève d'une démarche de long terme et d'un codéveloppement avec le partenaire retenu.

Les leviers d'action sont alors les suivants :

	Achats non récurrents	Achats récurrents
Achats spécifiques	– Relation client/fournisseur transparente – Réflexion faire ou faire faire – Cahier des charges fonctionnel – Reconception de produit avec un partenaire – Définition d'un prix objectif	– Relation client/fournisseur transparente – Réflexion faire ou faire faire – Prise de participation financière – Partage des risques – Partenariat d'innovation – Cahier des charges fonctionnel – Reconception de produit avec un partenaire

	Achats non récurrents	Achats récurrents
Achats spécifiques (suite)		– Contrat de long terme – Stock de sécurité – Suppression des cloisons internes à l'entreprise (création de groupes de travail ou centres d'achats) – Anticipation des conflits et définition préalable de solutions
Achats standards	– Globalisation des achats – Stocks de sécurité ou de consignation – Veille technico-commerciale sur le plan mondial	– Contrat de long terme – Globalisation des achats – Effet de taille – Veille technico-commerciale sur le plan mondial

En conclusion, ces différents tableaux constituent des outils de réflexion ; c'est-à-dire des stratégies à court et moyen terme qui permettent au responsable des achats de trouver les meilleurs leviers de gains pour une situation donnée. Il convient, à partir de ces principes, de trouver les leviers acceptables pour l'entreprise.

Également, ces réflexions stratégiques impactent sur le processus d'achat en déterminant les tactiques à mettre en œuvre. À titre d'exemple, la mise en place d'un partenariat nécessite une forme particulière d'expression des besoins, qui n'a strictement rien à voir avec un cahier des charges pour mettre en concurrence un panel de fournisseurs.

Ainsi, la mise en place de ces stratégies, entrant dans ce que nous appelons l'achat amont, constitue la nécessaire anticipation pour gérer des projets d'achat dans des conditions optimales.

CHAPITRE 3

Le processus opérationnel

Nous avons longuement parlé de la chaîne de valeurs achats et abordé les différentes étapes du processus achats.

Selon les secteurs d'activité, la taille des entreprises, leur impact national ou international, le nombre d'étapes permettant de couvrir la démarche achats depuis l'expression des besoins jusqu'à la satisfaction des clients internes ou externes peut différer quelque peu. Nous proposons dans les pages qui suivent une démarche en 9 étapes, démarche qui permet à une entreprise de disposer, auprès de ses fournisseurs, d'un **capital de réputation positif :**

- L'entreprise acheteuse dispose d'une démarche structurée à disposition de tous les acteurs de l'entreprise, permettant de déléguer aux utilisateurs un certain type d'achats, de mettre en place des indicateurs de performance pertinents et d'élaborer des plans de progrès. Du point de vue de la relation client/fournisseur, un esprit de rigueur s'instaure et l'acte d'achat devient alors **éthique** quant à son fonctionnement interne.
- L'entreprise vendeuse entretient une relation de confiance sur la manière de travailler de ses clients et est plus réactive pour entrer dans un jeu de développement commun en proposant des innovations tant sur le plan commercial que technique.

Nous nous proposons de vous donner un certain nombre d'indications concernant chacune de ces étapes.

Comme nous l'avons décrit précédemment, les étapes du processus d'achat sont :

- l'expression des besoins,
- l'analyse du marché,
- la définition de la stratégie d'achat,
- la consultation du marché fournisseurs,
- la négociation,
- la contractualisation,
- le suivi et la mesure de la performance des fournisseurs,
- la livraison,
- le paiement des fournisseurs.

1. L'EXPRESSION DES BESOINS

La phase d'expression du besoin permet de déterminer la nature du besoin de manière qualitative et quantitative.

La finalité de l'expression du besoin est d'établir un cahier des charges qui sera remis aux fournisseurs consultés.

En réalité, nous aurions dû placer l'expression des besoins après la définition de la stratégie d'achat, car, selon les axes stratégiques choisis (partenariat, délocalisation, enchères en ligne....), la nature du cahier des charges sera différente :

- un cahier des charges permettant la négociation d'un partenariat ne revêt pas la même forme que celui élaboré pour consulter un marché concurrentiel dans le cas d'un achat spécifique unitaire,
- un cahier des charges de globalisation des achats de plusieurs unités d'un groupe industriel reste différent d'un achat standard d'urgence,
- l'externalisation d'une fonction de l'entreprise comporte la négociation de termes juridiques tout à fait particuliers.

Le chapitre concernant « les achats amont et la stratégie d'achat » a permis de déterminer des axes de réflexion pour « couvrir » les achats de l'entreprise, que ce soit pour le projet d'une production annuelle ou autre. Ces axes de réflexion et démarches ont un caractère permanent ; ainsi, l'expression des besoins, qui n'a de sens que dans la mesure où il existe une commande client (interne ou externe), repose sur la connaissance du marché et de la ou les stratégies d'achat à adopter.

Ainsi cette expression de besoins est réalisée à partir d'un « quatuor » indissociable :

– l'utilisateur pour son expérience terrain,
– le prescripteur pour sa connaissance technique,
– le fournisseur pour son offre,
– l'acheteur par sa volonté d'assurer l'équilibre entre les exigences et les coûts.

L'acheteur, toujours à l'épicentre de ce groupe, assure un subtil équilibre entre les parties prenantes :

– en interne, il définit avec ses interlocuteurs les besoins de l'entreprise,
– en externe, il cherche et traite avec les fournisseurs qui répondent le mieux à ces besoins.

Ce qui peut se résumer selon le schéma suivant :

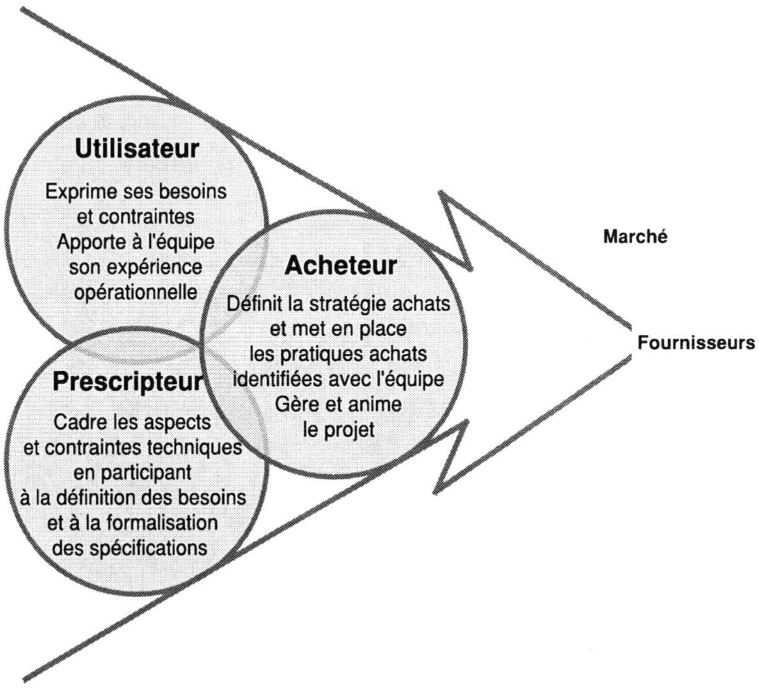

Les parties prenantes dans l'expression des besoins

Tout excès de demande, tout manque de précision, toute ambiguïté présentent un risque de distorsion dans la demande avec des effets négatifs sur la stratégie d'achat qui s'appuie, comme nous l'avons vu dans le chapitre sur « le processus stratégique », sur cette expression de besoins.

Le cahier des charges permettant la consultation du marché fournisseurs peut être :

- technique,
- fonctionnel.

Bien entendu, le choix entre ces deux types de cahier des charges est défini à partir de la stratégie mise en place.

► Le cahier des charges technique

Il s'exprime en terme de « **fait de** », c'est-à-dire que l'on impose une solution, sans nécessairement expliquer à quoi cela va servir.

Il s'agit donc d'un document regroupant toutes les caractéristiques que l'on impose aux fournisseurs.

Selon l'enjeu, le cahier des charges technique peut revêtir une forme simplifiée à partir d'un plan de définition et d'un certain nombre de critères commerciaux, ou une forme plus élaborée comprenant :

- *une introduction* contenant des informations à caractère général,
- *l'objet du marché*, spécifique à la consultation et définissant le contexte, la durée du marché, le contrat associé au marché, l'environnement et ses réglementations…
- *la description du besoin*, comprenant les caractéristiques du matériel ou de la prestation attendue, le niveau de qualité souhaité, le standard des normes à respecter…
- *le prix du marché*, qui consiste à préciser aux fournisseurs les modalités de réponses quant au prix,
- *l'organisation de la procédure*, qui reprend la description des obligations à respecter, telles que la date de réception des offres, la personne en charge du dossier…
- *Les critères d'attribution*, qui présente la procédure de choix des fournisseurs.

Voir la partie consacrée au dépouillement des offres.

▶ Le cahier des charges fonctionnel

Ce type de cahier des charges s'exprime en terme de « **fait pour** », c'est-à-dire la recherche d'un résultat décliné à partir d'une solution fournisseur.

Les éléments constitutifs d'un cahier des charges fonctionnel sont :

- *la présentation générale du besoin*, qui décrit les besoins principaux auxquels le produit ou la prestation doit satisfaire, des informations sur les volumes et leur répartition dans le temps et le contexte général du projet (la situation, les parties concernées par le projet et les objectifs, la nature de la prestation demandée, le caractère de confidentialité et l'environnement recherché),
- *l'expression fonctionnelle du besoin*, qui est le résultat d'une analyse fonctionnelle du produit ou de la prestation, qui fait apparaître les différents niveaux de détail dans l'expression de la demande tels que décrits dans l'exemple suivant :

Fonctions d'usage	Fonctions d'estime	Fonctions techniques
F1 : Enflammer un mélange gazeux : – libérer un gaz à la demande, – créer un point chaud. F2 : S'utiliser avec une seule main : – adapter la main, – manœuvrer avec une seule main, – maintenir en état opérationnel.	Séduire l'acheteur par son design. Avoir des couleurs attractives.	F1 : – contenir le gaz liquéfié, – détendre le gaz liquéfié, – commander le débit du gaz, – régler le débit du gaz. F2 : – recharger le réservoir, – changer la pierre.

- *Les fonctions de service et les contraintes* : une contrainte se définit par une limitation à la créativité et à l'innovation du concepteur. Ces contraintes peuvent être :
  - Réglementaires : sécurité, environnement.
  - Qualitatives : normes, labels.
  - Environnementales : énergies disponibles, installations environnantes, moyens de manutention.
- *Les critères d'appréciation :* pour chaque fonction, il convient de définir les critères d'appréciation permettant d'affirmer que la

fonction est remplie ou la contrainte respectée. Par exemple : la contenance, la température, la durée du dépannage, la longueur de la flamme…

– *Le niveau des critères :* pour chaque critère d'appréciation, on doit définir le niveau du critère d'appréciation et les limites d'acceptation.

■ Exemple

Contenance : 330 ML ; maxi : 335 ML
Longueur de la flamme : 2 cm + ou – 10 %

Exemple d'analyse fonctionnelle

Fonction	Critère	Niveau	Flexibilité
F1 Ne pas manquer	– Nature du sol – Visibilité de la marque	– Parquet – Invisible à plus de 2 mètres	– Aucune – ± 1 mètre
F2 Se déplacer	– Temps de déplacement dans la pièce par une personne seule	– 15 secondes	– ± 5 secondes
F3 Se stocker	– Volume occupé	– 0,6 m^3	– ± 0,2 m^3
F4 Résister au poids de l'utilisateur	– Nombre de personnes debout sur le bureau	– 3 personnes d'un poids moyen de 75 kg	– Minimum 3 personnes
F5 Résister aux liquides	– Présence d'une trace	– Invisible à plus de 20 cm	– Aucune
F6 Résister au choc	– Chute d'un objet de 10 kg à une hauteur de 2 mètres	– être utilisable après 300 cycles de test	– ± 20 cycles
F7 Résister aux chutes	– Chute du bureau d'une hauteur de 2 mètres	– être utilisable après 300 cycles de test	– ± 20 cycles

Fonction	Critère	Niveau	Flexibilité
F8 Résister aux flammes	– Réglementation (CHSCT : temps d'exposition/température)	– Agrément officiel	– Aucune
F9 Fumée toxique	– Réglementation	– Agrément officiel	– Aucune
F10 Échanger	– Nombre de personnes assises autour du bureau	– 4 personnes	– ± 1 personne
F11 Ordinateur	– Nombre d'ordinateurs (dimension)	– 3 ordinateurs	– ± 1 ordinateur
F12 Rangement	– Litres de rangement intégré (ou surface)	– 20 litres	– + 15 litres
F13 Protéger les documents	– Humidité – Hygrométrie	– Degré d'hygrométrie stable	– Variation de 2 %
F14 Corpulence de l'utilisateur	– Sondage par population test	– 95 % de satisfaction	– ± 2 %
F15 Ne pas blesser	– Aspérité – Angle vif	– Degré de rugosité – Pas de présence d'angle vif non protégé	– Aucune
F16 Permettre l'écriture	– Test sur 1 feuille A4 grammage classique avec un stylo bille	– 100 % de réussite	– Aucune
F17 Rentrer dans les locaux	– Nombre de bureaux dans une pièce de 20 m^2	– 3 bureaux	– Aucune

Mais quelle que soit la forme du cahier des charges à adopter, les éléments ci-après constituent la base standard des clauses qui doivent figurer dans la consultation :

- **Objet du cahier des charges.**
- **Périmètre de la consultation.**
- **Durée et planning associé du projet.**
- **Description technique ou fonctionnelle du besoin.**
- **Possibilité ou non de variantes techniques.**
- **Démarches impératives à respecter (clauses non négociables).**
- **Structure et suivi du contrat chez le fournisseur.**
- **Confidentialité.**
- **Personnes à contacter.**
- **Principaux critères d'évaluation.**
- **Annexes techniques.**

2. LA CONSULTATION ET LE DÉPOUILLEMENT DES OFFRES

► La consultation du marché fournisseurs

La phase de consultation consiste à :

- effectuer un préciblage des fournisseurs à consulter,
- choisir les moyens à mettre en œuvre (consultation traditionnelle ou électronique),
- établir un dossier de consultation contenant tous les éléments nécessaires aux fournisseurs pour établir une offre technico-commerciale conforme en tout point aux besoins de l'acheteur.

Il est très important, pour respecter les règles d'éthique interne, de faire que cette consultation mette tous les fournisseurs sur un même pied d'égalité.

Une consultation se décompose en 3 étapes :

- la présélection des fournisseurs,
- la constitution du dossier de consultation,
- la planification.

Le mode de consultation utilisé peut revêtir deux formes différentes :

Traditionnel : demande d'une cotation pour l'ensemble de la famille d'achats à chaque fournisseur potentiel.

Électronique : consultation des fournisseurs en ligne à l'aide de portails de type e-sourcing.

La présélection des fournisseurs

Les différentes fonctions concernées (études, qualité, fabrication, logistique...) définissent ensemble un certain nombre de critères de présélection correspondants à la politique de l'entreprise. Il est alors possible de présenter la réponse des fournisseurs dans un tableau de ce type qui permet de faire un premier choix de fournisseurs à consulter.

Tableau 1 : Le préciblage des fournisseurs

Critères de choix	Fournisseurs					
	F1	F2	F3	F4	F5	F6
Couverture géographique	+	+	+	- -	+	+
Part de marché en France	+	-	+	+	-	+
Présence dans le Groupe	+	-	-	+ +	+	- -
Certification Sécurité (A2P)						
Pourcentage du potentiel du Groupe dans le CA de l'entreprise	+	+	-	- -	+ +	+ +
Références dans le secteur bancaire	+	+ +	+	-	+	+ +
Offre adaptée à la demande	+ +	+ +	+	-	+	+
Stabilité économique	+	+	-	+	-	-
Capacité à fournir	+	+	+ +	-	-	-
TOTAL (ALGÉBRIQUE)	+ 10	+ 5	+ 4	- 4	+ 2	+ 2

Le dossier de consultation

Le dossier de consultation est envoyé à chaque fournisseur présélectionné et comprend généralement quatre parties distinctes :

- **introduction** : présentation de l'entreprise et objet de la consultation,
- **processus de la consultation** : planning de la consultation (délais pour acceptation, délais de remise de l'offre), format de réponse à respecter,

– **description technique ou fonctionnelle** : reprend le cahier des charges élaboré lors de l'étape d'expression des besoins,
– **liste des annexes** : reprend tous les documents spécifiques à la consultation, y compris les éléments juridiques tels que les « conditions générales d'achats ».

La planification

La complexité d'un projet impose un planning comprenant un dispositif de désengagement. Il est donc nécessaire de programmer chaque étape et d'y accoler des délais de réalisation, éventuellement associés à des termes de paiement.

▶ Le dépouillement des offres

À cette étape du processus d'achat, on doit comparer les offres des fournisseurs retenus selon des critères de sélection préalablement établis, afin d'objectiver le choix des fournisseurs retenus avec lesquels se déroulera la négociation.

Bien évidemment, la comparaison des offres doit prendre en compte le **coût global,** c'est-à-dire une notion de coût intégrant différents aspects tels que le coût d'acquisition des produits, le coût de possession des stocks, le coût d'industrialisation, le coût d'obtention de la qualité, les services associés...

Avant même de dépouiller les réponses à la consultation, vous devez, en collaboration avec les différentes fonctions concernées (études, qualité, fabrication, administration des ventes...), établir la liste des critères de choix en leur donnant un poids, c'est-à-dire un coefficient d'importance.

Le tableau ci-après vous donne un exemple de critères pondérés.

Tableau 2 : Grille de dépouillement des offres

Critères	Coefficient de pondération	Fournisseur 1	Fournisseur 2	Fournisseur 3	Fournisseur 4
Prix	25				
Délai	15				
Qualité	30				

Critères	Coefficient de pondération	Fournisseur 1	Fournisseur 2	Fournisseur 3	Fournisseur 4
Garantie	10				
Formation	10				
Pénalités	10				
Notes de synthèse	100				

Une fois rempli le tableau de dépouillement des offres, l'acheteur et le prescripteur interne notent tous les fournisseurs en fonction des critères de sélection définis au préalable.

Tableau 3 : Exemple de dépouillement des offres

Offres / Critères	Coefficient de pondération	Fournisseur 1	Fournisseur 2	Fournisseur 3	Fournisseur 4
Prix	25	1 000 €	800 €	2 000 €	1 200 €
Délai de livraison	15	3 mois	1 mois	15 jours	disponible
Qualité	30	Capacité à tenir le cahier des charges	Quelques améliorations à apporter pour tenir le cahier des charges	Quelques améliorations à apporter pour tenir le cahier des charges	De gros efforts à faire pour tenir le cahier des charges
Garantie	10	1 an	2 ans	6 mois	8 mois
Formation	10	Une formation gratuite de 4 personnes	_	Une formation gratuite de 2 personnes	_
Pénalités de retard	10	_	200 € par jour	_	_
Notes de synthèse	100				

Tableau 4 : Matrice de comparaison des offres

Critères	Coefficient de pondération	Fournisseur 1	Fournisseur 2	Fournisseur 3	Fournisseur 4
Prix	25	23	25	13	21
Délai	15	12	14	14,5	15
Qualité	30	30	24	24	18
Garantie	10	5	10	2.5	3.3
Formation	10	10	0	5	0
Pénalités	10	0	10	0	0
Notes de synthèse	100	80	83	59	57,3

Le classement de fournisseurs ainsi obtenu permet de :

- déterminer la short-list de négociation, c'est-à-dire la liste des fournisseurs avec lesquels l'acheteur va négocier,
- déterminer des objectifs de négociation,
- préparer la négociation selon une méthodologie détaillée dans le chapitre traitant de la négociation.

Il est bien évident que cette analyse doit faire l'objet d'un travail de groupe au sein duquel l'utilisateur final doit être fortement impliqué.

Par ailleurs cette analyse doit être la plus **factuelle** possible.

Dans le cas d'une consultation électronique, celui qui emportera les enchères inversées remportera « normalement » le marché, car il n'y a pas d'étape de « négociation présentielle ».

Enfin, dans le cas d'une consultation internationale, cet ensemble doit s'inscrire dans un vrai projet d'entreprise comme le montre le paragraphe suivant.

3. LE SOURCING DANS LES LCC (LOW COST CONTRIES)

« Sourcer » dans un LCC consiste, dans un premier temps, à s'informer. Ensuite, il faut véritablement conduire l'action de sourcing comme un « projet d'entreprise ».

▶ L'information internationale

Nous rencontrons encore aujourd'hui des entreprises françaises qui prétendent exiger que leurs fournisseurs travaillent selon leur propre démarche interne (oui, c'est bien cela).

L'erreur se situe à différents niveaux :

- manque de respect pour une culture différente qui a ses propres codes en voulant imposer le code culturel français,
- manque d'adaptabilité quant à la perception des us et coutumes du pays prospecté.

■ Exemple

La notion de délai ou de date de livraison est plutôt abstraite dans certaines cultures, notamment dans les pays de l'Est.

Mais, où trouve-t-on l'information ?

Les moyens sont nombreux aujourd'hui :

Les sources traditionnelles

Bien connues de tous les acheteurs, on peut citer :

- le Kompass, sous forme papier ou informatisé, constitue une première information,
- le CFCE et notamment son édition de dossiers-pays riches en renseignements de tous ordres,
- l'union des chambres de commerce à l'extérieur (UCCFE) qui vous dirigera vers le service ou la chambre de commerce spécialisée dans votre demande.

Les sources modernes

Nous voulons parler ici des sites « Internet ». Il est difficile aujourd'hui de s'y retrouver dans ces sources d'informations tant leur nombre est important et croissant. De nouveaux acteurs ou intervenants se présentent chaque jour, disposant selon leurs dires d'informations « à jour ».

Par ailleurs, il est également difficile de vérifier ces informations en ligne.

Ainsi donc, ce type de recherche de renseignements, moderne, n'est pas à négliger, mais nous engageons les acheteurs à vérifier la véracité des informations transmises, par exemple à travers un réseau de contacts personnels.

▶ La conduite du projet de sourcing

Christophe HORVAT, spécialiste de l'achat international, considère qu'un sourcing, dans les LCC, se conduit comme un projet comportant quatre phases, elles-mêmes se déclinant chacune en quatre étapes, selon le schéma ci-dessous.

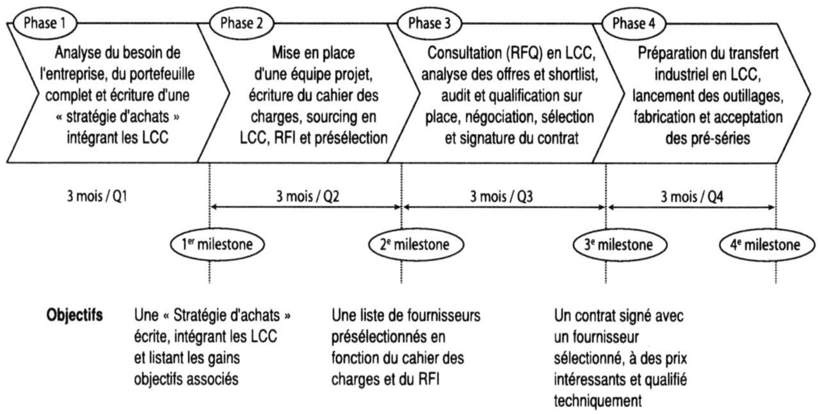

Le projet de sourcing selon C. HORVAT

▶ Phase 1

Les différentes étapes sont les suivantes :

Étape 1 : Lancement du projet

Le lancement du projet comporte :

– la capitalisation des connaissances qui consiste à tirer les leçons du passé si des actions de ce type ont déjà été effectuées,
– l'objectif du projet et la définition de son périmètre,
– l'évaluation des enjeux,

– la définition du mode de communication aussi bien en interne qu'en externe,
– la planification des travaux à réaliser dans le cadre de ce projet.

Étape 2 : L'analyse du contexte et des besoins de l'entreprise

Cette analyse se fait en se posant les questions suivantes :

– où achètent et fabriquent nos concurrents ?
– quels sont les risques encourus (copie, perte de savoir-faire) ?
– quel est l'impact sur notre organisation ?
– avons-nous les compétences requises pour ce type de démarche ?

Étape 3 : Analyse du portefeuille d'achats

Cette étape a été largement détaillée dans le chapitre traitant du **processus stratégique.**

Étape 4 : Écriture d'une stratégie LCC

Cette étape consiste à faire valider la démarche de sourcing en interne. Elle comprend :

– le choix de délocaliser des pièces ou des sous-ensembles,
– la recherche de fournisseurs répondant à un certain nombre de critères : maturité technique, pérennité des activités dans la zone à choisir,
– l'identification des risques pays,
– choix de l'Incoterm (FOB, CIF...), de la monnaie (Euro, US$) et gestion des risques logistiques,
– identification des coûts logistiques.

▶ Phase 2

Les différentes étapes sont les suivantes :

Étape 1 : Mise en place de l'équipe projet

Il s'agit de :

– lister les services internes concernés : achats, approvisionnements, logistique, marketing, qualité, bureau d'études...
– choisir un chef de projet,
– ouvrir une démarche de planification.

Étape 2 : Préparation de l'appel d'offres

- détermination de la structure de coût du produit,
- élaboration d'un cahier des charges écrit en termes de **résultats à obtenir,**
- identification des contraintes logistiques.

Étape 3 : Recherche de fournisseurs

C'est une recherche d'informations à partir de :

- contacts personnels,
- sites internet,
- PEE des pays concernés,
- visites de salons et foires.

Étape 4 : Analyse et préselection

- présentation de la démarche par téléphone. C'est une question de politesse et d'efficacité ; une RFI (Request For Information) envoyée par e-mail, sans contact personnel à moins de retours et de pertinence dans les réponses attendues,
- présélection des fournisseurs consultables à partir des critères établis par le groupe projet.

▶ Phase 3

Les différentes étapes sont les suivantes :

Étape 1 : Request For Quote (RFQ)

C'est l'étape de consultation proprement dite selon les méthodes classiques de consultation d'un marché fournisseur.

Étape 2 : Analyse des offres

De la même manière, les analyses multicritères décrites dans le dépouillement des offres sont tout à fait adaptées si ce n'est que la liste des critères de choix pour établir une short-list est complétée par des éléments tenant compte du risque pays et de la confiance à accorder aux acteurs consultés.

Étape 3 : Audit et qualification

Il s'agit d'une étape fondamentale dans notre démarche internationale. En effet, il faut prendre en compte les différences culturelles, objet de nombreuses incompréhensions :

- audit sur site de l'outil industriel : liste du parc machines, stocks, provenance des matières et des composants,
- audit du flux administratif : gestion des commandes,
- identification de la solidité financière et de la capacité de développement du fournisseur,

Étape 4 : Négociation, sélection et signature du contrat

Se reporter aux chapitres correspondants.

▶ Phase 4

C'est la phase de lancement en production chez le ou les fournisseurs choisis. Elle comprend :

Étape 1 : Préparation du transfert industriel

Il s'agit de lister et préparer toutes les actions nécessaires à la bonne réalisation des pièces ou sous-ensembles :

- valider la capacité de fabrication disponible chez le ou les fournisseurs et planifier,
- valider la capacité de test et contrôle des pièces du ou des fournisseurs.

Étape 2 : Lancement et mise en stock

Cette étape consiste à organiser le lancement en fabrication et de se préoccuper des approvisionnements. Ce dernier point est souvent objet de litiges et il convient de bien déterminer les responsabilités de chacun en se posant la question : qui achète les composants, matières premières... nous ou le fournisseur ?

Étape 3 : Fabrication de prototype ou préséries

Il s'agit de définir les éléments en termes de :

- quantité,
- mode de livraison.

Étape 4 : Qualification du fournisseur

C'est l'ultime étape avant l'industrialisation. Elle comprend :

- le test des produits selon notre cahier des charges,
- l'acceptation de production,
- la planification de la production,
- **et surtout l'évaluation des risques et l'élaboration d'une stratégie alternative.**

4. LA NÉGOCIATION D'ACHAT

▶ L'évolution au fil du temps

Il est un paradoxe difficile à maîtriser : c'est l'idée qui consiste à considérer que, dans une négociation, le conflit ne porte pas sur les hommes, mais bien sur des faits, et malgré tout, on utilise à grosses doses des sciences relationnelles et de communication pour apprendre l'art de la négociation. En particulier, on a longtemps confondu l'approche négociatrice en B2C et celle à utiliser en B2B.

Et pourtant les deux approches sont incomparables.

■ Exemple

Autant vous achetez sans vous poser trop de questions sur la technique à employer, votre réfrigérateur ou votre voiture, autant vous commencez à vous renseigner s'il s'agit d'acheter un bien immobilier. Mais dans ces deux cas, il s'agit d'un achat à titre personnel, pour lequel la décision vous appartient. Si, en revanche, un ami vous demandait de négocier pour son compte l'achat d'une maison, vous auriez sans doute quelques réticences !

Toute la différence entre ces deux approches se trouve résumée dans cet exemple.

En fait, cette confusion vient de ce que les outils de négociation utilisables dans le domaine du B2C existaient bien avant que les acheteurs professionnels évoluent en économie de marché.

On a donc utilisé jusqu'à un passé très récent des techniques de négociation fondées sur la persuasion, c'est-à-dire des sciences reposant sur la communication et les attitudes favorables à une prise de commande rapide. Car il nous faut reconnaître que, pendant longtemps, les techniques de négociation d'achat n'étaient que des tactiques pour « contrer » celles des vendeurs.

Aujourd'hui, on n'imaginerait pas un seul instant « négocier » en employant des techniques de déstabilisation ou de persuasion basées sur une approche interpersonnelle.

En effet dans l'espace B2B, et c'est celui dans lequel cet ouvrage s'inscrit, notre interlocuteur n'a pas tous pouvoirs :

- Le vendeur doit constamment en référer à quelqu'un, qu'il soit acteur d'un grand groupe (aussi bien industriel que de services ou de distribution), ou patron d'une PME,
- L'acheteur, et c'est un point fondamental en B2B, n'a pas le **pouvoir de définition**, c'est-à-dire ne peut pas changer la demande qui lui est faite, tant sur le contenu de la définition que sur la qualité requise.

En fait, ce sont des entreprises qui négocient et non des hommes. Pour s'en persuader, il suffit de comprendre qu'en B2B, la négociation ne s'arrête pas lors de la défection de l'un des protagonistes (ex. : démission dans l'entreprise de l'un des acteurs) ; on remplace cet acteur défaillant et la négociation continue. Ce qui n'est pas le cas lors d'une transaction B2C.

Ainsi, l'acheteur ne doit pas convaincre son interlocuteur, mais lui donner des éléments pour que ce dernier **puisse vendre les demandes de l'acheteur dans son entreprise.** Bien évidemment, ce schéma est réversible.

Dans cette nouvelle approche négociatrice, les enjeux sont fondamentalement différents, car les protagonistes sont des intermédiaires qui représentent respectivement leurs entreprises et le conflit se situe à un tout autre niveau.

En économie de marché, l'objectif de l'acheteur n'est certainement pas d'acheter chez le moins cher des vendeurs, mais bien **d'acheter moins cher que le concurrent à l'achat.**

L'ennemi, si on peut parler ainsi, n'est pas le « vendeur », mais bien l'acheteur de l'entreprise concurrente.

Cet aspect nouveau de la négociation sera repris dans les pages ci-après, car il mérite qu'on s'y attarde tellement il est d'importance dans le comportement des acteurs.

► L'environnement de nos jours

Nous vivons professionnellement aujourd'hui dans un « coma » relationnel. Les relations entre les individus prennent une forme tout à fait robotisée sans la moindre émotion apparente. On ne devrait d'ailleurs pas parler de **relation**, mais plutôt d'**équation.** Dans de nombreuses entreprises, l'effectif se décline en termes de « parc machine » et on juge les gens exclusivement sur des critères objectifs de rentabilité pour les actionnaires.

Mais notre propos se situe plutôt sur le champ des relations clients/fournisseurs et là, on assiste également à une **dépersonnalisation des relations interpersonnelles** et de nouveau à un paradoxe : la mondialisation des affaires, du fait d'une adaptation culturelle qui peut être longue, conduit à un allongement de la durée des relations clients/fournisseurs. Cela oblige à tisser des relations de confiance et, dans le même temps, ces relations sont robotisées par l'utilisation de plus en plus fréquente des nouvelles technologies liées à Internet.

Si on accepte l'idée que cette robotisation est irréversible, il nous faut nous adapter.

Par ailleurs, nous vivons dans un environnement très agressif. La précarité de la plupart des entreprises induit un comportement d'agressivité tout à fait légitime chez les acteurs lors des entretiens, qu'ils soient de face à face ou par l'intermédiaire de l'interprète appelé « ordinateur ».

Ces considérations nous amènent à penser que le paramètre déterminant dans les relations d'affaires est **le « temps »**. Mais ne nous y trompons pas : nous sommes dans le schéma inverse de la relation de face à face. Dans le passé lointain (5 ans), le facteur « temps jouait en faveur de l'acheteur dans ce sens que plus l'acheteur disposait de temps et plus il avait des chances d'atteindre ses objectifs. Il nous semble qu'aujourd'hui les bonnes opportunités se découvrent dans la rapidité des prises de décisions.

La **négociation en ligne**, n'échappe pas à cette règle et nous considérerons que le facteur « temps » est un paramètre incontournable dans l'approche de la relation.

Cette considération implique de la part des acteurs une préparation beaucoup plus minutieuse que dans la négociation de face à face, car une opportunité ne peut se conclure que dans la mesure où la décision est immédiate et les pouvoirs des acteurs déterminés et connus.

On peut donc parler aujourd'hui de deux types de négociation :

– la négociation « **présentielle ou de face à face** »,
– la négociation « **en ligne** ».

▶ La négociation de face à face

Des lignes qui précèdent, on peut facilement déduire que la préparation interne de la négociation est fondamentale. Mais cette préparation interne relève d'un état d'esprit.

C'est probablement là où les différences entre la **négociation de face à face** et la **négociation en ligne** sont les plus caractéristiques.

En théorie, dans les deux cas, le conflit ne porte pas sur « l'homme », mais sur un produit, une activité ou un service.

En réalité, une certaine compétition reste en vigueur entre l'acheteur et le vendeur dans la relation de face à face. Par ailleurs, la prestance, l'aspect vestimentaire, le comportement lors des cinq premières minutes de l'entretien (les techniques basées sur le « contact » sont bien connues), et la surveillance des attitudes lors du déroulement de la négociation sont autant de facteurs déterminants dans ce type de relation. Vous remarquerez qu'à la fin d'une négociation réussie l'acheteur ou le vendeur s'arrange toujours pour « débriefer » avec des collègues et la formulation employée est du style : « j'ai vraiment eu du mal, car il était vraiment bon ! ». Notez au passage l'aspect compétition de la négociation.

Dans le type de relation issu de la négociation en ligne, nous n'avons pas encore suffisamment de recul pour noter les réactions des interlocuteurs, mais il nous semble que la compétition se situe à un autre niveau, c'est-à-dire « le bon », car elle place la transaction au niveau des vendeurs (avec le risque avéré d'ententes) et l'objectif de l'acheteur est bien d'obtenir une offre commerciale meilleure que celles de ses concurrents à l'achat.

La négociation des termes de l'accord

Nombreux sont ceux qui emploient le terme « négociation » pour illustrer une relation quelconque, **qu'elle ait lieu entre deux individus ou autrement**.

En fait, la NÉGOCIATION est un jeu à somme non nulle par opposition au MARCHANDAGE qui est comme un jeu à somme nulle. Dans une relation de marchandage, ce que l'un a gagné, c'est exactement ce que l'autre a perdu. Il est bien évident que ce type de relation ne peut être conçu qu'à court terme. Car lors du prochain entretien, opérera ce que nous appelons le « mythe de la poire coupée en deux » ; les deux protagonistes étant en réalité d'accord avant de commencer l'entretien.

La négociation, qui peut revêtir une forme distributive semblable en certains points à un marchandage ou à une forme coopérative, doit s'attacher à préserver la relation à **moyen ou long terme.**

Toute discussion commerciale est orientée en fonction des enjeux, des objectifs et des motivations des protagonistes. Si l'objectif porte exclusivement sur la clause du prix, on se trouve dans le marchandage. Mais il ne faut pas attribuer à celui-ci une connotation péjorative : l'acheteur doit pouvoir profiter d'une opportunité qui s'offre à lui et il n'a pas toujours intérêt à tisser des relations à long terme avec certains fournisseurs.

L'essentiel est pour lui de choisir entre négocier et marchander.

Rappelons seulement que les enjeux stratégiques de l'entreprise sont souvent :

- différencier son offre pour gagner,
- arriver au bon moment sur le marché lorsque s'ouvre le besoin d'un nouveau produit,
- intégrer, dès la conception, l'ensemble des paramètres d'une bonne qualité de service : fiabilité du produit, efficacité logistique, coût d'achat le plus bas..., c'est-à-dire la notion de **partenariat.**

Face à ces enjeux, les relations clients/fournisseurs peuvent tendre vers une COOPÉRATION dans laquelle les stratégies adoptées par les acheteurs consistent à :

- réduire le nombre de fournisseurs,
- gérer des relations à long terme dans lesquelles les acheteurs se doivent d'aider l'entreprise fournisseur à réussir.

L'acheteur doit donc être capable :

- d'établir des relations à long terme avec des entreprises partenaires ou coopérantes tout en atteignant les objectifs qui lui sont fixés,
- de tenir compte :
  - des valeurs culturelles de la partie adverse,
  - des événements socio-politiques du pays d'origine de l'entreprise vendeuse,
  - de bâtir les stratégies de négociation adaptées aux éléments ci-dessus.

En outre, la quasi-obligation d'acheter à l'étranger, que ce soit pour des raisons :

- de réduction des coûts (achat directement dans le pays de fabrication, délocalisation des fabrications...),
- de compensations au titre des ventes de produits finis de l'entreprise,
- de sources étrangères sans distribution française,
- etc.

entraîne dans bien des cas une perte de pouvoir de l'acheteur. Cette perte de pouvoir est essentiellement due aux contraintes liées à l'achat international, telles que :

- l'inadéquation entre les quantités de produits à commander et les minima de fabrication des industriels locaux ;
- les risques de tous ordres :
  - politiques,
  - logistiques,
  - financiers ;
- la nécessaire ADAPTABILITÉ des comportements. Ce terme – ADAPTABILITÉ – résume à lui tout seul la compétence indispensable à la relation de face à face dans le domaine interculturel.

Cette perte de pouvoir se traduit par le fait que l'acheteur se porte vendeur de ses besoins sur une échelle de temps de moyen ou long terme.

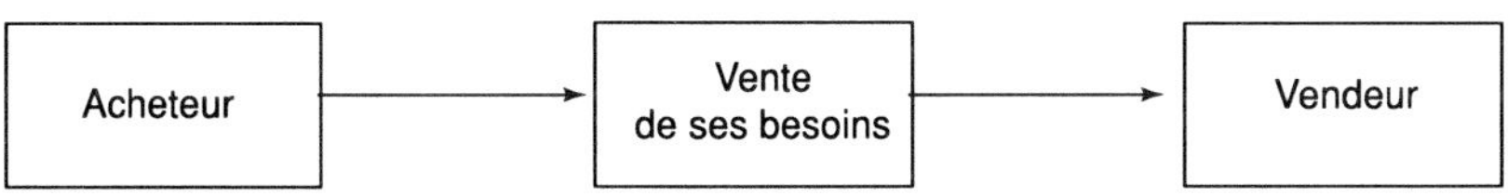

Il s'agit donc de comprendre les objectifs de la partie adverse, ce qui est rendu plus difficile dès lors que la négociation est interculturelle.

Nous essaierons ici de décrire un ensemble de modèles pratiques pour :

- communiquer avec efficacité,
- influencer avec intégrité,
- utiliser ses ressources et celles d'autrui,
- adopter un comportement favorable à la relation.

D'une manière générale, la négociation comporte deux dimensions :

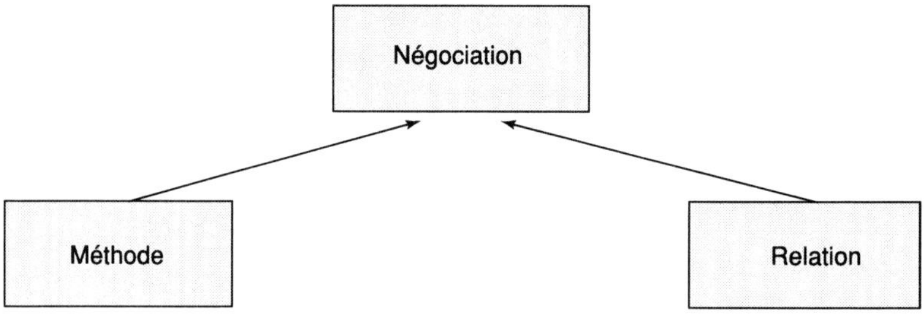

Les dimensions de la négociation

La dimension RELATION peut, dans le domaine interculturel, être remplacée avantageusement par ADAPTATION pour tenir compte du fait que les techniques de communication qui reposent sur :

- l'écoute active,
- la reformulation,

ont des limites d'efficacité dans le domaine interculturel.

En effet, reformuler dans une langue étrangère peut produire des effets négatifs.

■ Exemple

Reformuler en langue anglaise face à un Américain sans maîtriser parfaitement le langage et la mentalité de votre interlocuteur pourrait amener celui-ci à vous poser la question suivante :

« Comment, je me suis mal exprimé ?

Dans le chapitre traitant des différentes stratégies à la disposition de l'acheteur, nous avons repéré la zone possible à partir des dimensions de RISQUE et de PROFIT.

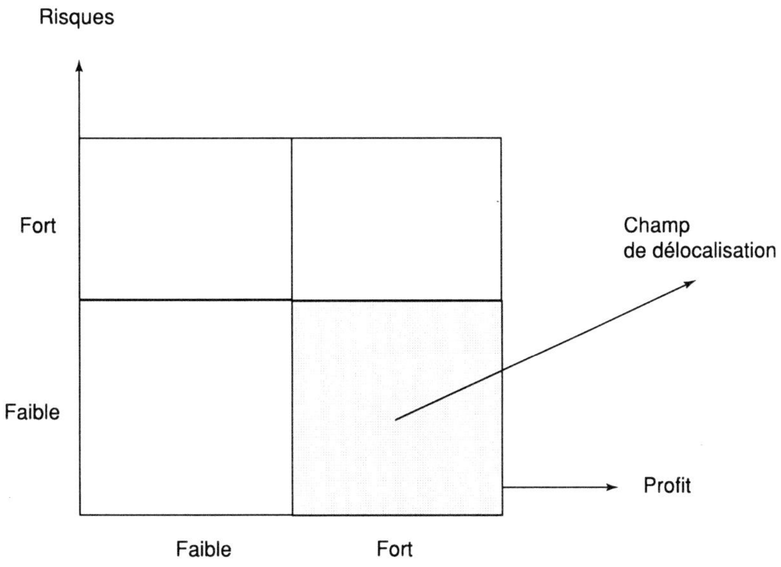

La zone de délocalisation

En effet, quand le choix est possible, il est préférable d'éviter les champs comportant, *a priori*, des vulnérabilités d'approvisionnement ; un achat à l'étranger amenant invariablement un certain nombre de risques, ou plus exactement d'aléas difficiles à maîtriser.

Mais dans bien des cas, l'achat à l'étranger est un passage obligatoire et il convient de créer un climat favorable à de tels échanges.

Dans la plupart des cas, un achat à l'étranger présuppose une relation client/fournisseur de LONG TERME. L'identification des contraintes liées au pays exportateur, la mise au point du fournisseur selon les usages de l'acheteur : niveau de qualité des produits, règles de paiement, gestion de production, logistique, adaptation interculturelle..., prennent beaucoup de temps (voir un ou deux ans pour le marché chinois par exemple) et cet investissement n'est rentable que dans la mesure où les enjeux sont importants.

Il n'est donc pas question de se livrer à un MARCHANDAGE, mais d'adopter une démarche NÉGOCIATRICE qui doit revêtir une forme OFFENSIVE ou DÉFENSIVE selon les enjeux.

Sur le marché international, peu d'entreprises françaises possèdent un « pouvoir de négociation » suffisant pour imposer leur point de vue. Ainsi, il convient de créer un ensemble de conditions favorables à l'entretien à partir d'une réflexion visualisable comme ci-après.

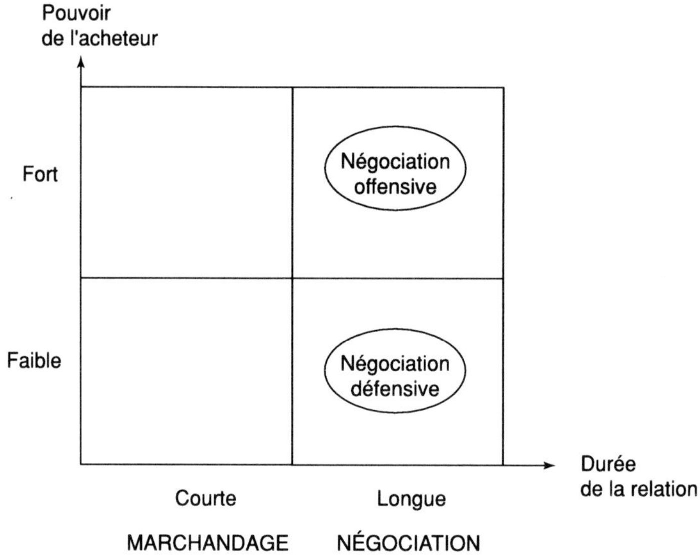

L'approche négociatrice

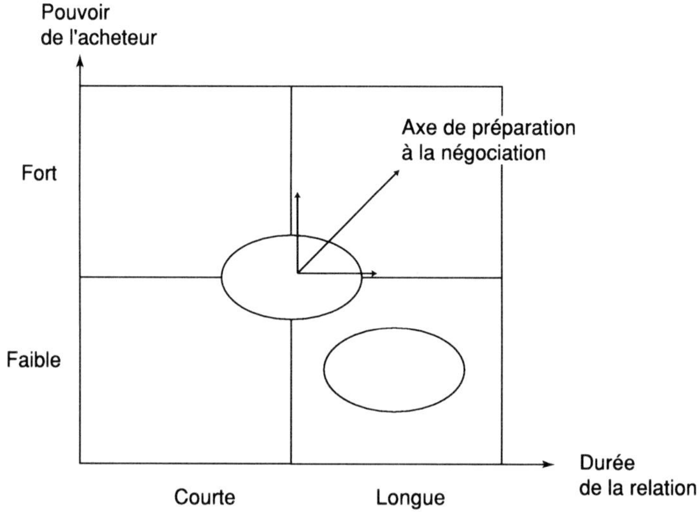

La matrice de négociation

Rappelons que l'acheteur a un bon pouvoir de négociation quand :

- les quantités à commander sont importantes,
- le marché des fournisseurs est concurrentiel,
- le produit à acheter est standard,
- etc.

Ce qui se résume par le fait que :

Le pouvoir de l'acheteur est maximum quand le coût de changement de fournisseur tend vers zéro.

L'acheteur doit donc trouver les éléments nécessaires pour adopter une démarche offensive en :

- augmentant la durée de la relation (contrat pluriannuel par exemple),
- améliorant son pouvoir de négociation en regroupant les quantités de produits.

■ Exemple

Certaines entreprises font fabriquer 5 à 10 fois les quantités de produit dont elles ont besoin sur le marché français et revendent l'excédent sur le marché local.

La préparation de l'entretien

La préparation technique ou l'aspect méthodologique

Le premier choix à faire est celui du « marchandage » ou de la « négociation ». Celui-ci est dicté par l'élaboration des stratégies d'achat.

La matrice de négociation ci-dessus nous en rappelle les différents axes : plus la durée de la relation est courte, plus la relation tend vers un « marchandage ». À l'opposé, plus la durée de la relation est longue et plus la relation tend vers une « négociation ». Concernant la seconde dimension de cette matrice, la notion de « pouvoir fort ou pouvoir faible » est directement liée aux différents outils stratégiques développés dans l'achat amont. En particulier, la notion de « risque » détermine le niveau de pouvoir de l'acheteur.

Comme l'indique P. KORDA dans son ouvrage *: Vendre et défendre ses marges* aux éditions DUNOD, le pouvoir de négociation de l'acheteur peut se décliner selon six « curseurs :

- *le pouvoir du poids* qui est favorable à l'acheteur quand la part de son chiffre d'affaires est importante dans la structure des coûts du fournisseur surtout si ceux-ci sont constitués d'une part importante de coûts fixes,
- *le pouvoir du choix* qui est offert à l'acheteur quand il a la faculté de changer facilement de produit, prestation ou service, voire de fournisseur sans engager de frais,
- *le pouvoir de l'information.* L'étude du marché décrite dans le chapitre concernant l'achat amont permet effectivement de disposer de ce pouvoir,
- *le pouvoir de l'influence,* par exemple au sein de la profession à partir de clubs ou d'associations,
- *le pouvoir du temps.* L'acheteur qui dispose du temps nécessaire pour étudier toutes les possibilités, **interrompre la négociation**, rechercher des solutions nouvelles dispose d'un pouvoir considérable,
- *le pouvoir de sanction.* La sanction peut être positive – offrir de nouveaux débouchés – ou négative – annuler un marché.

À partir de ces éléments, il est alors possible de détailler la matrice de négociation comme suit (figure page suivante).

À chacune de ces régions correspond une tactique de négociation différenciée.

Le marchandage

Ce type de relation client/fournisseur s'inscrit dans les régions : imposition, pression sur les prix et délégation. Dans ces trois cas, la durée de la relation est courte et la seule dimension à négocier concerne exclusivement le prix. Selon le pouvoir dont dispose l'acheteur, la démarche prendra une forme particulière. Dans le cas d'imposition, le pouvoir de l'acheteur est élevé, la transaction ne comporte aucun risque et le coût de changement de fournisseur tend vers zéro ; ce qui permet à l'acheteur d'avoir une démarche très offensive.

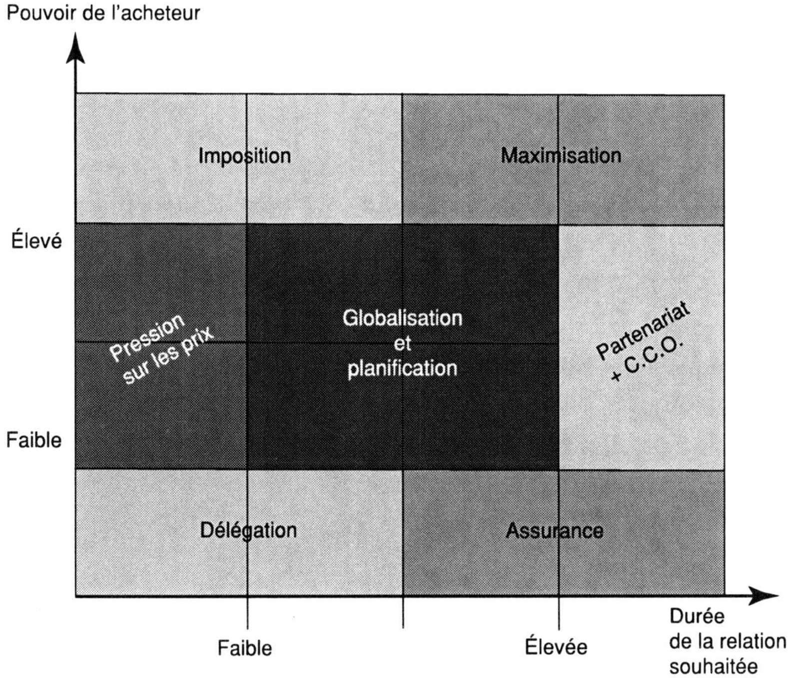

La matrice de négociation et les leviers de gains

La zone de « pression sur les prix », dans laquelle les pouvoirs sont partagés oblige l'acheteur à une démarche coopérative.

Enfin, la zone de « délégation » exprime le fait que l'utilisateur peut se charger de la transaction sur les conseils de l'acheteur.

Dans ces cas de marchandage, la préparation à l'entretien relève beaucoup plus de l'expérience que d'une démarche structurée.

La zone intermédiaire

C'est une zone d'incertitude dans laquelle la connaissance actuelle des besoins de l'entreprise ainsi que du marché sont insuffisantes. Il convient alors de négocier en interne pour globaliser les besoins, standardiser, ou faire un choix judicieux quant à la zone qui sera enfin retenue.

La négociation

Ces trois régions – maximisation, partenariat, assurance – ont une dimension en commun, c'est la durée de la relation considérée comme longue.

Dans un pareil cas, le prix n'est qu'un élément dans l'ensemble des clauses à négocier. En effet, il s'agit d'intégrer, dans la transaction, de nombreux termes contractuels et surtout de se prémunir contre d'éventuelles avaries futures.

Que la transaction s'effectue entre deux ressortissants d'un même pays ou dans un domaine interculturel, le nombre de clauses à négocier peut être très important. Outre le prix, retenons par exemple :

- le processus de qualification du fournisseur avec la réalisation de prototype et préséries,
- les stocks de consignation,
- la reprise d'invendus,
- la variation des prix des produits dans le temps,
- les Incoterms,
- les moyens de paiement,
- la coconception des produits,
- la propriété des études, des outillages,
- les délais de fabrication,
- les sanctions pour non-respect des accords,
- etc.

Il n'est pas rare d'avoir à négocier une vingtaine de clauses différentes. Cette donnée est fondamentale, car elle oblige l'acheteur à adopter une démarche s'inscrivant dans une **stratégie de rupture.**

En effet, lors de la transaction de face à face, les deux protagonistes ne disposent pas de la liste exhaustive des points à négocier (sinon il n'y aurait pas de négociation ; le vendeur ayant loisir à partir d'une approche incrémentale, de prévoir et compter financièrement l'ensemble des demandes de l'acheteur).

Par ailleurs, les deux protagonistes ont des pouvoirs limités : l'acheteur a ses objectifs et des contraintes fixées par son entreprise – contraintes d'ordre juridique, d'usages de la profession de son entreprise, ou des clients de son entreprise – et le vendeur est lui-même confronté à un certain nombre de contraintes de tous ordres en fonction des objectifs de son entreprise.

Ces contraintes ne sont pas inversement proportionnelles au niveau hiérarchique des protagonistes, mais sont liées aux enjeux pour les deux sociétés.

Cette remarque est fondamentale dans la mesure où elle exprime le fait que, si une telle transaction s'effectue sans rupture, on peut considérer qu'il n'y a pas eu de vraie négociation.

■ Exemple

Un acheteur, qui atteindrait l'ensemble de ses objectifs en une seule séance au cours de laquelle le vendeur accepterait des compromis favorables, n'aurait pas eu des objectifs suffisamment ambitieux, puisque le vendeur pourrait accéder à toutes ses demandes sans avoir à demander d'autorisations complémentaires auprès de son entreprise.

Ainsi, il faut considérer que :

La négociation d'affaires est telle que le conflit porte sur des produits et non sur des hommes.

↓

La stratégie de rupture déjà énoncée consiste donc à « pousser » la partie adverse en limite de son pouvoir de sorte à l'obliger à renégocier en interne. Cette stratégie est réversible.

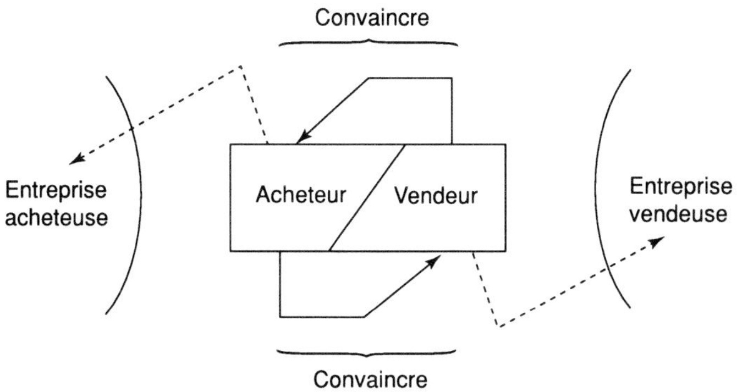

La relation B to B

Cette démarche est grandement facilitée par l'utilisation d'un outil que nous appelons « la tactique de l'échiquier » qui permet, lors de la préparation technique de prévoir l'ordre des clauses à négocier et d'imaginer les points de rupture possibles.

La stratégie de l'échiquier

Elle est ainsi dénommée parce qu'elle repose sur l'utilisation d'une matrice sur laquelle l'acheteur détermine la succession de ses « coups », c'est-à-dire l'ordre dans lequel il a l'intention de négocier les clauses contractuelles de son achat.

Il s'agit pour l'acheteur d'établir les points sur lesquels il peut **faire des concessions** au vendeur, puis à définir le **chemin pertinent** qu'il suivra pendant la négociation et qui l'aidera à maîtriser l'entretien tout au long de son déroulement.

Cette matrice se présente sous la forme suivante :

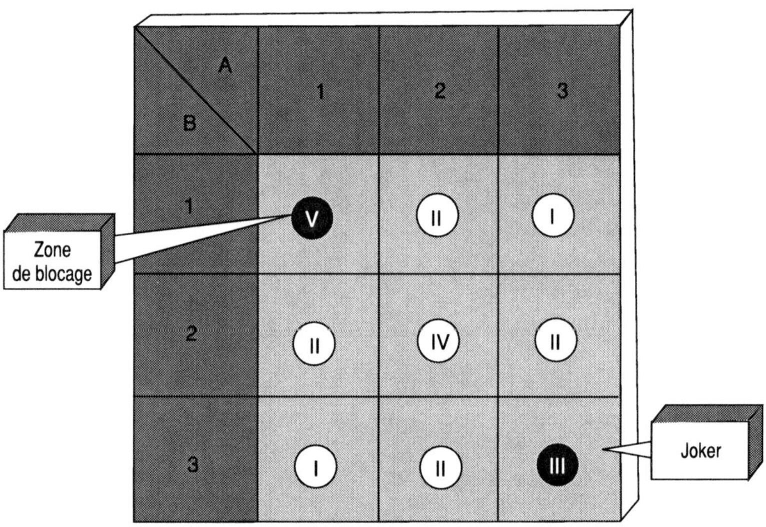

La stratégie de l'échiquier (préparation)

Les positions prises par l'acheteur (A) ou le vendeur (B) sont les suivantes :

- **1** : Non discutable
- **2** : La liberté de l'acteur est suffisante pour faire des concessions
- **3** : La marge de manœuvre est confortable pour l'acteur.

Ainsi,

- la zone I correspond à une négociation facile, puisque l'un des interlocuteurs est disposé à faire une concession, alors que l'autre ne veut pas céder,
- la zone II correspond à une négociation possible, car l'un des interlocuteurs est ouvert à une discussion éventuelle, en fonction de la position de l'autre,
- la zone III se rapporte à un point sur lequel et l'acheteur et le vendeur sont prêts à céder. Nous l'appellerons le **joker**. Ce dernier joue un rôle très important dans la reprise après une rupture, car il permet de recréer un climat favorable à la reprise de négociation. Le fait de reprendre les discussions sur un point dont le compromis est supposé facile à atteindre au lieu de repartir sur un point de désaccord permet de s'assurer de la volonté des deux parties à poursuivre et trouver enfin un accord global,
- la zone IV correspond à une clause pour laquelle les deux interlocuteurs sont disposés, l'un comme l'autre, à discuter. C'est une zone de **troc**,
- la zone V désigne un point de **blocage** : aucun des deux interlocuteurs n'a le pouvoir, dans un premier temps, de faire la moindre concession. Nous sommes bien dans une configuration de **rupture.**

Ce schéma permet donc à l'acheteur de trouver un chemin pertinent en fonction du pouvoir dont il dispose ; pouvoir déterminé par la « matrice de négociation ».

Par exemple, dans la configuration de **maximisation**, le prix pourra avantageusement être placé très tôt, alors que dans la configuration dite **assurance**, il est peut-être préférable de commencer par des clauses ayant pour effet une bonne garantie de service de la part du fournisseur.

La fiche ci-après montre un exemple de préparation dans un domaine interculturel.

Négociateur :			Date :			Objet de la négociation :
Interlocuteur(s) :				Contexte :		
Items	**Clauses à négocier**	**Offre du vendeur**	**Objectifs de l'acheteur**	**A**	**V**	A : souhait de l'acheteur V : ....
A	PRIX	« X » dollars	X – 25 %	1	2	
B	Remise pour quantité supplémentaire	non prévue	5 %/10 000 pièces supplé-mentaires/saisie	2	2	
C	Reprise des invendus	non prévue	Reprise au prix discount (50 %)	1	2	
D	Pénalités pour retard de livraison	non prévue	4 % par semaine de retard	2	3	
E	Livraison avion	Oui, à titre tout à fait exceptionnel	Si retard de livraison supérieur à 15 jours	1	1	
F	Contrôle qualité des produits à la source	Prélèvement de 1 pour 1 000	1 pour 100 de produits contrôlés par agent	2	2	
G	Ristourne de fin d'année	non prévue	2 % par 10 000 pièces	1	2	
H	Frais de remise en état des produits	Taux de main-d'œuvre Hong-Kong	Taux de main-d'œuvre France	1	1	
I	Délai de réalisation	3 mois	2 mois	3	3	

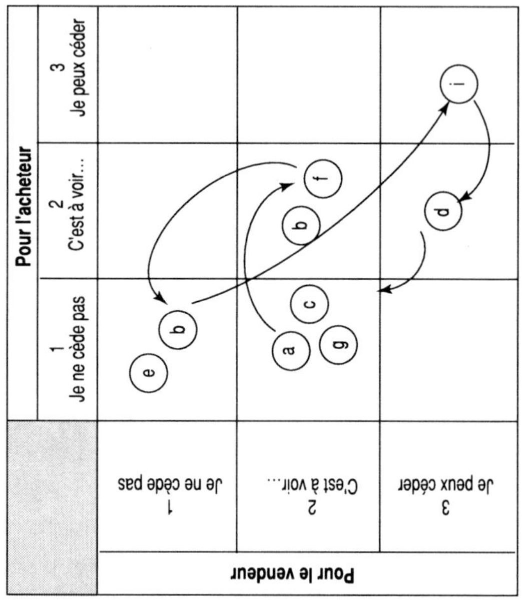

Enfin, la check-list ci-après permet d'effectuer un certain nombre de vérifications quant au niveau de préparation technique dans lequel se trouve l'acheteur.

Check-list de préparation technique à la négociation

1/ Connaître les besoins de son entreprise

- À quel utilisateur le produit est-il destiné ?
- A-t-il déjà été commandé ? Quand ? Comment ? Où ? En quelles quantités ? A-t-il donné toutes satisfactions ?
- Quelle est ma liberté de manœuvre par rapport à la demande exprimée ?
- Puis-je modifier les délais de réalisation, les quantités à commander ?
- Cet achat comporte-t-il des contraintes ?
- Le fournisseur à consulter doit-il posséder une certification de type ISO 9001, ISO 9002… ?
- Notre client final impose-t-il un pays ou émet-il des réserves sur certains pays ?
- Existe-t-il des contraintes après-vente (par exemple : fourniture de pièces détachées pendant 10 ou 15 ans) ?
- Le produit est-il soumis à des contraintes de délais ou des phénomènes de mode (par exemple : les fournitures scolaires doivent être acheminées dans les centres de distribution au mois d'août) ?

2/ Connaître le pays d'accueil

Se reporter au chapitre traitant de la stratégie d'information et des banques de données internationales.

3/ Organiser la discussion avec le vendeur

- Les objectifs que je me suis fixés sont-ils peu ambitieux, réalistes ou excessivement ambitieux ? La meilleure approche consiste à comparer mes objectifs au prix de marché, c'est-à-dire les prix payés par les autres acheteurs dans la même zone géographique.
- Sur quelles clauses dois-je rester ferme et sur quels points puis-je faire des concessions au vendeur ?

4/ Conduire l'entretien

- Ai-je des arguments pour appuyer chacune de mes demandes et des contre-arguments pour répondre aux objections du vendeur ?
- Sais-je adapter mes arguments à la personnalité de mon interlocuteur ?
- Suis-je prêt à recentrer à tout moment les propos du vendeur sur ce qui fait l'objet du dialogue ?

La préparation mentale

Comme nous l'avons vu dans le cadre de la préparation technique, la négociation est basée sur une STRATÉGIE DE RUPTURE. En effet, la relation de long terme oblige les deux parties à discuter un certain nombre de points importants et, dans ce contexte, aucune des deux parties n'a une liberté totale de décision.

Chaque protagoniste a obligation pour certains points d'en référer à sa société pour obtenir des « FEUX VERTS ».

Selon les cultures, ces points de rupture peuvent être formulés de manière plus ou moins agressive. Un Américain, qui ne s'implique pas personnellement dans la négociation, mais considère que c'est son entreprise qui négocie, montrera plus d'agressivité qu'un Japonais qui ne distingue pas le FONDS de la FORME et ne doit en aucun cas perdre la face.

Il convient donc de gérer l'entretien de face à face et de créer un climat favorable.

Créer un climat favorable

On sait à quel point les premières minutes d'un entretien sont cruciales. Les premiers contacts, la première poignée de main influent sur l'ambiance dans laquelle la négociation proprement dite se développera. Ce fait est considérablement amplifié dans le domaine interculturel.

Plutôt que de parler de pays, il serait plus juste de parler de cultures. Tous les spécialistes s'accordent à penser que les stratégies de négociation utilisées ne sont pas particulières à des zones géographiques, mais plutôt à des cultures, des systèmes de communication, des comportements.

La culture, à travers les valeurs, les croyances, les idéologies, les comportements, les usages sociaux, détermine un style partagé par l'ensemble des individus d'un groupe. Il est donc important, pour le négociateur international, de connaître les comportements directeurs du groupe avec lequel il va traiter.

Mais que ce soit ou non un premier contact, le langage non verbal prend une dimension certaine dans la mesure où il constitue le fondement du climat de la négociation. Ainsi, en préparant l'accueil de manière rigoureuse, vous mettez à l'aise votre fournisseur, ce qui ne manquera pas de créer un climat de confiance au cours de l'entretien. Ce mot de « confiance » n'est pas vain dès lors qu'il s'agit de relations interculturelles. Ce cadre de travail fait naître « l'appréhension réciproque ».

Par exemple, la langue anglaise, utilisée dans bien des cas, oblige les négociateurs à des efforts de compréhension qui, doublés des différences culturelles, engendre ce phénomène.

Trois axes permettent d'approcher ces dimensions :

- l'image,
- la distance,
- le discours.

L'image

Établir le contact avec votre interlocuteur passe par l'aspect « IMAGE » au sens le plus large. Cela va de l'aspect vestimentaire au mode de vie extra-professionnel.

■ Exemples

Aux États-Unis, votre habillement joue un rôle clé. En général, il faut s'habiller de manière conservatrice et éviter d'imiter les Américains locaux.

Au Japon, il convient de se présenter à la négociation avec bon nombre de documents. En effet, venir avec une serviette vide serait perçu comme un complexe de supériorité engendrant une manœuvre qui tendrait à faire perdre la face à votre interlocuteur.

Il est possible d'exprimer ces éléments à partir de RÈGLES D'OR dont voici quelques exemples :

AMÉRICAIN	– Respecter l'étiquette américaine. – Habillez-vous de façon conservatrice. – Soyez ponctuel. – Sortez du cadre strictement professionnel lors de vos contacts. – Soyez prêt à discuter en dehors des séances de négociation de : vos revenus, vos activités privées (culturelles, sportives...). – Préparez minutieusement vos négociations ; les Américains le font de manière très efficace. – Utilisez des clauses juridiques standards. – Les rôles et responsabilités de chacun doivent être clairs et précis. – Et surtout, sachez « encaisser ». Le mode de communication verbal du négociateur américain est bien souvent provocateur.
JAPONAIS	– Entraînez-vous au premier contact ; il prend souvent la forme d'une véritable cérémonie, dîner compris. – Soyez courtois. – Vous devez impérativement respecter votre interlocuteur et tout faire pour éviter de le dévaloriser ou le déstabiliser. – Soyez patient, les prises de décision peuvent être longues. – Soyez ponctuel. – Préparez très minutieusement vos négociations, y compris l'avant et l'après entretien. – Le cadeau est une institution, l'emballage a une très grande importance. – Respectez les valeurs professionnelles qui sont dans un ordre décroissant : - l'honneur, - la conscience professionnelle, - le respect et la confiance mutuelle, - l'intégrité, - la curiosité.

ALLEMAND	– Abordez les problèmes de front et maîtrisez un temps monochronique. – Utilisez le titre de votre interlocuteur et considérez-le comme responsable. – Respectez l'ordre du jour. – Obtenez l'accord de toutes les personnes impliquées, car les décisions sont souvent collégiales. – Respectez le protocole et tout particulièrement : - les manifestations prévues avant et après l'entretien de négociation (visites, repas...), - l'emplacement qui vous est attribué autour de la table de négociation. – Négociez chaque mot du contrat, car il sera respecté à la lettre, surtout en cas de litige.
BRITANNIQUE	– Soyez simple, ouvert et évitez d'être trop formaliste. – Acceptez avec bonne humeur une plaisanterie à votre sujet et souvenez-vous que les Britanniques aiment rire. – Faites confiance à votre interlocuteur et sachez obtenir la sienne. – Attachez beaucoup d'importance à l'ambiance de l'entretien, au-delà des formes contractuelles. – Faites participer votre conjoint chaque fois que l'occasion se présente. – Souvenez-vous que le négociateur britannique : - est fier de son pays, - a pouvoir de négocier, - aime brouiller les cartes.
ITALIEN	– Ne marquez pas d'empressement dans la relation et apportez des éléments sécurisants pour mettre votre interlocuteur en confiance. – Globalisez l'affaire plutôt que d'entrer dans des détails qui seront traités ultérieurement. – Prévoyez plusieurs plans possibles lors de votre préparation. – Ne soyez pas agacé par la forme de la négociation basée sur la SURARGUMENTATION. – N'oubliez pas les valeurs morales des Italiens : - le respect de l'autre, - la politesse, - la valorisation de l'interlocuteur par la qualité du langage, - le respect de la famille.

Compte tenu du nombre croissant (de manière exponentielle), de transactions avec la **Chine,** rapportons ici les propos d'un de nos étudiants chinois : M. CHEN FANG :

« La Chine est un des pays les plus difficiles à manager. En effet, nous devons mettre en place un certain nombre de méthodes afin de **manager** la culture chinoise et en somme de pouvoir obtenir ce que l'on souhaite ».

Selon CHEN FANG :

Ce qu'il faut faire	Ce qu'il ne faut pas faire
« Ne pas perdre la face » est un concept important. Causer un trouble ou perdre son calme, même involontairement, peut être désastreux en négociation d'affaires. Faire un maximum de repas avec les partenaires locaux. Le « OUI » ne signifie pas automatiquement le consentement ou la compréhension. L'expression : « Je vous ai compris et je suis complètement d'accord avec le contenu de votre rapport » est souvent source de malentendus. Ce que votre interlocuteur veut réellement dire est qu'il a entendu ce que vous avez formulé. Son approbation ne doit pas être prise comme un signe de consentement. La classe sociale la plus élevée ou les personnes les plus âgées sont souvent présentées et saluées en premier, même lorsque des dames sont présentes. Des petits cadeaux sont les bienvenus et sont source de meilleure entente. Les noms chinois apparaissent dans un ordre différent de celui des noms occidentaux : d'abord le nom de famille, puis le nom de la génération et enfin le prénom.	Sauter un repas ou une pause. Les Chinois trouvent cela très impoli. En outre, ils aiment prendre leur temps lors des repas. Il faut toujours attendre le « top » du chef de la tablée avant de boire ou manger. À la fin du repas, ne laissez jamais vos baguettes dans le bol de riz. Les cure-dents sont habituellement interdits à la fin du repas.

Ce qu'il faut faire	Ce qu'il ne faut pas faire
Les nombres ont une signification importante. La combinaison 88 symbolise la « meilleure chance » et on la retrouve souvent sur des plaques d'immatriculation de voitures et sur les numéros de téléphone.	

La distance

D'une manière générale, la négociation internationale se pratique en groupe ; chaque partie en présence est composée de plusieurs acteurs dont les rôles sont définis.

Dans certaines cultures, la position des individus autour de la table de négociation revêt une importance fondamentale.

Rappelons-en quelques axes de réflexion à partir de la figure ci-dessous :

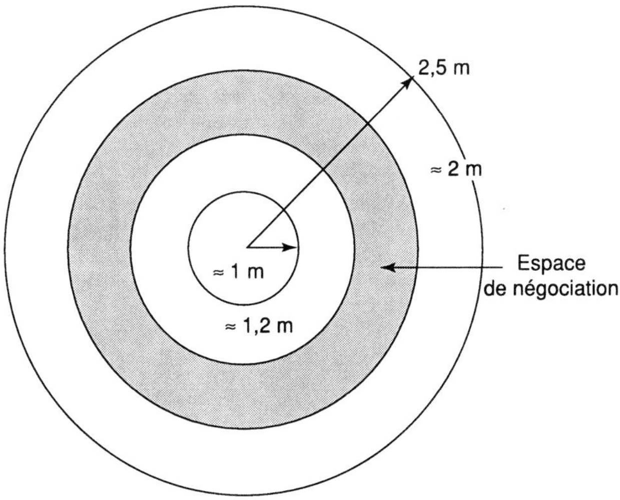

L'espace de négociation

L'espace situé entre environ 1,2 mètre et 2 mètres correspond à la distance type de deux groupes de négociateurs en situation d'affaires. En deçà de 1,2 mètre, nous entrons dans l'espace d'intrusion réservé aux relations personnelles ou aux relations professionnelles entre individus de même groupe.

Le message caché est le suivant : « Approchez-vous afin que l'on puisse parler tranquillement. »

NOTA : il existe un contre-exemple, c'est celui de la relation d'affaires avec un ressortissant arabe.

Au-delà de 2,5 mètres, voire 3 mètres, l'espace ne permet pas d'établir le contact, car le message caché est : « Nous n'avons rien à vous dire ». Il est, par ailleurs, impossible d'utiliser les techniques PNL (Programmation Neuro Linguistique) avec efficacité.

Le discours

Communiquer efficacement dans le domaine interculturel passe par la notion d'ADAPTABILITÉ qui sous-entend plusieurs dimensions (voir plus loin) et en particulier la notion de SYNCHRONISATION sur le style de l'interlocuteur.

Ce style peut être résumé par la NATURE du DISCOURS.

Pays	Nature du discours
États-Unis	Très analytique. Direct et peu cérémonial.
Japon	Subtil et indirect. On cultive l'art du détour.
Allemagne	Très analytique. Cérémonial.
Grande-Bretagne	Varié et modulé en amplitude.
Italie	Vivant, très détaillé et imagé.

Maîtriser l'entretien de face à face

Maîtriser l'entretien de face à face et un exercice qui demande beaucoup d'énergie, particulièrement dans le domaine interculturel.

L'entretien de négociation est un véritable « parcours du combattant » semé d'embûches appelées : « OBJECTIONS ». Comme tous les spécialistes le savent, dans une bonne négociation, il n'y a ni gagnant ni perdant, mais une nouvelle situation qui doit perdurer (comme on l'a déjà vu précédemment, la négociation interculturelle entraîne obligatoirement une relation de long terme).

Concrètement, cela veut dire que pour atteindre ses objectifs, plus exactement respecter les impositions de sa société sur certains points de négociation, l'acheteur devra concéder sur d'autres points ; ce qui est également le cas de son interlocuteur. Il est évident qu'une bonne préparation permet de gérer cette situation, mais elle ne suffit pas.

Nous avons déjà parlé de la compétence du négociateur : l'ADAPTABILITÉ. Ce terme se décline ici selon deux dimensions :

- l'adaptation au style de l'autre,
- la capacité d'affirmation de soi (ASSERTIVITÉ) qui consiste à éviter de tomber dans certains travers qui correspondent aux trois sommets du triangle suivant :

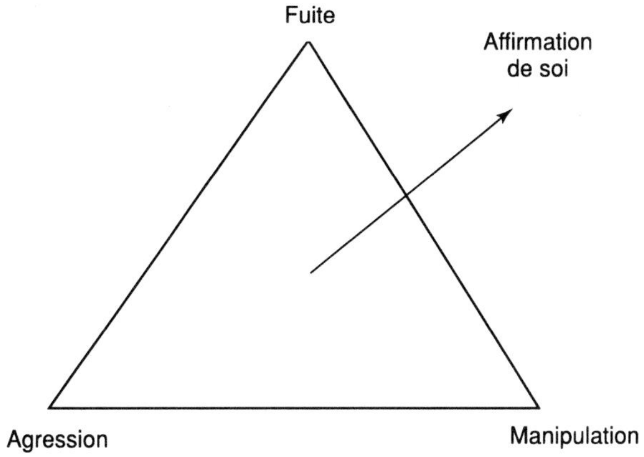

mais plutôt de les transformer, à tout moment en un dialogue, c'est L'AFFIRMATION DE SOI.

Par ailleurs, si préparer sa négociation est indispensable, encore faut-il pouvoir l'appliquer lors de l'entretien de face à face.

Tout repose donc sur la CONDUITE DE L'ENTRETIEN. Conduire une négociation, c'est en maîtriser l'entretien ; ce qui veut dire que les moments d'écoute, centrés sur soi et centrés sur l'autre doivent s'alterner selon les phases de la négociation. Ainsi, il convient d'éviter les deux attitudes suivantes : JUGEMENT et REFORMULATION du schéma ci-après.

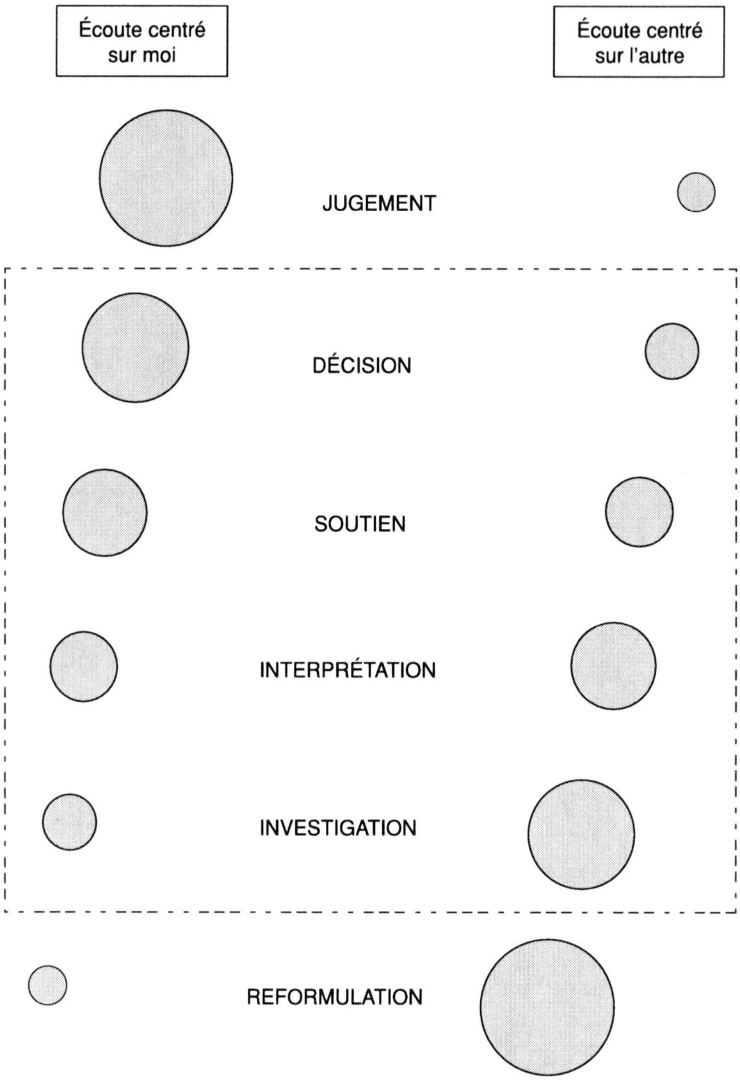

Vous adoptez une attitude de DÉCISION pour présenter vos arguments ; votre interlocuteur devant vous écouter de manière active.

Vous adoptez, par exemple, une attitude d'interprétation pour comprendre les objections de votre interlocuteur.

Voici quelques règles à observer pour maîtriser l'entretien de face à face.

RÈGLE N° 1 : DÉBUTER L'ENTRETIEN PAR UN POINT D'ACCORD

L'entretien de négociation doit être conduit suivant une logique dite de « clauses à difficultés croissantes ».

Commencer l'entretien par un ou plusieurs points d'accord, en énonçant les points forts de l'entreprise adverse permet de :

- créer un climat favorable à l'entretien,
- minimiser les futurs contre-arguments (ou objections) de votre interlocuteur lors de la présentation de votre argumentaire.

Dans le domaine interculturel, cette règle est incontournable du fait de « l'appréhension réciproque » des deux parties.

RÈGLE N° 2 : CHOISIR L'ORDRE DES POINTS DE NÉGOCIATION

Rappelons seulement que les concessions doivent s'alterner avec les points sur lesquels vous ne souhaitez pas céder et que l'ordre des points à négocier doit aller en difficulté croissante.

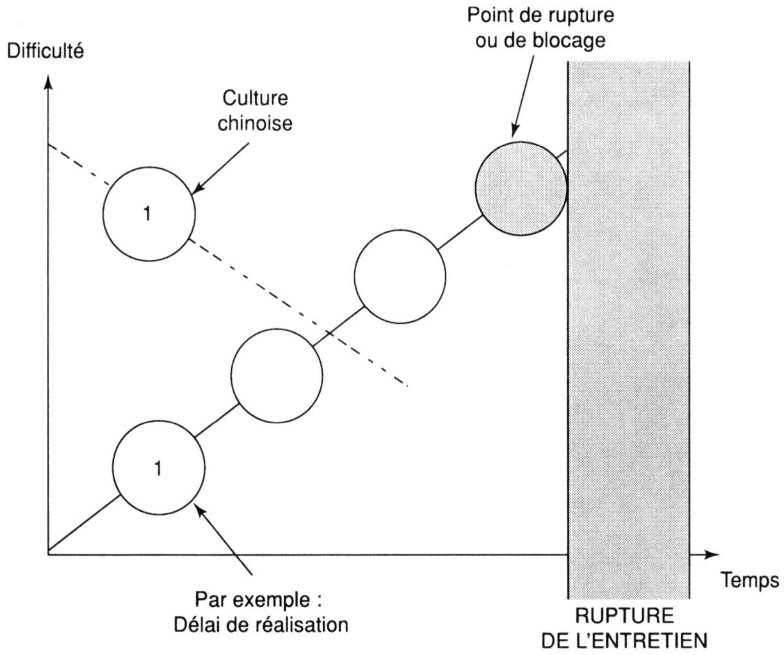

Le déroulement de l'entretien

Cette règle générale est, bien entendu, à amender selon les cultures. À titre d'exemple, donnons quelques axes de réflexion.

■ Exemples

– Face à un Américain, il est opportun de commencer (point 1) par une concession de votre part pour montrer votre volonté de coopération.

– Face à un Italien, ce point 1 doit traiter de l'affaire dans sa globalité alors que face à un Allemand, ce point doit consister en un point de détail. En effet, les Italiens n'entrent dans le détail que dans la mesure où ils sont mis en confiance sur l'ensemble de l'affaire avec ses implications futures.

– Alors que le négociateur allemand, ne traitant que d'une chose à la fois, préfère utiliser une tactique de SAUCISSONNAGE (point de détail par point de détail).

– Enfin, un négociateur chinois vous obligera à traiter, en tout premier, le problème du PRIX, ce qui n'est pas forcément le point le plus simple.

– Il est très difficile de discuter plus de 3 ou 4 points dans une séance de négociation pour les raisons suivantes :
  - l'énergie dépensée est importante,
  - le risque de faire des concessions imprévues est grand,
  - le risque de perdre le fil conducteur (l'ordre de la négociation) est important.

Il serait donc opportun de prévoir un point de rupture suffisamment tôt (en se fixant sur l'un des points, un objectif très ambitieux).

– Essayez de respecter cette règle simple :

« NE PAS CHANGER DE POINT À NÉGOCIER AVANT D'AVOIR OBTENU UN ACCORD FAVORABLE SUR LE POINT PRÉCÉDENT ».

Cette règle est très facile à observer face à un négociateur allemand, mais beaucoup plus délicate face à un américain qui est capable de changer de plan en cours de négociation.

RÈGLE N° 3 : ARGUMENTER DANS LE STYLE DE L'AUTRE

Dans le domaine interculturel, cette règle est fondamentale et nécessite la compétence d'ADAPTABILITÉ citée à plusieurs reprises.

Pour un négociateur d'achat international, l'argumentation est une démarche sélective qui l'amène à concevoir et exprimer des arguments personnalisés à son ou ses interlocuteurs et non à leur présenter des arguments standards. Ainsi, un argument constitue-t-il un AVANTAGE SPÉCIFIQUE et PERSONNALISÉ pour la partie adverse.

Un argument comporte donc deux dimensions :
- sa force,
- son style.

LA FORCE d'un argument n'est autre que le niveau d'avantage offert à la partie adverse. Cette notion est évidemment relative. Toutefois, elle est définissable par la difficulté à trouver une objection à cet argument.

LE STYLE d'un argument repose sur sa *FORME*, c'est-à-dire la perception positive de notre interlocuteur dans sa sensibilité (que nous appelons sa « carte du monde »).

En fait, le terme « *STYLE* d'un argument » est impropre. Il convient de parler plutôt d'arguments ayant une réception positive chez notre interlocuteur, c'est-à-dire recevable dans sa culture, sa mentalité, ses us et coutumes.

Ceci nous amène à rappeler la notion de *STYLE PERSONNEL*

Voir *Mieux acheter avec la PNL* déjà cité

On appelle style personnel l'attitude qu'adopte le négociateur au cours de l'entretien. Celle-ci doit tendre à allier la volonté que met le négociateur à atteindre ses objectifs (son ENGAGEMENT) et l'importance qu'il accorde à la réalisation avec son interlocuteur (sa COOPÉRATION).

Le style d'un négociateur est le dosage de ces deux dimensions.

On considère généralement quatre attitudes de base ; l'une d'entre elles, la dominante correspond alors au style recherché.

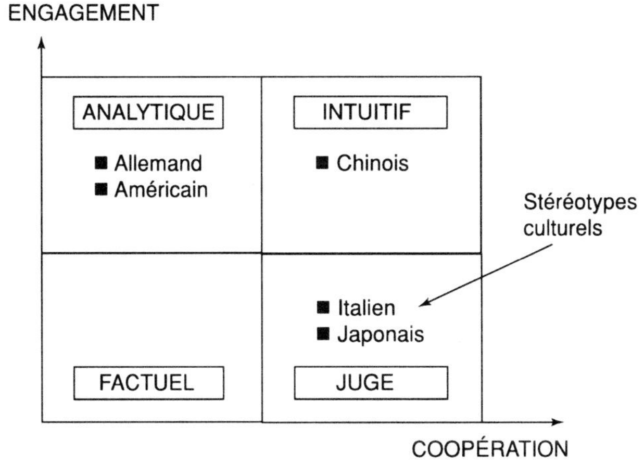

Les stéréotypes culturels

On peut ainsi aller jusqu'à positionner des stéréotypes culturels, à partir des critères d'identification ci-après :

STYLE	COMPORTEMENT
ANALYTIQUE	– Raisonne. – Tire des conclusions. – Argumente en faveur de ses positions ou de celles des autres. – Met les choses dans un ordre logique. – Fait souvent des bilans de la situation. – Est pragmatique.
FACTUEL	– Met en évidence les faits tout en restant neutre. – Garde trace de ce qui est dit. – Rappelle aux uns et aux autres ce qu'ils ont dit. – Raccroche les faits à l'expérience (homme du passé). – Ne décide pas seul.
JUGE	– Approuve et désapprouve. – En appelle aux sentiments et aux émotions. – Manie le détour. – Fait état de son pouvoir. – Globalise les affaires.
INTUITIF	– Fait des commentaires enthousiastes et chaleureux. – Met en évidence l'essentiel. – Se projette dans le futur. – Est imaginatif et créatif.

Compte tenu de ces éléments, un argument sera dit de style ANALYTIQUE si son contenu permet de convaincre vos interlocuteurs dans leur sensibilité ou leur fournit suffisamment d'éléments pour convaincre leurs pairs ou supérieurs dans leur entreprise.

■ Exemples

– Proposer comme argument « L'EFFET D'EXPÉRIENCE » c'est-à-dire d'entrer dans une logique de réduction des coûts en tenant compte des réalisations précédentes a un bon impact auprès d'un négociateur allemand, mais n'est certainement pas à énoncer en premier lieu à un négociateur italien.

– Proposer comme argument le fait que la politique de votre société est tournée vers la FIDÉLISATION DES FOURNISSEURS est trop subjectif pour avoir un impact positif auprès d'un négociateur américain.

L'adaptabilité pour un négociateur est une compétence qui consiste à présenter des arguments forts dans le style du ou des négociateurs de la partie adverse.

Nous appelons cette démarche une ACTION POUSSÉE.

Bien évidemment, un argument perçu positivement sera OBJECTÉ, car la partie adverse se défendra en contre-argumentant sur ses atouts ou points forts pour minimiser la force de votre argument. Il existe de nombreuses manières de parer à ces objections et la littérature est abondante à ce sujet.

Dans le domaine interculturel, les techniques basées sur le langage :

- le recadrage sur le vocabulaire,
- le recadrage de contexte,
- la reformulation,

sont difficiles à utiliser à moins de maîtriser parfaitement la langue de votre interlocuteur ou de transmettre ces données de la manière la plus pertinente à votre interprète.

Nous préférons utiliser, dans la plupart des cas, L'ACTION TIRÉE, qui consiste à présenter une parade à l'objection sous la forme d'un second argument dans le style opposé à votre interlocuteur. Cet exercice demande beaucoup de doigté, et ce que nous avons déjà appelé L'AFFIRMATION DE SOI.

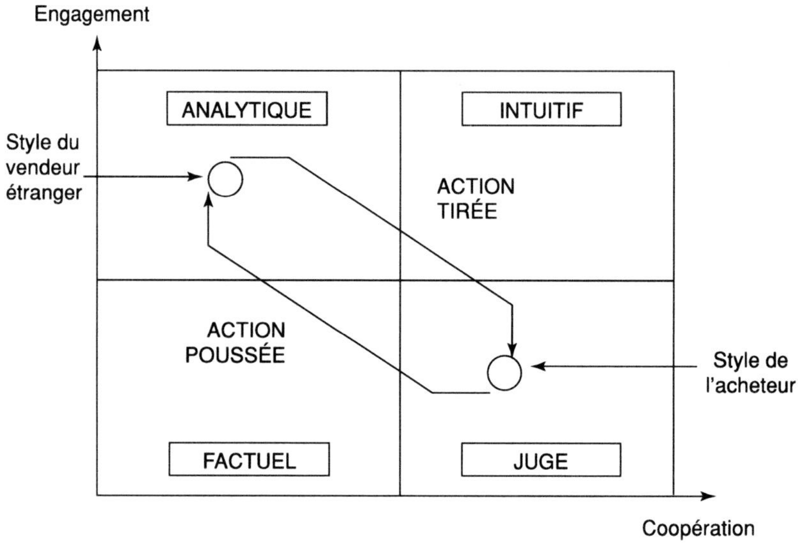

Lors de la préparation à la négociation, il convient d'imaginer un tableau de ce type :

Style de la partie adverse		
ARGUMENTS	**OBJECTIONS PROBABLES**	**PARADES**
– – – } Dans le style adverse	– – – } Points forts de la partie	– – – } Dans le style opposé de la partie adverse

RÈGLE N° 4 : CONCLURE POSITIVEMENT

Au-delà du formalisme lié au contrat international, l'entretien de négociation doit se conclure tout comme chaque point de négociation (prix, délai...). Conclure positivement, c'est être sûr que les deux parties ont finalement intérêt à travailler ensemble dans la durée.

Pour en arriver là, il convient, tout au long de l'entretien, de se souvenir des éléments suivants :

- Plus on gagne du temps, plus on fait de profit.
- Avant de dire oui, dites non une dernière fois.

– Faites régulièrement le bilan des concessions accordées, l'accord doit être équilibré.
– Vérifiez que les points durs sont tous débloqués ; de retour en France, ce sera trop tard.
– Ne revenez jamais sur un acquis.

Enfin, la check-list ci-après vous permet de vérifier votre bonne préparation mentale.

Check-list de préparation technique mentale à la négociation

1/ *Connaître le vendeur et choisir le type de comportement à adopter*

– Quel est son style de négociation ?
– Quelles sont ses motivations et quel sera son comportement probable ?
– Quelle est sa position organisationnelle et son pouvoir de décision ?
– Comment présenter ma société et ses activités au vendeur pour lui signifier mon degré de responsabilité ?
– Par quel point d'accord avec le vendeur dois-je commencer l'entretien ? Quels sont les points positifs de son offre ?

2/ *Connaître les US et COUTUMES du pays d'accueil*

Ai-je suffisamment préparé :
– mon voyage,
– le premier contact,
– les cadeaux et repas d'affaires,
– mon habillement,
– les présentations ?

3/ *Construire un scénario de réussite*

– Qu'est-ce que je veux obtenir concrètement ?
– À quoi reconnaîtrai-je que j'ai atteint mon objectif (critères sensoriels) ?
– Qu'est-ce qui pourrait m'empêcher de réussir (obstacles divers, objections) ?
– Point avec le futur : construire le scénario jusqu'au résultat atteint et le jouer mentalement.

▶ La négociation en ligne

Nous consacrons quelques lignes à ce qui s'appelle « les enchères inversées », malgré notre réticence au niveau de ce **manuel des achats,** car nous assistons à des dérives que nous réprouvons.

En effet, la pratique de « lièvres » qui consiste à mettre en ligne un « ami » qui propose un prix anormalement bas pour faire s'aligner les acteurs officiels et professionnels est une démarche beaucoup trop utilisée aujourd'hui, pour ne parler que de ce type d'actions.

Espérons que la pratique des enchères en ligne va se réguler positivement et que l'ensemble de la profession y trouvera un intérêt majeur.

Quoi qu'il en soit, nous allons essayer de définir cette pratique à partir des écrits de notre excellent confrère CHRISTIAN REY, notamment dans son article paru dans la revue « *Entreprise Ethique* No 17 - octobre 2002 » intitulé « Enchères inversées : pour plus de rigueur et d'éthique en achat ».

« *Démontrant ses avantages en termes de gain de prix, de productivité, de rigueur, l'enchère inversée sur Internet comme nouvelle technologie d'achat se répand rapidement dans les directions d'achats des majors de l'industrie. Nouveau modèle de dialogue et d'échange, elle induit un formalisme et une éthique renforcés. Avec les fournisseurs, d'abord, par la nécessité de tout prévoir au préalable et de traiter tous les partenaires avec fair-play. À l'intérieur de l'entreprise, ensuite, par le nouvel état d'esprit qu'elles exigent et la remise en cause honnête de certains postulats managériaux.* »

Définition

Une enchère inversée est une négociation simultanée entre un acheteur et plusieurs fournisseurs. Dans sa forme la plus courante, l'acheteur définit préalablement sur le site d'enchères, l'objet de l'enchère, les conditions contractuelles et le dénouement de la négociation, un prix de départ, éventuellement un prix de réserve (le prix au-dessus duquel l'acheteur peut ne pas acheter), la durée de l'enchère et la liste des fournisseurs invités.

Cette démarche s'inscrit dans ce que l'on appelle : **l'e-auction** qui consiste en l'utilisation des enchères sur Internet pour sélectionner des fournisseurs, négocier des conditions d'achat, obtenir des réductions de coût, résoudre des pénuries et revendre des excès de matières.

Nous pensons que ce mode de négociation comporte un certain nombre d'ambiguïtés, ou plus exactement que son mode de fonctionnement n'est pas en adéquation avec les principes d'achats en économie de marché. Et parmi eux, celui-ci que nous avons déjà mentionné : « En économie de marché, l'objectif de l'acheteur n'est certainement pas d'acheter chez le moins cher des vendeurs, mais bien **d'acheter moins cher que le concurrent à l'achat.** L'ennemi, si on peut parler ainsi, n'est pas le vendeur, mais bien l'acheteur de l'entreprise concurrente ».

Également, que penser d'un fournisseur réalisant des produits ou prestations pour le compte d'une société acheteuse depuis plus de dix ans, qui fait chuter son prix de plus de 40 % sous le seul prétexte d'une mise en concurrence par enchère inversée ?

Nous n'avons pas suffisamment de recul pour donner des règles exhaustives sous forme de bonnes pratiques. Néanmoins, essayons de déterminer des approches plutôt favorables et qui, gérées correctement, présentent l'avantage de raccourcir considérablement le temps de l'appel d'offres puisque celui-ci se fait en ligne avec lecture immédiate et comparative des fournisseurs participant à ces enchères.

Démarche

La préparation technique ou l'aspect méthodologique

Tous les achats, loin s'en faut, ne présentent pas les caractéristiques requises pour adopter une négociation par enchères inversées.

En effet, reportons-nous au chapitre traitant de **l'achat amont**. Nous avons préconisé sans retenue l'enchère en ligne pour les produits placés dans la région « tactique ». Dans les autres cas, il convient de bien poser le problème à partir des méthodes développées à l'aide du portfolio stratégique.

Il y a donc un prérequis avant de se lancer dans une démarche d'enchères inversées : faire un choix judicieux de produits relevant de cette démarche.

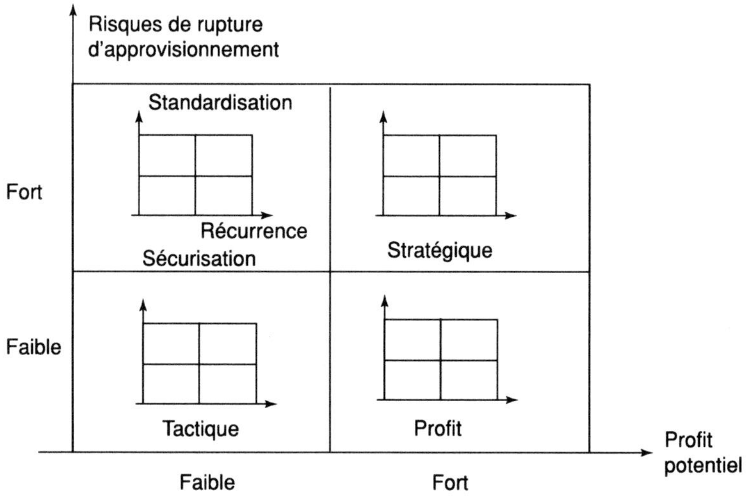

Ce choix étant fait, l'enchère en ligne doit se préparer de la manière la plus fine possible.

En effet, ce type de transaction relève de la même problématique que celle des appels de marchés publics dans lesquels le donneur d'ordres décline, auprès des soumissionnaires, l'ensemble des points à traiter, diffuse auprès de chacun d'entre eux la liste des soumissionnaires consultés, et choisit le moins-disant à partir d'une formule de gestion, sans qu'il y ait de discussion possible.

Comme l'indique CHRISTIAN REY dans son article déjà cité : *« toutes les conditions de l'enchère doivent être établies et documentées au départ sur la place de marché choisie : produits ou lots de produits mis aux enchères, délais de livraison, volumes, termes de paiement, aspects qualité, garantie et durée, format de l'enchère, nombre de gagnants... C'est une nécessité pour l'acheteur de tout envisager dès le début, et de se poser dès le début toutes les questions qu'habituellement il se pose après la sélection – ce qui explique, en partie, les gains de productivité permis par cette technique »*.

Chaque fournisseur a la possibilité d'enchérir en toute liberté et égalité devant l'information. Tout étant prédéfini à l'enchère, le site retenu est le dépositaire de toute l'information. Tous les fournisseurs invités doivent avoir accès à la même information et aux mêmes bases techniques d'utilisation du site d'enchères.

On voit donc que si la check-list concernant la préparation technique dans le cadre d'une négociation en face à face reste valable, un formalisme plus important doit être mis en œuvre dans le cas de l'enchère inversée.

La préparation mentale

Dans la mesure où la transaction n'est pas du type « présentielle », c'est-à-dire entre deux individus, mais gérée par l'intermédiaire de « machines », il serait illusoire de parler des styles des interlocuteurs. Tout au plus, on peut parler de compétences requises pour effectuer ce type de transactions.

Il est évident que des acteurs de type **factuel ou analytique** marquent une certaine propension à l'utilisation de cette démarche. Et que, d'une manière générale, les techniciens, ingénieurs, sont friands de ce genre de transaction qui évite le contact.

La préparation mentale relève beaucoup plus d'une ressource interne qui s'apparente à des valeurs telles que :

- la morale,
- l'éthique,
- l'honnêteté.

Mises à part ces valeurs, la préparation mentale consiste à se construire un scénario de réussite qui consiste à se poser les questions suivantes :

- Qu'est-ce que je veux obtenir concrètement ?
- À quoi reconnaîtrai-je que j'ai atteint mon objectif ?
- Qu'est-ce qui pourrait m'empêcher de réussir ?
- Point avec le futur : construire le scénario et le construire mentalement.

L'entretien en ligne

Les fournisseurs, qui voient sur leur écran leur positionnement de prix (ou de rang), annoncent compétitivement leur prix de vente, de plus en plus bas. Quand le prix de réserve est dépassé, ils en sont informés. L'enchère se termine après ou non un processus de prolongation en cas d'enchères tardives. Le ou les gagnants ayant remporté l'enchère sont officiellement informés rapidement après la fin des enchères.

Comme nous l'avons vu précédemment, la préparation à ce type de transaction doit être faite de la manière la plus rigoureuse possible.

Chaque fournisseur a la possibilité d'enchérir en toute liberté et égalité devant l'information.

Tout étant prédéfini à l'enchère, le site retenu est le dépositaire de toute l'information de référence. Tous les fournisseurs invités doivent avoir les mêmes informations et les mêmes bases techniques d'utilisation des enchères. Si un complément d'information doit être distribué à l'un des acteurs, les autres fournisseurs en ligne doivent recevoir aussi cette nouvelle information.

Bien entendu, l'enchère peut être multicritères en intégrant les paramètres d'achat habituels :

- le prix,
- les délais de règlement,
- la qualité des produits,
- le délai de livraison…

Les critères de choix d'un site d'enchères

La plateforme

- capacité à réaliser des enchères multicritères et simultanées,
- prix de départ et de réserve réglables,
- durée d'enchère réglable,
- prix de départ différent par fournisseur participant,
- enchère privée ou publique.

La visibilité pour le fournisseur participant

- visibilité totale des prix ou prix le plus bas seulement,
- classement seulement,
- prix de réserve visible ou pas,
- atteinte du prix de réserve signalé.

Le support technique

- conseil à la mise en place de l'enchère,
- assistance pendant la durée de l'enchère.

La décrémentation

- décrément réglable,
- décrément requis pour enchère plus basse,
- possibilité d'enchères au-dessus du dernier prix dans le cas de gagnants multiples.

La clôture et l'extension des enchères

- extensions possibles,
- nombre fini ou infini d'extensions,
- clôture volontaire de l'enchère,
- durée de l'extension réglable.

Les aspects divers

- mode de rémunération du site,
- site de sourcing fournisseurs,
- site avec accès au marché spot.

Toutefois cette démarche, pour produire de bons résultats, doit s'accompagner d'une méthodologie rigoureuse, qui peut se décliner en dix points :

MÉTHODOLOGIE

- Communiquez, en interne, votre intention de mener un appel d'offres en ligne,
- Définissez par écrit les règles du jeu concernant le déroulement de l'appel d'offres ainsi que la méthode de sélection finale,
- Obtenez, par écrit, l'accord des participants,
- Apportez une aide technologique sur les outils utilisés,
- Communiquez en interne sur l'événement,
- Ayez des enjeux financiers suffisants (> 500K€),
- Sélectionnez les produits ou services relevant d'une telle démarche,
- Assurez-vous du nombre minimum de participants (minimum 3) et de leur crédibilité,
- Assurez-vous que le marché est acheteur, quitte à reporter l'événement,
- Évaluez en interne la maturité du marché concerné ; les succès spectaculaires étant inversement proportionnels au nombre d'appels d'offres réalisés dans le passé.

Enfin, rappelons quelques avantages et inconvénients de l'enchère inversée :

AVANTAGES	INCONVÉNIENTS
– Formalisation précise des besoins. – Élargissement de la vision du marché fournisseurs par l'apport des bases de données des prestataires. – Égalité de la demande pour tous les participants. – Établissement d'un prix de marché objectif. – Remise en cause des fournisseurs existants.	– Suspicion à l'égard du fournisseur en place qui répond sur le même produit ou prestation avec une baisse conséquente de ses coûts existants. – Surenchère d'un candidat pour prendre le marché dans des conditions risquées. – Entente, en particulier sur des marchés concentrés. – Risque de dérives énoncées en début de paragraphe.

5. LA CONTRACTUALISATION

Dans ce chapitre, notre propos n'est certainement pas de nous substituer à des juristes, mais plutôt de vous donner des indications utiles pour la rédaction de vos contrats.

Nous aborderons donc ce paragraphe en considérant trois niveaux :

- l'environnement juridique des opérations internationales,
- les aspects logistiques,
- les contrats d'externalisation.

► L'environnement juridique des opérations internationales

Les règles qui régissent les transactions internationales sont regroupées sous l'appellation « **DROIT INTERNATIONAL DES AFFAIRES** ».

Le droit international des affaires est un **ensemble disparate** constitué :

- de règles nationales,
- de quelques règles véritablement internationales issues :
  - soit de conventions internationales,
  - soit d'usages internationaux.

D'autre part, pour qu'une convention internationale soit significative, elle doit concerner une majorité de pays et notamment les grandes puissances de la planète. *A contrario*, plus d'une convention internationale à caractère universel s'est trouvée condamnée par la seule abstention des États-Unis.

Ceci étant, il existe beaucoup de traités à vocation économique, mais la plupart relèvent du **droit international public** :

- Organismes financiers multilatéraux (FMI...),
- Gestion des espaces internationalisés (droit de la mer, de l'espace...),
- Gestion des transports internationaux (droit aérien, maritime...),
- Maîtrise de mesures tarifaires et douanières (OMC).

Il y a, en effet, très peu de traités relatifs aux questions de droit international privé.

■ Exemples

Deux conventions internationales signées à LA HAYE en 1955 et 1964 (« loi applicable aux ventes à caractère international d'objets mobiliers corporels ») ; leur portée est très limitée, car il y a eu très peu de signataires.
La CIVM (conversion internationale sur les ventes de marchandises) dite convention de Vienne, entrée en vigueur en janvier 1988. Le nombre, la qualité et la diversité des signataires en font une convention automatiquement universelle.
Elle synthétise des règles :
– du droit continental européen
– du droit anglo-saxon (Code de commerce uniforme américain – UCC)
– Issues des pratiques commerciales internationales.
Sont exclues de la convention : les ventes aux consommateurs, aux enchères ou sur saisies, les navires, les aéronefs, les valeurs mobilières, les services (part prépondérante de main-d'œuvre).
Cette convention est supplétive de la volonté des parties, ce qui signifie que les cocontractants peuvent choisir de l'écarter même si leur contrat entre dans son champ d'application (la CIVM fait partie du droit français).

L'union européenne demeure à ce jour le modèle le plus avancé d'intégration économique et juridique régionale.

Enfin, il existe des usages internationaux (issus de la LEX MERCATORIA : loi des marchands), ce sont essentiellement :

- l'arbitrage,
- les Incoterms
- le crédit documentaire
- les clauses contractuelles standardisées (exemple : HARSHIP)
- les contrats types professionnels (exemple : FIDIC Fédération Internationale des Ingénieurs Conseils).

La disparité des systèmes juridiques

Il n'y a pas droit écrit d'une part et droit non écrit d'autre part, mais deux grandes familles juridiques :

CIVIL LOW : conception romaine du droit (ensemble de règles écrites destinées à régir les relations entre les individus). Les règles sont regroupées dans des codes. Les pays utilisateurs sont par exemple : l'Europe continentale, l'Amérique latine, le Liban, la Syrie...

COMMON LAW : les règles sont élaborées au coup par coup par les magistrats et une décision rendue sur une affaire donnée s'impose par la suite aux juges saisis d'affaires similaires (« système du précédent »). Les pays utilisateurs sont par exemple : le Royaume-Uni, les États-Unis, le Canada...

Aujourd'hui, les différences ont tendance à s'estomper. Ainsi dans l'article 1156 du Code civil, est-il écrit : « on doit dans les conventions rechercher quelle a été la commune intention des parties contractantes, plutôt que de s'arrêter au sens littéral des termes ». De même, les autorités américaines publient régulièrement des synthèses sur l'état du droit dans chaque matière. D'ailleurs deux codes américains sont très connus : UCC : Code de commerce uniforme, BANK RUPTY CODE : Code de la faillite.

Par ailleurs, un jugement rendu dans un pays par un tribunal n'a de valeur que dans le pays où se situe le tribunal. Passé la frontière, il n'a ni autorité de la force jugée, ni force exécutoire.

L'ordre public est le minimum incompressible du corpus juridique. On peut distinguer :

- l'ordre public de « protection » (vise les intérêts individuels),
- l'ordre public de « direction » (s'intéresse aux intérêts collectifs).

La règle d'ordre public est celle qui est impérative et s'applique aux opérations intervenant à l'intérieur du pays. Lorsqu'elle s'étend aux opérations internationales, elle est d'ordre public international (corruption, fraude fiscale).

■ Exemple

160 pays réunis à Genève ont signé dans le cadre de l'organisation mondiale de la propriété intellectuelle le 20 décembre 1996 deux traités destinés à étendre au WEB la protection des œuvres diffusées par les moyens classiques.

Les critères du contrat international

Juridique :

- lieu de signature du contrat
- lieu d'exécution du contrat
- résidence des cocontractants
- nationalité des cocontractants

Économique : « Mouvements de flux et de reflux au-dessus des frontières, échange de valeurs réciproques entre deux pays ».

Loi applicable : Un contrat international est toujours soumis à un droit appelé loi d'autonomie. Dans un tel contrat, la loi d'autonomie résulte de la désignation expresse ou implicite faite par les cocontractants.

Le plus souvent, les parties disposent d'une marge de manœuvre considérable.

Contre-exemple :

- L'UCC américain précise : « les parties sont libres de choisir la loi du contrat tant que celle-ci présente des liens raisonnables avec la transaction ».
- Par contre, la CIVM ne soumet les parties à aucune restriction.

Concrètement, on peut choisir :

- La loi du pays de l'un ou l'autre des cocontractants,
- La loi du pays d'exécution du contrat.

La limite est partout celle de l'ordre public des états concernés.

■ Remarque

– *Le Code civil français est très protecteur des intérêts des acheteurs, car les rédacteurs étaient surtout des consommateurs (militaires et noblesse) d'où des dispositions « originales » :*
  - *garantie légale des vices cachés due par le vendeur,*
  - *transfert instantané de propriété du bien lors de la conclusion du contrat,*
  - *« tout pacte obscur s'interprète contre le vendeur » (Code civil article 1602).*

– *Le droit allemand bien qu'ayant les mêmes origines a été finalisé en 1896 et sa vision est celle des capitaines d'industrie ; il défend plutôt les intérêts des fabricants et des vendeurs.*

L'esprit de la « LEX MERCATORIA » par essence favorable au vendeur s'insinue peu à peu dans les opérations commerciales internationales et rejaillit sur les droits nationaux directement ou indirectement via *les conventions internationales.*

Le règlement des différends internationaux

- Il y a conflit de loi lorsque les parties omettent de préciser la loi applicable et c'est donc la juridiction nationale, la première saisie du conflit qui doit déterminer le droit applicable.
- Il faut savoir que le juge renonce plus facilement à sa loi qu'à sa compétence ; il se considérera comme compétent et cherchera à définir la loi applicable en fonction de la localisation du contrat (lieu de conclusion, d'exécution, objet du contrat, nationalité des parties contractantes...).
- Les Anglo-Saxons considèrent que la clause attributive de juridiction peut être une sorte de fraude destinée à échapper à la compétence naturelle des juridictions nationales et ils utilisent la règle dite « forum non conveniens » (c'est-à-dire juridiction inappropriée). Celle-ci permet de revenir sur la compétence d'un tribunal alors même que l'on ne conteste pas le fondement juridique de la compétence du tribunal initialement choisi.
- Paradoxalement, le recours à un juge d'un pays différent de la loi choisie est souvent la meilleure garantie que cette loi sera appliquée de la façon la plus orthodoxe, car le juge ne dispose pas, à l'égard de la loi étrangère, d'un savoir-faire comparable à celui qu'il met en œuvre lorsqu'il applique sa propre loi. Dans le premier cas, il n'a pas

d'autre choix que d'appliquer la règle de façon scolaire, dans le second, sa maîtrise lui permet de justifier les libertés qu'il s'autorise.

L'arbitrage du commerce international

- Il est devenu aujourd'hui le mode de règlement privilégié des litiges commerciaux internationaux.
- Cette pratique est probablement l'expression la plus élaborée de la LEX MERCATORIA.
- Choisir l'arbitrage, c'est avant tout écarter la juridiction étatique.
- Les litiges sont tranchés par un ou plusieurs experts privés ou désignés d'un commun accord par les cocontractants.
- Lorsque la juridiction choisie par les cocontractants est une juridiction arbitrale, la clause attributive de juridiction s'intitule alors « clause compromissoire ».
- La sentence arbitrale désigne le jugement rendu par le tribunal arbitral.

Il existe dorénavant 3 conventions multilatérales contribuant à promouvoir l'arbitrage et à faciliter l'exequatur des sentences arbitrales :

- La convention de New York (1958)
- La convention de Genève (1961)
- La convention de Washington (1966)

- L'arbitrage peut être rendu :
  - en droit ou
  - en amiable composition (équité pure).

- Les parties sont libres de fixer le nombre des arbitres (dans le cas d'un arbitrage institutionnel, les arbitres sont choisis à partir des listes de l'organisme choisi). Ceux-ci sont tenus par les termes de la clause compromissoire (elle indique la volonté des parties de soumettre leurs différends à l'arbitrage), ils peuvent adopter des règles très simples qui ne préservent que l'essentiel (droit à la défense, principe du contradictoire, etc.)
- Il est défini un acte de mission qui énumère les questions auxquelles les arbitres doivent répondre.

▶ Les aspects logistiques

Les prestations logistiques sont soumises malheureusement à une grande variété de régimes juridiques dans laquelle les entreprises se perdent régulièrement. La France en particulier prouve sa grande inventivité et son amour des codes de droit spécialisés. Dans ce domaine, *le Bulletin des Transports et de la Logistique* des Éditions Lamy est un outil précieux pour retrouver un peu de sérénité.

Citons quelques articles :

– La gestion des approvisionnements
  Le mandat (article 1985 et suivants du Code civil) et le contrat d'entreprise (article 1787 et suivants du Code civil) définissent la responsabilité pour faute prouvée ainsi que l'obligation de moyen et l'expertise judiciaire conseillée en cas de litige avec une prescription de 10 ans.

– L'entreposage
  Le dépôt (article 1915 et suivants du Code civil) qui comprend la garde ou la conservation de la chose, la restitution et l'exonération de responsabilité par la preuve de l'absence de faute ou de la force majeure ou stipulation possible d'une clause d'irresponsabilité. En cas de litige, faire un inventaire contradictoire dès le dépôt ainsi qu'une expertise judiciaire avec une prescription de 10 ans.

– La préparation de commande
  Emballage, étiquetage... Ce sont des contrats d'entreprise avec obligation de moyens renforcés. En cas de litige, demander une expertise judiciaire selon une prescription de 10 ans sauf si la mauvaise exécution est cause d'une avarie ou d'une perte lors du transport ; ce qui porte la prescription à 1 an.

– La constitution de chargements
  Manutention, empotage : c'est un contrat d'entreprise avec obligation de résultat. En cas de litige, demander une expertise judiciaire selon une prescription de 10 ans, sauf si la mauvaise exécution est cause d'une avarie ou d'une perte lors du transport ; ce qui porte la prescription à 1 an.

– Le transport national routier
  Contrat de transport (article 101 et suivants du Code de commerce) avec obligation de résultat. Le règlement des litiges s'effectue par

protestation motivée dans les 3 jours avec réserves selon une prescription d'un an.

- La mise en route des produits du client
  Contrat d'entreprise avec obligation de garantie, voire obligation de résultat. En cas de litige, examen « contradictoire » des travaux (réception + expertise) selon une prescription de 10 ans.

Le transfert de propriété

Beaucoup de commerçants nationaux et internationaux font une confusion regrettable entre propriété de la marchandise et responsabilité sur la marchandise. Ainsi beaucoup associent la propriété à l'Incoterm ou à l'émission du connaissement.

En fait, on peut très bien être propriétaire de la marchandise sans en être responsable ou au contraire en être responsable sans en être propriétaire. Cette confusion n'empêche pas de commercer, car dans le même temps qu'ils font cette confusion, les commerçants attribuent les conséquences de la responsabilité à la propriété. Lors d'une opération de stockage ou de transport, sauf à quelques exceptions près (en cas de dépôt de bilan, par exemple), c'est bien la responsabilité qui intéresse au premier chef les commerçants nationaux et internationaux lors d'une expédition, car la question principale est souvent de savoir qui doit agir ou qui doit prendre à sa charge les dépenses en cas de litige.

Le transfert de propriété s'effectue généralement (sauf législation spécifique ou accord express entre le vendeur et l'acheteur) une fois que les conditions suivantes sont respectées :

- le bien existe ; il n'y a pas de propriété virtuelle,
- le vendeur et l'acheteur sont d'accord sur la nature précise de la marchandise à acheter, sur son prix unitaire et sur la quantité commandée.

Les produits sont différenciés. Le transfert de propriété se fait au moment de la différentiation. « Différenciés », signifie que les produits vendus sont clairement identifiables comme étant destinés à un client et pas un autre.

Si les produits sont exclusivement destinés à un acheteur (commande spéciale, lot réservé, etc.), la différenciation intervient dès que le produit est fini de fabriquer. Si les produits peuvent être vendus à cet acheteur comme à beaucoup d'autres, il faut attendre qu'une action claire fasse comprendre que désormais ces produits sont destinés à ce client et plus aux autres.

La différenciation se fait donc souvent quand les biens sont emballés et marqués au chiffre de l'acheteur : code-barres, étiquette avec adresse, logo ou tout autre élément qui permet de lier de façon certaine le bien et son acheteur. Finalement, la propriété des produits vendus passe du vendeur à l'acheteur généralement dans les locaux du vendeur, bien avant que l'acheteur n'en soit informé. Bien sûr, tant que les produits sont dans les locaux du vendeur sans que l'acheteur ne les aient pris en charge, le vendeur a un devoir de garde qui l'oblige à prendre toutes les précautions pour que les produits ne soient ni abîmés, ni perdus ni volés. De cette façon, lorsque l'acheteur sera en situation de prendre les biens en charge (transfert de responsabilité), il recevra, lui ou le prestataire qui travaille pour son compte, des colis dans l'état qui convient à ce type de produit pour ce type de vente.

La clause de réserve de propriété

Si ce mode de transfert de propriété ne plaît pas au vendeur ou à l'acheteur, il y a possibilité de prévoir dans le contrat commercial d'achat/vente une clause qui reporte le transfert de propriété à la fin de la transaction. C'est ce que l'on appelle : « la clause de réserve de propriété ». Cette clause stipule que la marchandise reste la propriété du vendeur jusqu'au paiement du dernier euro même si la livraison à l'acheteur a été faite de longue date. Cette clause est généralement demandée par le vendeur qui veut garder un moyen de pression sur l'acheteur tant qu'il n'a pas reçu l'intégralité du prix de la transaction.

Dans ce cas, le transfert de propriété se fait en toute fin de transaction et non plus en tout début comme dans le cas général. Mais attention, cette clause comporte plusieurs restrictions d'importance :

- Tous les pays ne l'acceptent pas.
- Pour que la clause de réserve de propriété soit opposable à l'acheteur, il faut prouver que celui-ci en a eu connaissance avant même la formation du contrat.
- Elle est soumise, dans de nombreux pays, à des règles de forme sous peine de nullité, par exemple : « à condition d'être écrite de manière claire et lisible au recto des factures commerciales ».
- La clause tombe lorsque l'acheteur revend le bien de bonne foi. C'est pourquoi, dans la grande distribution, la clause de réserve de

propriété est rarement rencontrée, car bien souvent le produit est revendu avant d'être payé au fournisseur !

La propriété et l'Incoterm

L'Incoterm : « International Commercial Terms » est un contrat type proposé par la Chambre de Commerce Internationale (CCI) pour déterminer entre acheteur et vendeur, lors d'un transport international, les points de transfert des coûts et le point de transfert des risques, appelé point de livraison, liés au transport. À ce jour il existe 13 Incoterms qui sont revisités tous les 10 ans par les experts internationaux pour les faire évoluer comme évolue le commerce international lui-même.

Les Incoterms ne concernent pas le transfert de propriété de la marchandise mais le transfert de la responsabilité sur la marchandise. Seul le contrat commercial d'achat/vente détermine qui devient propriétaire de la marchandise et à quel moment.

La propriété et le connaissement maritime

Il est très courant d'entendre que le connaissement est « un titre de propriété » de la marchandise. Cette affirmation est fausse.

Le connaissement est en fait un « droit à agir », c'est-à-dire que l'apporteur, désigné ou effectif selon ce qu'indique la case « consigné » du document, est seul habilité à dire à la compagnie maritime ce qu'elle doit faire de la marchandise au moment de la relâcher.

■ Exemple

La chose est facile à illustrer. Imaginons un bien payable à 60 jours date d'arrivée du navire, livré par voie maritime et acheté FCA bord navire au port d'embarquement avec une clause de réserve de propriété. Le connaissement émis au bénéfice de l'acheteur couvre la marchandise pendant son transport par bateau. Or la marchandise ne sera payée que 60 jours après son arrivée. Compte tenu de la clause de réserve de propriété, c'est seulement à cette date : 60 jours après la livraison, que la propriété sera transférée du vendeur à l'acheteur.

Dans ces conditions, nous voyons bien que le connaissement n'a pu servir de titre de propriété pour l'acheteur. Par contre, c'est bien ce dernier qui a récupéré la marchandise à son arrivée au port et qui a donné les instructions pour qu'elle soit livrée où bon lui semblait.

▶ Les contrats d'externalisation

Le contrat joue un rôle essentiel dans l'externalisation. On peut distinguer **deux** contrats correspondant à des approches différentes de l'externalisation.

Contrats classiques

Ce sont des contrats structurés de manière classique (objet --> prix...) en général de courte durée (1 voire 2 ans maximum) et qui, sur les prestations objet du contrat, bénéficient d'une offre concurrentielle intense et renouvelée. Ce sont souvent également des contrats sur lesquels il peut y avoir une dégradation rapide du niveau de service (ex. : nettoyage, restauration collective, maintenance bâtiment...).

La courte durée du contrat en fait souvent des contrats à tacite reconduction et dans les faits leur durée peut être beaucoup plus longue que celle initialement prévue.

Contrats « anglo-saxons »

Ils sont conçus pour gérer des prestations élaborées, voire complexes. Ils correspondent à des durées longues souvent 3 ans minimum, souvent 5 ans. Leur caractéristique est le formalisme et la recherche du détail (et donc de la résolution préventive en termes contractuellement acceptables).

Il faut au moins traiter :

- l'évolution des facteurs de coûts (dimension économique),
- l'évolution des prestations demandées,
- l'évolution du niveau de performances et des plans de progrès en résultant.

Nota : L'un des dangers de ces contrats est qu'il peut y avoir des oublis ou que l'on peut se trouver dans des situations que l'on n'avait pas imaginées. Si l'on aboutit à un litige avec le prestataire, le juge du contrat pourra toujours s'interroger sur l'origine de l'oubli (est-on de bonne foi ou au contraire, l'un des partenaires avait-t-il sciemment fait l'impasse sur l'objet du litige ?).

Les clauses essentielles des contrats d'externalisation

Les clauses liées à l'exécution : objet, détail des prestations, transfert des moyens, réversibilité, gestion de l'activité opérationnelle, audit, sortie du contrat.

Les clauses financières : durée, nature du prix, révision du prix, clauses incitatives (performances, bonus/malus).

Les clauses juridiques : confidentialité, propriété intellectuelle des codéveloppements, responsabilités, assurances, force majeure, résiliation, personnel, clause attributive de juridiction.

Arrêtons-nous sur deux d'entre elles.

La clause prix

C'est la contrepartie de l'objet et elle peut représenter des caractéristiques diverses :

- **prix fixe** : c'est la plus simple, mais difficile à faire accepter sur des contrats de longue durée. Elle peut traduire un décalage entre le prix fixe et le prix du marché.
- **prix de marché** : il est classique sur des marchés tels que matières premières, produits alimentaires frais, mais plus délicat pour des prestations. On peut coupler ceci avec une clause du « client le plus favorisé ».
- **prix « cost + fee »** : on définit un « fee » qui peut être forfaitisé et abonné et une partie « cost » variant essentiellement avec le niveau de l'activité. On conçoit que dans cette situation, si le volume de prestations externalisées augmente, le prix unitaire diminue (et inversement si l'on a une baisse de l'activité).
- **prix « indexé + productivité »** : on définit une formule d'indexation sur les facteurs de coûts sur laquelle on définit des gains de productivité (soit préderminés, soit mesurés).

La clause performance

C'est la clause qui relie la performance du prestataire à sa rémunération.

La performance peut être :

- un taux de disponibilité : maintenance,

- un temps de traitement : ex. : 90 % des appels téléphoniques doivent être traités en moins de « x » minutes,
- un taux de service (délai + niveau de qualité mesurable).

La rémunération complémentaire peut se traduire par une incitation ou une pénalité financière.

En conclusion, voici la liste des points indispensables pour la rédaction d'un contrat d'externalisation :

- se défier du contrat standard proposé par le prestataire,
- signer un contrat avant tout commencement d'exécution (si l'on veut intégrer une phase probatoire, la séparer du contrat définitif),
- faire un audit (état des lieux) permettant d'avoir un référentiel sur les volumes traités dans le contexte actuel,
- expliciter des indicateurs de performance (en précisant notamment les moyens de mesure),
- prévoir des reporting sur l'activité (périodicité et contenu),
- prévoir des procédures de règlement des incidents d'exécution,
- prendre en compte les évolutions technologiques,
- adopter une structure « projet » ou « affaire » avec un interlocuteur qualifié dans chacune des parties,
- prévoir la sortie du contrat.

6. LE MANAGEMENT DES FOURNISSEURS

L'implantation et le déploiement du contrat d'achat impliquent nécessairement des actions auprès du fournisseur ; actions qui sont sensiblement différentes suivant le type d'achats. En effet, l'acte d'achat se comporte comme un système qui doit fonctionner en boucle fermée ; ce que l'on obtient à partir d'une contre-réaction représentée par la mesure de la performance des fournisseurs. Dans ce contexte, il faut considérer deux types d'achats :

- l'achat court terme,
- l'achat long terme.

► L'achat court terme

Les exemples sont nombreux et sont ce que l'on appelle du point de vue stratégique les « achats tactiques ».

■ Exemples

À titre d'exemple, ces achats concernent :

– Les achats ponctuels tels que :

- *l'organisation d'un séminaire,*
- *l'achat d'outillage ou d'investissement sur catalogue,*
- *...*

– Les achats de nécessité :

- *L'achat de fourniture industrielle spéciale pour la maintenance d'un site industriel,*
- *...*

– Les achats de sous-traitance de capacité :

- *La sous-traitance d'opérations de production pour faire face à un pic d'utilisation de moyens de production,*
- *...*

En fait, ces achats court terme, comme la plupart des achats tactiques, sont sans conséquences sur la stratégie de l'entreprise et dans bien des cas ne créent pas de valeur.

Pour ce type d'achats, l'attitude de l'acheteur vis-à-vis des fournisseurs consiste bien souvent en un affrontement dans lequel les rapports de forces s'expriment avec vigueur sous la forme de marchandages.

Cela signifie également que l'acheteur peut s'appuyer sur une approche multi-sources garant d'alternatives en cas de rupture dans la négociation.

Le schéma décisionnel est simplifié dans la mesure où l'exigence de l'acheteur se limite à recevoir le produit ou la prestation demandée :

- à l'heure,
- au bon endroit,
- au prix et quantités convenus.

Les achats de long terme relèvent, comme nous l'avons vu dans le chapitre traitant des aspects stratégiques, d'une démarche beaucoup plus complexe dans laquelle les rapports de force sont beaucoup plus équilibrés.

Les nouvelles stratégies d'entreprises (externalisation, globalisation, mondialisation) modifient très sensiblement les relations avec les fournisseurs et nous font entrer depuis le milieu des années quatre-vingt-dix dans l'ère des Achats « Long Terme ».

Rappelons la définition de ces trois termes :

– *Externalisation* : transfert de la production de biens et services, de l'interne vers des fournisseurs extérieurs.
– *Globalisation* : recherche, au sein d'un groupe, des achats en synergie pour les confier à un nombre restreint de fournisseurs.
– *Mondialisation* : recherche d'une source d'approvisionnement à l'échelle planétaire.

Ces stratégies, se développant sur le long terme, s'accompagnent d'une sécurisation des approvisionnements, donc d'une nécessité de travailler en étroite collaboration avec les fournisseurs.

Ces derniers peuvent se classer dans une typologie définie par deux critères objectifs :

– le degré de dépendance du donneur d'ordres vis-à-vis de son fournisseur,
– l'importance stratégique de la famille d'achats concernée.

Une analyse globale permet alors de classer ces familles en

D – Non core/effet levier/non critique :

■ Exemple

quincaillerie, articles sur catalogue.

B – Achats « critical/leverage » :

■ Exemple

pièces élémentaires à partir d'outillages transférables dans des conditions complexes ouvrant toutefois des opportunités de sourcing multiples.

C – Achats « bottle neck ou goulot d'étranglement » :

■ Exemple

marché monopolistique/oligopolistique.

A – Achats complexes ou stratégiques :

■ Exemple

sous-système, fonctions très développées dans l'industrie automobile (tableaux de bord, par exemple).

La famille D peut être traitée soit selon une démarche de court terme, soit sur une échelle de long terme. On peut en effet imaginer que des articles de quincaillerie achetés « au coin de la rue » puissent se transformer en achat long terme sous l'impulsion des acheteurs qui cherchent à faciliter la tâche du client interne par des actions du genre :

– mise en place d'un système e-purchasing (traitement électronique de la chaîne administrative depuis la commande jusqu'au règlement du fournisseur),
– intégration d'un catalogue fournisseur dans les ERP de l'entreprise,
– investissement des deux parties engendrant une solution long terme qui présente :
  - un avantage fournisseur qui s'assure un marché captif sur une période longue,
  - un avantage client qui contrôle ses coûts, ses dépenses, ses volumes pour un respect optimisé des engagements contractuels.

La famille B peut tendre vers les achats de la famille à part l'intégration de pièces complémentaires qui forment un sous-ensemble. Ainsi un fournisseur de pièces élémentaires en plastique injecté peut intégrer d'autres éléments de nature différente (pièces de tôlerie) dont il aura la charge de l'assemblage.

– l'avantage du fournisseur se traduit par une valeur ajoutée augmentée et un surcroît d'activité,
– l'avantage de l'acheteur se traduit par une réduction du nombre de fournisseurs, lui permettant une meilleure gestion de son parc fournisseurs.

La famille C admet une démarche atypique : en effet, comment s'abstraire d'un fournisseur monopolistique et le transformer en fournisseur coopératif ?

La réponse repose sur des éléments tels que :

- l'établissement d'un cadre contractuel à obligations réciproques,
- l'engagement de l'acheteur sur un volume global, un programme de livraisons, ou une durée du marché,
- le fournisseur quant à lui s'engage à livrer en toutes circonstances les volumes au prix convenu.

Exemple

Ainsi, sur des profils spéciaux aluminium décoratifs, traités en anodisation de surface sur des longueurs nécessitant des bains de dimension n'existant que chez un seul fournisseur, l'entreprise peut y ajouter des éléments décoratifs complémentaires qui formeront un ensemble cohérent pour un contrat donné.

Enfin, les fournisseurs de la *famille A*, appelés également fournisseurs stratégiques, font l'objet d'un management spécifique appelé le management participatif.

Le management participatif

Il consiste en une collaboration active qui s'appuie sur la résolution mutuelle des problèmes, une coopération en terme de développement et d'amélioration des produits ou services, et d'une volonté commune à satisfaire le client final.

Toute allusion au partenariat est éliminée pour éviter une utilisation abusive de ce mot qui n'a jamais clairement défini des process de suivi dynamique des performances des fournisseurs. C'est au travers de ce management participatif que nous voulons réparer ces lacunes.

Le management participatif s'établit dans une relation de long terme avec le fournisseur, une relation de confiance, basée sur des faits tangibles.

Le management participatif des fournisseurs a vu le jour dans les grands groupes industriels américains et japonais et repose sur le concept gagnant/gagnant et sur la mise en place de cinq outils majeurs :

- **Métrics**, qui sera développé dans les pages qui suivent.
- **Value Engineering/Value Analysis**, qui consiste en ensemble de méthodes et de moyens d'actions pour analyser les produits et

rechercher les solutions les moins chères à fonctions et performances équivalentes.

– **Supplier dévelopment**, pour disposer d'un ensemble d'actions d'améliorations élaborées entre le client et ses fournisseurs pour leur bénéfice mutuel. Ces actions agissent sur le long terme et affirment les liens clients/fournisseurs par une meilleure intégration des fournisseurs dans les stratégies de leurs clients.
– **Supplier Quality Manuel**, pour exprimer nos exigences sur la prestation technique des fournisseurs. Le support est un recueil complet d'exigences en termes de :
  - dessins de pièces,
  - process de réalisation,
  - process d'approbation des pièces,
  - plans de contrôle,
  - actions correctives,
  - process de demande de dérogations,
  - mesures et inspection.
– **Value Stream Mapping**, pour améliorer globalement la chaîne de valeurs. C'est un outil d'analyse qui permet de décomposer les différentes opérations dans le processus de fabrication et ainsi de trouver des opportunités de réductions dans tous les domaines.

Cette collaboration active a pour résultante de réduire le coût total et conserver un taux de marge acceptable pour le fournisseur.

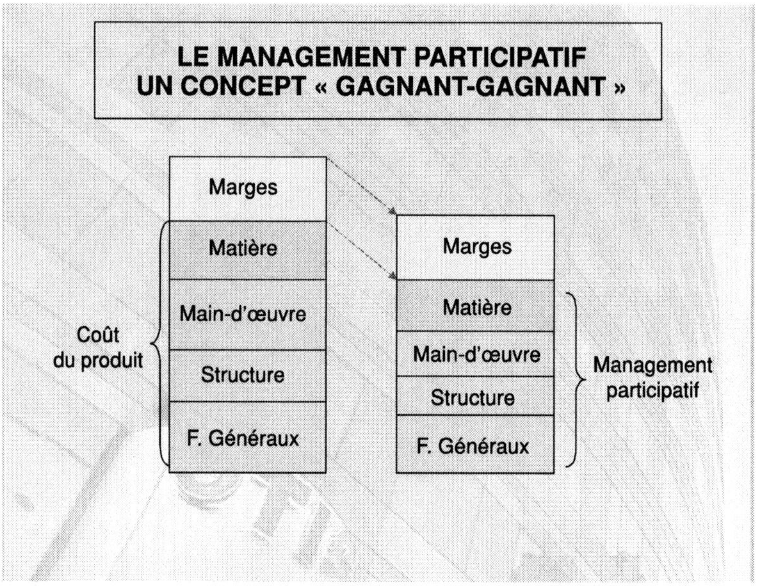

Le concept du management participatif

Ce type de management peut également produire des effets sur les frais généraux. Il devient courant, dans ce domaine, de faire bénéficier le fournisseur de conditions obtenues par l'acheteur si ces dernières se révèlent plus intéressantes.

Bien évidemment, cette approche nécessite des ressources et ne peut s'appliquer qu'à un portefeuille restreint de fournisseurs.

La démarche présentée dans les lignes qui suivent est tirée de réflexions dans les milieux industriels d'entreprises de tailles assez importantes.

Les étapes de ce type de management des fournisseurs sont les suivantes :

A – Établir l'analyse du coût total de la prestation.

B – Rechercher l'amélioration continue.

C – Mettre en place une structure d'analyse de la valeur.

D – Analyser les coûts de transaction.

E – Réduire les délais de production et de livraison.

F – Fixer des objectifs.

G – Suivre les performances.

Le fournisseur met au service de son client son expertise, un certain nombre d'initiatives et sa responsabilité au travers de sa connaissance du produit et de sa prestation globale.

L'acheteur apporte son support sur les aspects technique, qualité, méthodes.

Le but de ce type de management est de trouver, ensemble, des solutions, des plans d'actions concrétisés par des résultats qui améliorent les performances du fournisseur donc du client final.

A – L'analyse du coût total de la prestation

Dans cette analyse, l'acheteur doit se préoccuper de tous les éléments déterminants dans le coût global du produit ou de la prestation :

- Matière : son prix, les sources d'approvisionnement, les risques de rupture,
- Valeur ajoutée : coûts de main-d'œuvre productive et improductive, temps de production,
- Marge : coûts de structure et d'exploitation,
- Transports : type, fréquence des rotations,
- Emballage : taille, matière, coût de mise aux normes environnementales,
- Étiquetage : matière, systèmes de codes barre ou puces,
- Stockage : gestion, fréquence des livraisons,
- Garantie : sur le transport, le produit, la reprise des non-conformités,
- Droits de douane : codes, taxes,
- Rechange : niveau, délai de remplacement,
- Maintenance : coûts et fréquence des interventions,
- Obsolescence : durée de vie,
- Destruction : coût et taxes,
- Environnement : réponse aux normalisations.

Dans le même ordre d'investigations, l'acheteur doit se préoccuper des coûts induits :

- Conception du produit : impact sur la marge,
- Qualité du produit : niveau,
- Process administratifs : gestion des flux administratifs,
- Niveau de service,
- Situation financière du fournisseur : risque pour l'acheteur d'être déclaré juridiquement dirigeant de fait,
- Pratiques illégales,
- Politique interne du fournisseur.

Chacun de ces éléments peut alors être suivi séparément. Toute modification de sa valeur est immédiatement analysée en terme d'impact sur le coût total.

L'acheteur est en constant benchmark sur des éléments comparables comme la matière première ou l'évaluation des coûts de main-d'œuvre.

B – La recherche de l'amélioration continue

Elle revêt de multiples aspects :

- Amélioration de la productivité par de nouveaux outillages ou des investissements plus performants
- Amélioration de la qualité par des modifications de process, de matières premières, de contrôles internes.

C – La structure de l'analyse de la valeur

Dans ce type de management, cette démarche est effectuée conjointement par les deux parties.

D – L'analyse des coûts de transaction

Émission de la commande, traitement de la commande, émission des besoins, process de livraison, réception, facturation, tout cela permet de travailler sur des étapes éliminant des tâches et émissions de documents inutiles.

E – Réduction des délais de production et de livraison

C'est une optimisation des délais de livraison au client final. Il constitue un enjeu majeur dans les entreprises qui utilisent cet argument comme un levier de vente.

Éliminer des transports inutiles, des contrôles superflus voire mettre en place un système de « drop shipment » (livraison directe chez le client final) sont des actions décisives dans les réductions de délais.

F – La fixation d'objectifs

Elle est partagée par les deux parties, reprenant les actions ci-avant énoncées, et engage le fournisseur sur la voie du progrès permanent (c'est le Kaizen, méthode développée par les Japonais au début des années quatre-vingt-dix).

G – Le suivi des performances des fournisseurs

Cette étape ultime permet de « boucler » ce type de management et de mesurer les écarts entre les exigences de l'acheteur et la réalisation du fournisseur.

Dans ce management participatif, les dimensions à examiner sont nombreuses et très pragmatiques dans la mesure où la performance recherchée s'inscrit dans une échelle de long terme. Les critères retenus sont les suivants :

▶ Management et gestion

Cet élément comporte trois indicateurs :

L'indicateur « attitude ou satisfaction client », au service d'une amélioration continue qui se traduit par l'implication du fournisseur à développer en interne un système de qualification, type ISO 9000-2000, soumis à audit d'un certificateur officiel (Lloyd's, Véritas, etc.) ou d'un système développé par le donneur d'ordre. C'est le cas de certaines branches d'industrie (Automobile, Aéronautique) qui exigent l'application de leurs normes, qui auditent et sanctionnent par la délivrance d'un niveau de qualification minimum pour être sélectionné.

L'indicateur de santé financière : l'information est donnée par des notes et enquêtes délivrées par des organismes spécialisés (Altares, par ex.). L'évaluation de ces notes, basée sur plusieurs critères, peut conduire à enquêter plus finement sur la situation financière immédiate d'un fournisseur et anticiper des situations juridiques complexes (cessation de paiement, périodes d'observation dites de redressement judiciaire pouvant conduire à la liquidation judiciaire).

L'indicateur de diversité clientèle : il est important de contrôler la part de CA réalisé avec un fournisseur. Un équilibre judicieux doit être trouvé pour assurer une collaboration productive :

- Moins de 5 % signifie un statut de client peu intéressant, sans risque pour le fournisseur en cas de désengagement.
- Plus de 30 % présente un risque économique et juridique en cas de difficultés financières (dirigeant de fait) pouvant entraîner des sanctions pénales et financières aux limites floues.

■ Exemple

Lors d'un récent désengagement, une entreprise a fait face à la plainte, recevable, d'un fournisseur contestant ce désengagement qui, mettant en péril son équilibre financier, demandait la prise en charge de la totalité du coût du plan social généré par cette situation, soit plusieurs millions d'euros ! En dépit d'une décision très en deçà de la demande, cette entreprise a dû régler des dommages et intérêts de quelques dizaines de milliers d'euros. Les clauses contractuelles de désengagement avaient pourtant été respectées à la lettre (durée du préavis, stocks à une valeur convenue).

► Produits et Process

En voici les indicateurs.

Taux de non-conformité : il est calculé en ppm (perte par million) à partir du nombre de pièces défectueuses et du nombre total de pièces livrées. Il est remarquable de constater que ce taux était, il y a encore peu, calculé en % et que l'amélioration d'un point de cet indicateur était considéré comme onéreux à mettre en place au regard des enjeux. Il est aujourd'hui calculé en 0,0001 % près. Cette tendance forte est le résultat d'une conjonction de faits, pilotés par la stratégie des entreprises et mis en place par les acheteurs, car nous sommes en présence :

- d'achats de plus en plus complexes,
- de fournisseurs de plus en plus intégrés.

Anomalies détectées : il s'agit du nombre d'anomalies ramené au nombre d'unités livrées. Cet indicateur est la conséquence de l'intégration des fournisseurs, qui livrent directement chez le client final ou le site d'assemblage, qui assument les responsabilités pécuniaires de toute anomalie sur le site d'assemblage ou d'utilisation. Il en est ainsi de l'industrie automobile qui répercute au fournisseur des coûts d'arrêt d'une ligne d'assemblage.

Réactivité. Cet indicateur juge du temps et de la pertinence des réponses aux non-conformités : solution clairement explicitée, facilité de mise en œuvre pour réparation rapide, recommandation pour éliminer définitivement la non-conformité, rapidité de la réponse. Il est important, car il mesure le degré d'intérêt du fournisseur envers son client et son produit.

▶ Service

Deux indicateurs permettent de juger du niveau de service du fournisseur :

Délais de livraison. Le délai global de livraison au client final est, avec le prix de vente, un atout commercial important. Dans la chaîne de ce délai global rentre le délai du fournisseur. Celui-ci est jugé son seulement sur le respect du délai, mais aussi sur son adaptation à de nouvelles réductions ; le délai global incluant le délai administratif et la simplification des procédures.

■ Exemple

Une entreprise produisant des ascenseurs dans un délai global de 8 semaines a réussi, par des simplifications de process et par une réduction des délais fournisseurs de 14 à 5 jours ouvrables, à ramener le délai global client à 4 semaines !
Les achats du site de production ont été largement mis à contribution pour mener des actions de fond sur environ 50 fournisseurs européens, sans impact sur les coûts totaux.

Taux de non-service (TNS)

Compte tenu de ce qui précède, le TNS prend une importance majeure et se calcule en termes de retard par rapport à la date de livraison. La livraison en « Just In Time » (JIT) fait de la tolérance zéro un élément de base de la gestion des fournisseurs.

▶ Coût total

Cet indicateur s'appuie sur toute action, à l'initiative du fournisseur, qui produira une réduction du coût total, donc impactant le prix de revient du produit final.

Par exemple :

- L'amélioration de la productivité,
- Les investissements,
- L'innovation,
- L'optimisation des approvisionnements,
- L'analyse de la valeur,
- L'optimisation de la logistique.

Ces réductions de coûts sont appelées « hard savings » par les Anglo-saxons, car comptabilisées dans les résultats de l'entreprise.

« Soft savings » et « cost avoidance », bien que non comptabilisables, seront reportés au crédit du fournisseur.

Ainsi le management participatif du fournisseur s'appuie sur la fixation d'objectifs par rapport à ces indicateurs. L'analyse des écarts avec les objectifs, les actions à mettre en place pour atteindre les objectifs et les projets à réaliser pour assurer ces objectifs constituent le plan de progrès à réaliser.

Une telle démarche peut donner lieu à l'établissement d'une charte du fournisseur privilégié :

1 – ÉCHANGE DE SAVOIR-FAIRE

Le fournisseur s'engage à participer à la demande de l'entreprise X à toute étude nécessitant la mise en œuvre de son savoir-faire, et ceci dès l'origine du projet, avant tout engagement contractuel, et de manière confidentielle à l'égard des tiers, cette confidentialité étant réciproque. L'entreprise X garantit de son côté au fournisseur privilégié une priorité au moment du choix final du réalisateur, à conditions économiques équivalentes.

Les deux partenaires s'engagent réciproquement à se tenir informés des nouveaux développements pouvant avoir une influence sur l'établissement de leurs stratégies produits ou industrielles.

.../...

.../...

2 – TRANSPARENCE ÉCONOMIQUE ET COMMERCIALE

L'engagement de coopération mutuel implique pour le fournisseur de fournir à l'entreprise X tous les éléments constitutifs des prix de revient des produits (matière, main-d'œuvre directe, amortissements, frais généraux, charges de structure, marge), ceux-ci étant régulièrement analysés en commun, de manière à déterminer des objectifs de réduction des coûts, et de définir les moyens d'atteindre ces objectifs (groupe commun d'analyse de la valeur, réorganisation des processus industriels...).

Compte tenu de ce qui précède, cette coopération implique également un engagement sur l'évolution des prix de vente pour la durée d'application du présent accord.

Il s'agit de fixer soit une évolution annuelle en niveau, fixée à l'avance et irrévocable, soit une évolution négociable périodiquement, tenant compte de certains indices (matière, main-d'œuvre, énergies...) corrigés par les réductions de coûts et gains sur achats ou gains de productivité planifiés.

3 – AMÉLIORATION PERMANENTE DE LA QUALITÉ

Le fournisseur privilégié s'engage à signer un contrat d'assurance Qualité et à mettre en œuvre, au niveau de ses processus de fabrication, toutes les mesures propices à atteindre une qualité totale.

Il s'engage à participer à des groupes de travail communs avec l'entreprise X de manière à progresser vers cet objectif, et à mettre en œuvre les résultats dégagés par ces groupes de travail (investissements, moyens humains...) dans un délai raisonnable.

4 – MODALITÉS DE FONCTIONNEMENT

Chaque élément constitutif de cette charte donnera lieu à une révision périodique entre les partenaires qui décideront en commun des actions correctives nécessaires à la bonne mise en œuvre de cet accord, ceci devant conduire à un renouvellement de celui-ci à l'issue de la période initiale.

Cet accord est confidentiel. Toute divulgation à des tiers des conditions particulières faisant l'objet d'un document séparé entraînera l'annulation de celui-ci.

.../...

.../...

5 – DURÉE LIMITE DE L'ENGAGEMENT

Le présent engagement est conclu pour une durée de trois ans. Il concerne la garantie par l'entreprise X à son partenaire d'un volant d'affaires planifié sur cette durée, exprimé soit en chiffre d'affaires global, soit en quantités par référence, soit en parts de marché, ceci pondéré par l'évolution des produits, des marchés et de l'activité propre de l'entreprise X. En échange, le fournisseur privilégié garantit à l'entreprise X une priorité quant à ses capacités de fabrication et à la sécurité de ses approvisionnements.

Dans ce type de management, les fournisseurs stratégiques (famille A) sont donc privilégiés. Le suivi de leurs performances est réalisé à partir d'une grille appelée Supplier Score Card, outil incontournable pour la mise en place d'actions. Cette collaboration avancée, dans les relations, offre de réelles opportunités d'avantage compétitif.

■ Exemple

Une enquête réalisée auprès de Honda USA a prouvé que, sur une période de 5 ans pendant laquelle l'inflation des prix industriels s'était établie à 11 %, l'entreprise avait obtenu un gain de 4 points avec des fournisseurs gérés « classiquement » et de 19 points avec des fournisseurs managés comme expliqué ci-dessus (Corey BILLINGTON, Carlos CORDON, Tom VOLLMANN – Developping the super supplier*).*

Ces auteurs, Corey BILLINGTON, Carlos CORDON, Tom VOLLMANN, ont par ailleurs constaté que les progrès réalisés par le fournisseur permettent à ce dernier d'acquérir de nouvelles parts de marchés tout en assurant à son client partenaire de le faire bénéficier des meilleures conditions. Ils ont ainsi créé le concept de relations « Super Collaborative » et résumé des niveaux de relation dans le tableau suivant :

Forme d'approvisionnnement	Distributive	Coopérative	Partenariale	Super collaborative
Profit pour l'entreprise	Prix les plus bas	Bas coûts	Création de valeur continue	Avantage en terme de différentiation par les coûts
Avantage concurrentiel	Rare	Possible	Moyen	Significatif
Mise en œuvre	Facile	Normale	Difficile à maintenir dans le temps	Difficulté de formalisation

Dans une telle organisation qu'attend-on de nos fournisseurs ?

- Avoir la capacité de répondre à ce programme,
  - des services supports,
  - des achats structurés afin de mener en amont une politique analogue avec ses propres fournisseurs.
- Être proactif, c'est-à-dire :
  - savoir anticiper la demande, proposer,
  - rechercher de nouvelles sources.
- Être flexible.
- Rester compétitif en contrôlant ses coûts.
- Respecter ses engagements.
- Conserver une bonne santé financière.
- Savoir diversifier sa clientèle.
- Innover.

Si le donneur d'ordre a des exigences, légitimes, il a aussi des responsabilités :

- Les accords contractuels doivent être clairs et précis et doivent être respectés.
- L'acheteur, interlocuteur privilégié, doit être un décideur.
- Le système d'informations doit être fiable.

Cela veut dire que des moyens spécifiques devront être développés et mis en place. En particulier, l'acheteur devra avoir ou acquérir des compétences spécifiques pour assurer ce management participatif dans de bonnes conditions :

- Compétences stratégiques :
  - Attitude service
  - Engagement qualité et sécurité
  - Culture du résultat
  - Innovation et éthique
- Compétences métier :
  - Management et leadership
  - Compétences associées (Finance, Informatique)
- Compétences personnelles et comportementales

> Ce point sera développé dans le chapitre traitant du management de la fonction achats.

Mais ce management participatif s'adresse, comme nous l'avons vu, à une certaine catégorie d'entreprises.

Dans les cas courants, le paragraphe qui suit vous donnera quelques indications pour gérer un panel fournisseurs dans de bonnes conditions.

▶ La gestion du panel fournisseurs

Le panel fournisseur fait partie du patrimoine de l'entreprise. C'est une ressource critique (le nombre de fournisseurs est limité) qui doit faire à ce titre l'objet, dans le cadre général du pilotage de la fonction Achats, d'un suivi particulier.

La mesure de performance induit le maintien des fournisseurs au panel.

Après avoir porté un soin particulier à la sélection d'un fournisseur sur la base d'une **analyse *a priori*** des capacités du fournisseur, il convient de confirmer ou d'infirmer cette sélection par l'examen systématique et méthodique des **réalisations *a posteriori***.

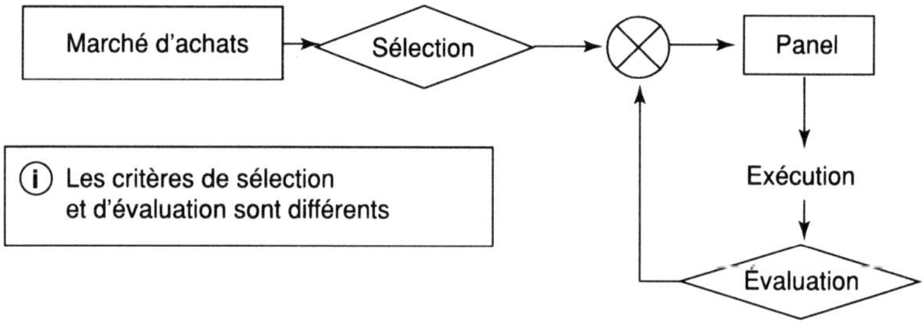

La gestion du panel fournisseurs

La mesure de performance est nécessaire pour :

- Comparer périodiquement la performance globale des fournisseurs.
- Déterminer l'opportunité de les consulter à nouveaux.
- Classer les fournisseurs entre eux.
- Enrichir le dépouillement des offres par des critères *a posteriori* (pas uniquement des « promesses »).
- Engager un dialogue constructif avec les fournisseurs.
- Interrompre un contrat en cas de non-respect par le fournisseur de ses obligations.

▶ Construction des indicateurs

Sur la base des 6 critères définis dans le cadre de l'évaluation des fournisseurs, les paramètres à évaluer sont :

- La qualité

Une certification doit être remise en cause tous les 3 ans par un nouvel audit (dit audit de renouvellement) exécuté par un organisme de certification indépendant (la certification peut également être remise en cause lors des audits annuels de suivi).

L'évolution des résultats courants exprimés sous la forme des ratios de service (quantité – délai – conformité en ppm ou en démérites) doit être positive et l'application d'un plan de progrès qualité, s'il y en a un, conforme aux objectifs.

La variation des flux de demande de livraison doit être sans impact sur la performance qualité.

- La Recherche et Développement

La méthode d'évaluation d'un fournisseur inscrit au panel peut être la même que celle utilisée pour le choix d'un nouveau fournisseur, mais il faut l'alléger considérablement en identifiant où sont les points faibles qu'il faut renforcer par une action concertée de mise à niveau du coconcepteur.

L'analyse de certains ratios peut être utile, par exemple :

- la part R & D dans le chiffre d'affaires,
- le pourcentage du chiffre d'affaires réalisé avec des produits nouveaux,
- la capacité de développement (exprimé en termes de force de proposition).

- La logistique

Les principaux indicateurs sont les taux de service et leur évolution :

- nombre de pièces livrées par rapport au nombre de pièces commandées,
- nombre de pièces livrées dans les délais fixés par rapport au délai fixé,
- nombre de pièces livrées conformes par rapport au nombre de pièces commandées.

Les taux de service font l'objet d'un rapport régulier (mensuel) adressé au fournisseur.

Pour parfaire le jugement, on peut ajouter deux autres ratios :

- nombre de pièces livrées par rapport au nombre de pièces expédiées,
- le nombre de colis défectueux par livraison.

- L'international

Le fournisseur sait-il faire profiter son client de son expérience internationale et dans quelle proportion ?

- La productivité

Dans ce cas, les ratios à retenir sont :

- dérive des coûts par rapport à la négociation initiale, mesurée sur les factures,
- dérive des coûts, mesurée sur les factures, par rapport aux objectifs des plans de progrès,
- coût de la non-qualité et son évolution dans le temps,
- mesure de la réactivité dans l'application des actions correctives par rapport aux dérives constatées.

Enfin par des remises en causes systématiques, il faut savoir mesurer la compétitivité du fournisseur par rapport au marché d'achat en procédant à des appels d'offres.

D'autres critères peuvent être identifiés, spécifiques aux familles d'achat (les exigences envers un prestataire de service, type gardiennage, sont différentes de celles envers un sous-traitant de réalisation complexe). Ils peuvent être regroupés en 4 thèmes : QUALITÉ/PRIX/DÉLAI/SERVICE.

Les critères analysés se veulent à l'abri de toute impression subjective ; ils ne s'intéressent qu'à des réalités. Cependant, on ne peut pas totalement éliminer l'impression que donne un fournisseur au travers de ses représentants, en particulier de son équipe dirigeante, au travers des visites faites dans ses installations ou des visites qu'il rend à ses clients, du nombre et de la qualité des personnages qu'il met au contact de ses clients en toutes circonstances.

L'aspect humain des contacts, la tenue de l'outil industriel, l'engagement pris par les hommes qui participent aux négociations, constituent toujours des points forts qui auront une influence dans les choix qui seront faits.

▶ Pondération des critères

La méthode d'évaluation suppose dans son application pratique que l'on définisse pour chaque indicateur de base, et donc pour chaque critère, un « poids » exprimé par la note qu'on lui affecte. Cette note dépend des contraintes internes à sa propre entreprise et des contraintes externes du marché qui sont autant de freins à l'achat. La note globale du fournisseur est obtenue en faisant la moyenne pondérée des notes obtenues pour chaque critère.

▶ Conditions de mise en œuvre

Les méthodes d'évaluation, le mode de collecte de l'information, la périodicité des mesures doivent être définies et être communes entre les différents sites dans le cas de groupes importants.

Les données doivent être disponibles et le coût de maintenance de la cotation doit être acceptable. Ce qui peut être automatisé doit l'être. Toutes les fonctions disposant d'informations utiles à l'évaluation des fournisseurs doivent être impliquées dans le processus de cotation.

Le système doit être connu des fournisseurs (critères d'évaluation et conséquences) et les résultats doivent leur être communiqués dans le but d'un dialogue constructif.

▶ Les actions découlant de la mesure de performance

Pour chaque critère (niveau de prix, réactivité, ppm...) ou famille de critères (qualité, service, délai...), l'acheteur doit définir 3 zones :

Partenaire : Fournisseur à privilégier.

Actions correctives : La performance n'est pas optimum.
Le fournisseur doit proposer des actions correctives à réception de l'indicateur.
Le fournisseur est pénalisé, car il sait que pour tout nouveau développement, on lui préférera un fournisseur partenaire.

Éliminatoire : Le fournisseur est convoqué : des actions doivent être entreprises sans délai.

Le fournisseur fait l'objet d'un plan de surveillance particulier : ses livraisons font l'objet d'un suivi systématique.

Le fournisseur est sous le coup d'une élimination du panel (avec l'obligation de se plier à une nouvelle homologation).

Ces critères sont résumés dans le tableau ci-après :

PANEL FOURNISSEURS		
Fournisseurs privilégiés (à conserver) :	**Fournisseurs à faire progresser**	**Fournisseurs à éliminer**
Fournisseurs les plus efficaces en terme de transparence (coût, délai…), fiabilité (qualité, délai, service), flexibilité (aptitude à suivre la demande). Un engagement vers des démarches de progrès. Ils sont consultés systématiquement lors des appels d'offres qui les concernent. Ils sont des partenaires du Groupe.	L'acheteur demandera à ses fournisseurs un plan d'action afin d'améliorer un certain nombre de points. Ils doivent avoir la capacité à réaliser un plan de progrès.	Ce sont les fournisseurs qui n'ont pas fait preuve d'une qualité globale suffisante pour que le Groupe s'engage à nouveau à travailler avec eux. Ils seront donc éliminés du panel de fournisseurs actif du groupe au plus tôt.

▶ La mesure de la performance des prestations de service

Le cas des prestations de service, où il n'y a pas de livraison physique, se traite à partir de grilles de satisfaction.

À titre d'exemple, voici une liste de questions à poser à un panel d'acteurs de l'entreprise représentatif de la prestation, c'est-à-dire un ensemble de personnes se servant de ladite prestation.

Fiche accueil/standard

Note de communication interne : dans le cadre de notre plan d'assurance qualité, nous souhaitons évaluer la satisfaction des personnes concernées sur la prestation de service « accueil/standard ». Nous vous demandons de bien vouloir remplir ce questionnaire de manière à mieux répondre à vos besoins.

	TRÈS BIEN	BIEN	MOYEN	TROP FAIBLE
Qualité de l'accueil – Amabilité – Présentation – Professionnalisme – Dynamisme				
Qualité du transfert – Précision des réponses aux questions posées – Rapidité de mise en contact avec l'interlocuteur demandé				
Qualité du standard – Rapidité et mise en communication (intérieur/extérieur) – Dynamisme – Convivialité – Initiative – Attente				
Adaptation interculturelle – Linguistique – Discrétion				
Réception des messages – Délai de diffusion des messages – Délai de livraison des colis				

En conclusion, il convient de retenir que l'achat se comporte à l'intérieur d'un système qu'il faut « asservir ». C'est-à-dire qu'il faut organiser la mesure de la performance de nos fournisseurs, notamment ceux avec lesquels nous envisageons une démarche de fidélisation. Il serait en effet utopique de conserver un fournisseur incapable de respecter nos exigences négociées en commun.

Finalement, l'ensemble de ce chapitre tend à montrer que seules les actions préventives sont pertinentes et la gestion du panel fournisseurs en est l'exemple.

Après ce chapitre sur le processus d'achat opérationnel, cœur de métier de l'acheteur, il convient, pour que ce manuel des achats soit complet, de regarder les « périphériques », c'est-à-dire les fonctions ou moyens à la disposition de l'acheteur pour mener à bien sa mission.

CHAPITRE 4

Les périphériques

1. LES FONCTIONS AVAL : L'APPROVISIONNEMENT

▶ Organisation de la fonction approvisionnement

La fonction d'approvisionnement est à cheval entre la fonction achat et la fonction logistique. Elle fait partie de la fonction achat, car l'approvisionneur est celui qui fait vivre le contrat d'achat. C'est lui qui calcule le besoin, passe la commande de routine et s'organise pour que le produit soit à disposition de celui qui en a besoin à l'endroit, au moment et dans les quantités voulues.

En fait, pour comprendre la place de l'approvisionneur il faut repartir de l'acte d'achat.

L'acheteur a écrit ou reçu un cahier des charges de la part de celui qui souhaite consommer un bien. Il a fait le sourcing, a sélectionné un fournisseur et a signé avec lui un contrat. Ce contrat décrit le produit acheté, la quantité prévue sur la période du contrat, les conditions de livraison, le cadencement : c'est-à-dire le délai entre deux commandes et les quantités minimum et maximum qui peuvent être livrées à chaque commande partielle, les conditions de paiement et comme résultante de tous ces éléments le prix d'achat. Si la commande porte sur un produit nouveau, c'est l'acheteur qui a la responsabilité de passer la première commande et de donner la tendance de consommation. Si le contrat porte sur un renouvellement de produit ou sur la substitution d'un produit par un autre de même caractéristique, cette étape peut être déjà sous la responsabilité de l'approvisionneur.

L'approvisionneur prend, si l'on peut dire, le train en marche et c'est là une des difficultés de son métier. Il prend la main sur le contrat quand le flux généré par celui-ci a été initié par l'acheteur. Il constate les quantités consommées et en déduit les quantités à commander pour éviter la rupture tout en ne se laissant pas déborder par les stocks au-delà des ratios admis par la direction de l'entreprise.

Si le produit acheté est consommé rapidement et en quantité, l'approvisionneur doit le commander souvent. Il est donc en contact fréquent avec le fournisseur. Au fil du temps il finit souvent par mieux le connaître que ne le connaît l'acheteur qui ne le voit qu'une à deux fois par an. Et finit par avoir plus d'information sur ce fournisseur que n'en a l'acheteur.

Il lui arrive même de prendre des initiatives qui devraient revenir à l'acheteur, mais si celui-ci est en voyage la marchandise ne peut pas attendre. Progressivement l'approvisionneur se glisse dans la peau du vendeur ce qui ne manque pas de générer des conflits quand l'acheteur s'en aperçoit, souvent au détour d'une visite du fournisseur qui fait remarquer que telle ou telle disposition a été prise avec l'accord de l'approvisionneur.

L'acheteur qui connaît son métier ne dit rien sur place pour ne pas donner une image d'inorganisation et de chaos au fournisseur, mais l'explication n'en est que plus violente au retour au bureau.

Pour amoindrir ces frictions, certaines entreprises placent les approvisionneurs dans les mêmes bureaux et sous la responsabilité des acheteurs. Ainsi l'information passe mieux. Mais ce type de structure finit aussi par poser un problème. Au fur et à mesure que le temps passe, le profil des approvisionneurs se rapproche du profil des acheteurs : comme ils sont commerçants dans l'âme, la livraison du produit coûte que coûte à celui qui l'attend finit par prendre le pas sur les considérations administratives et parfois douanières ce qui met l'entreprise en position de fragilité au regard de la législation commerciale nationale ou internationale.

L'autre solution consiste à intégrer les approvisionneurs à l'équipe logistique. Cela se justifie, car l'approvisionneur est celui qui gère le flux entrant. Une grande partie de son travail entre donc dans le champ de la logistique. Dans ce cas, le profil des approvisionneurs est plus administratif et technique. Les questions administratives et douanières sont mieux prises en compte. De plus, n'étant pas sous la coupe des acheteurs, les approvisionneurs servent de contre-pouvoir. Ils peuvent refuser de prendre des engagements de livraison à des dates trop difficiles à tenir ou de prendre des commandes qui vont surcharger les stocks au motif d'une ristourne qui finit par sentir le stock de longue durée.

Mais en supply chain, le monde parfait n'existe pas, pas plus qu'ailleurs pourrait-on dire ! La relation de proximité dont nous parlions plus haut, qui se crée entre le fournisseur et l'approvisionneur reste une réalité. L'approvisionneur est tenté de « jouer à l'acheteur », ce que ce dernier n'apprécie guère bien sûr. Et le climat se tend entre logisticien et approvisionneur d'un côté, acheteurs de l'autre au point que finalement les coûts de transactions finissent par devenir insupportables à la direction qui décide de repasser les approvisionneurs sous la bannière des acheteurs... jusqu'à la prochaine bavure administrative qui les fera revenir sous la houlette de la logistique.

Dans les groupes importants avec de nombreuses filiales on observe ainsi des mouvements lents et réguliers d'approvisionneurs qui passent sous contrôle logistique tandis que d'autres quittent la logistique pour revenir aux achats. Les mauvaises langues disent que l'on a là une idée de ce qu'est le mouvement perpétuel !

► Le calcul des besoins : les méthodes de calcul, les outils utilisables, les tableaux de suivi

L'approvisionneur gère une demande de produit et une capacité à le recevoir et à l'utiliser en fonction des contraintes de livraison d'un fournisseur et d'une aptitude du demandeur à bien maîtriser ses besoins dans le cadre d'une politique de stock et de rupture définie par la direction financière, voire la direction générale.

Le nerf de la guerre pour un approvisionneur c'est sa capacité à prévoir le besoin et à le mettre en adéquation avec la capacité de production du fournisseur. Trop de stock, c'est la marge qui s'évapore, pas assez de stock c'est le chiffre d'affaires qui flanche pour cause de rupture. Le chemin de crête entre les deux est étroit et glissant.

L'approvisionneur doit utiliser de bons outils pour mesurer la consommation passée et immédiate du produit. Il doit aussi avoir de bons outils pour anticiper la demande.

La mesure de consommation du produit devient de plus en plus facile à réaliser grâce aux performances et à la miniaturisation des compteurs et à la capacité des systèmes de transmission de données. Mais ne nous y trompons pas, quand il y a de nombreux points de consommation et un très grand nombre de produits, surveiller finement le flux des produits sortant est compliqué. On parle en téraoctets de données à manipuler toutes les nuits. On ne fait pas ces travaux de jour pour ne pas encombrer les serveurs de l'entreprise. En plus de la consommation brute, il faut enregistrer un grand nombre de paramètres pour rendre à la courbe de consommation son profil « normal » :

- Dans l'industrie : les périodes de panne ou d'indisponibilité des machines, les jours fériés et les livraisons manquées, les changements d'outils ou de production sur la chaîne de fabrication.
- Dans la distribution : la météo, les week-ends, les vacances et les ponts, les fêtes et les événements sportifs ou politiques sont autant de facteurs qui viennent perturber l'analyse des courbes de consommation.

  L'approvisionneur doit posséder un outil assez puissant pour tenir compte de tous ces paramètres et les utiliser lors de la construction d'un scénario de commande.

L'effet « coup de fouet » ou effet Forester

M. FORESTER a démontré en son temps un phénomène qui a gardé son nom. Dans une chaîne de fabrication comprenant de nombreux intervenants, chacun a tendance à se couvrir en amplifiant (à la hausse ou à la baisse) les mouvements de consommation qu'il perçoit chez le chaînon suivant à qui il livre sa fabrication. Ainsi, si chacun n'a de visibilité que sur le chaînon suivant, plus on remonte dans la chaîne plus les variations de production deviennent fortes et donc pénalisantes en ce qui concerne les coûts de production.

L'enjeu d'une bonne gestion des approvisionnements est donc de donner à tous les maillons de la chaîne une visibilité sur les variations de consommation du maillon final. Cela est plus facile à dire qu'à faire surtout si les maillons de la chaîne sont des sociétés indépendantes dont les relations sont uniquement de nature commerciale. Un importateur ou un trader ne donne pas facilement ses chiffres de vente, détaillés à l'extrême qui plus est. Une coopération aussi poussée peut s'envisager entre sociétés matures travaillant et coopérant de longue date sur des marchés où elles sont en position de fournisseur et de client sans risques de se retrouver en compétition à moyen ou long terme.

■ Exemple

Un fabricant de composés chimiques et un parfumeur ou un fabricant de lessive et une chaîne d'hypermarchés.

L'outil de prévision de commande

Sans pouvoir l'expliquer de manière rationnelle, on constate de manière empirique que les mêmes algorithmes de prévision de consommation peuvent servir dans des domaines qui n'ont *a priori* aucun rapport entre eux.

L'outil de prévision d'activité doit donc à la fois tenir compte des aléas dont nous avons parlé plus haut et proposer plusieurs algorithmes de calcul. In fine, c'est l'expérience de l'approvisionneur qui lui fait choisir l'un plutôt que les autres pour calculer les prévisions de commande.

Dans ce domaine, les offres du marché sont nombreuses. Il faut choisir un outil à la fois simple et paramétrable, ce qui est antinomique, mais essentiel. Si l'outil est trop rigide l'approvisionneur sort des calculs par approximation dont la qualité scientifique est souvent contestable et les résultats peu rassurants. Si l'outil est trop complexe avec de nombreuses solutions plus ou moins faciles à mettre en œuvre, l'approvisionneur finit par ne plus se servir que de quelques fonctionnalités, mettant de côté tout le reste… comme nous faisons tous avec les outils de prévision les plus répandus que sont Word et Excel : on ne les utilise pas à 10 % de leur puissance.

Les tableaux de suivi

La plupart des produits consommés dans l'industrie et la distribution n'ayant pas une sortie linéaire, à part peut-être les brosses à dent et le papier toilette, les entreprises qui travaillent en jours de stock ou en couverture de stock ont bien du mal à sortir des informations exploitables.

■ Exemple

Imaginons un fabricant de radiateur de chauffage qui a 10 000 radiateurs en stock. Au mois de novembre, il vend 5 000 radiateurs, avec 10 000 pièces en stock il a 2 mois de stock. Mais au mois de juillet il vend 250 radiateurs, avec les mêmes stocks il a 40 mois de stock !

La qualité d'un approvisionnement se mesure selon trois types de critères :

1/ ***La capacité à prévoir les quantités qui vont être consommées et donc le niveau de disponibilité du produit.*** Cette disponibilité doit être mesurée à l'aulne de l'importance que revêt la mise à disposition du produit dans la chaîne de distribution. Le coût de la rupture d'approvisionnement n'est pas le même pour tous les produits.

■ Exemple

Pour un assembleur de boîtes de vitesse, être en rupture de boulons qui vont au cœur du produit au début de la chaîne de montage, c'est arrêter toute la chaîne puisque ces boulons font partie du processus initial de montage. Par contre, être en rupture du boulon qui ferme la caisse d'emballage du produit final est certes désagréable, mais n'empêche pas le processus de fabrication de se. poursuivre.

Dans la distribution, être en rupture d'un produit de cœur de gamme à fort taux de rotation a beaucoup plus d'impact que la rupture d'un produit de niche vendu une à deux fois par trimestre.

Il faut donc pondérer la mesure de rupture en fonction de son importance pour l'entreprise et chercher l'unité de mesure la plus pertinente. Certains s'attachent à la fois à la quantité manquante et au nombre de fois où une demande n'a pas été satisfaite, car ce n'est pas la même chose d'être incapable de servir une demande de 1000 pièces ou de ne pouvoir servir 100 demandes de 10 pièces. Dans un cas, un seul consommateur du produit est perturbé dans l'autre, ce sont cent sites de consommation du produit qui ne sont pas satisfaits. Mesurer la performance d'un approvisionnement en fonction du nombre de commandes non satisfaites ne donne pas la même image de la qualité du service que la mesure du nombre de pièces non livrées comparé au nombre de pièces commandées.

On peut aussi raisonner en coût global et mesurer le surcoût engendré par l'impossibilité de livrer à temps ou la perte de chiffre d'affaires générée par cette rupture de produit dans un magasin, par exemple. Autrement dit, il n'est pas possible de mesurer la performance de tous ses approvisionnements avec un seul critère et un seul système de mesure. L'adéquation de l'unité de mesure à l'importance stratégique de l'approvisionnement est un gage de pilotage fin et serein du flux entrant dans la chaîne de distribution.

Pour optimiser ses flux, l'approvisionneur doit aller chercher avec pertinence et obstination toutes les informations qui lui sont utiles :

- La date et l'ampleur des opérations commerciales qui vont entraîner une surconsommation temporaire des produits.
- Les prévisions d'activité des unités de production ou des services commerciaux qui participent à l'écoulement des produits dont l'approvisionneur a la charge. Il est curieux de voir aujourd'hui encore des entreprises dont les services commerciaux ne sont pas connectés aux services d'achat pour donner les tendances de consommation à venir.
- Dans la distribution, il y a souvent de la marge entre la décision d'implanter une gamme dans les points de vente et la réalisation effective de l'implantation en magasin. Cette diffusion plus ou moins rapide des nouvelles gammes dans les magasins a bien sûr un effet immédiat sur les quantités à livrer de l'approvisionneur.
- Retard et aléas de production du fournisseur : un atelier en feu, des inondations catastrophiques au point d'embarquement, des routes coupées par un tremblement de terre, une pénurie de matières premières sont autant d'obstacles qui vont se dresser sur la route de l'approvisionneur et vont perturber le flux idéal dont il avait rêvé.
- État de l'environnement économique tout au long du chemin parcouru par les produits : grèves à répétition des dockers, des douaniers, des transporteurs, engorgement des ports et des aéroports, disponibilités des vecteurs de transport (avions ou bateaux dont les soutes sont pleines), nouvelles règles administratives qui obligent à la fourniture de nouveaux documents ou certificats, et toutes ces sortes de choses qui font que la vie d'un approvisionneur n'a rien d'un long fleuve tranquille.

2/ *La qualité du stock c'est-à-dire à la fois sa faible quantité et sa pertinence.* Il s'agit de mesurer le niveau du stock généré par l'approvisionneur en fonction du coût d'entretien de ce stock et du nombre de jours de couverture qu'il représente au regard des critères de sécurité que l'on s'est fixés. Il faut aussi mesurer l'obsolescence du stock et savoir apprécier la quantité et la valeur des produits qui seront déstockés à condition d'appliquer des rabais significatifs sur leur valeur réelle soit pour inciter les consommateurs internes ou externes de ce produit à le commander ou l'utiliser soit pour le céder à vil prix à un soldeur afin de faire de la place en stock.

3/ *Le coût global de l'approvisionnement* : transport d'approche, stockage, livraison sur site et frais administratifs de gestion. L'optimisation de ce coût ne peut se faire dans l'absolu et sans critère d'appréciation. Optimiser un coût global, comme nous avons déjà eu l'occasion de le dire à propos de la définition de la logistique, c'est chercher le meilleur compromis en fonction de critères impératifs fixés par l'entreprise.

Le coût d'approvisionnement n'est pas le même si l'on décide que toute commande doit être satisfaite dans l'heure et que le taux de rupture doit être à zéro ou si l'on décide que toute commande doit être servie dans les 7 jours et que le taux de rupture doit se situer autour de 95 % (moins, c'est le consommateur du produit qui est mécontent, plus c'est le coût du stock qui grimpe en flèche !).

Lorsque la gestion des approvisionnements tient exclusivement à des critères économiques sans considération stratégique particulière, il faut laisser la gestion du flux à celui qui est le plus fiable, le moins cher et le plus rapide entre le fournisseur et soi.

Mais une entreprise peut décider, par exemple, qu'elle va prendre en charge son flux physique d'approvisionnement pour rendre la vie plus difficile à ses concurrents même si le coût de cette prise en charge est plus élevé que le fait de confier la distribution du produit aux fournisseurs ou aux traders avec qui l'on a l'habitude de travailler.

■ Exemple

Prenons l'exemple d'une société de distribution dont le siège est au Brésil et qui possède une filiale en Argentine, qui est leader sur son marché. Les fournisseurs brésiliens ont l'habitude de livrer directement les points de vente aussi bien au Brésil qu'en Argentine.

La concurrence brésilienne vient s'installer en Argentine. Les fournisseurs qui ne sont pas exclusifs vont chercher à livrer les magasins du concurrent

en même temps que les vôtres. Autrement dit ils vont pratiquer sur votre dos une mutualisation des frais de transport et le jeune concurrent va bénéficier, pour ses livraisons, d'un prix de transport favorable puisque ce sera le même que le vôtre.
Si vous prenez en charge la livraison de vos produits, le fournisseur ne peut plus livrer à votre concurrent les petites quantités qu'il commande au même prix. Il sera livré au prix du petit groupage donc beaucoup plus cher. Certes cette prise en charge du flux physique vous coûte quelque argent, mais elle freine sur votre marché les ardeurs compétitives de votre concurrent en toute légalité !

Dans le monde de la distribution un autre critère peut influer fortement sur le coût de l'approvisionnement : les flux sont-ils tirés ou poussés ?

Si le flux est tiré, c'est le point de vente qui a la main et qui commande les quantités qu'il souhaite au moment où il les souhaite. L'approvisionneur a un temps court pour répondre à cette demande et doit s'organiser sans toujours pouvoir organiser ou rentabiliser sa tournée de livraison.

Si au contraire le flux est poussé, c'est la centrale d'achat qui a la main et décide des quantités à envoyer au point de vente. Dans ce cas, il est plus facile à l'approvisionneur de s'organiser pour faire une tournée de distribution optimisée en volume comme en temps ou en coût.

▶ Les différentes missions de l'approvisionneur

L'approvisionneur participe activement aux études sur les modalités d'approvisionnement qui sont menées généralement sous la houlette des acheteurs : le produit va-t-il être livré directement au point de consommation par le fournisseur ou va-t-on utiliser une stratégie de cross-docking, voire d'entreposage pour garantir la meilleure disponibilité compte tenu des enjeux ?

Le choix des conditions logistiques adaptées rentre aussi dans le champ de compétence de l'approvisionneur : type d'emballage, cadencement, nombre de jours de stock, unités de mise à disposition (PCB – par combien), scénario de fin de vie du produit ne devraient pas être décidés sans l'avis de l'approvisionneur. Ce dernier doit aussi être consulté pour la détermination du prix de revient du produit, car personne mieux que lui ne connaît les contraintes et les aléas qui risquent de peser sur un produit surtout s'il est nouveau.

Bien sûr, et c'est son cœur de métier, l'approvisionneur devra déterminer les quantités à commander par analyse historique et prospective de la rotation des produits (identiques ou de même famille). Il aura une relation directe avec le fournisseur pour suivre les commandes, contrôler le bon respect des conditions logistiques et devra mettre à jour le système d'information en temps et en heure pour alimenter son outil de prévision de commande.

L'approvisionneur devra aussi suivre toutes les opérations particulières qui rentrent dans son champ de compétence :

- Organiser le reconditionnement de produits arrivés en désordre : mise sous blister, étiquetage, etc.
- Gérer des litiges dus à une qualité défaillante, des transports qui se sont mal passés ou des documents incomplets.
- Arbitrer les moyens spéciaux à mettre en œuvre pour livrer à temps les commandes retardées ou dévoyées.
- Apporter sa contribution à la vie de la direction logistique de l'entreprise.

► La gestion des excédents

Se séparer des excédents de stock est une opération salutaire mais douloureuse. Elle est salutaire, car un stock qui dort coûte cher en place occupée, assurance, gardiennage, obsolescence et immobilisation de capitaux. Elle est douloureuse, car on se sépare du stock inutile dans des conditions économiques dramatiques (souvent avec des remises de 60 à 90 % de la valeur initiale du bien) ce qui plombe d'autant les résultats de l'exercice de l'entreprise, mais souvent douloureuse aussi pour le porte-monnaie de l'acheteur dont la part variable de la rémunération est assise sur la différence de prix entre le coût d'achat total du produit et le prix de vente moyen constaté des articles sous sa responsabilité.

Il est rare de trouver un emploi valorisant pour les produits stockés en excédent. Cela est plus facile pour des matières premières à condition que les spécificités du produit ne soient pas trop marquées. Pour des produits saisonniers, on peut parfois trouver une bonne affaire dans l'hémisphère opposé qui est à contre-saison. Mais pour le reste il faut passer par des professionnels des soldes. Dans ce cas, il faut s'assurer (par exemple dans la distribution) :

1/ que le produit est suffisamment banalisé pour qu'il ne puisse pas vous être attribué par le client du circuit de solderie. De ce point de vue les produits de marque de distributeur finissent souvent en élimination pure et simple, car leur reconditionnement coûte plus cher que leur élimination.

2/ que le soldeur ne viendra pas perturber votre commerce en revendant les produits sur votre propre marché ce qui pourrait faire jouer les mécanismes de garantie ou de reprises du produit par les points de vente comme cela se pratique couramment aujourd'hui. Il faut donc inclure dans le contrat de vente avec le soldeur une clause qui garantit cette interdiction de vendre dans les pays ou sur les zones où se trouvent vos points de vente.

Enfin, si l'entreprise doit éliminer un stock pour cause de non-conformité avec la législation ou avec les critères de qualité propres à l'entreprise, il faut mettre sur la table l'argent nécessaire pour éliminer de façon certaine et définitive le produit, évitant ainsi le risque de le retrouver sur le marché avec toutes les conséquences néfastes que l'on peut imaginer pour les clients et pour l'image de l'entreprise concernée.

2. LA LOGISTIQUE

Nous venons de voir que la gestion transversale et globale des flux générés par l'entreprise est abordée aujourd'hui sous l'angle du supply chain management. Mais pour beaucoup d'entreprises, y compris parmi les plus grandes, il reste beaucoup à faire en interne pour maîtriser la gestion des flux. Il ne suffit pas de baptiser une direction « direction supply chain » pour que la coopération s'installe aussi bien en interne qu'en externe avec les fournisseurs et les clients ! La route est encore longue pour beaucoup de firmes avant de pouvoir réellement parler de gestion globale des flux.

Pour faire le tour de la fonction achat aujourd'hui, il reste donc d'actualité de se focaliser sur la logistique et de comprendre en quoi l'acheteur gagne à maîtriser les techniques que ses collègues logisticiens mettront en œuvre pour lui apporter le service qu'il désire. Cette coopération entre logisticiens et acheteurs est tout à fait fondamentale. Sans avoir fait de statistiques particulières nous pouvons dire que plus de 80 % des ennuis quotidiens d'un acheteur sont de nature logistique et que plus de 50 % des litiges concernent la gestion des flux. Il est donc grand temps que les acheteurs et les logisticiens apprennent à travailler ensemble de la conception des projets à la mise en œuvre des procédures de travail standard, les fameuses SOP (Standard Operations Procedures) chères à nos amis anglo-saxons.

Nous allons donc tenter de cerner le champ de la logistique avant de détailler les activités particulières qui contribuent à la bonne gestion des flux.

▶ Le champ de la logistique

Pour analyser le champ de la logistique, nous allons utiliser trois définitions différentes qui seront autant de point de vue pour éclairer ce domaine complexe.

Les flux logistiques en mouvement

Nous qualifierons la première définition de dynamique dans la mesure où elle permet d'observer le flux en mouvement, flux entrant dans l'entreprise pour irriguer tous les ateliers et les services et ensuite ressortir vers les clients et les centres de retraitement car la prise en compte de l'environnement fait grossir inéluctablement le flux des matières triées à recycler.

La logistique est l'ensemble des arts et des techniques qui permettent d'optimiser la circulation des flux de matière et des flux d'informations associées en amont, au sein et en aval de l'entité qui en bénéficie.

Il s'agit bien d'art au sens de savoir-faire car la fonction logistique se fonde avant tout sur l'expérience de ceux qui l'animent. L'environnement de travail, particulièrement dans les entreprises qui commercent dans le monde entier, est si varié, si mouvant et si sujet à l'appréciation des hommes que dans bien des cas rien ne remplace l'expérience pour mettre en place un flux nouveau et complexe. Il y a aussi bien sûr de la technique car la logistique fait appel aux sciences les plus en pointe pour assurer des performances en constante augmentation. Que ce soit pour construire un bateau, pour tracer une marchandise, pour calculer un besoin de stockage ou organiser un dédouanement, la logistique utilise de très nombreuses techniques. C'est d'ailleurs ce qui surprend souvent les étudiants qui découvrent la matière, ils sont surpris de rencontrer une fonction qui fait tant appel à des règles, des calculs scientifiques et des corpus législatifs aussi nombreux que les pays sur la planète.

La logistique optimise la circulation des flux, ce qui signifie qu'elle organise des arbitrages entre des exigences contradictoires : il ne faut pas de stock, mais il ne faut pas de rupture non plus ; les produits doivent être livrés rapidement, mais leur livraison ne doit pas grever le prix de vente ; il faut un reporting précis des livraisons chez les clients, mais il faut peu de personnel et des logiciels simples pour ne pas alourdir les charges fixes de l'entreprise…

L'optimisation logistique consiste donc à trouver le meilleur compromis entre toutes ces exigences contradictoires à un moment donné, dans un contexte donné et compte tenu de vos objectifs d'aujourd'hui ou de demain. Il ne faut donc pas rêver de la meilleure logistique mais de la meilleure solution logistique pour répondre à un moment particulier à des exigences particulières.

Dans une même entreprise et au même moment, il peut donc être utile de mettre en place des stratégies logistiques différenciées qui tiendront compte des contraintes physiques (froid, chaud, périssable, inaltérable, humide, sec, etc.), des contraintes documentaires (pays complexe au point de vue des douanes ou sans barrière à l'entrée…), et des exigences de la clientèle sans compter la plus ou moins grande habileté du fournisseur à se plier à nos exigences.

La logistique optimise des flux de matière et des flux d'informations associées. De plus en plus il faut savoir d'où viennent les produits, par qui ils sont fabriqués, quelle est leur composition, leur date de fabrication, combien de temps ils sont consommables, comment on peut les utiliser, comment il faudra les éliminer ? Il faut également anticiper les quantités à venir, le temps de transport (transit time), s'assurer que les déclarations administratives (douanières et autres) sont faites dans les temps, répondre à l'acheteur qui veut savoir où est son produit et constater finalement que le produit est livré et payé. Au produit lui-même sont donc associées de très nombreuses informations qui le précèdent, y sont attachées (numéro de série, code barre, étiquettes de prévention, etc.) ou le suivent (preuve de livraison, déclaration de sinistre et autre…).

Aujourd'hui l'enjeu porte beaucoup plus sur la gestion des informations que la gestion du produit lui-même, mis à part quelques produits hors normes. Dans les années soixante-dix, les transporteurs venaient chez les chargeurs pour vanter leur superbe flotte de camion qu'ils prenaient soin d'étaler le plus souvent possible comme à la parade le long des routes passantes.

Aujourd'hui un parking vide est plus rassurant : au moins les véhicules tournent et leurs coûts fixes sont répartis sur de nombreux clients ! De plus leur communication promotionnelle est surtout tournée vers la performance de leur système d'information avec des messages tranquillisants : « dormez tranquille, je trace, je traque, bref je veille en permanence sur vos colis ».

Cette quête de l'optimisation permanente porte sur trois grandes phases :

- *les flux amont* qui vont du fournisseur vers l'entreprise. C'est le flux des achats, souvent sous la responsabilité des acheteurs ou même des comptables quand il n'y a ni service logistique ni service d'achat. On notera que le flux amont de l'entreprise est le flux aval de son fournisseur,
- *les flux internes* qui sont générés par l'activité de l'entreprise dans ses propres locaux avec en général une quantité importante de stocks tampons qui permettent de réguler l'activité des machines. Ce flux est souvent sous la responsabilité de Monsieur l'Ingénieur en chef. Le flux est d'autant plus complexe que l'entreprise a grandi par à-coups dans un schéma qui tient plus de la nécessité que de l'organisation.
- *les flux avals* qui permettent de livrer la marchandise commandée aux clients. Ce sont les premiers flux que l'entreprise souhaite maîtriser, car ils contribuent directement à la satisfaction du client. Quand il n'y a pas de service logistique, ce flux est confié en général au service commercial ou à l'administration des ventes.

Notre première définition nous permet bien une vision dynamique de la logistique dans la mesure où elle nous permet de cerner l'ensemble des flux qui sont générés par l'entreprise.

La logistique observée du point de vue des clients

La deuxième définition que nous allons étudier est clairement orientée service et client. Elle va vous permettre de comprendre ce que le client attend de la logistique. Cette deuxième réflexion est issue des travaux de la SOLE (Society Of Logistics Engineers).

La logistique est l'ensemble des arts et des techniques ayant pour objet la mise en place, au moindre coût, d'une quantité d'un produit à l'endroit et au moment où une demande existe, dans les conditions d'environnement et d'utilisation prévues au contrat[1].

Nous ne revenons pas sur le premier corps de la phrase concernant les arts et les techniques pour nous focaliser sur les deux autres parties.

De la même façon que nous parlions d'optimisation dans la première définition nous parlons maintenant de moindre coût. Mais le coût n'est moindre que par rapport à un autre qui l'est plus. Le moindre coût est donc le plus bas compte tenu de critères que nous nous sommes fixés : fiabilité, qualité de l'information, rapidité, sécurité et protection, coût au kilo, au mètre cube, à l'unité. Il faut toujours naviguer entre deux notions : un prix élevé pour un service irréprochable et un prix moins cher que pas cher pour un service en rapport. Parler du moindre coût c'est donc s'être fixé des critères clairs et quantifiables de qualité de service, d'efficacité et d'efficience.

Ce produit doit être mis en place à l'endroit et au moment où la demande existe tant il est vrai qu'un produit qui arrive à contre temps vaut moins cher qu'un produit livré au moment où il est désiré. Payerez-vous le même prix un sapin de Noël livré le 2 novembre ou le 2 janvier ? Que dire des œufs de Pâques mis en rayon le jeudi après Pâques ou d'un écran plat qui arrive 3 jours après le Mondial de foot ? Nous pouvons même dire qu'un produit prend sa valeur quand je sais le mettre à disposition de mon client à l'endroit et au moment où il en a besoin. Que vaut une machine à laver le linge si elle reste dans l'usine qui l'a fabriquée ? Non seulement elle ne vaut rien mais elle coûte, car il faut la stocker, la protéger, la gardienner et la coucher sur les sommiers de stockage. Cette machine ne vaudra que si vous savez la livrer à l'étage chez la petite dame qui a pris soin de faire rassembler par son plombier en un même endroit une prise électrique, une arrivée d'eau et un tuyau de mise à l'égout.

Le fait que la logistique donne sa valeur au produit ne permet pas de conclure que la logistique est la fonction principale de l'entreprise. Pour

1. L'association des logisticiens français : l'ASLOG définit la logistique ainsi : « *La logistique est l'ensemble des activités ayant pour objet la mise en place au moindre coût, d'une quantité d'un produit à l'endroit et au moment où une demande existe.* »

que cette valeur soit bonne et équitable, il faut que le service de marketing ait défini le bon produit, que le service de R & D ait dessiné les bons plans, que l'atelier de production ait sorti un produit de bon rapport qualité/prix sans compter le service commercial qui aura fait connaître la marque et le produit et les services d'appui qui auront permis à l'entreprise de fonctionner harmonieusement. Bref, la logistique sera seulement le révélateur d'un mouvement d'équipe qui contribue à la bonne marche de l'entreprise.

Mais cette définition va plus loin. Non seulement le produit doit être placé au moindre coût quand et là où la demande existe mais aussi : « dans les conditions d'environnement et d'utilisation prévues au contrat ». Il ne suffit pas de vendre ou d'acheter, il faut encore maintenir et faire tourner comme cela a été prévu entre l'acheteur et le vendeur. Ceci signifie que le service après-vente entre souvent dans le champ de responsabilité du logisticien. Où mettre les stocks de pièces détachées, combien en laisser en stock ? Lorsque le poids de la maintenance est lourd dans le coût global de fonctionnement d'un produit (aéronautique, défense, électronique professionnelle, etc.), les techniciens de maintenance sont souvent membres de la division logistique. Internet a beaucoup simplifié la tâche des logisticiens en permettant la mise à jour instantanée des bibliothèques techniques et leur diffusion planétaire pour un coût très faible. Ce domaine fait partie de ce que les industriels de l'armement et de l'aéronautique appellent le soutien logistique intégré.

■ Exemple

Les armées savent depuis longtemps ce que veut dire : « dans les conditions d'environnement et d'utilisation prévues au contrat ». Souvenons-nous pour ne parler que des opérations les plus récentes des fameux hélicoptères de combat américains qui devaient nettoyer le Kosovo de ses blindés indésirables : en cours de route deux appareils tombés en panne sont rapatriés faute de pièces détachées, à peine arrivés sur le théâtre des opérations deux autres tombent à la suite d'un défaut d'entretien et finalement tout le monde repart à la maison sans le moindre résultat. La faute est bien sûr à la logistique qui n'a pas suivi.

Deux cents ans avant, Napoléon avait déjà expérimenté un problème identique du côté de la Bérezina. Le matériel (et les hommes) aurait dû fonctionner dans le froid et la boue. Ce ne fut pas le cas, on connaît la suite...

Un produit mal entretenu c'est souvent un client perdu. Le bon positionnement du service après-vente en matière de nombre et de localisation des stocks, de mise à disposition des manuels de maintenance et de disponibilité du personnel spécialisé est une tâche souvent dévolue à la logistique.

Une définition synthétique de la logistique

Les deux définitions précédentes nous permettent d'arriver à une troisième proposition formulée en 1994 par M.C. HOLCOMB[1] :

La logistique est un processus de maximisation de la valeur en vue de la satisfaction du consommateur.

Cette phrase a le mérite de la simplicité et de la hauteur de vue. La logistique est bien un processus de maximisation de la valeur puisqu'elle cherche à mettre le produit à disposition de celui qui en a besoin au moindre coût dans un effort constant d'optimisation. En même temps le logisticien cherche à mettre le produit à la disposition de l'acheteur au moment et à l'endroit où une demande existe, donc au moment où le consommateur du bien est prêt à le payer le plus cher. C'est donc bien un acte de maximisation de la valeur.

En revanche, personne ne dit que le logisticien est chargé de la répartition de cette valeur. Le vendeur va-t-il chercher à la conserver pour augmenter ses profits ou au contraire souhaite-t-il la restituer à l'acheteur pour fidéliser ce dernier et augmenter sa part de marché ? L'acheteur bien sûr fera tout ce qui est en son pouvoir pour entraîner le vendeur vers la deuxième solution.

Il ne serait pas sain que le logisticien entre dans ce débat qui concerne les directions générales et financières ainsi que les acheteurs et les vendeurs. La logistique est au service des acheteurs et des vendeurs. Elle n'a pas vocation à prendre leur place pour définir les politiques d'achat et de vente de l'entreprise.

Ce processus est orienté vers la satisfaction du consommateur qui voit arriver le produit dont il a besoin, au moment où il en a besoin, avec toute la maintenance qu'on lui a promis durant toute la période où son produit doit fonctionner (serait-ce une esquisse du paradis de l'entrepreneur et du commerçant ?).

1. HOLCOMB M.C. « Logistics : The New Frame of Reference » in Annual Conference Proceeding, Fall Meeting, Council of Logistics Management, Cincinnati 1994, p. 403- 407.

▶ Segmentation de la logistique

La logistique d'approvisionnement est l'ensemble des activités qui permettent la gestion optimisée des flux amont de l'entreprise. Dans le domaine industriel, elle porte surtout sur la mise à disposition de l'outil de production des matières premières, produits semi-finis, équipements et petits consommables dans les meilleures conditions de coût.

La réalisation de ces processus implique la définition d'une politique d'approvisionnement qui comprend à la fois la méthode de gestion des approvisionnements, les délais de livraison, la gestion du transport amont et la mise en œuvre d'un système d'information qui permettra un transfert d'informations fiables entre l'acheteur, les fournisseurs, les transporteurs et les organisateurs de transport, les banques, les administrations (la douane en particulier) et toutes les personnes physiques et morales concernées par ces flux.

La logistique de distribution est l'ensemble des activités aval qui assurent la mise à disposition du produit dans les délais souhaités par le consommateur dans les meilleures conditions de coût.

Il faut donc définir une politique de distribution qui comprend une méthode de gestion des stocks de produits finis, des délais de livraison, une gestion du transport aval et la sous-traitance des opérations à des prestataires de services logistiques.

La logistique de production ou logistique interne est l'ensemble des activités logistiques qui sont générées au sein de l'entreprise : entrepôts, zones de stockage, aires de vente pour un distributeur ou ateliers et chaînes de production pour un industriel.

Il s'agit d'approvisionner de la manière la plus régulière et la plus économe les outils de production ou les réseaux de préparation de commande. Il faut donc optimiser :

- les temps de transfert des produits : matières premières, produits semi-finis ou finis,
- l'importance et la place des stocks tampon,
- la fiabilité des opérations de contrôle,
- et l'élimination ou le recyclage des inévitables déchets.

Le pilotage de ces flux exige la définition de règles de gestion des stocks tampons et des stocks de produits finis en entrepôt ou en magasin pour les commerçants, la mise en œuvre de système de translation et de manutention des produits au sein d'un même ensemble d'ateliers ou de bâtiments et l'organisation du transport entre les sites de production des produits semi-finis ou finis.

L'automatisation des systèmes de translation doit être envisagée avec soin, méthode et surtout modestie. Combien d'entreprises ont perdu leur autonomie capitalistique après s'être épuisées à mettre au point un outil automatique, certes impressionnant, mais beaucoup trop cher et beaucoup trop lourd au regard des flux générés par l'entreprise ? Il y a là un vrai sujet de réflexion pour les candidats au tout automatique dans les entrepôts. Modestie et simplicité vont souvent de pair avec fiabilité et rentabilité !

La logistique inversée ou « reverse logistics » a pour objet d'assurer de manière fiable et pour un coût minimum les retours, recyclage ou élimination de marchandises que le vendeur s'est engagé à reprendre soit par conviction écologique propre, soit sous contrainte de la loi.

Cette logistique couvre aussi les flux générés par les consommateurs pour cause d'erreurs de livraison ou de problèmes techniques impliquant le remplacement ou la réparation de produits défectueux.

Business Logistics

Notons que les Anglo-Saxons parlent de « Business Logistics » qu'ils décomposent en : « Inbound logistics » : la logistique entrante avec le flux amont (upstream flow), en « materials management » la gestion des produits avec le flux interne (internal flow) et en « physical distribution » transport physique des marchandises avec la gestion du flux aval (downstream flow).

Le coût de la logistique dans les échanges mondiaux

Pour se donner une idée du poids de la logistique dans l'activité des entreprises, constatons qu'elle pèse significativement dans le PIB mondial : 11,8 % du PIB en Europe, 11,4 % au Japon et 10,5 % aux États-Unis selon les chiffres de la DG VII de la Commission Européenne.

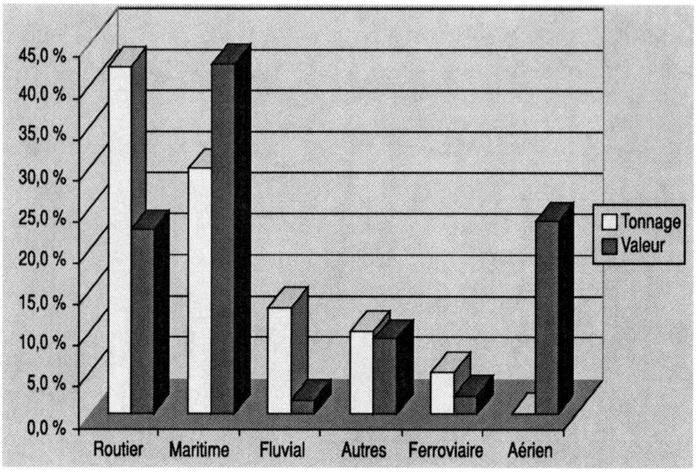

Échange de l'Union Européenne pays tiers en 1999

Les acteurs institutionnels

En matière de logistique, les acteurs institutionnels sont de plus en plus nombreux. Mais, au regard des enjeux importants que représente cette fonction, il peut être utile pour une entreprise de participer à leurs travaux. Il est vital pour beaucoup de firmes qui font du commerce international de se tenir au courant de l'actualité en la matière et peser du poids nécessaire sur les institutions en charge de la réglementation aussi bien au niveau local que national, européen ou international. Aujourd'hui l'on recense les principales organisations suivantes :

- Les professionnels de la logistique : FEDIMAG[1], IFWLA[2],
- Les professions du transport : FIATA[3], CLECAT[4] pour les activités internationales, TLF[5] et GNTC[6], SNAGFA pour les acteurs nationaux,

1. Fédération Nationale des Prestataires Logistiques et des Magasins Généraux.
2. Fédération internationale présente dans 19 pays, l'International Federation of Wharehousing Logistics Association existe depuis 1972. Elle regroupe 5 000 entreprises, 75 000 entrepôts pour 300 millions de mètres carrés opérés par 16 millions de salariés. En France la fédération adhérente est la FEDIMAG.
3. Fédération Internationale des Associations de Transitaires et Assimilés.
4. Comité de Liaison Européen des Commissionnaires et Auxiliaires de Transport.
5. Fédération des Entreprises de Transport et Logistique de France, ex FFOCT (Fédération Française des Organisateurs et des Commissionnaires de Transport) ex FFCAT (Fédération Française des Commissionnaires et des Auxiliaires de Transport) – 13, rue de Calais – 75320 Paris CEDEX 09.
6. Groupement National des Transports Combinés – 19, rue du Rocher – 75008 Paris - Tél. : 1.4293.5388 - Fax : 1.5332.7744.

– Les logisticiens d'entreprise : ASLOG, SOLE[1], PROPELER CLUB dans certains ports permettent aux professionnels de la logistique de se retrouver entre eux,
– Les chargeurs : AUTF[2], ESC[3] défendent les intérêts de tous les chargeurs, AFWP[4], GIFF[5], s'occupent plus particulièrement des chargeurs du monde ferroviaire.

Il existe bien d'autres associations et syndicats locaux ou globaux qui contribuent à faire avancer la réflexion, la coopération et la législation sur la logistique dans ses composantes physiques, administratives, techniques ou législatives. Que tous ceux qui ne sont pas cités nous pardonnent mais heureusement Internet permet de retrouver assez facilement l'ensemble des acteurs qui traitent de ce vaste sujet.

Au niveau international, deux instances ont un rôle très important en matière de logistique : la Chambre de Commerce Internationale (CCI – www.iccwbo.org) et la Conférence des Nations – Unies sur le Commerce Et le Développement (CNUCED – www.unctad.org) avec sa branche juridique Commission des Nations Unies pour le Droit Commercial International (CNUDCI – www.uncitral.org).

La Chambre de Commerce Internationale élabore des documents qui font références dans la plupart des pays du monde en matière de logistique et de paiements internationaux. Ne parlons que des plus célèbres avec les Incoterm qui en sont à la version 2000, les RUU 500 (Règles et Usances Uniformes) pour le traitement du crédit documentaire en attendant la version 600 à paraître en 2007, nous espérons, et les Règles et Pratiques Internationales relatives aux Stand-by (RPIS 98) ou International Stand-by Pratices (ISP 98).

1. Society Of Logistics Engineers.
2. Association des Utilisateurs de Transport de Fret.
3. European Shipper's Council : L'ESC représente les intérêts des utilisateurs des différents modes de transport utilisés par les industries européennes. Les quinze membres de l'organisation se préoccupent de toutes les branches de l'industrie et du commerce, lesquels à tour de rôle représentent les compagnies qui utilisent les bateaux cargos par mer, entre îles, et les transports par route et rail à travers l'Europe.
40, rue Joseph-II – boîte 2 – B-1000 Bruxelles – tél. : +32-2-230.21.13.
4. Association française des Wagons de Particuliers – Tour Aurore – Place des Reflets CEDEX 5 – 92080 Paris La Défense 2 – tél. : 1.4778.6530.
5. Groupement d'Intérêt pour le Fret Ferroviaire : regroupement de l'AFWP + AUTF + GNTC + TLF.

La CNUCED : Conférence des Nations Unies sur le Commerce et le Développement qui se dit en anglais : United Nations Conference on Trade and Development : UNCTAD. Sa branche appelée Conférence des Nations Unies pour le Droit Commercial International (CNUDCI) élabore les conventions pour le transport international et s'assure de leurs évolutions en fonction des avancées des différents modes de transport concernés. Une fois les documents finalisés, elle propose aux États membres de l'ONU d'incorporer ces textes dans leurs législations nationales pour qu'ils deviennent les conventions de référence lors d'arbitrage ou de passage au tribunal. Cette phase est plus ou moins longue selon la bonne volonté des États. Sa mise en place va généralement à la vitesse de la justice : pour l'urgent compter 3 à 5 ans pour le rapide, 10 ans pour le classique, 20 ans et plus sont courants.

Pour le transport maritime certains États sont encore à la convention de Bruxelles de 1924. Beaucoup, dont la France, réfléchissent toujours avant de ratifier la convention de Hambourg qui est pourtant parue en 1978 sous le nom de « Convention des Nations unies sur le transport de marchandises par mer », mais elle est plus connue sous le nom de « Règles de Hambourg », du nom de la ville où elle a été signée. L'article 30 de la Convention de Hambourg du 31 mars 1978 dispose qu'elle doit entrer en vigueur le premier jour du mois suivant l'expiration d'un délai d'un an à compter de la date du dépôt du vingtième instrument de ratification. La Zambie a déposé ce vingtième instrument le 7 octobre 1991, la Convention de Hambourg est donc entrée en application le 1er novembre 1992 entre les pays l'ayant ratifiée (donc 14 ans après sa mise au point définitive). En France, la loi du 15 avril 1981 a autorisé l'approbation de la Convention, nous étions donc bien partis, mais depuis, aucun ministre n'a trouvé le temps de signer le décret qui permettrait sa mise en application.

Les principales conventions en vigueur sont :

- *La Convention de Berne* pour le transport ferroviaire. La première mouture date de 1890, d'abord appelée CIM elle devient COTF (« Convention relative aux transports ferroviaires internationaux ») lors d'un remaniement en mai 1985. Sa dernière version est entrée en vigueur en mai 2006.
- *Les Conventions de Bruxelles* 1924, de 1968 et de 1979 ainsi que la Convention de Hambourg dont nous avons parlé plus haut pour le transport maritime.

– *La Convention de Genève* pour le transport routier international plus connue sous le nom de CMR. Très stable et très mature, cette convention fut signée à Genève le 19 mai 1956. Elle est entrée en vigueur le 2 juillet 1961. Elle est très fortement inspirée de la convention CIM de Berne.
– *La Convention de Montréal* pour le transport aérien fut signée le 28 mai 1999. Les 30 signatures ont été réunies le 5 septembre 2003. Les pays de l'Union Européenne l'ont ratifié le 29 avril 2004. Elle fait suite à la convention de Varsovie qui régnait en maître sur le transport aérien de 1929.

Stocker, faire transiter, livrer en direct

Le stock est une accumulation en un même lieu de matières ou de produits en attente d'affectation. Le rôle des stocks est de permettre la régularisation des flux discontinus pour servir sans rupture le consommateur du produit même si l'approvisionnement se fait en séances discontinues ou si la demande est sporadique. Mais le stock coûte cher :

– Que ce soit le fournisseur ou l'acheteur qui en supporte les frais, le stock est un capital immobilisé qui pèse sur les comptes de l'entreprise.
– À part quelques rares produits comme le vin qui bonifie en vieillissant, un produit stocké perd de sa valeur, car il s'abîme jusqu'à devenir impropre à l'utilisation ce que nous connaissons bien avec la nourriture ou les produits chimiques instables. La valeur marchande du produit peut aussi se réduire pour cause d'obsolescence, c'est-à-dire du fait de l'évolution du marché que ce soit d'un point de vue technique, ce que l'on connaît bien en informatique, ou d'un point de vue plus conjoncturel, comme pour le textile et la mode. De plus en plus souvent la valeur marchande d'un produit se dégrade, car de nouveaux produits plus sûrs, plus efficaces, plus attractifs et surtout moins chers arrivent sur le marché.
– Stocker a un coût. Outre l'immobilisation de capitaux dont nous avons parlé plus haut, stocker nécessite des surfaces couvertes ou non, des gardiens, des logiciels de suivi, des assurances et des transports de positionnement.

La qualité du stock

La qualité d'un stock s'apprécie en fonction des objectifs qu'on lui assigne : sécurité d'approvisionnement selon la méthode de gestion de flux utilisée comme le juste à temps et le Kanban bien connus des industriels, capitaux immobilisés, seuil de risque en dessous d'une certaine quantité stockée, périodicité de la rotation du stock, etc.

Les méthodes de gestion de stock sont nombreuses et bien connues. Il ne rentre pas dans notre propos de les étudier en détail. Méthode ABC, LIFO, FIFO et les autres sont utilisées partout sur la planète. Elles sont supportées par une offre logicielle puissante, œuvre de très grands fabricants ou de petits faiseurs locaux. L'avantage des premiers est incontestablement de fournir une garantie de pérennité, mais hélas souvent au prix d'une lourdeur dans les adaptations qui en font reculer plus d'un. Les petits faiseurs ont l'avantage de la souplesse et souvent d'une excellente connaissance du métier qu'ils servent, mais le risque est permanent de les voir totalement engorgés à la moindre commande supplémentaire. Du coup, certaines entreprises aussi bien transporteurs que chargeurs continuent à privilégier l'écriture des outils en interne.

L'entrepôt, centre de valeur ajoutée

L'entrepôt où se trouve stockée la marchandise peut être vu comme autre chose qu'un lieu de garde de la marchandise en vue de sa consommation future. On peut y préparer les produits pour les rendre conformes aux besoins de leurs utilisateurs :

- Contrôle qualité,
- Emballage, tropicalisation si nécessaire et conditionnement à température, sous vide ou sous gaz inerte,
- Étiquetage ou ajout d'informations comme une documentation dans la langue du pays de consommation et toutes opérations qui permettent de retarder au maximum la différentiation des produits pour les rendre conformes aux normes et particularités de chaque zone de consommation,
- Copacking et autre activité d'assemblage pour la fourniture de bundle ou de kit homogènes.

Le transit

Le passage sur entrepôt n'est pas la seule alternative à la livraison directe du produit à celui qui le consomme. On peut aussi pratiquer les opérations de transit qui consistent à faire passer le produit brièvement sur une plate-forme pour le dégrouper et le ré-assembler avec d'autres produits allant au même endroit. Ainsi, le produit enlevé chez le fournisseur en grande quantité est trié sur la plate-forme de transit puis acheminé en lots plus petits chez ceux qui vont le consommer en même temps que d'autres lots d'autres produits qui vont vers le même lieu de consommation.

Le temps de stockage sur la plate-forme de transit va de quelques heures à quelques jours, le produit ayant vocation à entrer pour ressortir le plus vite possible. Ceci explique pourquoi la structure d'une plate-forme de transit est différente de celle d'un entrepôt de stockage. Il faut beaucoup de portes d'entrée et de portes de sortie pour accueillir les véhicules de livraison, il faut une surface de plain-pied assez grande pour y éclater les lots entrants et recomposer les lots sortants et aussi peu de racks ou échelles en hauteur que possible pour simplifier le travail des manutentionnaires. Il est donc préférable de travailler avec un bâtiment long pour y disposer de nombreuses portes et de faible hauteur contrairement aux entrepôts qui sont les plus massifs et les plus hauts possibles pour densifier le stockage.

Le cross-docking

Dans le concept de cross-docking, la préparation de la commande est gérée directement entre le fournisseur et le logisticien sans intervention de l'acheteur qui n'est qu'avisé de l'opération. La condition *sine qua none* d'un cross-docking efficace est de pouvoir mettre à disposition de la chaîne logistique un excellent réseau de communication.

Le cross-docking est une version évoluée du transit en ce sens que les produits sont allotis, c'est-à-dire triés et étiquetés en fonction de leur destination finale dès leur préparation chez le fournisseur. La plate-forme de transit ne sert plus que de boîte aux lettres : les lots qui arrivent sont déjà identifiés pour repartir vers leur destination finale. Le fournisseur qui est censé bien connaître ses produits et avoir tous les outils adaptés pour les manipuler se voit confier l'opération de tri et d'identification qui était faite auparavant sur la plate-forme de transit.

Le cross-docking est donc source de valeur ajoutée puisqu'il permet de confier des opérations à celui qui est le mieux placé pour les faire : le fournisseur du produit à livrer.

Tout serait pour le mieux dans le meilleur des mondes s'il n'y avait quelques contraintes à ce système :

- L'acheteur doit être capable de dire au vendeur quelle quantité du produit va sur quel site de consommation dès que le produit est fabriqué et non plus quand il est arrivé de telle façon que le vendeur puisse préparer les lots avant leur expédition. En cas d'achat à l'international lointain, il peut y avoir 30 à 50 jours d'écart entre ces deux dates !
- Avec le système de transit classique, le vendeur recevait une seule commande qu'il avait mission d'expédier sur une seule plate-forme de transit. Avec le cross-docking il reçoit autant de commandes qu'il y a de lieux de consommation. Dans le cas de livraison à une chaîne de magasins, par exemple, cela peut représenter plusieurs milliers de points de livraison. L'acheteur et le fournisseur ont-ils un système d'information suffisamment performant pour traiter ce nouveau volume de données dans des conditions de fiabilité satisfaisante ?
- Le lot est préparé en une fois chez le fournisseur. Lorsqu'il passe sur la plate-forme de cross-docking il n'est pas ouvert et ne subit en général que des contrôles externes. Puis il est livré à destination. Se pose alors la question de la responsabilité en cas de litige découvert à la livraison au point de consommation. Le fournisseur refuse souvent d'endosser la responsabilité des pertes et manquants ainsi que l'opérateur sur la plate-forme qui considère que son intervention ne peut se traduire par des manques ou des casses puisque les lots arrivent filmés et étiquetés. L'acheteur et le vendeur doivent à tout prix trouver une solution raisonnable pour régler ces litiges à la satisfaction commune sous peine de voir le bel édifice du cross-docking s'enliser dans une montagne de petits litiges aussi pénibles que persistants.

La livraison directe

La livraison directe a toujours ses fans et bien sûr à bon droit. Quand la quantité livrable au point de consommation représente une charge complète, il n'y a pas moins cher que la livraison directe. Mais on peut se poser la question de la pertinence d'un tel système quand le point de consommation : magasin, atelier, usine, reçoit de très nombreuses livraisons par des véhicules plus disparates les uns que les autres. File d'attente, double livraison, procédure de réception non respectée sont autant de coûts supplémentaires souvent cachés qui viennent grever un système qui finalement se paye fort cher. C'est la raison pour laquelle les entreprises qui ont à recevoir régulièrement de nombreuses commandes préfèrent passer de la livraison directe au transit, voire pour les mieux outillées au cross-docking.

Le passage sur entrepôt

Les raisons qui conditionnent le passage sur entrepôt d'un produit sont finalement assez nombreuses :

- Les délais de livraison sont variables et la régularité du fournisseur quant aux délais de fabrication est faible. Dans ce cas, l'acheteur a intérêt à stocker le produit pour éviter des ruptures. Cet argument est d'autant plus valable que le fournisseur est loin dans un pays peu équipé en ressource énergétique et en capacité de transport ou dans une zone géographique problématique : cyclones, inondations, éruptions volcaniques, autant de phénomènes qui perturbent les réseaux de distribution sans beaucoup prévenir à l'avance.
- Certains produits doivent être achetés en grande quantité pour être acquis dans des conditions économiques satisfaisantes. Cela est vrai en particulier pour l'acheteur qui fait une commande spécifique nécessitant la mise à sa disposition d'une chaîne de fabrication entière. Dans ce cas, le seuil de commande sera élevé par rapport au rythme de la consommation. Le stock sera là pour régulariser la livraison aux points de consommation sans engorger les ateliers ou les magasins.
- Une forte saisonnalité de consommation peut entraîner un besoin de stockage de masse. Pour être sûr de pouvoir positionner le produit en même temps partout où cela est nécessaire et dès le début de la saison, il faut stocker les produits avant de les livrer. Dans le commerce, on parle de la phase d'implantation qui nécessite le transport de volumes importants à date fixe. Si le produit se vend bien, ce que l'on espère, vient ensuite le temps du réassortiment qui peut se faire avec d'autres réseaux et des moyens de transport rapides : groupage, fret express ou avion. Le besoin de stockage est d'autant plus long que le nombre de fournisseurs est faible.

■ Exemple

Prenons l'exemple de la tondeuse à gazon. Seules trois ou quatre entreprises dans le monde fabriquent des moteurs de tondeuse. Ils ne peuvent pas tout fournir d'un coup pour la fin de l'hiver aux monteurs de machine. Ces derniers sont donc bien inspirés de stocker des moteurs dès le mois d'août pour une livraison des tondeuses au début de l'année suivante.

- La nécessité d'un contrôle qualité poussé peut amener à stocker des produits sur entrepôt d'une part pour faire ses propres contrôles avec ses propres équipes, d'autre part pour éviter les à-coups que représente la mise à l'écart d'un lot à la suite d'un contrôle non satisfaisant.
- Acheter en grande quantité pour obtenir du fournisseur un avantage significatif (rabais, ristourne, franco de port, etc.) est la raison la plus évidente pour un acheteur de faire des stocks. C'est la raison la plus tentante et souvent aussi la plus dangereuse, car il est plus facile d'aller chercher des points de marge en passant une commande importante qu'en convaincant son fournisseur de baisser son prix toutes choses égales par ailleurs. Si l'acheteur expérimenté cherche à élargir sa base d'achat pour obtenir un meilleur prix, il le fait par agrégation des besoins (achat en synergie) et non par augmentation du stock.

Le positionnement des plates-formes de stockage

Le positionnement d'un site de stockage se fait avant tout en fonction du flux à gérer. La meilleure position est le barycentre du nuage de points que constituent les lieux d'enlèvement et de livraison pondérés par leur facilité de desserte. Le kilométrage ne fait pas tout, le coût au kilomètre a aussi son importance.

Mais certains facteurs complémentaires ont aussi leur importance par exemple, la disponibilité de la main-d'œuvre. Le désert a ses adeptes, mais comment disposer tous les jours du nombre de personnes nécessaires pour assurer la charge de travail d'autant que souvent cette charge varie selon les cycles commerciaux à plus ou moins court terme. C'est en partie la raison du succès des grandes plates-formes logistiques : elles offrent aux entreprises de stockage et aux chauffeurs des services communs très appréciables, mais surtout elles permettent de mutualiser les besoins de main-d'œuvre et les moyens pour l'acheminer sur les sites de stockage.

La desserte du site a aussi une grande importance. De bons accès routiers sont fortement valorisés par des accès ferroviaires de qualité (15 % des marchandises ont besoin d'un embranchement ferroviaire) et des accès fluviaux de plus en plus recherchés.

La sécurité de l'environnement et la capacité à protéger les entrepôts et leurs précieuses marchandises sont des points non négligeables surtout pour des produits dont la valeur de revente est forte : textile, produits de bouche, électronique grand public, depuis peu matières premières devenues rares comme le cuivre, etc.

Les coûts d'achat, des taxes, des frais de fonctionnement du site sont aussi des éléments importants en particulier pour les grands entrepôts qui font plusieurs dizaines de milliers de mètres carrés. Les baux longs facilitent les spécificités demandées. Les nouvelles normes comptables IFRS (International Financial Reporting Standards) désormais en vigueur en France pour les grandes sociétés cotées privilégient les aspects bilanciels aux aspects de compte d'exploitation. Ainsi l'ensemble des loyers prévus dans le cadre d'un bail ferme doit être comptabilisé comme une dette certaine. La fiscalité peut varier d'une commune à l'autre. Pour les grands ensembles logistiques elle peut se négocier. C'est une part significative des charges qui se jouent dans ce cadre.

Ajoutons à cela les règles de construction qui rendent un pays ou un territoire plus exigeant qu'un autre. Les entreprises qui travaillent aux frontières de la France ont souvent l'occasion de s'interroger sur les exigences de la DRIRE par rapport à celles de leurs collègues étrangers. Des écarts de 11 à 12 % sont constatés pour une même construction en France ou à quelques kilomètres en pays flamands. Nos concitoyens sont-ils mieux protégés pour autant ?

L'existence d'un potentiel de fret propre à faire venir les transporteurs sans réticence ou à les faire repartir avec du fret de retour est aussi un élément à prendre en compte. Mais ce critère peut être mixé avec celui de la distance dont nous avons dit qu'elle doit être pondérée par le coût de transport au kilomètre.

Enfin bien sûr les caractéristiques physiques des entrepôts sont à prendre en compte : hauteur utile sous ferme (9 à 12 m au moins), taille des cellules (les grandes tailles de plus de 5 000 m^2 sont appréciées), qualité anti-poussière, planéité et résistance du sol au poinçonnement, double face accessible, embranchement ferré ou accès fluvial, isolation du bâtiment qui peut être à simple ou double peau et facilité d'évacuation des eaux de ruissellement, câblage pour réseau informatique et antennes de transfert de données, réseau de « sprinkler », capacité de ventilation, de contrôle de température ou d'hydrométrie et zone d'attente pour les poids lourds sont autant de points qui rentrent dans le choix d'un entrepôt.

La présence de quais, l'équipement des portes avec des sas étanches et des ponts à niveau, la qualité des racks, la présence de pont roulant ou de pont de transbordement sont autant d'éléments à prendre en compte selon l'activité qui sera développée dans l'entrepôt.

La souplesse d'affectation a son importance. Un outil multiclients ou facilement adaptable à une nouvelle donne permet de parer aux revirements de situation que peut connaître un contrat de long terme : défaillance du client, changement d'activité, déplacement du barycentre des fournisseurs et des clients, etc.

Cette souplesse est encore accentuée si l'entrepôt est placé dans une zone qui permet la mutualisation de certains services avec d'autres entreprises : gardiennage, guichets administratifs, cafétéria, hôtels, bus, banque de main-d'œuvre, voies ferrées et chantier ferroviaire, etc. Dans ce cas, le parc logistique est une bonne solution.

Les activités de base qui sont pratiquées dans l'entrepôt concernent le déchargement, le contrôle de réception, la mise en stock, la préparation de commandes ou picking et le rechargement pour livraison. À cela s'ajoutent des activités annexes comme l'assemblage, l'emballage, le copacking, le contrôle qualité, l'étiquetage (labeling), etc.

Le stockage peut s'y faire en rack, sur échelles ou en massif. Il peut être flottant ou fixe. Dans ce dernier cas, on peut envisager des équipements de stockage dynamiques qui permettent aux produits de se présenter au picking par gravité. Dans les plus grands entrepôts, on pourra envisager des tours de stockage automatique et des systèmes de convoyage sophistiqués mais, comme nous l'avons dit, la modestie en la matière est de mise pour ne pas se retrouver avec des usines à gaz impressionnantes pour le visiteur mais catastrophiques pour les finances de l'entreprise.

Dans le cas d'une activité internationale, l'entrepôt peut être mis sous douane pour bénéficier de certains régimes d'exonération ou de report de taxes. Depuis 1999, la tendance est à la disparition des différents types d'entrepôt sous douane : A, B, C, D ou E avec leur cortège de contraintes et de spécificités au profit d'un type unique d'entrepôt dont les modalités de fonctionnement sont négociées au coup par coup entre la Douane et le bénéficiaire de l'entrepôt. Souvent cela revient à un mélange des formules D et E. Pour choisir la bonne formule, le mieux est de se rapprocher de son commissionnaire en douane habituel ou de faire appel à la cellule de conseil aux entreprises de la Douane.

La société Cap Gemini a étudié les 25 pays de l'Union Européenne plus la Roumanie, la Bulgarie et la Turquie pour voir quel était le meilleur environnement ainsi que décrit ci-dessus pour créer des entrepôts. Le tableau ci-dessous offre un classement général :

Les meilleurs	Les bons	Les moyens	Les moins bons
Belgique	Bulgarie	Estonie	Autriche
Allemagne	République Tchèque	Finlande	Chypre
Pays-Bas	Danemark	Italie	Grèce
	France	Lettonie	Malte
	Hongrie	Lituanie	Portugal
	Irlande	Slovaquie	Roumanie
	Luxembourg	Espagne	Slovénie
	Pologne		Suède
	Royaume-Uni		Turquie

▶ L'externalisation de la prestation d'entreposage

Depuis les années 2000, le parc d'entrepôt en Europe se répartit de façon presque égale entre parc locatif et parc en pleine propriété (propriété et toutes formes de financement s'y rapportant).

Une enquête menée en 2002 par le Council of Logistics Management et la Semaine Internationale du Transport et de la Logistique montre que 55 % des entreprises externalisent leur transport, 30 % supplémentaires sont prêts à le faire dans les 12 mois qui suivent. Mais seulement 11 % envisagent d'externaliser le stockage et l'entreposage. Moins de 7 % sont prêts à externaliser des activités à valeur ajoutée comme le copacking ou la gestion de commande.

L'externalisation de la prestation d'entreposage continue de progresser même si, bien souvent, les grandes entreprises préfèrent mixer leurs activités : une partie en propre pour conserver le savoir-faire, une partie en sous-traitée pour avoir la souplesse de la sous-traitance et la faculté de comparer les méthodes des uns et des autres.

Plusieurs études approfondies montrent que le coût d'un entrepôt sous-traité est le même que celui d'un entrepôt traité en propre à quelques dixièmes de pour cent près. Seules de très petites structures de sous-traitance arrivent à être moins chères essentiellement en rognant sur les frais de siège et de structure.

La relation entre le prestataire et le client peut se faire sur la base d'un tarif fermé : prix à la pièce, au mètre cube, à la commande, etc. ou sur la base d'un tarif ouvert appelé souvent « open book ». Dans ce cas, le prestataire présente un récapitulatif des heures effectuées et des frais exposés et ajoute sa marge souvent agrémentée d'un bonus/malus en fonction de la qualité de la prestation.

Cette méthode a le mérite de la transparence, mais nécessite de la part du client une connaissance très approfondie du métier pour éviter le coulage et les débordements. Dans tous les cas, il est recommandé de faire un cahier des charges qui se prolongera par un contrat clair et détaillé. Celui-ci reprendra tous les aspects juridiques, le détail des prestations demandées, la base tarifaire en vigueur, les performances attendues et le système de calcul des bonus-malus qui sont censés inciter le prestataire à l'excellence.

Avec les grands entrepôts, il convient aussi de tenir compte des risques environnementaux. Ils sont au nombre de 4 :

- pollution du sol, du sous-sol et de la nappe phréatique,
- risques sanitaires générés par la gestion de l'air et de l'eau : risque de développement de légionelloses,
- risques liés au non-respect de la réglementation, en particulier sur les sites classés, l'amiante, la gestion des déchets (directive DEEE), le pyralène dans les transformateurs,

– risques naturels : inondations, mouvements de terrain, et techniques : risques industriels.

▶ Les transports

Ce paragraphe contient quelques aspects contractuels placés volontairement dans le chapitre sur les périphériques compte tenu de leur spécificité.

Le contrat de transport

Le contrat de transport est une convention entre un transporteur (appelé en transport ferroviaire, routier et fluvial : le voiturier) et un chargeur pour déterminer les conditions du déplacement d'une marchandise ou d'un lot de marchandise d'un point géographique convenu à un autre point géographique convenu.

Il n'y a de contrat de transport que si le déplacement est l'objet principal de la prestation à exécuter. Le chargeur n'est pas celui qui charge mais celui qui passe contrat avec le transporteur. Il peut donc ne jamais voir la marchandise qui est sur un autre site sous la garde d'un tiers qui se chargera de mettre la marchandise dans le vecteur concerné. On parlera alors de l'expéditeur. Le chargeur peut être le vendeur ou l'acheteur ou une tierce partie qui agit sur ordre ou sous mandat du vendeur ou de l'acheteur.

Dans un contrat de transport, deux éléments posent souvent problème : la définition de l'emballage et plus fréquemment encore celle du colis. Voici leurs définitions quelque peu alambiquées mais officielles :

Un article est considéré comme un emballage s'il correspond à la définition donnée à l'article 2 du décret du 20 juillet 1998, sans préjudice d'autres fonctions que l'emballage pourrait également avoir, à moins que l'article ne fasse partie intégrante d'un produit et qu'il ne soit nécessaire pour contenir, soutenir ou conserver ce produit durant tout son cycle de vie et que tous les éléments ne soient destinés à être utilisés, consommés ou éliminés ensemble.

■ Exemple

Les films qui recouvrent les boîtiers de CD-rom sont des emballages, les enveloppes de cire autour des fromages n'en sont pas.

Les articles conçus pour être remplis au point de vente et les articles à usage unique vendus, remplis ou conçus pour être remplis au point de vente sont considérés comme des emballages pour autant qu'ils jouent un rôle d'emballage.

■ Exemple

Les sacs en papier ou en plastique, conçus pour être remplis au point de vente constituent des emballages. Les couverts jetables n'en sont pas.

Les composants d'emballages et les éléments auxiliaires intégrés à l'emballage sont considérés comme des parties de l'emballage auquel ils sont intégrés. Les éléments auxiliaires accrochés directement ou fixés à un produit et qui jouent un rôle d'emballage sont considérés comme des emballages, à moins qu'ils ne fassent partie intégrante d'un produit et que tous les éléments ne soient destinés à être consommés ou éliminés ensemble.

■ Exemple

Les étiquettes accrochées directement ou fixées à un produit constituent un emballage alors que les étiquettes adhésives fixées à un autre article d'emballage n'en sont pas.

Le colis est défini selon le décret n° 99-269 du 6 avril 1999 portant approbation du contrat type applicable aux transports publics routiers de marchandises : « Par colis, on entend un objet ou un ensemble matériel composé de plusieurs objets, quels en soient le poids, les dimensions et le volume, constituant une charge unitaire lors de la remise au transporteur (caisse, carton, conteneur, fardeau, palette cerclée ou filmée par le donneur d'ordre, roll, etc.) même si le contenu en est détaillé dans le document de transport ».

Qu'on se le dise, et les litiges sur le nombre de colis, de palettes ou de fardeaux seront beaucoup moins nombreux.

Le contrat de commission est un contrat de service souvent soumis, comme en France, à un statut particulier (articles L132-1 à 9 et L133-1 à 7 du Code de commerce). Il organise à sa convenance le transport pour le compte de son client tout en restant responsable des sous-traitants (les substitués) qu'il utilise. Il a une obligation de résultat contrairement au transitaire (au sens juridique du terme) qui a une obligation de moyen, car il est mandataire de son client. En France, si le commissionnaire de transport est soumis au Code de commerce, le transitaire est soumis au Code civil. Comme disait un vieil acteur de la logistique internationale : « heureusement que c'est compliqué sinon nous ne serions plus là ! ». Attention à la qualification des prestations annexes au transport qui peuvent prendre assez d'importance dans les opérations de logistique pour devenir principales et imposer leur environnement juridique qui n'est pas toujours aussi bien bordé que celui du monde du transport et de la logistique.

– *Les contrats types* : en France, en trafic intérieur, la loi a prévu plusieurs contrats type qui s'appliquent lorsque les parties n'ont pas pris la peine de rédiger un contrat de transport qui leur soit propre : contrat général (envois de 3T et plus), messagerie, sous température dirigée, citernes, animaux vivants, objets indivisibles, véhicules roulants et fonds et valeurs.
– *Pour se mettre en conformité* avec la directive européenne 82/470/CE la France a modifiée sa législation sur les commissionnaires, en 1999, pour aligner certains points sur la réglementation des transports. Par décret du 24 octobre 2002, elle a mis fin aux différences qui restaient pour les courtiers interprètes et conducteurs de navires, les commissionnaires hors Union Européenne et les particularités des départements d'outre-mer.
– *Les divergences européennes*. En Europe, le statut de commissionnaire est loin d'être uniforme, chaque pays a ses particularités. Si nous restons dans les différences génériques, on retiendra que deux statuts sont particulièrement opposés : celui de commissionnaire tel que prévu en France qui plaît bien au chargeur, car le dit commissionnaire est responsable de ses substitués et répond donc de leurs fautes et le « spediteur » allemand qui plaît bien aux professionnels de la logistique internationale, car son rôle se borne à choisir ses prestataires substitués « en bon père de famille ». Il n'est pas responsable des fautes et erreurs de ces derniers.
– *La Commission des Nations Unies* pour le Droit du Commerce International (CNUDCI) a confié, depuis 1996, au Comité Maritime International la construction d'un « instrument sur le transport de marchandises par mer ». Cette instance souhaite trouver un bon équilibre entre la sécurité que réclament les compagnies maritimes et la modernisation des relations que souhaitent les chargeurs pour

tenir compte de l'évolution de la marche des affaires dans le monde. Certains souhaitent que cette nouvelle convention puisse s'appliquer de domicile à domicile, mais d'autres, plus pragmatiques, peut-être, ne veulent pas remettre en cause les conventions terrestres et suggèrent de rester dans le domaine purement maritime de port à port.

– *Les contractants* doivent garder la liberté de faire leur propre contrat. Il n'est pas question d'en faire un texte supplétif comme la Convention de Vienne qui régit les contrats commerciaux d'achat/vente.

▶ Les Incoterms

Publiés et revus régulièrement par la Chambre de Commerce Internationale (CCI) depuis 1936, les Incoterms (International Commercial TERMs) sont nés de la pratique des échanges mondiaux. La Chambre de Commerce Internationale a jugé bon de réglementer ces pratiques, elle a donc décidé de publier les règles internationales pour l'interprétation des termes commerciaux les plus utilisés.

Les Incoterms ne couvrent pas tout le champ des pratiques commerciales internationales, en particulier ils n'organisent pas le paiement du prix et ne disent rien du transfert de propriété contrairement à ce que croit une large majorité d'acheteurs et de vendeurs. L'Incoterm parle de responsabilité, pas de propriété de la marchandise.

La première publication des Incoterms a été réalisée par la Chambre de Commerce Internationale en 1936. Depuis, sont intervenues diverses révisions, amendements et modifications en : 1953-1967 – 1976-1980 – 1990 et 2000.

Ainsi peut-on dire que les Incoterms sont des contrats type. Il y en a 13 à ce jour caractérisés par un code à 3 caractères :

– EXW : départ usine, point convenu
– FAS : free alongside ship, port de départ convenu
– FOB : free on board, port de départ convenu
– FCA : free carrier, point convenu
– CFR : cost and freight, port de destination convenu
– CIF : cost insurance and freight, port de destination convenu
– CPT : carriage paid to, point convenu
– CIP : carriage insurance paid to, point convenu

- DAF : delivered at frontier, frontière désignée
- DES : ex ship, port de destination convenu
- DEQ : ex quay, port de destination convenu
- DDU : delivered duties unpaid, lieu convenu
- DDP : delivered duties paid, lieu convenu

Proposés par la Chambre de Commerce Internationale, les Incoterms sont des modèles de contrat destinés à être incorporés dans les contrats commerciaux d'achat/vente en commerce international. Ils permettent à l'acheteur et au vendeur de déterminer avec précision, dans le cas d'un transport international, le point de transfert des risques et le point de transfert des coûts à l'exclusion de tout autre paramètre. L'Incoterm ne règle pas non plus la relation des contractants avec les transporteurs.

Notons que les commerçants internationaux ne sont pas obligés d'utiliser les Incoterms. Cette liberté contractuelle des parties est stipulée à l'article 1134 du Code civil, selon lequel « les conventions légalement formées tiennent lieu de loi à ceux qui les ont faites ». Chacun peut inventer ses propres clauses. Mais les Incoterms ont beaucoup d'avantages, car ils ont été créés par d'éminents spécialistes du commerce mondial qui se sont attachés à trouver des termes qui sont compréhensibles et acceptables par quasiment toutes les juridictions du monde. En effet, près de 200 pays ont explicitement incorporé les Incoterms dans leur corpus législatif.

Les Incoterms sont applicables pour 3 raisons :

- En vertu d'une mention dans le contrat de vente,
- Au titre d'usance dans les échanges internationaux,
- En vertu de la volonté présumée des parties de s'y conformer (présomption d'application).

Les Incoterms peuvent toutefois être qualifiés de fragiles, car les contractants, tout en faisant expressément référence aux Incoterms dans leur contrat, demeurent libres de prévoir des clauses additives particulières.

Les Incoterms stipulent que « *toutes dispositions des régies doivent céder le pas aux dispositions particulières insérées par les parties dans le contrat qui les lie* ».

Autrement dit si l'acheteur et le vendeur utilisent mal l'Incoterm ou l'utilisent dans un contexte qui n'a pas été prévu à cet effet (par exemple CFR Pékin ou FOB Paris), le juge ne cherchera pas à revenir à l'Incoterm de base, mais il recherchera dans la jurisprudence les cas les plus similaires et la façon dont ils ont été jugés.

Les Incoterms sont structurés en 4 familles en fonction du point de transfert des coûts :

- E : vente au départ,
- F : transport principal non acquitté,
- C : transport principal acquitté,
- D : vente à l'arrivée ;

et en deux familles en fonction du point de transfert des risques (« au départ » et « à l'arrivée »). Chaque Incoterm comprend 20 articles : 10 articles « A » exposant les devoirs du vendeur et 10 articles « B » exposant les devoirs de l'acheteur.

Au fil des révisions de son document, la Chambre de Commerce Internationale a affiné la pertinence et la clarté des Incoterms proposés. La révision de la version 2000 a permis plusieurs avancées significatives en plus d'un effort pédagogique intéressant qui fait du document publié à cette occasion par la Chambre de Commerce Internationale une aide précieuse à la compréhension des Incoterms : Ainsi, a-t-on vu au fil du temps les modifications suivantes intervenir :

- DDU a été créé pour éviter les confusions que pouvaient engendrer la variante du DDP : Delivered Duties Paid except import customs clearence and duties !
- FOA et FRC qui avait lui-même « absorbé » FOT/FOR ont été remplacés par le seul et bien utile FCA.
- EXS et EXQ sont devenus DES et DEQ sans changement de contrat. Puis DEQ a vu le dédouanement import passer à la charge de l'acheteur.
- 2000 : EXW a vu naître une variante : EXW Loaded : Départ usine chargé, coût et risques du chargement au vendeur.
- 2000 : Dans le FAS, la mise sous douane est désormais à la charge du vendeur.
- 2000 : Une variante du FCA est apparue : FCA à l'usine.
- 2000 : Dans le FCA, la prise en charge de la manutention et donc la responsabilité du chargement ou du déchargement est à celui qui a les moyens de manutention. Toujours pour cet Incoterm, si le lieu défini à la suite du terme FCA est un site générique (ex. : Paris), il est convenu que le lieu de prise en charge est le lieu habituel pour

un tel mode de chargement et une telle destination (ex. : CDG en aérien, Garonor en routier, etc.).
- 2000 : Pour les CIF et CIP il a été précisé que sans mention particulière des parties, l'assurance à fournir par le vendeur est l'assurance minimum.

Pour éviter les confusions entre les versions actuelles et les versions antérieures ainsi qu'entre les termes proposés par la Chambre de Commerce Internationale et ceux proposés encore aujourd'hui par certains pays[1], comme les États-Unis, il est prudent de toujours faire suivre son Incoterm de la mention « ICC. Incoterm 2000 ».

► Une monnaie universelle pour les litiges en transport

Depuis quelques années, les conventions internationales en matière de transport sont toutes passées progressivement au DTS : le Droit de Tirage Spécial (en anglais SDR : Special Drawing Rightd) du Fonds

1. Parallèlement aux Incoterms, existent d'autres termes commerciaux standardisés :
- les « 1941 Revised American Foreign Trade Definition » encore appelés « Uniform Commercial Code » qui comportent plusieurs termes de vente au départ (Ex factory, Ex mill, Ex mine, Ex plantation...), six « FOB » et plusieurs termes de vente à l'arrivée (Docks, pier, quay...). Ils sont utilisés essentiellement pour le commerce dans l'ALENA
FOB IIA (named inland carrier at named inland point of departure) = EXW chargé sur...
FOB IIB (named inland carrier at named inland point of departure) freight prepaid to (named point of exportation) = Free on quay.
FOB IIC (named inland carrier at named inland point of departure) freight allowed (named point).
FOB IID (named inland carrier at named point of exportation) = FAS intérieur.
FOB IIE ou FOB vessel (named port of shipment) = FOB de la CCI.
FOB IIF (named inland county of importation) ou Ex Dock (named port of importation) = DDU de la CCI.
FASIII (FAS vessel) = FAS de la CCI d'avant 2000 : la mise sous douane est à la charge de l'acheteur.
C & F IV (Cost & Freight named point of destination) = CFR de la CCI.
CIF V (Cost, Insurance, Freight named point of destination) = CIF de la CCI avec des obligations d'assurance différentes. Ne peut être utilisé que pour le commerce interne aux USA.
Ex Dock VI (named port f destination) = DDP de la CCI sur un port d'importation. Utilisé à l'import vers les USA, rarement à l'export.
- les « conditions générales de livraison des marchandises » revues en 1976 utilisées dans les pays de l'Est ;
- les « COMBITERMS » scandinaves révisés en 1990 afin de les rendre compatibles avec les Incoterms.
De même, l'attention des importateurs et exportateurs doit être attirée sur le fait qu'un terme de vente peut dans certains pays être assorti de « variantes ».

Monétaire International (International Monetary Fund). Le DTS est un panier de monnaies fait au démarrage de 40 % USD, 21 % DEM, 17 % JPY, 11 % GPB et 11 % FRF. Il est donc composé depuis 2000 de 40 % USD, 33 % EUROS, 17 % JPY et 11 % GPB. Le DTS est coté tous les jours.

En août 2006, son cours oscille autour de 1,16 euro pour 1 DTS.

Ce passage au DTS règle toutes les questions qui tournaient autour des limites d'indemnisations prévues auparavant dans les conventions. Ainsi dans les années quatre-vingt on parlait encore pour la CMR de limite en « francs or Pointcarré ». Autant dire que cette seule clause faisait vivre à l'année avocats et tribunaux. Le DTS, en sa qualité de monnaie internationale, peut être incorporé sans état d'âme dans toutes les législations du monde, ce que n'auraient pas pu faire l'Euro ni même le Dollar US.

L'optimisation fiscale et douanière

Le fait d'importer ou d'exporter des produits requiert de se conformer sans ambiguïté à la législation fiscale et douanière des pays d'exportation et d'importation. Mais compte tenu de la grande complexité des systèmes de classement tarifaires qui impliquent le paiement ou non de certains droits et taxes, il apparaît très bénéfique pour les entreprises de pratiquer une optimisation des droits et taxes à payer.

Les douaniers ont l'habitude de dire qu'il faut mettre un « s » à Douanes, car les possibilités d'interprétation des textes sont aussi nombreuses que les douaniers eux-mêmes. Il n'est donc pas interdit, en fonction du type de produits que l'on importe, de rechercher le bureau de douane qui fera pour votre produit, en toute légalité, l'interprétation la plus favorable. Si vous voulez graver dans le marbre cette bonne interprétation, il faut demander aux services douaniers français ou étrangers un Renseignement Tarifaire Contraignant (RTC). Celui-ci vous couvre en cas d'interprétation différente d'un autre bureau de douane. Sans RTC, un bureau de douane peut mettre une amende à un importateur qui passait auparavant sa marchandise par un autre bureau de douane au vu et au su de tous, en particulier des inspecteurs qui validaient les déclarations sans sourciller. Avec un RTC, un inspecteur des douanes peut demander le changement de position tarifaire, mais il doit le faire par écrit et ne peut réclamer d'amende pour les opérations précédentes.

Pour de nombreux produits comme le textile, le jouet, l'électronique et même la chimie de pointe, le tarif des douanes est soit trop nourri soit totalement vide. C'est que l'imagination de l'homme pour concevoir de nouveaux produits est plus rapide que la mise à jour du tarif des douanes.

Il est donc important quand on sort un nouveau produit de s'assurer que l'on sera classable dans une catégorie favorable : un col de t-shirt un peu trop pointu, une broderie en relief, un appareil qui fait à la fois téléphone et appareil photo, autant de casse-tête pour le déclarant en douane. Dans les bonnes entreprises qui font de l'importation, un produit n'est jamais commandé tant que l'on n'a pas le feu vert du déclarant en douane qui aura pris toutes les précautions pour que le produit soit classé dans la catégorie légalement la plus favorable.

Au niveau fiscal, certains pays offrent des facilités pour permettre aux importateurs de payer moins de taxe. Le succès des ports de Rotterdam et d'Anvers qui sont de loin les premiers ports de commerce de France se comprend en grande partie grâce à cette compréhension des services fiscaux et douaniers vis-à-vis des importateurs. On ne trouve pas chez eux cette suspicion vis-à-vis du commerçant international que l'on rencontrait de manière courante chez les douaniers français avant que ceux-ci ne fassent leur révolution interne dans les dernières années du siècle précédent.

Transport et développement durable

Comme le dit le rapport Bruntland : « le développement durable vise à satisfaire les besoins de développement et de santé des générations présentes sans compromettre la capacité des générations futures à répondre aux leurs ». SAINT EXUPERY l'avait dit avant lui : « Nous n'héritons pas de la terre, nous l'empruntons à nos enfants ».

Protocole de Kyoto

Les pays signataires du protocole de Kyoto se sont engagés à réduire de 5 % les émissions de gaz à effet de serre entre 1990 et 2010.

L'Europe a surenchéri en s'engageant à une baisse de 15 % ; le quota français est de 0 % (stabilité des émissions, parce qu'elles sont moins élevées avec le nucléaire ; les pays les moins développés ont droit à une hausse limitée, les pays les plus développés et émetteurs doivent baisser de plus de 15 %). Ni l'engagement de Kyoto, ni celui de l'Europe ne seront tenus en 2010, mais les gouvernements cherchent à entamer des actions. Pour ce faire, ils se tournent vers les entreprises, d'où une pression importante sur le sujet et l'instauration d'une semaine du développement durable.

Le transport (marchandises + voyageurs + particuliers) est responsable d'environ 30 % des émissions de gaz à effet de serre en Europe. Le livre blanc de la Commission Européenne sur les gaz à effet de serre émis par le transport, et la congestion des axes routiers, préconise principalement de :

- revitaliser le rail en ouvrant le marché et en développant l'interopérabilité (passage des frontières) et l'intermodalité (liaisons mer – fer).

Ce vœu sympathique reste pour l'instant lettre morte en France où le train continue à perdre des parts de marché face aux autres modes de transport pour cause de qualité de service déplorable. Les tarifs ont été revus à la hausse mais la ponctualité est franchement à la baisse. Un jour peut-être quand l'usager sera devenu client aurons-nous la joie de voir le train reprendre la place qui aurait dû rester la sienne.

Parts de marché du fret ferroviaire en Europe 1996-2004

Évolution des parts de marché du fret ferroviaire dans l'Europe des 15									
Pays	**1996**	**1997**	**1998**	**1999**	**2000**	**2001**	**2002**	**2003**	**2004**
France	19.2	20.4	19.8	18.6	19.1	17.6	17.6	16.7	15.6
Royaume-Uni	7.8	8.6	8.6	9.3	9.3	10	9.6	9.5	11.2
Allemagne	18.3	18.7	18.1	16.8	17.6	17.1	17.3	17.7	18.4
Italie	10.2	10.8	10.5	10.3	10.5	9.9	9.2	9.2	9.2
Union Européenne à 15	14.4	14.8	14.3	13.8	14	13.4	13.1	13.1	13.2

Source : union internationale des chemins de fer, Conférence européenne des ministres des Transports, Eurostat, Commission Européenne.

- Promouvoir les modes maritime et fluvial. La mise en œuvre de lignes intra-européennes courtes est plus difficile que ne l'avait espéré la Commission, car la rentabilité de telles formules n'a rien d'évident face une offre routière dynamique, souple et peu chère.

– Internaliser les coûts externes du transport routier. Nos gouvernants quand ils parlent de la route font un peu de strabisme et ont du mal à concilier leurs propos aux citoyens avec les réalités du terrain.

Il est de bon ton d'expliquer aux citoyens que le camion sur la route ne paye pas son dû, qu'il est dangereux et qu'il se fera avantageusement remplacé par le fer et le fleuve.

Mais si l'on veut bien ajouter les taxes sur le gasoil à la TVA sur les activités routières augmentées des droits de péage autoroutiers, on voit mal ce que le transport sur route ne paye pas. De plus est-ce la faute aux camions s'ils ont la bonne idée d'emprunter les mêmes voies que les automobiles ?

Enfin deux études fort sérieuses de la Commission Européenne montrent que la route, qui fait aujourd'hui 80 % du marché du transport de fret, a de bonnes chances de faire la même chose, voire un peu plus d'ici 20 ans.

Enfin les constructeurs de véhicules construisent des véhicules toujours plus sûrs et toujours plus propres. La pollution engendrée par un camion avec moteur Euro 4 dont la norme est entrée en vigueur le 1er octobre 2006 est réduite de 80 % par rapport à un moteur Euro 0 de 1990.

Étudier une politique Développement Durable pour le transport devient impératif, car il est clair que nous serons sollicités à ce sujet, d'autant plus que s'approche l'échéance de 2010.

Pour information

Km parcourus par **un** voyageur avec l'énergie équivalente à 1 kg de pétrole			
Avion = 20 km	Voiture = 39 km	Bus = 53 km	TGV = 66 km

Km parcourus par **une** tonne de marchandises avec l'énergie équivalente à 1 kg de pétrole			
Camionnette CU < 3T = 11 km	Camion 40 T = 58 km	Rail – route = 83 km	Train = 111 km

Nombre de tonnes de marchandise transportées sur **un** km avec l'énergie équivalente à 1 kg de pétrole			
Péniche = 127 tonnes	Camion 40 T = 50 tonnes	Rail – route = nc	Train = 9 tonnes

Livre blanc sur les transports de la Communauté Européenne

L'environnement est un souci de plus en plus présent chez les chargeurs et les entreprises de transport, non seulement routières mais aussi maritimes qui à l'instar de la CMA-CGM ont créé des postes de « environment first coordinator ».

La norme ISO 14001, qui est la norme en matière de lutte contre la pollution, est demandée de plus en plus par les chargeurs à l'occasion des appels logistiques.

3. LES MOYENS DE PAIEMENT

Chaque pays a ses habitudes de paiement. Nous aurons donc intérêt à choisir pour chaque marché un moyen de paiement offrant des garanties sérieuses pour nous comme pour notre vendeur. En Europe, la répartition des moyens de paiement se fait de la façon suivante :

– Les pays à tradition de paiement par virement : Allemagne, Belgique, Pays-Bas, Suisse.
– Les pays à tradition de paiement par chèque : Espagne, France, Italie, Portugal, Royaume-Uni.

Partout les virements sur supports automatisés progressent. Le projet européen « Target » a permis aux banques de l'Union Européenne de mettre en place une chambre de compensation électronique européenne.

	Virement	**Prélèvement**	**Chèques**	**Effets**	**Cartes**	**TIP – TUP**
Allemagne	46,5	42,5	8,5		2,5	
Belgique	57,9	6,6	22		13,5	
Pays-Bas	61,2	23,9	12,3		2,6	
Espagne	9,1	31,3	20,8	12,1	26,5	
France	15,8	10	47,3	1,5	24	1,4
Italie	46	8,3	42		8,3	
Portugal	6,6	5,4	67	21	26,7	
Royaume-Uni	20,5	15,2	45,6		18,7	

Moyens de paiement par pays en % du volume d'affaire

Les moyens de paiement sont encadrés par des textes qui ne sont pas reconnus dans tous les pays du monde malheureusement :

- convention internationale sur les effets de commerce (Genève 1930)
- convention internationale sur le chèque (Genève 1931)
- Lex mercatorio : la Chambre de Commerce Internationale a publié des textes qui font autorité dans la plupart des pays du monde, en particulier les Règles et Usances Uniformes (RUU 500) par exemple, IPBC, etc.

▶ Les moyens de paiement papier

Les chèques

Le chèque est adapté aux transactions ponctuelles et immédiates avec des pays dont la monnaie est convertible et dont la réglementation anti-blanchiment accepte ce mode de paiement. Il existe deux procédures d'encaissement :

- Le crédit « sauf bonne fin » (SBF) qui permet de créditer la remise sans attendre la confirmation de paiement au risque de débiter le compte ultérieurement en cas d'impayé.
- Le « crédit après encaissement » (CAE) permet de créditer la remise après paiement définitif sauf cas exceptionnel (fraude, malversation…).

Les chèques locaux ou étrangers, certifiés ou de banque.

– Le chèque ordinaire, local ou étranger

En amont, vérifier combien de comptes possède la société, dans quelles banques et dans quelles devises ? Une entreprise d'exportation, située en France, peut être titulaire de comptes chèques en euro, en dollar ou en toute autre monnaie convertible. Ces comptes peuvent être ouverts auprès de banques soit françaises soit étrangères.

Si l'argent porté au crédit d'un compte est libellé dans une monnaie autre que celle du compte, la banque appliquera des frais de conversions ce qui réduira le montant encaissé de 1 à 3 % en fonction du montant.

– Le chèque certifié

Un chèque est dit « certifié » lorsque la banque apporte sa garantie de paiement à un chèque tiré sur le débiteur. Dans de nombreux pays, la certification, et donc l'engagement de la banque, est limité dans le temps ; en France la certification est valable dix jours francs. Si le chèque est présenté à l'encaissement au-delà des dix jours, la banque ne garantit plus son paiement. Cela ne veut pas dire qu'il ne sera pas payé, cela veut dire que si le compte du tiré n'est pas suffisamment approvisionné lorsque le chèque est présenté à l'encaissement, la banque du tiré pourra en refuser le paiement.

– Le chèque de banque

Un chèque de banque est un chèque dont le tiré est la banque et non le débiteur. En France, une banque défaillante est toujours couverte par la communauté bancaire ; un chèque de banque tiré sur une banque française ne peut donc revenir impayé quel que soit l'état des finances de la banque.

Les chèques qui ne sont ni « de banque » ni certifiés sont crédités « SAUF BONNE FIN ».

Les effets de commerce

L'effet de commerce international représente, sous forme de lettre de change ou de billet à ordre, un engagement de payer une somme donnée à une date déterminée. Il est facilement mobilisable, notamment s'il fait l'objet d'un aval émis par la banque du tiré ou du souscripteur. Mais ce moyen de paiement est très peu utilisé dans certains pays d'Europe du Nord.

La lettre de change

C'est un titre par lequel un fournisseur (le tireur) donne l'ordre à son client (le tiré) de payer une certaine somme au porteur du titre (le bénéficiaire).

Son paiement peut être à vue ou à échéance.

La lettre de change peut être :

– escomptée, en général « sauf bonne fin »,
– avalisée par une banque qui en garantit donc le paiement,
– endossée pour transmettre à un tiers la propriété de la provision. En cas d'endossement, tous ceux qui ont tiré, accepté, endossé ou avalisé la lettre de change sont solidairement responsables de son paiement envers le porteur !

Le billet à ordre

Le billet à ordre a la même structure que la lettre de change à la différence près que c'est l'acheteur (le souscripteur) qui s'engage à régler la créance. Il l'envoie au fournisseur (le bénéficiaire) pour mise en paiement.

La traite

– Définition de la Chambre de Commerce Internationale (CCI)
« Une traite est un ordre inconditionnel écrit et signé par lequel le signataire requiert une autre personne (le tiré) de payer sur demande ou à une date future et fixée une somme d'argent à un tiers ou pour le compte de ce dernier ou au porteur.

Une lettre de change est émise par le client à son fournisseur qui reconnaît avoir reçu une ou des factures pour un montant donné à une date de valeur donnée.

Une traite est émise par le fournisseur à son client qui généralement la signe, reconnaissant ainsi : réception de facture, montant et date de valeur. Le fournisseur pourra alors escompter de sa banque ces traites apurées pour améliorer sa trésorerie. »

De nombreuses sociétés utilisent le système des traites dont le fonctionnement est assez simple :

– Traite classique
La traite classique est envoyée au client soit directement soit *via* le système bancaire ; le client va donc, à réception des documents soit envoyer directement, soit présenter par la banque, apposer sa signature sur la traite qui sera alors retournée au fournisseur dans le cas d'une traite à paiement différé, ou payée *via* le système bancaire si elle est à vue.

– Traites acceptées par une banque
Lorsque la banque accepte la traite, elle prend à sa charge la responsabilité du paiement. C'est donc une plus grande sécurité pour le vendeur.

Les traites peuvent être « à vue » ou en « paiement différé ».

▶ Les moyens de paiement automatisés

Le virement international

Le virement international est un moyen de paiement en faveur d'un bénéficiaire dans un autre pays ou un virement en devise en faveur d'un bénéficiaire dans le même pays. Il est très utilisé pour les opérations d'import et d'export. Il est rapide, sûr et économique. Mais il est initié par l'acheteur qui doit donc être un partenaire fiable. Plusieurs modes de remise sont possibles :

- Virement postal par courrier ou par fax,
- Virement par le réseau bancaire : classique ou via les procédures normées Etebac 3 ou Etebac 5,
- Virement par télétransmission grâce à des réseaux bancaires mutualisés, mondialement connus. Pour les particuliers : Western Union et pour les entreprises SWIFT (Society for Worldwide Interbank Financial Telecommunications).

SWIFT est le premier organisme indépendant mondial de télécommunication financière qui compte 6 000 membres.

Avec le TTC Club (mutuelle d'assurance de transporteurs) forte de 5 000 membres, SWIFT a fondé le site www.bolero.net pour mettre à disposition des commerçants internationaux un système sécurisé et mondial d'échanges de documents commerciaux. Ce système se veut un outil universel multisecteur et neutre pour agir en tant que tiers de confiance dans les échanges entre membres, établir un cadre juridique commun ou « rule book » et bâtir un modèle ouvert sur le plan technologique.

La signature électronique

La signature électronique a fait l'objet d'une directive européenne en novembre 1999 (Voir le site de la Commission Européenne :
http//www.europa.eu.int/comm/dg15/en/media/sign/elecsignfr.pdf)

La signature électronique permet à celui qui reçoit des informations via des réseaux informatiques de déterminer l'origine des données et de vérifier si celles-ci n'ont pas été altérées. Cette signature peut revêtir des formes très diverses : insertion sur un document d'une signature manuelle ou utilisation de codes cryptés. Ceci étant, elle doit permettre d'authentifier son auteur « sans risque d'erreur ou de fraude ».

La loi française du 13 mars 2000 (suivant la directive du 13 décembre 1999) a bousculé le Code civil en assimilant le paraphe électronique à la signature manuscrite. Cette loi présume la fiabilité du processus (article 1316 à 1316-4 du Code civil) mais sous condition et renvoie à un décret sorti le 30 mars 2001. C'est ce texte qui précise les concepts de sécurité, vérification et certification.

La fiabilité d'un processus de signature électronique est présumée jusqu'à preuve du contraire. Pour être jugé sûr, plusieurs conditions sont exigées :

- La signature doit être sécurisée (propre au signataire, créée par des moyens qu'il puisse garder sous son contrôle exclusif, apte à déceler toute modification).
- Elle doit être établie par un dispositif sécurisé. Il s'agit d'un matériel ou d'un logiciel destiné à mettre en œuvre les éléments propres au signataire (clé cryptographique privée, par exemple) et garantissant que ces données ne peuvent être établies plus d'une fois et que leur confidentialité est assurée, qu'on ne peut les trouver par déduction et que la signature est protégée contre toute falsification ou utilisation par des tiers. Le procédé choisi ne doit entraîner aucune altération du contenu de l'acte et ne pas faire obstacle à ce que le signataire en ait connaissance exacte avant de l'approuver. En outre, le mécanisme doit être certifié conforme par les services *ad hoc* du Premier ministre ou un organisme désigné par un État membre de la communauté. Le système de vérification de signature peut faire l'objet d'une certification s'il répond à certaines exigences qui supposent l'identité des données de contrôle (clé cryptographique publique) utilisées et celles du vérificateur, la garantie de l'exactitude de la signature, la possibilité de déterminer avec certitude le contenu des données signées, le contrôle et la durée de validité du certificat électronique. En outre le vérificateur doit avoir connaissance de l'identité du signataire et de toute modification ayant une incidence sur le contrôle.
- Elle doit être vérifiée grâce à l'utilisation d'un certificat électronique qualifié qui doit comporter une mention indiquant son usage, le nom de l'organisme certificateur et l'État dans lequel il est établi, le nom du signataire ou un pseudonyme identifié comme tel, la fonction du signataire, les données de vérification de signature électronique (clés cryptographiques publiques), l'indication du début et de la fin de validité, le code d'identification du signataire,

la signature sécurisée du prestataire, le cas échéant les conditions d'utilisation du certificat (capacité maximale d'enregistrement du volume des transactions)

Les certificateurs

- Bolero (recommandé par la CNUCED) filiale de SWIFT,
- @GlobalTrade (recommandé par la CNUCED) et e-lcCard de CCEWeb,
- Les autres : TradeCard des World Trade Centers, LcConnect, QualityLC, Connexis Trade de la BNP – Paribas.

▶ Le crédit documentaire et ses variantes

Le terme « crédit documentaire » est utilisé surtout en France, les Anglo-Saxons parlent plus volontiers de « letter of credit – lettre de crédit ».

Définition du crédit documentaire

La définition du crédit documentaire telle qu'elle apparaît dans les Règles et Usances Uniformes 500 (RUU 500) de la Chambre de Commerce Internationale est la suivante :

« le crédit documentaire qualifie tout arrangement, quelle qu'en soit la dénomination ou description en vertu duquel une banque agissant à la demande et sur instruction d'un client ou pour son propre compte :

- est tenu d'effectuer un paiement à un tiers ou à son ordre ou d'accepter de payer des effets de commerce tirés par le bénéficiaire,
- ou autorise une autre banque à effectuer ledit paiement ou à accepter et payer ledit effet de commerce,
- ou autorise une autre banque à négocier, contre remise des documents stipulés, pour autant que les termes et conditions du crédit soient respectés ».

Le crédit documentaire ou lettre de crédit est donc un engagement donné par une banque, pour le compte de l'acheteur (le donneur d'ordre) ou pour son propre compte, de payer au bénéficiaire la valeur d'un effet de commerce (traite) et/ou de documents, sous réserve que les termes et conditions du crédit soient respectés.

Ainsi le crédit documentaire est :

- une facilité bancaire pour réaliser une transaction commerciale internationale,
- un gage de sécurité pour toutes les parties au contrat. La banque émettrice ou, le cas échéant, la banque qui confirmera s'acquittera de ses obligations sous réserve du respect des termes et conditions du crédit documentaire,
- une garantie de paiement, sous réserve du respect des termes et conditions du crédit documentaire,
- un mode de paiement fondé uniquement sur des documents et non pas sur les marchandises ou services en cause.

Les acteurs

- Le donneur d'ordre ou acheteur (applicant) demande l'ouverture d'un crédit documentaire à sa banque.
- La banque émettrice ou apéritrice (issuing bank) ouvre le crédit documentaire et le transmet à la banque notificatrice.
- La banque notificatrice (advising bank) qui peut être confirmante, présente le crédit documentaire au vendeur. C'est elle qui recevra de ce dernier les documents qui permettront de le payer sous réserve qu'ils soient complets et conformes aux exigences du crédit documentaire.
- Le bénéficiaire ou vendeur (beneficiary), accepte les termes du crédit documentaire, établit et récolte l'ensemble des documents nécessaires, procède à l'expédition de la marchandise et porte la liasse documentaire à la banque notificatrice qui le paiera en retour.
- La banque notificatrice transmettra à son tour les documents à la banque émettrice qui la remboursera et avertira l'acheteur de l'arrivée des documents. L'acheteur viendra chercher les documents contre paiement puis présentera ou fera présenter les documents de transport reçu par ce canal à la compagnie de transport qui échangera les documents en question contre la marchandise.

Les types de crédit documentaire

Le crédit documentaire peut être révocable, irrévocable, irrévocable par négociation ou « irrévocable et straight ».

- Un crédit documentaire révocable est émis en faveur du bénéficiaire sur instruction du donneur d'ordre. Il offre à l'acheteur une souplesse maximum, car il peut être amendé, révoqué ou annulé sans que le bénéficiaire ait à y consentir, voire sans notification préalable au bénéficiaire et ce jusqu'au moment du paiement par la banque auprès de laquelle la banque émettrice a rendu le crédit documentaire réalisable.

– Un crédit documentaire irrévocable est un engagement ferme de la banque émettrice – sous réserve que les documents spécifiés soient présentés à la banque désignée ou à la banque émettrice et que les termes et conditions du crédit documentaire soient respectés – de payer, accepter les traites et/ou documents présentés en vertu du crédit documentaire.

– Selon le crédit documentaire irrévocable par négociation, l'engagement de la banque émettrice s'étend à des tiers qui négocient ou achètent l'effet ou les documents du bénéficiaire présentés en vertu du crédit. Ainsi toute personne autorisée à négocier le ou les documents ou effets a l'assurance qu'ils seront honorés par la banque émettrice, sous réserve que les termes et conditions du crédit documentaire soient respectés. Une banque qui négocie effectivement les documents ou effets les acquiert auprès du bénéficiaire et en devient le détenteur. L'engagement de la banque émettrice est généralement de réaliser le crédit documentaire par négociation auprès d'une banque désignée, la présentation des documents expirant aux guichets de la dite banque désignée.

– Si le crédit documentaire est irrévocable et « straight », la banque émettrice s'oblige seulement à l'égard du bénéficiaire de payer la ou les traites ; l'obligation expire généralement aux guichets de la banque émettrice. Le Crédit documentaire irrévocable et straight n'impose à la banque émettrice aucun engagement ou obligation vis-à-vis de toute personne autre que le bénéficiaire désigné. Ainsi si le bénéficiaire cède sa créance à un organisme financier ou à une tierce partie, la banque émettrice n'est engagée en rien dans la protection des acheteurs de la créance.

– Le crédit documentaire irrévocable et notifié (encore appelé : « non confirmé ») de la banque émettrice est notifié par l'intermédiaire d'une banque notificatrice. Cette dernière agit comme agent de la banque émettrice sans assumer aucune responsabilité à l'égard du bénéficiaire du crédit documentaire, sauf à vérifier avec un soin raisonnable l'apparence d'authenticité du crédit documentaire ainsi notifié.

- Le crédit documentaire peut aussi être irrévocable et confirmé. Une confirmation d'un crédit documentaire irrévocable donnée par une banque (la banque confirmante) sur autorisation ou requête de la banque émettrice est un engagement ferme de ladite banque confirmante – s'ajoutant à celui de la banque émettrice – de payer, accepter la ou les traites ou négocier, sous réserve que les documents stipulés soient présentés à la banque confirmante ou à toute autre banque désignée avant ou à la date d'expiration et que les termes et conditions du crédit documentaire soient respectés.
- La confirmation peut être « silencieuse ». Il s'agit d'un accord entre la banque et le bénéficiaire par lequel la banque s'engage « à ajouter sa confirmation » au crédit documentaire bien qu'elle n'y soit pas autorisée par la banque émettrice. Dans ce cas, la banque confirmante n'a aucun recours contre la banque émettrice
- Le crédit documentaire peut être transférable. Dans ce cas, il permet au bénéficiaire (premier bénéficiaire) de demander à la banque autorisée à payer de prendre un engagement de paiement différé, à accepter ou à négocier (la « banque transférante ») ou, si le crédit est librement négociable, à la banque spécifiquement autorisée dans le crédit au titre de banque transférante – de mettre le crédit documentaire en tout ou en partie à la disposition d'un autre ou de plusieurs autres bénéficiaires (second bénéficiaire). La transférabilité d'un Crédoc permet d'étendre la sécurité du paiement depuis le bénéficiaire vers les différents fournisseurs et sous-traitants qu'il fait travailler. Il faut pour cela que la mention « transférable » soit écrite en toutes lettres dans le Crédoc. Un crédit n'est transférable qu'une fois, mais il peut être transféré sur plusieurs têtes pour des montants partiels. Avantages : sécurité pour les sous-traitants, pas de sortie d'argent pour le premier bénéficiaire mais complexité du montage : les contrats de sous-traitance doivent être calqués sur le contrat principal : même devise, même Incoterm, même mode de transport, mêmes documents. De plus le crédit transférable est cher. La SBLC est aussi transférable.
- Le crédit documentaire adossé (back to back). Les RUU 500 ne traitent pas des crédits adossés qui sont considérés comme une superposition de crédits distincts. On peut substituer des lettres de crédit standby à ce genre de crédit.

Les clauses evergreen, quand il s'agit de délai ou revolving quand il s'agit de montant, sont utilisées essentiellement dans les garanties de paiement pour rendre l'engagement renouvelable.

Le crédit documentaire renouvelable quant à sa durée peut être cumulatif ou non cumulatif. S'il est cumulatif, toute somme non utilisée pendant une période peut être utilisée lors de la période suivante. S'il ne l'est pas, toute somme non utilisée durant une période cesse d'être disponible.

Dans le cas du crédit documentaire renouvelable quant à sa valeur, il est possible de prévoir le rétablissement automatique du montant en cause sur présentation des documents spécifiés, ou seulement après réception de ces documents par la banque émettrice ou encore sous réserve du respect d'autres conditions.

Un crédit documentaire « revolving » est un crédit dont le montant est renouvelé ou rétabli par périodes prédéterminées sans qu'il soit nécessaire de l'amender expressément. Il peut être révocable ou irrévocable et renouvelable quant à sa durée ou à sa valeur. Le crédit revolving évite les ouvertures successives pour des courants d'affaires. Il consiste à déterminer un montant global utilisable par fraction de valeur ou de temps.

■ Exemple

Exemple d'un crédit revolving (renouvelable en valeur) : 200 000 euros par opération sur une période de 8 mois. Le crédit documentaire est rétabli après chaque utilisation dans le cadre de la période globale de validité.

Pour éviter de couvrir le montant global on peut négocier un revolving à échéance glissante ou par engagement croissant puis décroissant. Ses avantages sont nombreux : simplicité, gain de temps, coût bancaire et automatisme. Notons que la lettre de crédit stand-by « à amendement automatique » offre les mêmes avantages.

– Red ou green clause

Un crédit documentaire est dit « avec red clause » ou avec « green clause » lorsqu'il comporte une clause spéciale inscrite à l'origine à l'encre rouge ou verte pour marquer sa nature très particulière. Aux termes de cette clause, la banque désignée peut faire des avances au bénéficiaire avant toute présentation des documents.

Red et green clause sont la même chose, la couleur « red » ou « green » change selon les pratiques locales. Il ne faut pas confondre cette clause avec l'avance à la commande versée à l'acheteur contre une caution de restitution d'acompte. C'est un moyen de financement en faveur du vendeur avant l'expédition. Il intéresse donc des intermédiaires et des négociants travaillant dans des secteurs commerciaux qui exigent une certaine forme de préfinancement, par exemple une entreprise de tissage achète de la laine à un négociant qui doit intervenir sur le marché local pour acheter des lots intéressants. La banque qui fait l'avance est remboursée avec les intérêts grâce au montant reçu par le paiement documentaire. Si le vendeur ne remplit pas ses obligations, il ne reçoit pas d'argent et donc ne peut rembourser, la banque notificatrice se retournera vers la banque émettrice pour être payée. *In fine*, c'est donc le donneur d'ordre, l'acheteur, qui est garant des sommes empruntées.

Frais et commission pour un crédit documentaire import

Frais réclamés par la banque émettrice

C'est au moment de la négociation du contrat commercial que les contractants déterminent qui supportera les frais et commissions du crédit documentaire.

Sans aucune indication contraire, l'acheteur (donneur d'ordre) supportera la totalité des commissions tant celles de la banque émettrice que celles de la banque notificatrice ou confirmatrice.

Dans tous les autres cas, le contrat commercial doit préciser la répartition des commissions entre acheteur et vendeur. Cette répartition devra figurer ensuite dans l'ouverture du crédit documentaire.

Frais et commissions perçues obligatoirement

Frais et commissions perçues obligatoirement dès l'émission du crédit documentaire, que le Crédoc soit utilisé ou non.

– Commission d'ouverture

Pourcentage sur le montant du crédit documentaire, calculé *prorata temporis*, perçu généralement par trimestre indivisible sur la durée de validité du crédit. Elle rémunère l'engagement de payer pris par la banque émettrice pour le compte du donneur d'ordre, son client. Non soumis à TVA.

– Frais de port, télex/SWIFT, interventions particulières
  - répercussion aux Euros, l'Euro des frais engagés par la banque : non soumis à la TVA.
  - montant forfaitaire prélevé par la banque : soumis à la TVA.

Frais et commissions perçues au moment de la réalisation du crédit documentaire

– Commission de levées de documents

Appelée encore commission de paiement ou d'utilisation : pourcentage sur le montant des documents du bénéficiaire du crédit documentaire reçu de la banque notificatrice ou confirmatrice. Il y a autant de commissions que de présentation de jeux de documents. Elle rémunère l'examen des documents de la banque émettrice. Soumis à TVA.

– Commission d'acceptation ou d'engagement de paiement différé

Pourcentage sur le montant des documents, calculé *prorata temporis* en fonction de la durée de l'acceptation ou de l'engagement de paiement différé, perçue mensuellement. Elle rémunère l'engagement de paiement pris par la banque émettrice au titre de son acceptation du paiement différé jusqu'à l'échéance du paiement. Non soumis à TVA.

– Commission de modification
  - Modification pour une augmentation du montant du crédit documentaire : la commission perçue est égale à la commission d'ouverture recalculée sur le nouveau montant.
  - Modification pour une demande de prorogation : la commission perçue est égale à la commission d'ouverture recalculée sur le montant total du crédit documentaire pour la nouvelle durée d'engagement.
  - Autres modifications : montant forfaitaire par modification.

Ces commissions peuvent être cumulatives. Elles rémunèrent la ou les modifications apportée(s) par la banque émettrice pour le compte du donneur d'ordre.

– Frais de port, télex/SWIFT, interventions particulières :
  - répercussion aux Euros, l'Euro des frais engagés par la banque : non soumis à la TVA.
  - montant forfaitaire prélevé par la banque : soumis à la TVA.

Les RUU 500

Les Règles et Usances Uniformes (Uniform Customs and Practices : UCP) édictées par la Chambre de Commerce Internationale sont reconnues par toutes les banques du monde et servent de guide d'interprétation en cas d'interrogation sur le bon déroulement d'une opération de crédit documentaire. Les premières RUU datent de 1933, les RUU 500 sont entrées en vigueur le 1er janvier 1994. Elles sont éditées sous la forme d'un petit fascicule très accessible qui peut être acquis auprès de la librairie de la Chambre de Commerce Internationale (les banques, dans leur grande bonté en offrent régulièrement et volontiers à leurs bons clients). Depuis 2005, la Chambre de Commerce Internationale réfléchit à la publication d'une prochaine version 600 des RUU.

Les dates butoir

Les dates à respecter[1] et les clauses auxquelles il faut porter une attention particulière :

- Les 7 jours ouvrés pour l'examen de la demande de paiement et des documents.
- Exiger des expéditions partielles pour tenir compte des colis qui n'ont pas été fabriqués à temps ou qui ne rentreront pas dans les conteneurs. Au surplus, quand il y a une seule expédition, si le montant de la L/C n'est pas précisé comme étant un montant « maximum », et que la facture finale n'atteint pas ce chiffre, la banque considérera qu'il y a « expédition partielle » et soulèvera une réserve si elles sont interdites.
- La désignation du port d'embarquement : se donner la plus grande marge de manœuvre possible de type : « chargement tous ports européens ».
- Les délais de validité : se souvenir que les banques calculent leurs frais et commissions par tranche de 3 mois. Ainsi une validité de 4 mois sera en fait calculée sur 6 mois.
- Les délais de présentation des documents : ne pas aller au-delà des 21 jours autorisés par les RUU 500.

1. La date limite d'expédition, de mise à bord ou de prise en charge. La date de validité du Crédoc. La règle des 21 jours : sauf stipulation contraire, les documents de transport doivent être présentés sous 21 jours.

Clause de règlement

Les RUU 500 proposent 4 types de paiement :

- « at sight » : à vue,
- « by draft » : par acceptation d'une traite tirée sur la banque émettrice ou sur tout autre organisme crédible qui ne soit pas l'acheteur : paiement différé à 30, 60 ou 90 de la date de facture ou de la date du document de transport,
- « by negotiation » : par négociation de traites tirées dans les mêmes conditions que dans la forme précédente, paiement par la banque émettrice.
- « by payment » : paiement au guichet de la banque notificatrice.

Les transbordements et expéditions partielles

- *Les transbordements,* acceptés ou interdits (Transhipments allowed or prohibited), sont traités par l'article 23 VIIc des RUU 500. Le fait d'interdire un transbordement dans un crédit documentaire ne signifie pas que le transbordement physique de la marchandise est interdit, mais que l'acheteur veut un document de transport unique du port de départ au port de destination finale de façon à pouvoir retirer la marchandise à l'arrivée avec ce document. En effet, que ferait l'acheteur si le vendeur remettait en banque un document dont la destination serait un port de transbordement intermédiaire ? Si l'acheteur veut interdire le transbordement physique de sa marchandise, il doit alors indiquer dans son crédit documentaire : « transbordement interdit, y compris transbordement physique au sens de l'article 23 VIIc des RUU 500 de la Chambre de Commerce Internationale ».
- *Les expéditions partielles* – partial shipments allowed or prohibited. Attention à l'article 41 qui autorise à annuler toute expédition partielle suivant une expédition partielle réalisée en retard.

Les documents utilisés dans le cadre d'un crédit documentaire

À l'ouverture d'un crédit documentaire, l'acheteur peut demander tous les documents qui lui paraissent nécessaires pour garantir la bonne exécution de la commande. Il peut les demander en autant d'exemplaires que de besoin, pour lui et pour ses prestataires. Les documents les plus couramment demandés sont :

- Les factures : commercial invoices x fold, signed.

- Un jeu de connaissements originaux : full set of ocean bill of lading (to order, blank endorsed...).
- Un certificat d'assurance – insurance policy or certificate.
- Un certificat d'origine si celui-ci est requis par la douane à l'importation – certificate of origin.
- Une liste de colisage précise qui permettra en cas de litige de retrouver rapidement les objets manquants – packing list ou weight list.

Pratiques Bancaires Internationales Standard (PBIS/ISBP – ICC n° 645)

PBIS ou ISBP – International Standard Banking Practices : les PBIS représentent les pratiques bancaires internationales telles qu'indiquées dans l'article 13 (a) (1) des RUU 500 qui précise :

« *La conformité apparente des documents stipulés avec les termes et conditions du crédit sera déterminée en fonction des pratiques bancaires internationales telles que reflétées dans les présents articles.* »

La CCI recommande de ne pas faire référence aux PBIS dans les termes d'un crédit documentaire puisque la nécessité de respecter les pratiques standards est implicite dans les Règles et Usances.

Approuvé en octobre 2002, les PBIS ont été publiées en janvier 2003. Elles comportent 11 chapitres et 200 articles :

- Chapitre 1. Remarques préliminaires concernant les demandes d'émission et l'émission des crédits
- Chapitre 2. Principes généraux pour l'examen des documents
- Chapitre 3. Les traites et les calculs des dates d'échéance
- Chapitre 4. La facture
- Chapitres 5 à 9. Les documents de transport
- Chapitre 10. Les documents d'assurance
- Chapitre 11. Le certificat d'origine.

Les PBIS sont un guide et une interprétation des RUU 500, ce ne sont pas de nouvelles règles.

Règle de présentation des crédits documentaires électroniques : e-UCP et e-RUU

e-UCP = UCP Supplement for Electronic Presentation.

Cet outil de la CCI trouve écho en France avec deux textes qui permettent de reconnaître la validité des seings numériques :

– La loi n° 2000-230 du 13 mars 2000

Elle porte adaptation du droit de la preuve aux technologies de l'information et relative à la signature électronique.

– Le décret n° 2001-272 du 30 mars 2001

Il a été pris pour application de l'article 1316-4 du Code civil et relatif à la signature électronique. Le 7 novembre 2001 la commission des techniques bancaires de la CCI a validé le supplément aux RUU de la CCI relatif aux crédits documentaires : les e-UCP.

Le groupe de travail a été constitué en mai 2000 à la suite du constat de l'augmentation des traitements électroniques des crédits documentaires et du nombre de projets liés à cette nouvelle utilisation des lettres de crédit (BOLERO et autres...).

Les e-UCP ont été créées pour répondre aux besoins forts du marché quant à la présentation de documents électroniques et leur équivalence avec des documents papier. Dans l'anticipation de cette demande et afin de satisfaire aux attentes du marché, plusieurs modifications des RUU 500 ont été jugées nécessaires quand une présentation entièrement électronique se produisait.

Au total, 12 articles constituent ces e-UCP, supplément des RUU 500 en vigueur à ce jour. Pour éviter toute confusion entre les articles de l'UCP et l'e-UCP, les articles de l'e-UCP sont enregistrés avec un « e » précédant chaque numéro d'article.

– Article e 1 : champ d'application des e-UCP

Ces règles s'appliquent dès lors qu'il y a une présentation électronique. La présentation doit faire référence à la version 1.0. Par défaut, ce sera la dernière version en vigueur au moment de l'émission du crédit qui sera retenue.

– Article e 2 : Relations UCP/e-UCP

Il est précisé qu'un crédit documentaire soumis aux e-UCP est également soumis aux UCP sans besoin de mention complémentaire. Dans l'hypothèse d'un crédit soumis aux e-UCP qui n'autoriserait que des présentations papier, seules les UCP s'appliqueraient.

– Article e 3 : Définitions

Il s'agit d'un glossaire utile à la compréhension des règles.

– Article e 4 : Format
Cet article traite des normes de présentation électronique.

– Article e 5 : Présentation
Les différentes règles de présentation sont évoquées : présentation entièrement électronique, présentation mixte (électronique + papier), absence d'authentification.

– Article e 6 : Normes d'examen
– Article e 7 : Avis de Refus
On retrouve là des notions courantes en matière de crédits documentaires, délai d'examen, point de départ du délai, motif de refus.

– Article e 8 : Originaux et Copies
Définition d'un original en matière de présentation électronique.

– Article e 9 : Date d'émission
– Article e 10 : Transport
Il sera intéressant d'attendre la position des praticiens. Par défaut, si un document de transport ne porte pas de date spécifique, c'est la date d'émission du crédit électronique qui sera retenue.

– Article e 11 : Défaut dans la présentation
Cet article traite des problèmes techniques pouvant être rencontrés lors de la transmission.

– Article e 12 : Responsabilités des banques lors de la présentation
Cet article vient en complément des articles 15 à 18 des RUU quant aux limites de responsabilité des banques en matière de crédits documentaires.

Une technique allégée : la remise documentaire

Il s'agit du paiement contre documents (cash againts documents – CAD) ou remise documentaire.

Les étapes sont les suivantes :

- Le vendeur mandate sa banque (banque remettante) pour recueillir le prix de la vente (paiement immédiat ou par traite accepté).
- Après expédition des marchandises, le vendeur envoie à la banque remettante les documents commerciaux : factures, liste de colisage et éventuellement certificat d'origine et l'original du document de transport. La banque remettante passe en général par une banque dans le pays de l'acheteur : la banque présentatrice qui sert uniquement de

boîte aux lettres et n'assume aucun engagement vis-à-vis des parties si ce n'est de transmettre le paiement.

- À la réception des documents, la banque présentatrice sollicite l'accord de paiement de l'acheteur (le tiré).
- Si l'acheteur ne donne pas son aval sous 7 jours, la banque renvoie les documents à l'expéditeur ce qui empêche l'acheteur de prendre en charge la marchandise.
- Si l'acheteur donne son accord, il paye la banque présentatrice pour transmission à la banque remettante d'un virement ou des effets acceptés et éventuellement avalisés.
- Cette dernière transmet au vendeur le titre de paiement ou l'argent reçu.

Le paiement contre document fait l'objet d'une brochure 522 de la Chambre de Commerce Internationale dite RUE : Règles Uniformes des Encaissements.

▶ La lettre de crédit : « Stand-By »

La lettre de crédit Stand-By LCSB est encore appelée : SBLC ou Stand-By Letter of Credit.

La lettre de crédit Stand-By est un engagement pris par « l'émetteur », un établissement de crédit en général, de payer sur instruction d'un de ses clients importateur ou exportateur, « le donneur d'ordre », une certaine somme d'argent contre remise par le bénéficiaire, en faveur duquel la LCSB est émise, de documents conformes en apparence aux stipulations de la lettre de crédit sur la base d'une défaillance attestée du donneur d'ordre.

La LCSB est transmise au bénéficiaire par une banque « notificatrice » qui n'engage pas sa responsabilité dans l'opération mais qui en authentifie la provenance. Sur la demande du bénéficiaire, la banque notificatrice peut devenir confirmante si elle ajoute sa garantie à celle de la banque émettrice. Cette banque confirmante peut être différente de la banque notificatrice.

C'est une garantie autonome, irrévocable, payable à première demande, sur base documentaire et soumise à des règles publiées par la CCI.

La LCSB peut être une garantie de paiement mais aussi une garantie de marché : soumission, bonne fin.

La Chambre de Commerce Internationale donne la définition suivante :

« *La lettre de crédit Stand-By est un crédit documentaire ou un arrangement similaire, quelle que soit sa dénomination, par lequel la banque émettrice s'engage sur instruction de son client, le donneur d'ordre, vis-à-vis du bénéficiaire à :*

1/ Rembourser toute somme empruntée par le donneur d'ordre ou toute avance consentie à ce dernier ou pour son compte.

2/ Effectuer tout paiement lié à une dette encourue par le donneur d'ordre.

3/ Effectuer tout paiement lié à une défaillance du donneur d'ordre dans l'exécution de sa ou ses obligations.

- *ceci durant une période de validité définie,*
- *sur présentation des documents mentionnés dans la Lettre de Crédit Stand-By.* »

C'est une garantie de paiement sur demande (et non une technique de paiement comme le Crédoc) qui peut être confirmée, utilisée partiellement ou en revolving. Jusqu'au 1er janvier 1999, elle était régie comme le Crédoc par les RUU 500. Depuis cette date lui sont applicables les règles spécifiques ISP 98 (International Stand-By Practices) éditées par l'ICC. Elle comporte une date de validité (maxi 6 ans si aucune date de validité) ».

La lettre de crédit Stand-By : une garantie

La banque émettrice va garantir le paiement d'une somme déterminée dans le cas où l'importateur donneur d'ordre n'exécuterait pas ses obligations de règlement.

La lettre de crédit Stand-By, bien que soumise aux RUU 500, s'apparente plus à une garantie qu'à un crédit documentaire. Elle est aussi soumise aux Règles et Pratiques Internationales relatives aux Stand-By formalisées en 1998 et entrées en vigueur le 1er janvier 1999 (RPIS 98 – Publication CCI n° 590).

La lettre de crédit Stand-By donne lieu à règlement, dans l'éventualité de la défaillance du donneur d'ordre vis-à-vis du bénéficiaire. La lettre de crédit Stand-By ne sera mise en jeu que si l'acheteur ne règle pas le montant de la transaction le jour de l'échéance.

		Vous êtes vendeur		Vous êtes acheteur	
		Exemple de risque	Type de Stand-By	Exemple de risque	Type de Stand-By
Vous souhaitez couvrir	Un risque commercial	Défaut de règlement par l'acheteur	Stand-By commercial	Rupture des engagements pris dans le cadre d'une soumission Non-respect du contrat commercial	Stand-By de soumission Stand-By de bonne exécution
	Un risque financier			Restitution d'acompte	Stand-By de restitution d'acompte
	Un risque politique et bancaire		Stand-By confirmé		

Type de Lettre de crédit Stand-By

Mécanisme de la lettre de crédit Stand-By

La banque de l'acheteur émet une lettre de crédit stand-By au bénéfice du fournisseur étranger. Ce dernier expédie alors la marchandise à l'acheteur qui règle le fournisseur étranger à « x » jours (3 à 7) de vue.

Le risque pour l'émetteur s'apparente directement à celui de l'émission d'une caution. Il est recommandé que les parties soient attentives à la nature des documents susceptibles de prouver la défaillance du donneur d'ordre. Il est préférable *a priori* qu'une attestation, exigée lors de l'émission de la lettre de crédit, soit délivrée par un tiers, expert ou arbitre, qui constatera la défaillance du donneur d'ordre en indiquant la référence du contrat en cause, le motif du dommage subi et tout élément de nature à engager la responsabilité du donneur d'ordre.

La rédaction de la lettre de crédit Stand-By

La LCSB doit comporter une date de validité calendaire impérative et certaine et faire référence express à une publication de la CCI.

Transférable mais non mobilisable

L'impossibilité de mobiliser une SBLC rend cette dernière peu attractive pour les fournisseurs qui ont besoin d'argent et préfère un document mobilisable comme une lettre de change (émise par le créancier), un billet à ordre (émis par le débiteur) ou un Crédoc.

Les SBLC remplacent dans certains pays les garanties bancaires comme les garanties de restitution d'acompte, de bonne exécution de marchés de travaux ou de vente de biens d'équipement. Elles peuvent aussi garantir le défaut de paiement des biens de consommation. Compte tenu de sa rapidité et de sa commodité, la SBLC se répand rapidement en Europe et en France en particulier.

Les catégories de lettres de crédit Stand-By

- *Stand-By directe* : le bénéficiaire est avisé directement par la banque émettrice.
- *Stand-By indirecte* : le bénéficiaire est avisé par le correspondant bancaire, dont la banque est dite notificatrice si elle ne fait qu'aviser le bénéficiaire ou confirmatrice si elle ajoute son propre engagement à celui de la banque émettrice.
- *Stand-By garantie d'indemnisation* : équivalente à des garanties bancaires à première demande régies par les ISP 98. Toute garantie bancaire peut être émise sous forme de SBLC (exemple pour l'exécution d'un marché : garantie de soumission, de restitution d'acomptes, de bonne exécution, de retenue de garantie, etc.)
- *Stand-By garantie de paiement* : sous cette forme elles sont plus proches du crédit documentaire, car elles sont délivrées sur ordre de l'acheteur, elles portent sur l'intégralité du prix à payer, elles constituent des garanties de paiement. Dans ce cas, la seule différence avec le crédit documentaire est qu'elles ne sont pas des moyens de paiement en tant que telles.

Il semblerait que les entreprises françaises aient pris un retard particulier en matière d'utilisation de la lettre de crédit Stand-By, dû très probablement à une sous-information et à une réticence du tissu bancaire face à une technique moins assise que le crédit documentaire.

Pourtant, bien que n'ayant pas la même utilité, la lettre de crédit Stand-By est moins compliquée et 4 à 5 fois moins chère que le crédit documentaire, et représente aussi une sécurité de paiement.

La LC Stand-By sanctionne l'inexécution d'une prestation ; une banque émettrice et une banque domiciliatrice font fonctionner le système, mais la LC Stand-By ne nécessite que trois documents pour être établie.

Contrairement au crédit documentaire dont la vocation est de se réaliser, la lettre de crédit Stand-By ne se réalise qu'en cas de problème. Ce qui signifie pratiquement que le fournisseur a intérêt à recevoir une lettre de crédit Stand-By. Il pourra soumettre ses documents directement à son client, et procéder avec une certaine flexibilité à l'expédition des marchandises. Le paiement des marchandises sera effectué par le client à réception des documents ou selon tout autre procédé convenu dans la lettre de crédit Stand-By.

Si le paiement ne vient pas, il peut présenter des copies de documents à sa banque selon les termes de la lettre de crédit Stand-By et obtenir un règlement par la banque. De plus, les commissions bancaires sont réduites aux frais du SWIFT arrivée, ce qui est ridicule comparé aux frais de présentation de documents, surtout si les expéditions sont fractionnées (une expédition = un jeu de document = une commission).

Côté client, le préalable est d'avoir une bonne confiance dans son fournisseur, car le seul vrai risque d'une lettre de crédit Stand-By est de devoir payer 2 fois : une fois par SWIFT et une deuxième fois par présentation des copies de documents. Sinon, hormis ce cas très rare, il n'y a que des avantages : une seule L/C ouverte généralement pour 6, 9 12 mois permettant de multiples expéditions.

- *Stand-By de soumission :* garantir à celui qui a lancé l'appel d'offres le versement d'une indemnité en cas de non-exécution des obligations du soumissionnaire.
- *Stand-By de restitution d'acompte :* garantie de remboursement des acomptes en cas de non-exécution du contrat par le vendeur.
- *Stand-By de bonne exécution :* garantir à l'acheteur le versement d'une indemnité en cas de non-exécution partielle ou totale des obligations du vendeur.
- *Stand-By commerciale :* garantir au vendeur le paiement des marchandises ou des prestations de service en cas de non-paiement par l'acheteur.
- *Stand-By irrévocable :* les termes de la lettre Stand-By ne peuvent être modifiés sans l'accord de la banque émettrice et le bénéficiaire.

Les ISP 98 : International Stand-By Practices de 1998

Les Règles et Pratiques Internationales relatives aux Stand-By (RPIS 98) ou International Stand-By Pratices (ISP 98) sont l'objet d'une publication de la CCI n° 590 du 1999-01-01. Ce sont le pendant des RUU (UCP) pour les L/C Stand-By. Cependant, à la différence des RUU 500, elles tiennent compte des échanges informatisés ce qui sera sans doute le cas des futures RUU 600.

La lettre de crédit Stand-By export

La lettre de crédit Stand-By est un moyen de pression efficace vis-à-vis de l'acheteur étranger.

En règle générale, les banques émettrices d'une LC Stand-By sont réticentes à en émettre une nouvelle si la précédente a été appelée. L'importateur mettra donc tout en œuvre pour respecter son échéance envers le bénéficiaire. Dans le cas où il aurait des difficultés financières, il reportera en priorité les échéances d'exportateurs moins bien protégés.

La lettre de crédit Stand-By assure la bonne fin du règlement des transactions internationales.

– Le bénéficiaire détient une garantie à première demande.

Le bénéficiaire est ainsi couvert contre le défaut de paiement ou l'insolvabilité de l'acheteur. À la couverture du risque commercial sur ce dernier, on peut ajouter la couverture des risques politiques et bancaires sur la banque émettrice.

À cet effet, la banque notificatrice peut confirmer l'engagement de la banque émettrice. Dans ce cas, une commission de confirmation, à la charge du bénéficiaire, est à prévoir. Mais il bénéficie ainsi de la signature du premier ordre de la banque et écarte tout risque politique et non – paiement en cas de défaillance de la banque étrangère.

– En cas d'impayé

En cas d'impayé, la lettre de crédit Stand-By se transforme rapidement et facilement en instrument de recouvrement. L'usage veut que l'on accorde un délai, allant de 1 à 3 semaines après échéance (du règlement), avant de mettre en jeu la LC Stand-By, dont la validité prendra en compte ce délai, et pour rappeler le débiteur à ses obligations de paiement. Passé ce délai, si le bénéficiaire n'est toujours pas réglé, il suffira de présenter les documents prévus à la banque émettrice ou confirmatrice qui réglera conformément aux termes prévus.

La compensation

Ce terme a fait l'objet de plusieurs réflexions dans le cadre de cet ouvrage. Il vous est présenté ici dans le cadre des différents moyens de paiement utilisés dans les transactions internationales.

« *La compensation désigne toute transaction commerciale dans laquelle un exportateur prend l'engagement de réaliser ou de faire réaliser dans le pays de son client des achats, des transferts, des services ou toute autre opération, en échange d'une vente qui n'est obtenue qu'à cette condition. Cela va du troc à l'offset le plus complexe.* »

La compensation représente entre 4 et 8 % du commerce mondial selon les estimations les plus couramment avancées.

Les avantages de la compensation

La compensation permet à un pays en difficulté financière (endettement, réserves faibles) de faire des achats.

- Elle permet de tirer profit des connaissances commerciales du vendeur en faisant pénétrer les produits de l'acheteur sur un nouveau marché pour lui.
- Elle donne un réel atout commercial aux exportateurs prêts à intégrer la compensation dans leurs offres.
- Elle s'intègre parfaitement dans la résurgence d'accords commerciaux bilatéraux entre gouvernements (accord de clearing).
- Elle permet d'acquérir de nouvelles technologies, un certain savoir-faire, des emplois (notamment dans les accords d'offset).

Les lourdeurs de la compensation

Les opérations de compensation sont de nature plus complexe que les échanges traditionnels et impliquent des coûts et des temps de négociation plus importants. Ces coûts et risques dépendent des pays concernés, ils doivent être étudiés au cas par cas sous peine de transformer en perte un dossier parti gagnant.

Les types de compensations

Le troc ou barter

1/ L'intermédiaire spécialisé importe et commercialise les produits compensés fournis par un fournisseur du pays B.

2/ L'exportateur fournit les marchandises ou les services à son client dans le pays B et remplit ainsi son contrat.

3/ L'intermédiaire spécialisé envoie à l'exportateur l'argent de sa vente des produits compensés.

4/ Le client importateur paye le fournisseur de produits compensés.

Le troc avec compte escrow (fiducie) dans une banque trustee

Un compte « escrow » est un dépôt de fonds, un contrat ou tout autre instrument monétaire mis en œuvre par une partie pour paiement à une autre partie à condition de remplir une condition particulière ou de voir se produire un événement spécifique. La loi californienne (section 17003 du code financier) proposent des définitions légales du compte escrow tandis que la loi canadienne (code civil du Québec – de la Fiducie : – deuxième chapitre – paragraphe 1260 et suivants) explique clairement les principes et le fonctionnement de la fiducie qui autorise la mise en œuvre de comptes escrow.

Quand la simultanéité des échanges est impossible à réaliser, il existe des montages financiers dont le plus courant se fait avec un compte bloqué : le compte escrow détenu dans une banque dite « banque trustee ». Ce type de schéma est mis en œuvre quand les produits de compensations ne rentrent pas dans le champ de compétence du vendeur (par exemple pour la vente d'engins de travaux publics contre du pétrole ou la vente d'équipements hôteliers contre des cigares).

1/ L'acheteur importateur et le vendeur exportateur se mettent d'accord sur la nature des produits vendus, leur nombre et leur prix. Ils se mettent également d'accord sur la nature, la quantité et le prix des produits qui vont servir de compensation. Mais ces produits de compensations seront fournis soit par l'acheteur importateur soit par un fournisseur autre que l'acheteur importateur mais de même nationalité que lui pour payer en monnaie locale.

2/ Les produits compensés sont expédiés à l'intermédiaire spécialisé désigné par les parties. Si l'acheteur importateur est passé par un fournisseur local, il paye ce dernier *via* une banque locale, en général avant que le fournisseur n'ait envoyé la marchandise.

3/ L'intermédiaire spécialisé prend livraison des produits compensés et les payent en plaçant la somme obtenue moins sa commission sur un compte bloqué (excrow) géré par une banque agréée des parties appelée banque trustee.

4/ Le vendeur exportateur livre sa marchandise à l'acheteur importateur en tout ou partie selon la cadence négociée dans le contrat.

5/ Après chaque livraison, la banque trustee examine la documentation requise telle que définie au préalable dans le contrat et paye le vendeur exportateur par le débit en sa faveur du compte excrow.

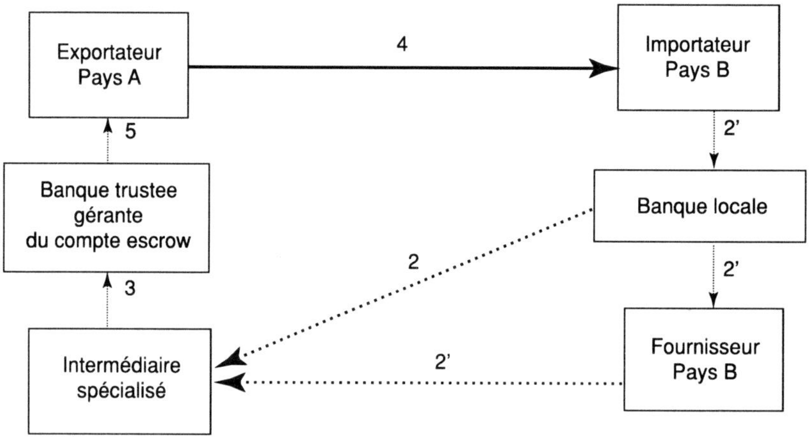

Dans le cas d'un échange avec compte escrow, le paiement n'a donc lieu qu'après réception et agrément de la marchandise par l'acheteur importateur. Cet agrément est formalisé, comme dans le crédit documentaire, par un certain nombre d'exigences qui résultent uniquement de la présentation de documents définis à l'avance et conformes aux exigences du contrat commercial entre l'acheteur importateur et le vendeur exportateur. Si ce dernier remplit scrupuleusement toutes les exigences, il est sûr d'être payé. L'acheteur importateur, lui, a la garantie que l'argent ne sera pas viré tant que toutes ses exigences n'auront pas été satisfaites.

En règle générale, c'est l'acheteur importateur et le vendeur exportateur qui se mettent d'accord pour choisir la banque trustee et les modalités de déblocage du compte escrow. Mais il n'est pas interdit à l'intermédiaire spécialisé de proposer sa solution, d'autant plus que tous les pays n'ont pas mis en œuvre les lois appropriées, certains interdisent même le paiement d'honoraires pour de telles solutions. Il appartient alors aux parties, assistées de l'intermédiaire choisi de trouver des solutions légales adaptées.

Le contre-achat ou counterpurchase

Ces accords exigent des flux financiers entre les deux pays concernés.

Afin de réaliser sa vente, l'exportateur s'engage à acheter directement ou à faire acheter en devise forte dans le pays de l'acheteur, une quantité donnée de produits spécifiques sur une durée déterminée.

Le montant de contre-achat est exprimé en pourcentage du montant du contrat principal. Pour couvrir la non-exécution de l'obligation de compensation, l'acheteur impose parfois au vendeur une clause de pénalité exprimée en pourcentage de l'obligation non effectuée.

La procédure la plus courante consiste en la signature de deux contrats séparés, négociés simultanément mais juridiquement autonomes. Ceci permet au contrat principal d'être éligible à une couverture Coface.

1/ L'exportateur livre ses marchandises.

2/ L'importateur paye en devises fortes.

3/ L'intermédiaire spécialisé reçoit les produits compensés du fournisseur désigné par l'importateur.

4/ L'intermédiaire spécialisé paye le fournisseur en devises fortes.

Le rachat de production ou buy back

Forme de compensation qui s'est développée à la fin des années soixante. Cette forme de paiement se rencontre surtout pour les équipements lourds. L'installateur d'une usine est payé partiellement par le rachat d'une partie de la production faite par le bien qu'il a vendu.

Le BOT : Build-Operate-Transfer

Un profond changement de politique de la Banque mondiale a amené celle-ci à tenter de ne plus financer la construction d'infrastructures, alors que ceci était autrefois son activité principale. On sent là l'influence dominante du libéralisme économique selon lequel toutes les infrastructures autofinançables devront dorénavant s'autofinancer ! D'où le succès grandissant, bien qu'il soit imposé, du système BOT selon lequel les entreprises intéressées à la construction d'une infrastructure devront : mettre au point l'ingénierie financière rendant ceci possible, construire l'ouvrage, l'exploiter commercialement pendant 15 à 25 ans, puis le remettre à l'État.

Tout ceci oblige les entreprises à se convertir en banques d'investissement, à organiser le « pool » d'entités financières (banques publiques, banques privées, associés, obligations, etc.) et à constituer la société qui exploitera l'ouvrage pendant quelques années.

Cette façon de faire est susceptible d'apporter à l'entreprise des bénéfices très supérieurs à ceux de la simple construction, à condition :

- que les conditions de réalisation soient préalablement fort bien définies (bonne estimation préalable des coefficients de surcoût local et de pesanteur locale) ;
- que l'entreprise ait une stratégie de stabilité à long terme dans le pays (il ne s'agit plus de venir « faire un coup » et partir) ;
- que l'entreprise ait les ressources internes suffisantes pour développer ou contrôler la sous-traitance des nouvelles activités d'ingénierie financière requises par le BOT ;
- qu'il n'y ait pas de changements majeurs dans l'environnement politico-économique du projet pendant la période d'exploitation commerciale de celui-ci.

Mais elle peut souvent se révéler catastrophique, en cas de :

- mauvaise évaluation préalable des coefficients de surcoût local et de pesanteur locale.

Exemple

Un exemple très connu est celui du tunnel sous la Manche, dont on peut penser qu'il a été largement étudié et préalablement planifié par certains des meilleurs bureaux d'études et entreprises de construction du monde, mais qui coûtera plus de deux fois plus cher que prévu. À tel point que la COB, commission des opérations de la Bourse de Paris a mis en garde, en juin 1994, contre les dangers encourus par les petits actionnaires à souscrire à une nouvelle augmentation de capital de la société propriétaire qui, en 1995, se révélait près de la faillite et de la cessation de paiements alors que la société d'exploitation annonce, elle, des résultats plutôt encourageants. Depuis, concurrence des ferries aidant, chacun connaît les vicissitudes qui ont secoué l'entreprise en novembre 2006 avec les affres d'une menace dépôt de bilan et le soulagement d'un accord bancaire de dernière minute.

- mauvaise évaluation de la rentabilité du projet ou changement dans l'environnement de celui-ci entraînant une baisse de fréquentation ou de vente (en cas de crise économique du pays, par exemple).
- risques purement financiers (variation des taux d'intérêt ou des taux de change).

En conclusion, retenons que le danger du BOT réside souvent dans le fait que les entreprises s'attaquent à des projets trop gros pour elles, alors qu'il y a aujourd'hui des possibilités de contrats BOT de toutes tailles et de toutes natures.

L'offset

L'offset est une forme de compensation négociée entre un exportateur et le gouvernement d'un pays importateur. C'est un terme général qui réunit plusieurs formes de compensation telles que contre-achat, rachat de production, transfert de technologie, investissements locaux, accord de joint-venture, coopération sur pays tiers, sous-traitance locale, etc. Ce système est fort pratiqué dans le domaine aéronautique et l'équipement militaire.

Le « switch sur clearing »

C'est une opération qui fait intervenir au moins trois pays. Ainsi une exportation d'un pays A vers un pays B est financée au moyen de devises générées par les exportations d'un pays C. Au terme de cette transaction triangulaire, l'exportateur A a vendu ses produits et reçu, en devise, la rémunération correspondante. Le pays B, quant à lui, a pu importer des marchandises sans puiser dans ses réserves et le pays C a rééquilibré le solde de son compte bilatéral (compte clearing) avec le pays C.

1/ Les pays B et C ont un compte clearing dont la balance est déséquilibrée en faveur de B.

2/ Le spécialiste en switch sur clearing : le switcher, commercialise les marchandises du pays C dans le pays D.

3/ L'importateur D achète avec un rabais au switcher les produits du pays C.

4/ L'exportateur A exporte vers le pays B, aucune devise forte n'est versée.

5/ Le switcher paie l'exportateur A moins sa commission.

6/ Les banques centrales des pays B et C rééquilibrent leur compte clearing.

■ Exemple

Exemple de switch sur clearing : Martin livre des machines (valeur 100) en Russie et récupère en contrepartie un droit à importer (un bon d'achat) des noix de cajou d'un producteur indien (valeur 115), que l'acheteur russe lui cède grâce aux accords de clearing qui lient la Russie à l'Inde. Martin rétrocède ces droits à un trader : le switcher, moyennant une commission de 15 % appelée le « disagio ». Le trader payera donc ultérieurement 100 à Martin, soit la valeur réelle des machines qu'il a fournies. Ce trader va ensuite « monétiser » le bon d'achat des noix de cajou qu'il a acquis en le cédant à un acheteur des États-Unis auquel il cède une commission de 5 % (donc pour une valeur 110). L'Américain va alors récupérer le lot de noix de cajou.

Parmi les problèmes fréquemment cités, mentionnons la longueur et la complexité des négociations, le manque de produits susceptibles d'être troqués, le prix déraisonnable des produits proposés et les risques entraînés par la manipulation de produits nouveaux.

Parmi les avantages offerts, citons la possibilité de pénétrer ainsi de nouveaux marchés jusque-là fermés, le maintien de parts de marché et l'établissement de relations confiantes avec le pays hôte.

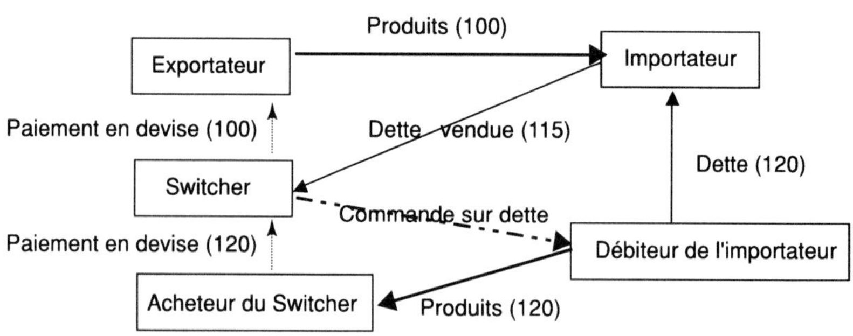

► Les autres moyens de paiement

L'attestation irrévocable de paiement

L'attestation irrévocable de paiement est une lettre de blocage ou attestation de blocage bancaire émise par une banque qui garantit avoir bloqué une somme précise sur le compte d'un acheteur en vue du paiement du vendeur. Le virement se fera au vu d'un document fourni par le vendeur, prouvant la livraison de la marchandise nette et sans réserve. Ce document est en général un récépissé de livraison émargé.

L'inconvénient de cette attestation irrévocable est qu'elle est annulée si l'acheteur tombe en faillite avant que le transfert de l'argent n'ait été fait par la banque.

Le COD : Cash On Delivery – paiement à la livraison

Le paiement à la livraison est un système de moins en moins accepté par les transporteurs compte tenu du risque de voir le destinataire refuser le paiement immédiat ou fournir un instrument de paiement différent de celui exigé par le vendeur. La plupart du temps, le transporteur qui accepte un paiement à la livraison exige de pouvoir préalablement agréer le destinataire.

L'autre inconvénient du COD est que bien souvent le transporteur met un temps fort long entre l'encaissement de l'argent auprès de l'acheteur et la restitution des sommes au vendeur.

► Les garanties de paiement

En 2003, 145 000 garanties ont été émises dans le monde par le réseau SWIFT. Autant sans doute ont été émises par les autres moyens plus traditionnels. Ces garanties nécessitent une rédaction particulièrement soignée. Leur portée est très dépendante des législations nationales dont elles dépendent.

- Elles couvrent les risques de paiement.
- Elles couvrent aussi les risques d'exécution des prestations contractuelles grâce aux garanties du marché. Ces garanties sont généralement imposées par le bénéficiaire. Elles permettent au donneur d'ordre exportateur de définir clairement ses obligations et leur étendue vis-à-vis du bénéficiaire.

– Elles permettent d'éviter des immobilisations de trésorerie et d'accélérer des rentrées de fonds

4. L'ASSURANCE DES MARCHANDISES TRANSPORTÉES

Pour comprendre le langage des assureurs de marchandise il faut connaître le vocabulaire utilisé dans leur profession. Une marchandise est une « faculté », ainsi une police sur faculté est une police d'assurance de la marchandise. En maritime, le « corps » est la coque du navire, les « biens » représentent la marchandise. Un navire perdu « corps et biens » est un bateau qui a sombré avec la marchandise.

► Définition du colis

Une autre notion importante en matière d'assurance transport est le colis. La plupart des remboursements proposés en cas de perte ou de casse se font en fonction du nombre de colis. Or si le terme est bien connu, sa définition fait l'objet de nombreuses interprétations. Ainsi : 60 cartons remis sur une palette, cela fait-il 60 colis, ce que voit le chargeur ou un colis, ce que voit le transporteur surtout si les 60 colis sont filmés sur la palette et, qui plus est, avec un film étanche ?

Pour éviter ces discussions l'État français a donné par voie réglementaire la définition suivante du colis. Selon le décret n° 99-269 du 6 avril 1999 portant approbation du contrat type applicable aux transports publics routiers de marchandises : « Par colis, on entend un objet ou un ensemble matériel composé de plusieurs objets, quels qu'en soient le poids, les dimensions et le volume, constituant une charge unitaire lors de la remise au transporteur (caisse, carton, conteneur, fardeau, palette cerclée ou filmé par le donneur d'ordre, roll, etc.), même si le contenu en est détaillé dans le document de transport. »

Responsabilité civile et couverture de la marchandise

La réglementation nationale et les conventions internationales qui régissent le transport des marchandises ne peuvent se comprendre si l'on n'a pas saisi une distinction importante : le transporteur assure sa responsabilité vis-à-vis de la marchandise, il n'assure pas la marchandise elle-même.

Ainsi, si la marchandise est abîmée ou disparaît sans que la responsabilité du transporteur ne puisse être engagée, le transporteur ne peut être appelé à indemniser celui qui est responsable de la marchandise. Autrement dit, le transporteur ne doit aucune indemnité pour perte, casse ou endommagement de la marchandise si sa responsabilité n'est pas mise en cause.

Le chargeur qui veut voir sa marchandise assurée quelle que soit la responsabilité du transporteur devra couvrir ou faire couvrir la marchandise par une police sur faculté encore appelée « couverture de la chose ». Il s'agit d'une police spéciale qui couvre la marchandise du moment qu'elle n'arrive pas intacte chez le destinataire, que le transporteur soit fautif ou non.

Le transporteur doit toujours couvrir sa responsabilité civile professionnelle. Il ne couvre la marchandise en tant que telle seulement sur un ordre express et répété opération par opération venant de son client chargeur.

Propriété et responsabilité

Lorsque survient un sinistre : perte, casse, vol, colis endommagés, la personne physique ou morale qui sera indemnisée est celle qui sera responsable de la marchandise au moment où le sinistre survient. Peu importe à cet instant qui est ou non propriétaire de la marchandise et qui a payé ou non la prime d'assurance. Lorsque deux commerçants internationaux ont choisi d'utiliser les Incoterms, c'est ce dernier qui permet de savoir qui est responsable de la marchandise et donc qui va supporter les conséquences des dégâts, mais aussi qui va être indemnisé par l'assurance.

Donc, contrairement à une croyance assez répandue, n'est pas remboursé celui qui paye la prime d'assurance, mais celui qui est responsable de la marchandise au moment du sinistre.

Ainsi dans un CIF ou dans un CIP, c'est le vendeur qui paye la prime d'assurance pour couvrir la marchandise pendant le transport.

Mais ces deux Incoterms sont clairs : aussi bien dans le CIF que dans le CIP, la marchandise voyage durant le transport principal aux risques de l'acheteur qui est donc responsable de la marchandise. Le vendeur prend donc une assurance au bénéfice de l'acheteur. Beaucoup se demandent alors quel est l'intérêt de faire du CIF ou du CIP puisque l'on paye l'assurance pour le plaisir de voir son acheteur remboursé.

En fait les raisons sont multiples :

- Ce peut être le résultat de la négociation commerciale. Au final l'acheteur a obtenu un avantage supplémentaire : c'est le vendeur qui payera la prime d'assurance.
- Le vendeur a une confiance limitée dans son acheteur et suppose que ce dernier, pour diminuer le coût global de sa commande, sera tenté de ne pas assurer la marchandise. Or même si l'acheteur n'a jamais été défaillant, aura-t-il les moyens de payer une commande qui n'arrivera jamais, car elle a été projetée par-dessus bord lors d'une tempête ? Dans ce cas, le vendeur prudent peut souhaiter vendre CIF ou CIP pour être sûr que la marchandise sera couverte par un contrat d'assurance durant le transport.
- L'acheteur n'a pas un accès direct aux assureurs internationaux et il a une confiance limitée dans les assurances de son propre pays, il demande donc au vendeur de prendre une couverture d'assurance pour son compte.

Remarque complémentaire à propos du CIF et du CIP : la Chambre de Commerce Internationale a pris soin de signifier dans les commentaires de la version 2000 des Incoterms que, si l'acheteur et le vendeur ne prennent pas la peine de le préciser dans leur contrat commercial, l'assurance couverte par le vendeur peut être une assurance minimale et non pas une assurance « tous risques ».

L'assurance d'une marchandise en mouvement

Comme nous l'avons dit ci-dessus, lors d'un transport, le transporteur n'est tenu qu'à l'assurance de sa responsabilité vis-à-vis de la marchandise. Mais par prudence, nous souhaitons aller plus loin et assurer la marchandise pour elle-même. Il faut alors étudier les solutions en fonction du mode de transport utilisé.

Le mode de transport maritime

Les compagnies maritimes et leurs assureurs font une première distinction entre les avaries communes et les avaries particulières.

Les avaries communes ou « common averages » en anglais sont définies selon la convention de Bruxelles de 1924 de cette façon : « Il y a avaries communes quand, intentionnellement et raisonnablement un sacrifice et une dépense extraordinaires sont faits pour le salut commun dans le but de préserver d'un péril les biens engagés dans une expédition maritime. Les sacrifices doivent être consentis dans l'intérêt commun, être indispensables et avoir un lien direct avec l'acte d'avarie décidé ».

Le règlement des avaries communes est régi par la loi du 7.07.67 et le décret du 19.01.68, mais il peut, selon l'accord des parties, être soumis aux règles d'York et d'Anvers (RYA) parues en 1864 et dont la dernière version a été ratifiée par le Comité Maritime International à Sydney fin 1994.

Même si elles ne le vérifient plus formellement pour chaque expédition, les compagnies maritimes exigent de leurs chargeurs qu'ils soient couverts pour les avaries communes sous peine de quoi, en cas de sinistre, la marchandise sera retenue jusqu'au chiffrage final du sinistre et à la répartition des frais entre la compagnie maritime et les chargeurs. Le chargeur peut éviter cette longue attente en fournissant à l'armement maritime une caution dont le montant est fort élevé. Dans ce cas, l'assurance pour avarie commune se justifie, car c'est l'assureur qui fait son affaire de la fourniture de la caution.

Un chargeur qui ne veut prendre que cette assurance à l'exclusion des avaries particulières : casse, mouille, vol, endommagement, etc. prend une police appelée : « FAP sauf… » ce qui signifie « Franche des Avaries Particulières sauf avaries particulières dénommées » en anglais : Free of Particular Averages except… Ainsi, une assurance « FAP sauf vol » signifie que la police couvre les avaries communes et le vol.

Les avaries particulières ou « particular average » se divisent elles-mêmes en deux catégories : les risques ordinaires ou « ordinary risks » et les risques de guerre appelés en anglais : WRCC, War Riot Civil Commotions.

Les risques ordinaires sont toutes les mauvaises choses qui peuvent arriver à une marchandise prise individuellement en cours de transport, les risques de guerre sont toutes les agressions que peuvent subir les marchandises en cours de transport en cas de grève, de guerre et de mouvements populaires.

Les risques de guerre sont toujours assurés à part des autres risques. Ils peuvent évoluer rapidement en fonction de l'évolution des tensions mondiales sur le parcours de la marchandise.

Les risques ordinaires sont moins volatils et peuvent donc faire l'objet d'une cotation annuelle, voire plus longue, de la part de notre assureur. On appelle une police maritime tous risques si la police couvre à la fois les avaries communes et les risques ordinaires.

Attention aux polices d'assurance maritime « risques caractérisés » très prisées en Asie. Elles ne couvrent les sinistres que si le risque caractérisé survient. Par exemple, une police « risque caractérisé abordage » ne couvre les dommages que si ceux-ci résultent d'un abordage ce qui, heureusement, est rarement le cas. Ces polices ne sont pas chères, mais on en a pour le prix. Appelé « Clause C » sous police anglaise ILU (Institute of London Underwriters) elle ne couvre que des accidents caractérisés affectant tant le moyen de transport que la cargaison comme le naufrage, la collision, l'abordage, l'incendie, le tremblement de terre, la chute d'aéronef, etc.

Les autres modes de transport

Pour les autres modes de transport, il existe deux possibilités d'assurance ad valorem :

- L'assurance tous risques qui couvrent tous les risques. Cette police est appelée « Clause A » sous police anglaise ILU. C'est à l'assureur de prouver la non-couverture du sinistre. Cette assurance couvre le vol, la perte, le chapardage (pilferage), la manutention sauf faute intentionnelle ou inexcusable de l'assuré, le vice propre, le défaut d'emballage, le mauvais choix d'un matériel, l'influence de la température.
- L'assurance en valeur déclarée qui couvre seulement, comme son nom ne l'indique pas, un dépassement des limites de garanties accordées aux transporteurs dans le cadre de leur responsabilité civile. Ainsi, si la responsabilité du transporteur ne peut être mise en cause lors d'un sinistre, le chargeur responsable de la marchandise n'est pas indemnisé.

Il est possible aussi de couvrir les dommages indirects : lucrum cessens ou consequential damages qui peuvent être plus importants que les dommages directs (damnum emergens ou property damages) dans un processus de flux tendus, de stocks minima, d'arrêt de chaîne de fabrication, etc. Cette couverture doit être demandée expressément, car les assurances facultés ne garantissent pas les conséquences commerciales : pénalité de retard, pertes de marché, ni la responsabilité civile professionnelle.

Les assureurs proposent ainsi la police « Déclaration d'intérêt spécial à la livraison » ou ISL qui couvre les dommages annexes, en particulier ceux dus au retard. Lorsque la marchandise voyage en transport international routier sous convention CMR, l'ISL a aussi pour objet de réparer le préjudice commercial normalement exclu.

Détermination de la valeur à assurer

La valeur à assurer n'est pas nécessairement la valeur de la facture, particulièrement quand il s'agit d'une facture proforma pour échantillon ou marchandises gratuites. Le chargeur peut être amené à prendre en compte les profits espérés encore appelés : valeur immatérielle. Il peut aussi couvrir la valeur à destination selon les cours d'usage ou la valeur de remplacement quand le bien a pris de la valeur entre le moment de sa facturation et celui de son transport (par exemple, du vin acheté en primeur ou du matériel d'occasion qui ne pourrait être remplacé que par du matériel neuf en cas de perte ou de casse).

Pour couvrir les frais annexes en cas de litige, la coutume veut que le montant souscrit pour la police d'assurance soit égal à « 110 % de la valeur CAF ». C'est une coutume, pas une obligation.

Les différentes formes de police

La police au voyage couvre des marchandises déterminées pour un voyage déterminé. La police à alimenter ou à éteindre couvre une valeur totale de marchandises déterminées et un nombre d'expéditions déterminées sur une durée indéterminée.

La police revolving couvre une valeur totale de marchandises déterminées et un nombre d'expéditions indéterminées sur une durée déterminée.

La police d'abonnement ou flottante couvre une totale valeur de marchandise indéterminée mais souvent estimée, pour un total d'expéditions indéterminées sur une durée déterminée. La police flottante est adaptée aux opérations multiples et régulières : l'expéditeur conclut un contrat pour une période donnée qui couvre l'ensemble de ses expéditions sans déclaration préalable. La seule mise en route des marchandises entraîne la garantie des assureurs.

La police tiers chargeur est couverte par un organisateur de transport qui la revend à ses clients sous forme d'une police au voyage. Cette police est dite « police d'abonnement à application facultative ». L'organisateur de transport n'est tenu de la mettre en œuvre que si le chargeur l'a demandé explicitement et renouvelle sa demande systématiquement. Les tribunaux ne reconnaissent plus le droit d'un chargeur à donner instruction « une fois pour toutes », car trop de litiges s'en sont suivis en particulier dans le cas de relations commerciales sporadiques.

Le régime des prestations logistiques

Les prestations de stockage, de picking, de copacking et de préparation de commande ne sont pas assimilables à des prestations de transport. L'assurance des marchandises durant ses opérations sont donc différentes des assurances de transport.

Seules les opérations de stockage temporaire ou de tri de marchandises pourront être assimilées au contrat de transport à condition que leur motif soit clairement de s'inscrire dans le cadre d'un transport défini à l'avance.

De plus, contrairement à l'assurance transport qui porte souvent comme nous l'avons vu sur 110 % de la valeur CAF, le montant assuré en stockage dépend du risque réel encouru. Est-il nécessaire de couvrir contre le vol 100 % de la marchandise stockée dans un entrepôt de 20 000 mètres carré alors que les voleurs prendront tout au plus l'équivalent d'une camionnette ou d'un semi-remorque ?

Le régime des prestations logistiques est couvert de la façon suivante :

– *Gestion des approvisionnements* : mandat (article 1985 et suivants du Code civil) + contrat d'entreprise (article 1787 et suivants du Code civil) – responsabilité pour faute prouvée + obligation de moyen – expertise judiciaire conseillée en cas de litige – prescription : 10 ans.
– *Entreposage* : dépôt (article 1915 et suivants du Code civil) – garde : conservation de la chose + restitution + exonération de responsabilité par la preuve de l'absence de faute ou de la force majeure ou stipulation possible d'une clause d'irresponsabilité – en cas de litige : inventaire contradictoire dès le dépôt + expertise judiciaire conseillée – prescription : 10 ans.

– *Préparation de commande* (emballage, étiquetage…) : contrat d'entreprise – obligation de moyens renforcés – en cas de litige : expertise judiciaire conseillée – prescription : 10 ans sauf si la mauvaise exécution est cause d'une avarie ou d'une perte lors du transport : la prescription passe à 1 an.

– *Constitution de chargements* (manutention, empotage) : contrat d'entreprise – obligation de résultat – en cas de litige : expertise judiciaire conseillée – prescription : 10 ans sauf si la mauvaise exécution est cause d'une avarie ou d'une perte lors du transport : la prescription passe à 1 an.

La prescription

BTL n° 3080 du 2 mai 2005		**Prescription des actions nées du contrat de transport**	
Mode	**Variante**	**Délai**	**Remarques**
Route	Nationale	1 an	report de la prescription acceptée par les parties
	Internationale	1 an (3 en cas de faute lourde)	droit national applicable + réclamation écrite (article 32-2 CMR)
Fer	National	1 an	report de la prescription acceptée par les parties
	International	1 an (2 en cas de dol ou faute lourde)	droit national applicable + réclamation écrite (article 58-3 RU-CIM, article 48 nouvelle formule CIM)
Fleuve	National	1 an	report de la prescription acceptée par les parties
	International	1 an dans la CMNI future	déclaration de propagation (dans la future CMNI)
Air	National	2 ans	droit interne (article L 321-5 du Code de l'aviation civile)
	International	2 ans	article 35 de la convention de Montréal
Combiné	Eurotunnel	1 an	selon droit français ou anglais selon tribunal saisi

BTL n° 3080 du 2 mai 2005		**Prescription des actions nées du contrat de transport**	
Mode	**Variante**	**Délai**	**Remarques**
	National Novatrans	1 an	droit commun
Mer	Nationale	1 an	article 32 de la loi du 18 juin 1968
	Internationale Bruxelles	1 an	
	Internationale Hambourg	2 ans	article 20-1 et loi du tribunal saisi

Un sinistre doit être déclaré aux assureurs dans les 2 mois suivants la survenance de sa connaissance par l'opérateur concerné : acheteur, vendeur ou transporteur. L'ouverture d'un dossier d'assurance ne coûte rien et peut se faire très vite : envoi d'un e-mail ou d'un fax avec les quelques informations que l'on a en sa possession. Trop d'entreprises attendent d'avoir tous les éléments en main pour informer l'assureur au risque de laisser passer le délai de forclusion.

Toute action contre la compagnie d'assurance est prescrite au bout de 2 ans à moins que cette dernière donne son accord explicite pour prolonger ce délai.

La prévention des sinistres : les 10 bons réflexes du TT Club

Le TT club est un groupement d'assureurs mondialement connu qui recommande aux clients de ses adhérents 10 actions à mener pour diminuer le risque de litige :

1/ Établir en interne ses plans de logistique et ne pas confier ce travail à des intermédiaires.

2/ Garder discret l'endroit où sont entreposées les marchandises de valeur.

3/ S'assurer de l'intégrité des nouveaux salariés et exercer sur eux un contrôle minimal jusqu'à ce que la confiance s'instaure.

4/ Refuser d'embaucher en logistique quelqu'un qui ne donne pas les noms et références de ses précédents employeurs.

5/ Isoler le parking où opèrent les transporteurs du parking des employés, des fournisseurs et des clients.

6/ Les lieux de stockage de la marchandise de valeur doivent être bien éclairés et gardés par des équipes spécialisées et non pas uniquement par un réseau de caméras vidéo facilement neutralisées ne serait-ce pour les voleurs qu'en portant un masque ou une cagoule.

7/ Utiliser des armoires fermées à clé et solides pour y stocker les formulaires, les imprimés et les tampons sous clé.

8/ Vérifier que les ordinateurs ont un système de mot de passe efficace et que tout ordinateur inactif passe rapidement en mode veille protégée.

9/ Dès qu'une perte ou une effraction est constatée, prévenir la police et son assureur.

10/ Utiliser des plombs certifiés « haute sécurité » pour sceller les portes des conteneurs.

La constatation des dommages

Un certain nombre d'entreprises prennent systématiquement des réserves sur les récépissés des transporteurs du style : « sous réserve », « sous réserve de déballage », « sous réserve de comptage et de vérification ultérieure ». Ces précautions n'ont aucune valeur juridique et ne peuvent pas être opposées aux transporteurs en cas de problème grave. Dans ce cas autant ne rien mettre !

En transport routier national, il faut prendre des réserves sur le récépissé de transport et envoyer au transporteur une protestation motivée dans les 3 jours ou commander une expertise judiciaire.

En transport routier international, si le dommage est apparent, il faut faire un constat contradictoire ou prendre des réserves motivées sur le récépissé de livraison. Si le dommage est non apparent, il faut envoyer des réserves motivées au transporteur dans les 7 jours. En cas de retard, l'acheteur a 21 jours pour envoyer ses réserves.

En aérien, il faut prendre des réserves auprès de la compagnie aérienne dans les 14 jours qui suivent la réception des marchandises. En cas de retard, les réserves sont à prendre dans les 21 jours à compter de la mise à disposition de la marchandise.

Pour les transports maritimes soumis à la loi française du 18 juin 1966 ou aux conventions de Bruxelles, les réserves écrites doivent être prises à la livraison de la marchandise. Si les dommages ne sont pas apparents, l'acheteur a 3 jours suivant la livraison pour envoyer ses réserves.

Si le transport maritime est soumis à la convention de Hambourg, la perte ou les dommages apparents doivent faire l'objet de réserves au plus tard le 1er jour ouvrable suivant les remises. Si les désordres : perte ou dommages ne sont pas apparents, les réserves doivent être prises dans les 15 jours suivant la livraison. Pour les retards, l'acheteur doit prévenir le transporteur des dommages par écrit dans les 60 jours de la réception des colis.

Pour le transport combiné la déclaration de sinistre est immédiate en cas de dommage apparent. L'acheteur a 5 jours si les dégâts ne sont pas apparents.

▶ Conclusion du chapitre

Ce chapitre vous permet donc de vous familiariser avec les différents périphériques indispensables à l'exercice de votre fonction.

Les différents moyens à utiliser pour « faire des achats » sont maintenant connus. La question à se poser maintenant est la suivante : Comment organiser cette fonction aux multiples facettes ?

Deuxième partie

LE MANAGEMENT DES ACHATS

Deuxième partie

LE MANAGEMENT DES ACHATS

CHAPITRE 5

L'organisation et le management

1. L'ORGANISATION DES ACHATS

► La vision actuelle

Aujourd'hui, dans cette économie mondiale, nous ne posons plus le problème en termes de **centralisation ou décentralisation**. La véritable création de valeurs de la fonction achats s'effectue autour de la double réflexion suivante :

Centralisation de la puissance d'achats **et** **Décentralisation du service rendu**

En effet, le directeur des achats se pose aujourd'hui les questions suivantes :

- Quels sont les produits nouveaux achetés par les concurrents de notre entreprise ?
- Où peut-on trouver ces produits ?
- Quelles stratégies achats adopter pour « coller » à la nouvelle stratégie de notre entreprise ?
- Quels sont nos besoins réels en termes de nouvelles technologies ?
- Quelle est, dans ce contexte d'économie évolutive, la contribution des achats à la rentabilité de l'entreprise : participation active à

l'amélioration de la marge ? satisfaction des clients internes et externes ? satisfaction des actionnaires ?
- Devons-nous racheter de la compétence perdue par trop de sous-traitance ou d'externalisations ?
- Le personnel de la fonction achats a-t-il les compétences requises pour exercer dans ce contexte ?
- Comment peut-on mesurer la performance des acteurs du service achats et, par extension, celui de l'activité achats ?
- Quels sont les nouveaux enjeux et que seront-ils demain ?
- Quel est le mode de management des personnels le mieux adapté dans ce nouveau contexte ?

Depuis plus de dix ans, les organisations achats se modifient, évoluent pour tenir compte des éléments ci-dessus, mais sans qu'il y ait de méthodologie bien précise.

Dans les groupes industriels importants, que ce soit au Japon, aux US ou en Europe, on assiste à un modèle d'organisation hybride :

- une direction des achats « groupe ou corporate » qui se préoccupe des achats dits « généraux » à partir de technologies Internet,
- une organisation de type « projet » avec des acheteurs « leaders » chargés des achats de production centralisables,
- des achats de familles de produits pour un ou plusieurs sites de production,
- des achats locaux,
- enfin des approvisionneurs placés dans chaque site de production pour assurer le service rendu.

Ce type d'organisation est généralement performante grâce à sa transversalité, mais est difficile à manager. Elle a pour conséquence une réduction du nombre d'acteurs de la fonction achats avec une compétence accrue.

Également, dans de nombreuses compagnies, l'aspect stratégique de la fonction n'est plus à démontrer et dans plus de 60 % des cas, le directeur des achats participe au comité exécutif et ses prises de décision sont très regardées.

Dans les PME, la problématique est très différente dans la mesure où généralement il s'agit d'entreprises « monosites ».

Citons ici un des éléments de l'excellente thèse professionnelle de Florence DUSSAUSSAY, une de nos étudiantes, intitulée : « Les achats dans les PME » :

« 95 % des fabricants avec un effectif de plus de 200 personnes, un chiffre d'affaires supérieur à 16M € et plus de 5 ans d'existence ont mis en place un service achats ».

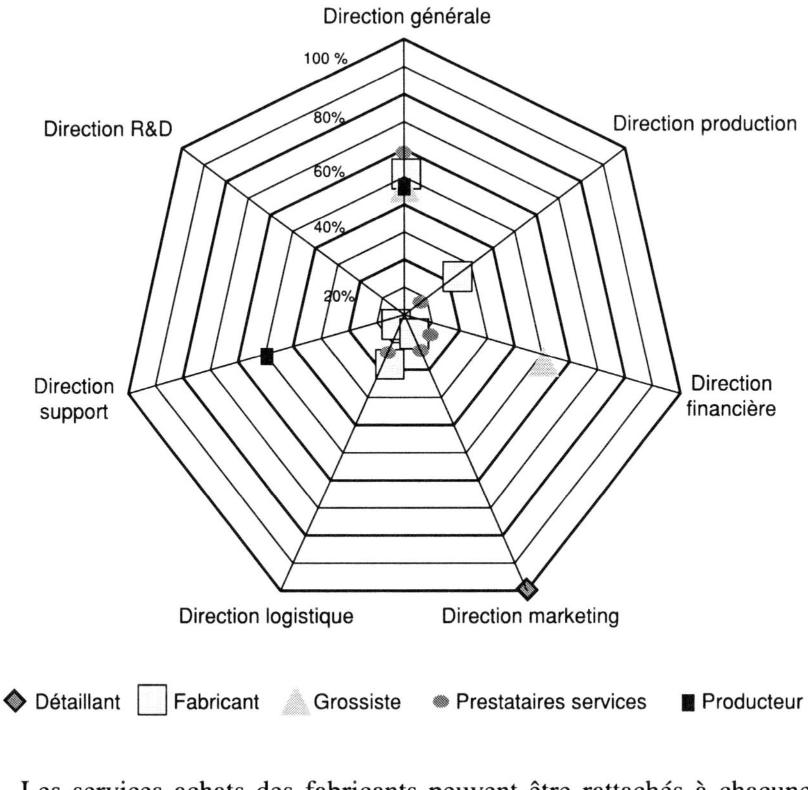

Les services achats des fabricants peuvent être rattachés à chacune des Directions, à l'exception des Directions Marketing et Support, avec une nette préférence pour la Direction Générale, puis la Direction Production.

Parmi les PME, plus de la moitié des responsables achats sont membres du Comité de Direction ou Comité Exécutif. À ce niveau, le titre du responsable semble avoir son importance puisque près de 86 % des Directeurs sont membres du Comité de Direction, contre 36 % parmi les Responsables.

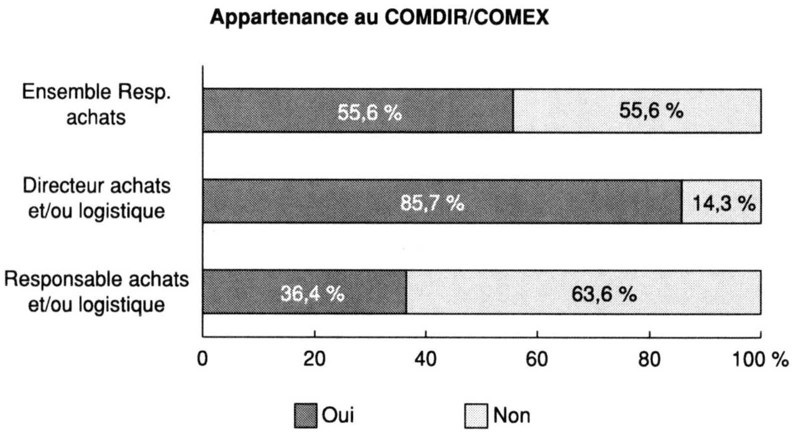

Ainsi, il nous faut réfléchir aux modes d'organisation futurs et nous essaierons, dans les pages qui suivent, de vous proposer une démarche pour suivre cette évolution.

► L'organisation des achats proprement dite

À partir des éléments ci-dessus, l'idée est de définir un certain nombre d'étapes pour organiser la fonction achats en fonction des problèmes à résoudre et non de la compétence des acteurs en poste. Ces étapes sont les suivantes.

- la définition d'une politique d'achats,
- la gestion de la relation client/fournisseur,
- la recherche des dysfonctionnements,
- la définition de l'organigramme.

ÉTAPE 1 : DÉFINITION D'UNE POLITIQUE D'ACHATS

Ce point a été largement traité au début de cet ouvrage. Rappelons seulement que cette politique d'achats doit être en adéquation permanente avec la politique et les stratégies globales de l'entreprise.

La politique d'achats consiste à **construire une vision commune**, avec une projection vers le futur avec les objectifs suivants :

- permettre d'apprécier l'écart entre la situation actuelle et la situation visée ainsi que les évolutions correctives à réaliser,
- s'inscrire dans une démarche consensuelle qui intégrera la diversité des points de vue,

– permettre de s'interroger à différents niveaux : l'économie et la concurrence, la vie communautaire des salariés, la stratégie de différenciation par rapport aux concurrents.

ÉTAPE 2 : LA GESTION DE LA RELATION CLIENT/FOURNISSEUR

Il s'agit, dans cette seconde étape, de définir les stratégies d'achats à court et moyen terme, pour chacune des familles achetées.

Cette étape consiste à vérifier que l'on construit bien une fonction achats à partir des problèmes à résoudre et non pas à partir des hommes en poste.

Rappelons la matrice stratégique étudiée précédemment.

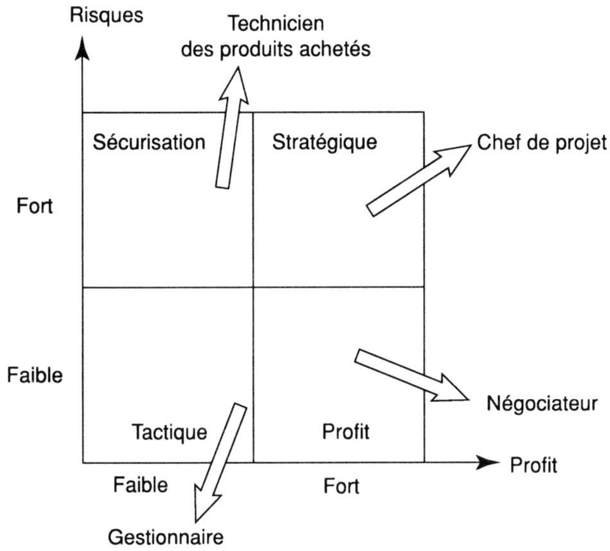

Fig. 5.1 – La matrice stratégique

De cette analyse, on peut déduire les qualités des hommes à mettre en poste pour résoudre les problèmes d'achats et d'approvisionnement de l'entreprise.

Zone tactique

Quel que soit le type d'achat situé dans cette zone, les qualités demandées à l'homme des achats et approvisionnements sont d'être :

– bon gestionnaire,
– bon communicateur en interne pour mettre en place des solutions **intranet et e-procurement**,
– sensible à la diminution des coûts internes,
– attentif avant tout à leur mission qui est de satisfaire le client interne à moindre coût,
– sensible aux aspects juridiques pour établir des contrats cadres et mesurer la performance des prestataires.

En résumé : **être un gestionnaire à sensibilité juridique**.

Zone profit

Au lieu du schéma précédent dans lequel l'acheteur a un regard tourné vers l'intérieur de l'entreprise et se préoccupe de la réduction des coûts internes, nous sommes en présence de produits pour lesquels dans bien des cas le marché est favorable à l'acheteur.

Pour les produits placés dans cette zone, le côut de changement de fournisseur, eu égard au profit potentiel, est faible.

L'acheteur peut se donner des objectifs ambitieux et faire une recherche fine sur le marché.

Ainsi les qualités demandées à l'acheteur sont d'être :

– bon négociateur ; c'est avant tout un commercial qui sait tirer partie de toutes les opportunités,
– d'envergure internationale,
– grand « veilleur » : il doit être capable de mettre son entreprise en relations avec le marché. Pour ce faire, il doit rechercher en permanence des prestataires « sourcing », c'est-à-dire avoir une bonne connaissance, à jour, des places de marchés et des prestataires d'e-purchasing.

En résumé : être un **négociateur**.

Zone sécurisation

La caractéristique des produits placés dans cette zone à risques vient de sa problématique qui n'est pas d'ordre financière, mais de l'ordre de la pérennité des produits. Il s'agit en fait d'assurer la livraison des produits en fonction des besoins de l'entreprise.

En terme de qualités requises, la dominante concerne la capacité technique, c'est-à-dire :

- une très bonne connaissance des produits achetés,
- la capacité à participer à des groupes de travail sur, par exemple, l'analyse de la valeur,
- la capacité à élaborer des cahiers des charges,
- une grande capacité d'analyse et de synthèse

En résumé : être un **technicien des produits achetés**.

Zone stratégique

Il s'agit bien entendu d'un domaine très important dans la mesure où nous considérons que le **partenariat d'innovation** va se développer très rapidement du fait de la mondialisation des échanges.

C'est bien dans ce domaine où Internet peut nous apporter beaucoup de confort grâce à la facilité d'obtention d'informations sur le marché.

Il est donc évident que nous chercherons un véritable **chef de projet**, c'est-à-dire un acheteur capable de gérer ce type de situation en prenant toutes les dimensions d'un chef de projet.

Dès à présent, nous nous apercevons de la difficulté pour organiser une fonction achats de par la multiplicité des compétences à disposer.

ÉTAPE 3 : LA RECHERCHE DES DYSFONCTIONNEMENTS

Un dysfonctionnement peut se définir comme « une contrainte interne subie par l'ensemble des segments ou lignes de produits d'achats ».

Citons quelques exemples :

- manque de processus qualité uniformisé,
- utilisation de régularisation de commandes de façon quasi-systématique,
- manque de prévisions,
- processus achats sursécurisé,
- pas d'anticipation de l'acte d'achats,
- pas de professionnalisme achats,
- démotivation des acteurs de la fonction,
- pas de culture « satisfaction client »,

– fonction achats considérée en interne comme une boîte noire à l'intérieur de laquelle des informations entrent mais ne ressortent jamais (malheureusement trop souvent entendu).

Ces dysfonctionnements peuvent se visualiser sur une analyse de contraintes (voir l'ouvrage *Le marketing achats* du même auteur aux Éditions d'Organisation).

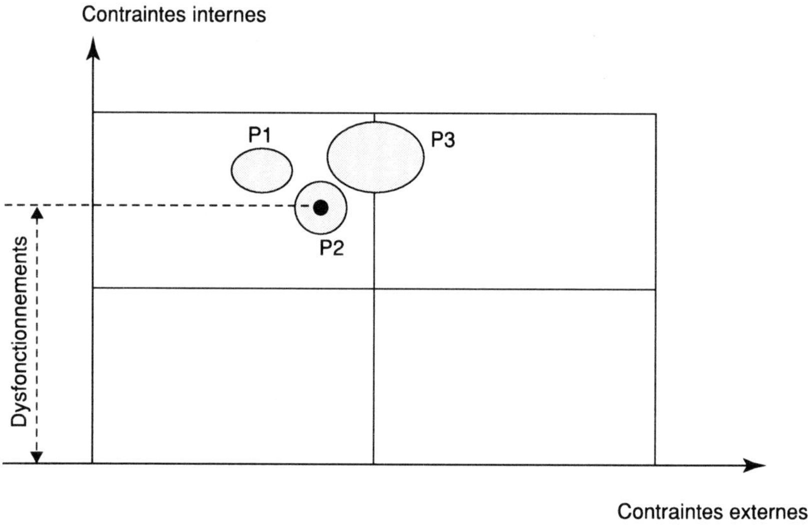

Représentation des dysfonctionnements sur l'analyse des contraintes

En tout état de cause, l'organisation à mettre en place doit donner une réponse positive à la minimisation de l'effet des dysfonctionnements.

ÉTAPE 4 : LA DÉFINITION DE L'ORGANIGRAMME

Le cas des PME

Si nous reprenons l'étude de Florence DUSSAUSSAY déjà citée, nous constations que, dans les PME, l'organisation achats la plus fréquente est celle où les acheteurs sont dédiés à un portefeuille de produits ou de services. Viennent ensuite les organisations qui distinguent les approvisionnements des achats stratégiques et celles qui séparent les achats de production des achats dits « généraux ». Les autres types d'organisation sont plus marginaux.

Les organisations achats

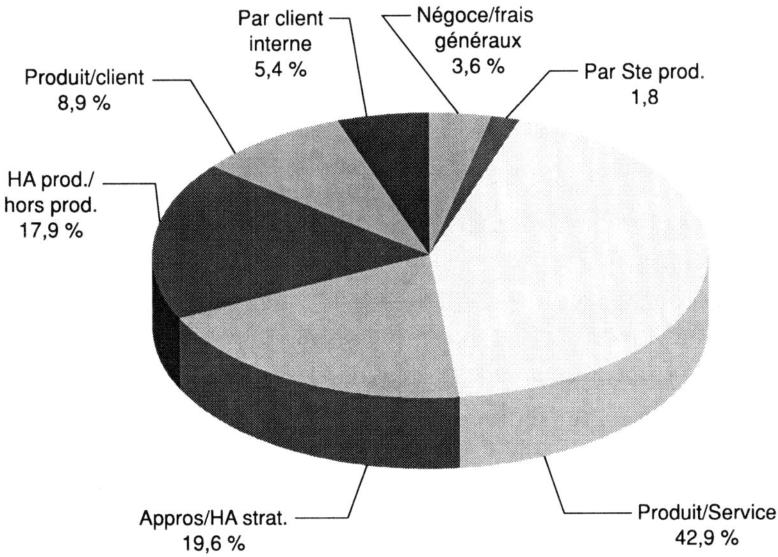

L'organisation achats la plus fréquente est celle où les acheteurs sont dédiés à un portefeuille de produits ou de services. Viennent ensuite les organisations qui distinguent les approvisionnements des achats stratégiques et celles qui séparent les achats de production des achats dits « généraux ». Les autres types d'organisation sont plus marginaux.

Types d'organisations achats en place

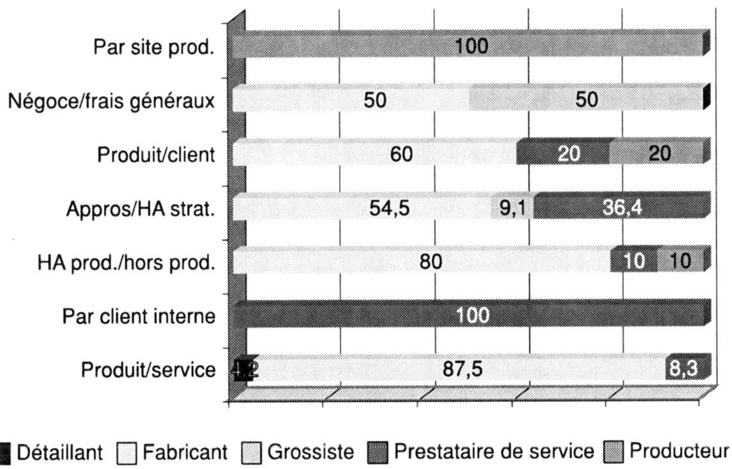

Il est à noter que certaines entreprises ont organisé leur service achats sous plusieurs logiques complémentaires (organisations matricielles). Le plus souvent, chez les fabricants.

Le cas des entreprises importantes ou multisites

En dehors des positions organisationnelles incontournables comme la séparation des tâches achats et approvisionnement (sauf dans les PME.), il convient d'adapter les principes qui suivent à :

- la typologie des entreprises,
- leur culture.

Ce dernier point est des plus importants, car il conditionne la vitesse à laquelle les acteurs de l'entreprise vont s'approprier la nouvelle organisation et les nouvelles méthodes associées.

Par exemple, dans les entreprises « monosite », on peut admettre un fonctionnement suivant deux logiques :

- une logique d'organisation calée sur les marchés des fournisseurs,
- une logique d'approvisionnements calée sur le produit revendu, c'est-à-dire sur le client final.

L'organigramme peut être le suivant :

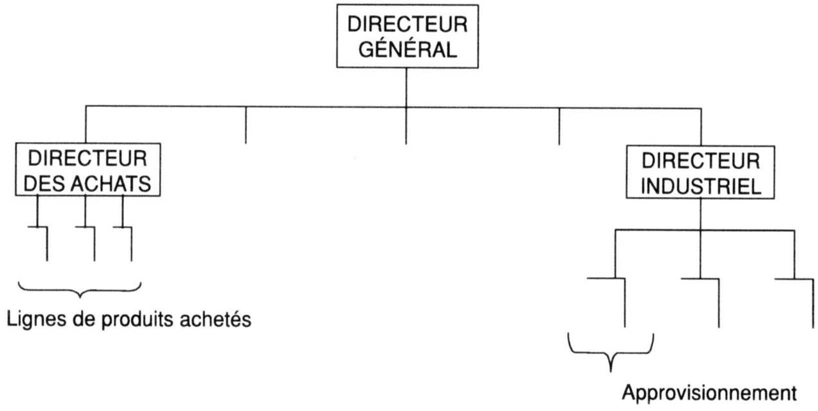

Fig. 5.2 – Organigramme à deux logiques

En revanche, dans les groupes industriels importants, multisites internationaux, fonctionnant par projets, la problématique est tout autre, car il s'agit de communiquer en permanence avec l'ensemble des acteurs dispersés géographiquement.

Nous adoptons alors un système **matriciel** appelé également **hybride** qui s'organise à partir de trois logiques :

- une logique client (interne ou externe) dont l'interlocuteur privilégié est un **responsable de projet**,
- une logique achats calée sur le marché des fournisseurs, c'est-à-dire sur les produits achetés,
- une logique fabrication ou logistique calée sur la satisfaction du client final, et donc du produit revendu.

Dans cette structure, on parle de :

- acheteurs projets,
- acheteurs leaders,
- acheteurs corporate,
- ...

selon les usages dans la typologie d'entreprise concernée.

Le problème à résoudre est celui de la communication interne qui est grandement facilitée aujourd'hui avec l'essor des **Intranets**. Ces produits permettent de recevoir en tous lieux la même information, au même moment.

Le schéma directeur peut être alors le suivant :

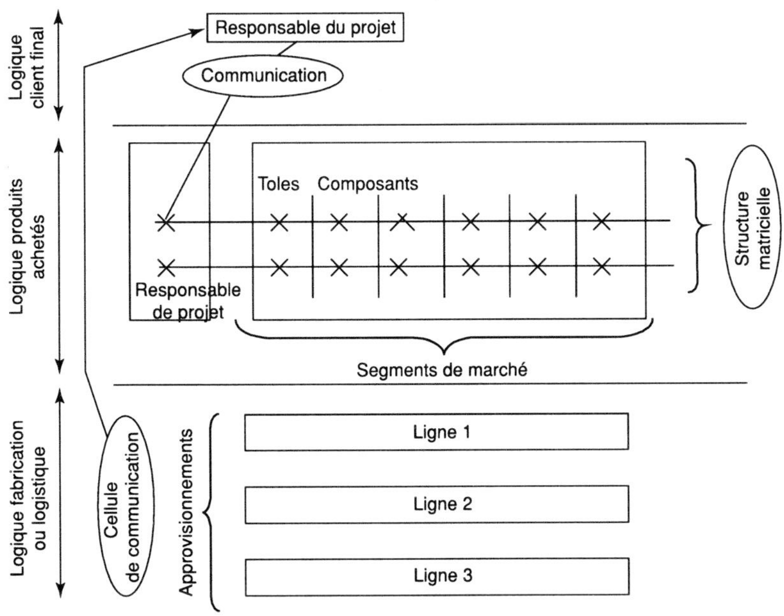

Fig. 5.3 – Organigramme à trois logiques

Mais on se heurte là à un véritable problème : c'est celui de la rentabilité de la fonction achats. Nous verrons dans un prochain chapitre traitant du « **diagnostic** » de la fonction achats que la performance de la fonction achats ne doit en aucun cas être inhibée par un coût supérieur à son résultat opérationnel.

Nous préconisons aujourd'hui un mode d'organisation que nous nommerons :

Organisation à géométrie variable

Ce mode d'organisation repose sur le principe suivant :

Une fonction d'entreprise assure sa rentabilité quand le taux d'emploi de ses acteurs est égal à 100 %.

L'organisation à géométrie variable présuppose de définir le périmètre exact des acteurs du « noyau dur ». En effet, ce type d'organisation qui consiste à **acheter de la compétence aussi bien en interne qu'en externe**, nous oblige à disposer d'une « task force » permettant, à partir des stratégies adoptées :

- de résoudre les problèmes d'achat récurrents,
- d'utiliser les acteurs de la fonction selon un taux d'emploi de 100 %.

Nous considérons que, dans un futur très proche, la typologie des achats revêtira les deux formes suivantes :

- **Les achats automatisés** qui concernent les achats tactiques, c'est-à-dire les achats dont la valeur ajoutée réside dans la réduction des coûts internes et non pas dans la relation client/fournisseur. Ces achats peuvent avantageusement être traités à partir de l'outil informatique. Entrent dans cette catégorie tous les achats simples, récurrents, souvent standards mais pas nécessairement.... Si nous parlons de réduction des coûts internes, nous faisons évidemment allusion aux « enchères en ligne » qui, d'une manière générale, ne permettent pas de dégager de marge sur achat par rapport à une transaction de type « présentielle » (ou alors il faudrait se poser la question de la réputation du fournisseur ou de la compétence de l'acheteur qui penserait avoir obtenu une baisse de prix de 40 % par rapport à un prix accepté pendant plusieurs années, et cela uniquement par une démarche informatique ! On se trouve là dans un jeu psychologique malsain), mais qui dégagent de nombreux gains induits.

- **Les achats de compétence** qui concernent l'ensemble des dépenses créant de la valeur pour l'entreprise.

Bien évidemment, une organisation gagnante doit être capable de « maîtriser » ces deux formes d'achat.

Ainsi nous ne cherchons pas à parler de « centralisation ou décentralisation », de « structure matricielle ou verticale », de « centres de profit ou centres de coûts », nous cherchons simplement à « **centraliser la puissance d'achat, décentraliser le service rendu et rentabiliser une fonction achats à partir d'une démarche d'optimisation des compétences** ».

Cette mobilité interne ou externe doit permettre de gérer des projets en achetant la compétence où elle se trouve.

On peut donc représenter ce type d'organisation achats de la façon suivante :

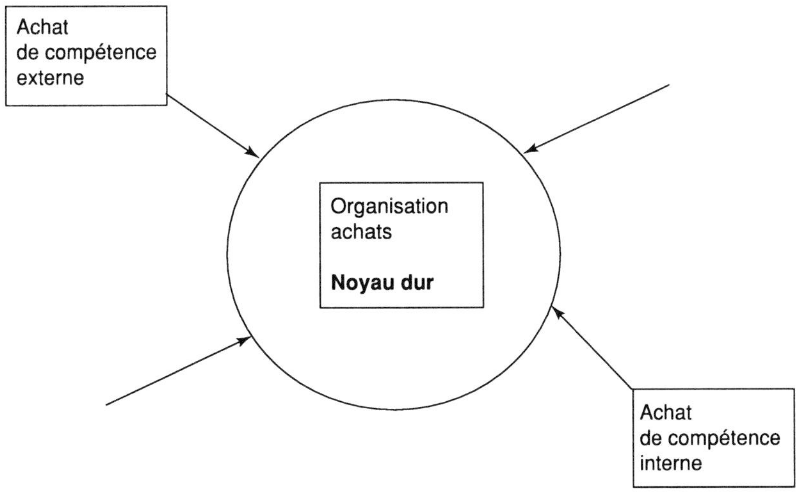

Fig. 5.4 – L'organisation à géométrie variable

En théorie, ce système ne présente que des avantages, car le coût de la fonction est directement productif. En revanche, de nombreux obstacles doivent être surmontés, tels que :

Le niveau de compétences requis

Le bon ciblage est délicat car, à regarder de près le schéma ci-après, les compétences nécessaires pour traiter les achats sont différenciées selon :

– les lignes de produits achetés ;
– la typologie des achats à deux niveaux :
  - Achats avec ou sans valeur ajoutée technique
  - Achats automatiques ou de compétence.

	0	1	2	3	4	5
Sous-traitance					X	
Matières premières						X
Prestations de service				X		

Légende :
0 : aucune difficulté
1 : capacité à utiliser le système e-procurement et passer des commandes en ligne
2 : capacité à faire du sourcing en ligne
3 : capacité à négocier selon une culture internationale
4 : capacité à mettre en place des stratégies d'achats
5 : capacité à organiser des groupes de coordination

La motivation et la disponibilité des acteurs de l'entreprise

Faites donc l'essai de demander l'aide d'un ingénieur de bureau d'études pour traiter un problème d'approvisionnement. Vous risquez d'avoir des surprises à propos des réponses :

– le chef du bureau d'études ne voudra pas se séparer d'un de ses ingénieurs, même momentanément, car il courrait le risque de montrer que sa charge de travail ne permet pas de rentabiliser son service,
– L'ingénieur du bureau d'études pressenti se demandera ce qu'il a pu bien faire comme erreur pour être muté dans un autre service.

Il s'agit d'une résistance au changement des acteurs, laquelle est renforcée par le cloisonnement organisationnel de l'entreprise.

Cette difficulté, connue de tous, ne peut se résoudre que par le respect d'un certain nombre de prérequis ou conditions de réussite telles que :

Un plan de communication interne bien dosé et efficace

Un management décloisonné

Un fonctionnement d'entreprise selon une logique collective

Ces différents aspects seront repris dans le paragraphe suivant : Le management des achats.

2. LE MANAGEMENT DES ACHATS

Nous traiterons cette dimension selon deux aspects :

– le management des achats proprement dit,
– le pilotage de la fonction achats.

▶ LE MANAGEMENT DES ACHATS

Ce thème comporte plusieurs volets :

– la définition des missions des acteurs de la fonction achats,
– le management des hommes,
– le management des compétences.

LES MISSIONS DES ACTEURS DE LA FONCTION ACHATS

C'est la toute première démarche de management. Chaque acteur de la fonction achats doit disposer d'une définition de mission dont nous vous donnons quelques exemples ci-après :

Le directeur des achats :

– propose et met en œuvre la politique d'achats en cohérence avec la politique générale de l'entreprise,
– valide les stratégies d'achats par secteur d'achat,
– propose et s'assure du déploiement de la politique qualité au niveau du service achats,
– organise la direction, définit les moyens à mettre en œuvre pour atteindre ses objectifs,
– est garant de la satisfaction des clients internes et externes,

– propose les objectifs de la fonction achats à la direction générale et met en place un système de mesure de la performance de son activité,
– est signataire de tous les actes concernant les ressources extérieures à l'entreprise.
– propose les différentes délégations et autorisations de dépenses concernant les marchés en ligne et notamment ceux concernant l'accès aux catalogues électroniques,
– s'assure de la bonne communication en interne, et particulièrement de l'utilisation du produit Intranet.

Ce poste nécessite un certain nombre d'aptitudes qui peuvent se résumer dans le tableau ci-dessous.

La lecture de ce tableau s'effectue selon le code suivant :

1 : aptitude non exigée

2 : souhaitable

3 : importante

4 : indispensable

Éléments	1	2	3	4
Qualités intellectuelles				
– Capacité d'analyse				X
– Rigueur et organisation				X
– Sens de l'essentiel			X	
– Réalisme			X	
Facteurs de comportement				
– Goût du challenge				X
– Autonomie				X
– Sens des responsabilités				X
– Capacité de communication				X
– Affirmation de soi			X	

Éléments	1	2	3	4
Aptitudes spécifiques				
– Sens commercial			X	
– Ouverture d'esprit				X
– Capacité d'adaptation				X
– Sens du management				X
Qualités morales				
– Probité				X
– Discrétion				X
Techniques métier				
– Capacité de négociation			X	
– Connaissance des marchés en ligne			X	
– Outils de définition de la stratégie achats				X

Le responsable de projet d'achats

Missions

Le responsable de projet d'achats :

– établit le devis des dépenses d'achats des affaires,
– établit le planning des achats par rapport à l'affaire et déclenche les achats critiques en termes de délais,
– est garant de la communication avec les prescripteurs,
– joue le rôle de chef d'orchestre achats et s'assure du déploiement du plan d'action afin de satisfaire les prescripteurs,
– assure le retour d'expérience sur le projet

Nous venons de décrire les missions fonctionnelles du responsable de projet d'achats.

Bien évidemment il assure :

– un rôle opérationnel en terme de négociations de haut niveau
– un rôle de management d'une équipe d'acheteurs.

Professiogramme

Échelle identique à celle du directeur des achats.

Éléments	1	2	3	4
Qualités intellectuelles				
– Capacité d'analyse			X	
– Rigueur et organisation				X
– Sens de l'essentiel			X	
– Réalisme			X	
Facteurs de comportement				
– Pugnacité				X
– Goût du challenge				X
– Autonomie				X
– Sens des responsabilités			X	
– Capacité de communication				X
Aptitudes spécifiques				
– Capacité d'adaptation				X
– Sens commercial				X
– Maturité			X	
– Capacités d'animation d'équipes transversales				X
Qualités morales				
– Probité				X
Techniques métier				
– Management de projets				X
– Nouvelles technologies				X
– Expression des besoins			X	

L'acheteur

Il a pour mission principale de décliner de manière opérationnelle la stratégie définie sur sa famille d'achat. Il met en œuvre les leviers d'actions proposés dans la stratégie de sa famille d'achat.

Dans le cadre de cette déclinaison opérationnelle, il prend en charge les phases de consultation des fournisseurs, d'analyse des offres, de négociation et de sélection finale des fournisseurs pour son établissement.

Il gère en collaboration avec sa hiérarchie le panel fournisseurs de son établissement et participe au renouvellement régulier de celui-ci.

Il est l'interlocuteur privilégié du coordinateur achat et participe aux réflexions menées au niveau du groupe sur sa famille d'achat. Il est également l'interlocuteur privilégié des demandeurs de son établissement.

Il réalise une veille technique et commerciale du marché fournisseur en collaboration avec le coordinateur achat de sa famille.

Il a également comme mission spécifique la bonne diffusion des informations achat au niveau de son établissement. De même, il assure un remonté d'informations au coordinateur et propose à celui-ci des actions à lancer et les outils à mettre à disposition.

Son professiogramme est le suivant :

Éléments	1	2	3	4
Qualités intellectuelles				
– Capacité d'analyse			X	
– Rigueur et organisation				X
– Sens de l'essentiel			X	
– Curiosité d'esprit				X
Facteurs de comportement				
– Pugnacité				X
– Goût du challenge				X
– Autonomie				X
– Affirmation de soi			X	
– Capacité de communication				X

Éléments	1	2	3	4
Aptitudes spécifiques				
– Capacité d'adaptation				X
– Ouverture d'esprit				X
– Sens commercial				X
– Expression orale			X	
– Sens de l'écoute				X
Qualités morales				
– Probité				X
– Discrétion				X
Techniques métier				
– Capacité de négociation			X	
– Utilisation des nouvelles technologies				X
– Stratégies d'achats				X

Il faut maintenant se poser la question du style de management à adopter.

LE MANAGEMENT DES HOMMES

Le management des hommes pose aujourd'hui un problème très sérieux. Depuis quelques années, moins de dix ans, la population des acheteurs a considérablement changé, apportant un lot de dysfonctionnements imprévus.

Il y a encore quelque temps, la coopération entre les individus d'une même entreprise reposait sur l'appartenance à un groupe ; ce qui induisait des comportements tels que :

- des relations d'entraide et un esprit fort de solidarité leur permettant d'absorber les périodes de suractivité et d'utiliser au mieux les compétences individuelles de chacun,
- des codes de séniorité. Ce qui signifie que les plus anciens acceptent de donner aux débutants une partie de leur savoir-faire qui leur vaudra en contrepartie un renforcement de leur légitimité et de leur

place au sein de l'équipe, mais également des relations hiérarchiques tout à fait particulières, tendant vers le mythe du dirigeant tout-puissant.

Ce mythe est encore tenace dans les organisations et la principale conséquence concrète du dirigeant tout-puissant est de créer une relation de dépendance avec le niveau inférieur. L'encadrement intermédiaire attend invariablement la décision du supérieur tout-puissant qui ne dispose pas de solution miracle.

Aujourd'hui, de nouvelles donnes apparaissent, engendrant un lot de modifications sur le plan du management des hommes.

Le premier facteur touche à la place prise par les outils informatiques. Les différents échanges entre collègues, c'est-à-dire les communications horizontales permanentes, se font de moins en moins sous forme « présentielle » au profit du fameux e-mail.

Le second facteur tient à l'élévation du niveau d'éducation des acheteurs. Le recrutement se fait aujourd'hui dans des écoles d'achats qui formatent les étudiants à partir de techniques modernes. L'aspect positif est la rentabilité quasi immédiate de ces acteurs, mais ces jeunes cadres ont bien souvent sous leurs responsabilités des collaborateurs exigeants, maîtrisant leur fonction et peu désireux d'accepter comme argent comptant la parole de leur supérieur. Un autre effet négatif est la perception virtuelle que ces jeunes cadres ont du monde du travail, du fait de leur « câblage » fabriqué à l'aide d'informatique.

Compte tenu de ces profondes modifications du cadre de travail en entreprise, dues en grande partie à l'utilisation de l'informatique de manière permanente, le management doit adapter son style.

En fait, le style de management qui doit être développé est de type « **coopératif** ».

Le style coopératif

Le style de management coopératif est à adopter aussi bien en interne qu'en externe.

En interne, la coopération peut prendre les formes suivantes : démarche d'optimisation des fonctionnements entre fonctionnels et opérationnels, codécision entre chef et subordonné, management par projets…

En externe, codéveloppement avec les fournisseurs, partenariats d'innovation et de production, alliances stratégiques….

Ainsi, du fait des nouvelles mentalités et de la nouvelle donne économique dans un contexte de mondialisation, le fonctionnement de l'entreprise et donc le management des hommes doit se faire selon une logique collective qui a pour conséquence l'adoption d'un style coopératif.

Mais, passer d'un fonctionnement reposant sur une logique individuelle à un mode de fonctionnement collectif passe par une période **d'apprentissage** dont les règles ne sont pas figées à ce jour.

Quoiqu'il en soit, **ce management coopératif**, accompagné d'une **organisation à géométrie variable,** constitue une des clés de réussite des entreprises dans le contexte d'économie mondiale.

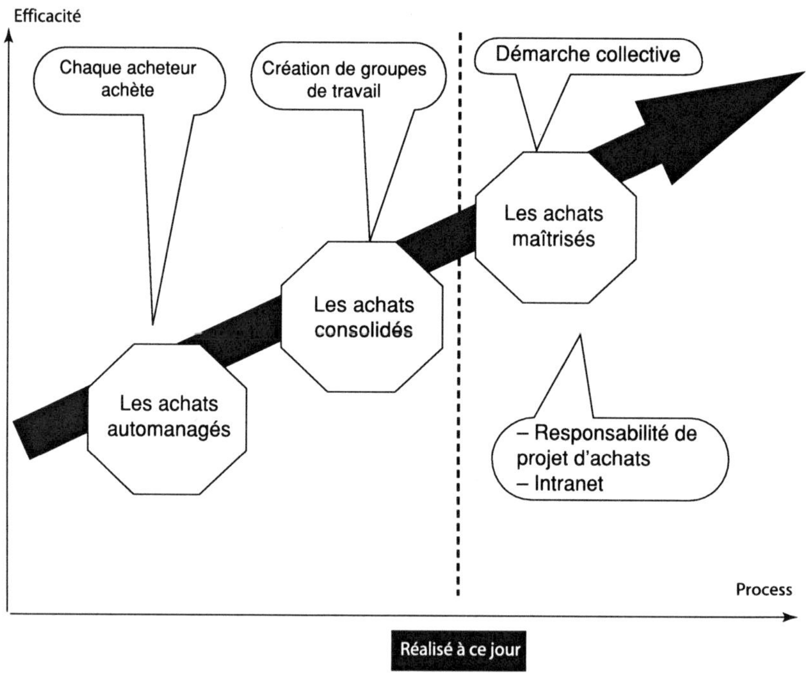

Fig. 5.5 – Évolution de l'efficacité des achats

LE MANAGEMENT DES COMPÉTENCES

La rapidité avec laquelle les techniques évoluent obligent les acteurs à se remettre en cause, ou à développer leurs compétences de manière significative et permanente.

Malheureusement, nous ne pouvons que faire le constat selon lequel les compétences dans les entreprises ne sont pas gérées.

Des entreprises que nous rencontrons, très peu se préoccupent du développement des compétences de leurs salariés et encore moins de la gestion de leur carrière. À croire que c'est un sujet tabou !

Les compétences attendues des acheteurs sont telles (voir le chapitre suivant traitant du diagnostic de la fonction achats) qu'il est nécessaire de disposer d'un apport de ressources extérieur à la fonction achats. Ceci exprime, en regard au schéma sur l'efficacité de la fonction achats décrit ci-avant, que le développement des compétences doit se faire aussi bien verticalement que horizontalement.

Verticalement

C'est le développement de la compétence individuelle dans le métier :

- périodes de formation sur des sujets pointus,
- rencontres avec d'autres acheteurs ou responsables d'achats du groupe, ou d'autres entreprises,
- participation à des salons professionnels,
- lectures de cahiers de recherche sur Internet,
- lecture d'ouvrages professionnels,
- presse.

Ce développement personnel sur le corps de métier est fondamental sous peine de ne plus pouvoir exercer le métier d'acheteur dans de bonnes conditions tellement l'évolution des techniques et des mentalités est rapide.

Horizontalement

Il s'agit d'avoir des compétences transversales dans l'entreprise. Bien évidemment, le support idéal est **l'Intranet**, car nous parlons ici de la capitalisation des connaissances. Cette **capitalisation des connaissances** ne peut se faire qu'à travers un outil et l'Intranet est tout à fait adapté.

Un autre moyen d'acquérir ces compétences transversales consiste en la mise en place de groupes de travail sur des sujets précis. L'efficacité de ce genre de démarche est discutable dans la mesure où, au dernier moment, la moitié des personnes prévues pour telle réunion sont « prises » par une tâche urgente.

3. LE PILOTAGE DE LA FONCTION ACHATS

Le problème de la mesure de la performance des achats et donc de la performance de la fonction achats reste un problème complexe et toujours d'actualité.

En effet, la mesure des performances de la fonction achats présente une difficulté majeure lorsqu'on la traite dans l'absolu, hors tout contexte particulier. Elle est directement liée aux politiques et aux priorités de l'entreprise.

Si la politique globale de l'entreprise consiste à améliorer la marge, sa déclinaison en termes de politique d'achats est la réduction des coûts. Le directeur des achats devra alors rendre compte sur ce critère et sera jugé sur des objectifs liés à la réduction des coûts.

En revanche, une politique ou stratégie de prise de parts de marché se déclinera en une politique d'achats liée à des processus qualité à partir d'une gestion efficace du panel fournisseurs.

Le pilotage de la fonction achats doit s'effectuer selon deux aspects :

- un aspect qualitatif,
- un aspect quantitatif.

▶ L'aspect qualitatif

Également appelé le « saving report », il consiste à donner à chaque acheteur une tâche permettant d'améliorer la prestation achats future.

Cette mesure s'effectue en réalisant l'audit de la fonction achats décrit dans le chapitre 6, *L'audit de la fonction achats*, et en proposant à chaque acheteur un plan de progrès :

- individuel,
- ou collectif.

Il s'agit d'un élément de motivation fort pour les acheteurs qui, bien souvent, subissent une pression très forte sur des objectifs de réduction des coûts.

▶ L'aspect quantitatif

Il comporte lui-même deux dimensions : le tableau de bord stratégique et les indicateurs de fonctionnement.

Le tableau de bord stratégique

Il rend compte des choix stratégiques effectués lors du processus stratégique et permet de suivre la faisabilité des options prises.

Il se présente sous la forme suivante :

DURÉE ☐ trimestre ☐ semestre ☐ année ☐ autres									
Familles d'achats	Objectifs (gains..., compétitivité) date	Stratégie	Leviers	Mise en œuvre et bonnes pratiques	Indicateurs de mesure	Résultat de la mesure	Fréquence de mesure	Observation	Leviers alternatifs

Les indicateurs de fonctionnement

Nous vous présentons quelques fiches faciles à mettre en place et qui permettent d'assurer un suivi des achats dans différents cas.

FICHE NOUVEL ACHAT

Nota : S'il s'agit d'un premier achat qui vient en remplacement d'une ou plusieurs pièces dans le produit final (suite à une démarche d'analyse de la valeur, par exemple), utiliser la fiche « Achat de substitution ».

FAMILLE :	Référence :
Rédacteur :	
Date :	

Le référentiel de prix a été établi en prenant comme base :

- Un coût objectif, défini en commun avec le prescripteur (1)
- Un prix de marché (2)
- Une évaluation des coûts de fabrication du fournisseur (3)
- Une analogie avec un produit acheté précédemment (4)

COÛT OBJECTIF (1)	PRIX DE MARCHÉ (2)	ÉVALUATION (3)	ANALOGIE (4)
Montant référence .... Pour une quantité référence	Montant référence .... Pour une quantité référence	Montant référence .... Pour une quantité référence	Dernier montant négocié pour un produit équivalent ....(Dm)
Méthode de calcul du coût objectif et éléments constitutifs	Base de référence du prix de marché • Consultation de... fournisseurs • Consultation de catalogues moins les remises habituelles • Consultation de concurrents à l'achat • Consultation de bases de données professionnelles • Autre.................	Décomposition du montant référence 1-........................ .... Montant.............. 2-........................ .... Montant.............. 3-........................ .... Montant.............. 4-........................ .... Montant.............. 5-........................ .... Montant..............	Principales différences entre le produit équivalent et le produit acheté et chiffrage 1-........................ .... Montant.............. 2-........................ .... Montant.............. 3-........................ .... Montant.............. 4-........................ .... Montant.............. Montant total des différences......(Md) Montant référence Md +/- Dm =............ Pour une quantité référence...........
Commentaires	Commentaires	Commentaires	Commentaires

.../...

.../...

Différences entre l'achat actuel et le montant référence	Nature des différences :
– Changement de tranche de prix par changement de quantités .... €/unité	Ancienne tranche de quantités :................ Nouvelle tranche :....................................
– Montant correspondant aux différences de qualité .... €/unité	Ancienne qualité :.................................... Nouvelle qualité :......................................
– Incidence d'un délai de livraison différent : .... €/unité	Ancien délai de livraison :.......................... Nouveau délai de livraison : ....
– Incidence d'un service différent : .... €/unité	Ancien service :.. Nouveau service :......................................
– Incidence du délai de paiement .... €/unité	Ancien délai de paiement :..........................
– Autres .... €/unité	Nouveau délai de paiement :.......................
TOTAL DIFFÉRENCES + ou –...... €/unité	Autres :..

Récapitulatif de la position de la famille sur la matrice risques/profit (importance stratégique)

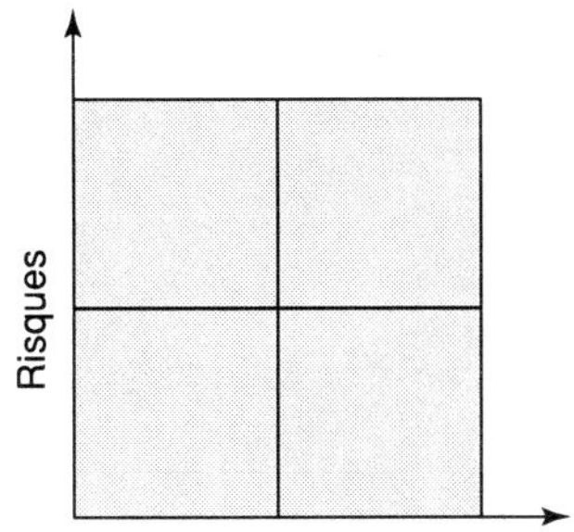

MONTANT NÉGOCIÉ .... €/unité QUANTITÉ..
TOTAL DIFFÉRENCES + ou – .... €/unité
MONTANT RÉFÉRENCE + ou – TOTAL DIFFÉRENCES (=P1) .... €/unité QUANTITÉ RÉFÉRENCE ....
COMPÉTITIVITÉ/MARCHÉ = (P1 – Montant négocié)/P1 = ...%

FICHE ÉTABLISSEMENT DE LA FORMULE DE DÉRIVE MARCHÉ

À utiliser dans le cadre des achats répétitifs lorsque la structure de coût du produit acheté a changé.

FAMILLE : Rédacteur : **Date :**	Référence :

Part de variabilité dans le produit acheté (pourcentage en coût) :

Matières premières	k1 %	Différentes matières : 1- .... % 2- .... % 3- .... % 4- .... %	Références 1- 2- 3- 4-
Main-d'œuvre	k2 %	Part interne .... % Part sous-traitance ..... %	Références
Énergie	k3 %	Énergie 1- .... % Énergie 2- .... % Énergie 3- .... %	Références
Total connu de la part variable	T = ... %		

En option : on peut intégrer à la formule les gains de productivité :

Gains de productivité (Gp) • Négociés ou fixés en interne .... %

• Déterminés par rapport à un indice professionnel

Lequel ? ....

Formule de dérive marché retenue :

Pmarché = (Pdernier achat + ou – total différences × (100 – T)/100 + Pdernier achat + ou– total différences × (k1 MP + k2 SAL + k3 ENER)) × (100 – Gp)/100 = (... × (100 – ...) / 100 + ... × (...)) × (100 – ...)/100

Le dernier terme de l'équation est optionnel, il concerne les gains de productivité.

FICHE ACHAT RÉPÉTITIF HORS CONTRAT

Nota : Un achat est répétitif du moment qu'il y a eu un antécédent (même produit, ou produit proche avec les mêmes fonctionnalités).

FAMILLE : Rédacteur : **Date :**	Référence :

Établissement du montant référence (recherche des indices puis application de la formule de dérive marché) :

Matières premières	Différentes matières : 1- ....% Indice .... 2- ....% Indice .... 3- ....% Indice .... 4- ....% Indice	Références 1- 2- 3- 4-
Main-d'œuvre	Part interne ....% Indice .... Part sous-traitance ....% Indice	Références
Énergie	Énergie 1..................................% Indice .... Énergie 2..................................% Indice .... Énergie 3..................................% Indice	Références
MONTANT NÉGOCIÉ .... €/unité QUANTITÉ..		

Différences par rapport au dernier achat

Différences entre l'achat actuel et le dernier achat : – Changement de tranche de prix par changement de quantités .... €/unité – Montant correspondant aux différences de qualité .... €/unité – Incidence d'un délai de livraison différent : .... €/unité – Incidence d'un service différent : .... €/unité – Incidence du délai de paiement .... €/unité – Autres .... €/unité **TOTAL DIFFÉRENCES + ou –...... €/unité**	Nature des différences : Ancienne tranche de quantités :................. Nouvelle tranche :...................................... Ancienne qualité :.. Nouvelle qualité :.. Ancien délai de livraison :.......................... Nouveau délai de livraison : .... Ancien service :.. Nouveau service :.. Ancien délai de paiement :........................ Nouveau délai de paiement :...................... Autres : ....

MONTANT NÉGOCIÉ DERNIER ACHAT .... €/unité
QUANTITÉ ....

TOTAL DIFFÉRENCES + ou – .... €/unité

MONTANT NÉGOCIÉ DERNIER ACHAT + ou – TOTAL DIFFÉRENCES (=P0)
.... €/unité

Formule de dérive marché pour le produit considéré :
Pmarché = (P0 × (100 – T)/100 + P0 × (k1 MP + k2 SAL + k3 ENER)) × (100 – Gp)/100 =
(... × (100 – ...)/100 + ... × (...)) × (100 – ...)/100

PMARCHÉ .... €/unité

GAIN = (Pmarché – Montant négocié[a])/Pmarché = ...%

COMPÉTITIVITÉ/DERNIER ACHAT = (P0 – Montant négocié[a])/P0 = ...%

a. S'il y a eu des frais d'étude ou de prospection qui doivent être amortis sur plusieurs achats, les ajouter au montant négocié dans le calcul des gains et de la compétitivité

Récapitulatif de la position de la famille sur la matrice risques/profit (importance stratégique)

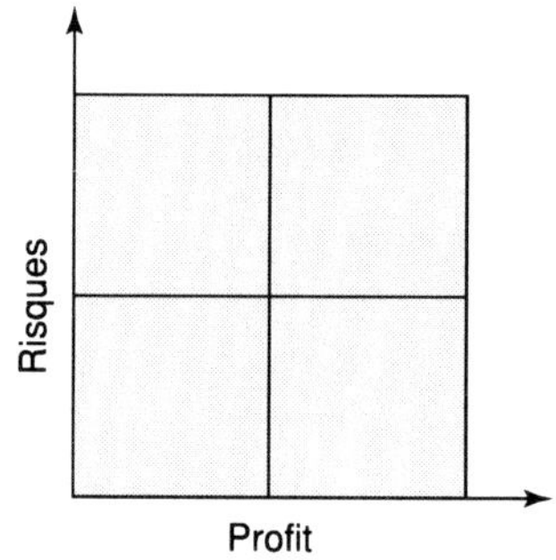

FICHE ACHAT DE SUBSTITUTION

Calcul des gains (Pour le calcul de la compétitivité, utiliser la fiche « Nouvel achat »)

Nota : Si l'achat de substitution est radicalement différent de l'achat précédent, il faudra préférer la fiche « Nouvel achat » seule.

FAMILLE :	Référence :
Rédacteur :	
Date :	

Le(s) produit(s) acheté(s) a (ont) été substitué(s) suite à :

- Une analyse de la valeur
- Une reconception en interne pour simplification ou adéquation au marché
- Une proposition innovante du marché fournisseur
- La fabrication d'une série spéciale (utiliser la fiche « Premier achat » avec 4 – analogie)
- La disparition d'une source d'approvisionnement

ANALYSE DE LA VALEUR	RECONCEPTION	PROPOSITION INNOVANTE FOURNISSEURS	DISPARITION D'UNE SOURCE
Coûts générés par l'analyse de la valeur : Coûts d'étude....... € Coûts de réglage ou modification des process .... € Autres coûts......... € **Coût total de la démarche** .... €	Coûts générés par la reconception : Coûts d'étude....... € Coûts de réglage ou modification des process................. € Autres coûts .... € **Coût total de la démarche** .... €	**Coût total éventuellement induit** .... €	Coût de la nouvelle prospection .... € Autres coûts induits par la redéfinition du produit.................. € **Coût total généré** .... €
Pourquoi cette démarche ?	Pourquoi cette démarche ?	Qu'attend le fournisseur de cette proposition ?	Pourquoi cette disparition a-t-elle entraîné l'achat d'un produit de substitution ?

Cet achat vient en remplacement des éléments suivants :

1	
2	
3	
4	
5	
6	

Dans la proportion suivante (pourcentage inférieur à 100 si la fonction n'est pas totalement remplie par le produit de substitution, et qu'un autre achat viendra également participer à cette fonction)
1-............% 2-............% 3-............% 4-............% 5-............% 6-............%

Quel était le prix unitaire des éléments remplacés ? (Prix évalué selon la formule de dérive marché établie pour les produits considérés)
1-............F 2-............F 3-............F 4-............F 5-............F 6-............F

Somme des proportions multipliées par les prix ((proportion 1 %/100) × P1 + (proportion 2 %/100) × P2 + ...)
S = Montant référence = ... F/unité

Différences entre l'achat actuel et le dernier achat :	Nature des différences :
– Changement de tranche de prix par changement de quantités .... €/unité	Ancienne tranche de quantités :................ Nouvelle tranche :......................................
– Montant correspondant aux différences de qualité .... €/unité	Ancienne qualité :..................................... Nouvelle qualité :......................................
– Incidence d'un délai de livraison différent .... €/unité	Ancien délai de livraison :.......................... Nouveau délai de livraison :......................
– Incidence d'un service différent .... €/unité	Ancien service :... Nouveau service :......................................
– Incidence du délai de paiement .... €/unité	Ancien délai de paiement :......................... Nouveau délai de paiement :......................
– Autres .... €/unité	
TOTAL DIFFÉRENCES + ou – ...... €/unité	Autres :..

MONTANT NÉGOCIÉ.. €/unité
MONTANT RÉFÉRENCE + ou – TOTAL DIFFÉRENCES (=P0) .... €/unité
COÛT TOTAL INDUIT PAR LA DÉMARCHE DE SUBSTITUTION .... €
PÉRIODE D'AMORTISSEMENT DU COÛT INDUIT .... NOMBRE D'UNITÉS À ACHETER SUR CETTE PÉRIODE (PRÉVISIONNEL) ..... unités AMORTISSEMENT .... €/unité
COMPÉTITIVITÉ/ANCIEN ACHAT = (P0 – (Montant négocié + Amortissement)/P0 = ... %

Positionnement des anciens composants sur la matrice risques/profit :

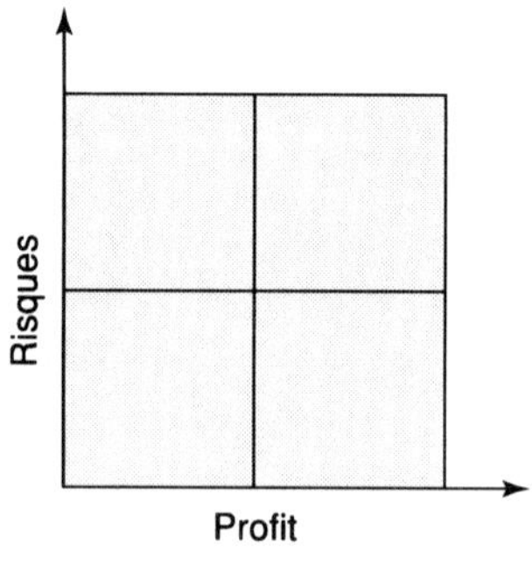

Positionnement du nouvel achat sur la matrice risques/profit :

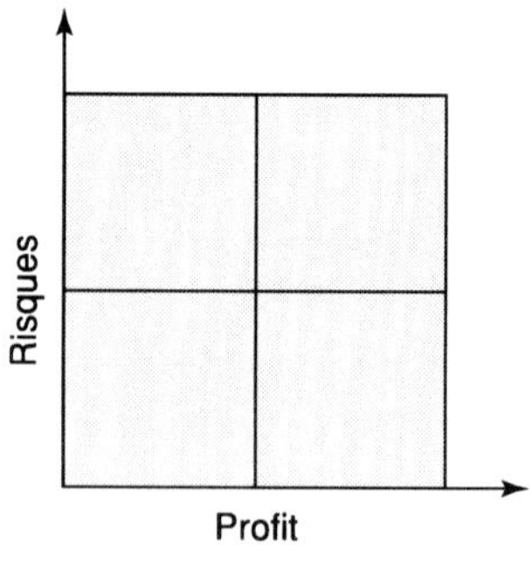

FICHE CONTRAT NOUVEL ACHAT

FAMILLE :	Référence :
Rédacteur :	
Date :	

Le référentiel de prix a été établi en prenant comme base :

- Un coût objectif, défini en commun avec le prescripteur (1)
- Un prix de marché (2)
- Une évaluation des coûts de fabrication du fournisseur (3)
- Une analogie avec un produit acheté précédemment (4)

COÛT OBJECTIF (1)	PRIX DE MARCHÉ (2)	ÉVALUATION (3)	ANALOGIE (4)
Montant référence .... Pour une quantité référence................	Montant référence .... Pour une quantité référence................	Montant référence .... Pour une quantité référence	Dernier montant négocié pour un produit équivalent ....(Dm)
Méthode de calcul du coût objectif et éléments constitutifs	Base de référence du prix de marché • Consultation de... fournisseurs • Consultation de catalogues moins les remises habituelles • Consultation de concurrents à l'achat • Consultation de bases de données professionnelles • Autre.................	Décomposition du montant référence 1-....................... .... Montant.............. 2-....................... .... Montant.............. 3-....................... .... Montant.............. 4-....................... .... Montant.............. 5-....................... .... Montant..............	Principales différences entre le produit équivalent et le produit acheté et chiffrage 1-....................... .... Montant.............. 2-....................... .... Montant.............. 3-....................... .... Montant.............. 4-....................... .... Montant.............. Montant total des différences......(Md) Montant référence Md +/– Dm = ... Pour une quantité référence ....
Commentaires	Commentaires	Commentaires	Commentaires

MONTANT RÉFÉRENCE	€/unité
QUANTITÉ RÉFÉRENCE	

Différences entre l'achat actuel et le montant référence	Nature des différences :
– Changement de tranche de prix par changement de quantités .... €/unité	Ancienne tranche de quantités : .... Nouvelle tranche :......................................
– Montant correspondant aux différences de qualité .... €/unité	Ancienne qualité :..................................... Nouvelle qualité :......................................
– Incidence d'un délai de livraison différent .... €/unité	Ancien délai de livraison :.......................... Nouveau délai de livraison : ....
– Incidence d'un service différent .... €/unité	Ancien service :.. Nouveau service :......................................
– Incidence du délai de paiement .... €/unité	Ancien délai de paiement :......................... Nouveau délai de paiement :.......................
– Autres .... €/unité	Autres : ....
TOTAL DIFFÉRENCES + ou – ...... €/unité	

MONTANT NÉGOCIÉ	€/unité
QUANTITÉ NÉGOCIÉE...	
TOTAL DIFFÉRENCES + ou –	€/unité
MONTANT RÉFÉRENCE + ou – TOTAL DIFFÉRENCES (=P1)	€/unité

Utiliser la fiche établissement de la formule de dérive marché

Formule de dérive marché pour le produit considéré (où P0 représente le prix de la 1re sous-période :

Pmarché = (P0 × (100 – T)/100 + P0 × (k1 MP + k2 SAL + k3 ENER)) × (100 – Gp)/100 = (... × (100 – ...)/100 + ... × (...)) × (100 – ...)/100

Date échéance de la sous-période	P formule de dérive marché = Pm	P négocié = Pn	Suivi de l'évolution des gains = (Pm – Pn)/Pm
Ss période 1			
Ss période 2			
Ss période 3			
Ss période 4			
Ss période 5			
Ss période 6			
Ss période 7			
Ss période 8			
Ss période 9			
Ss période 10			

Récapitulatif de la position de la famille sur la matrice risques/profit (importance stratégique)

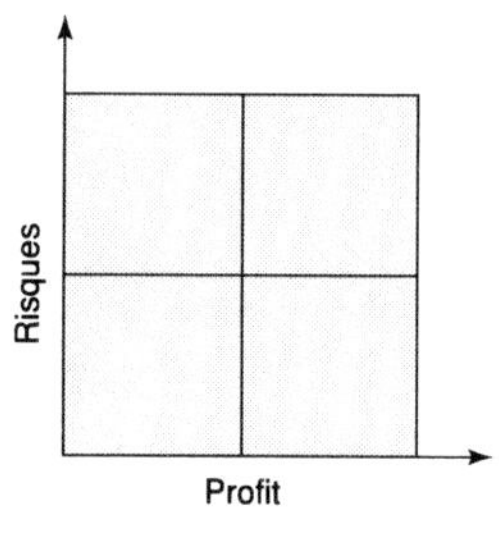

FICHE CONTRAT ACHAT RÉPÉTITIF

FAMILLE :	Référence :
Rédacteur :	
Date :	

Le référentiel de prix a été établi en prenant comme base :

- Un coût objectif, défini en commun avec le prescripteur (1)
- Un prix de marché (2)
- Une évaluation des coûts de fabrication du fournisseur (3)
- Une analogie avec un produit acheté précédemment (4)

COÛT OBJECTIF (1)	PRIX DE MARCHÉ (2)	ÉVALUATION (3)	ANALOGIE (4)
Montant référence .... Pour une quantité référence................	Montant référence .... Pour une quantité référence................	Montant référence .... Pour une quantité référence...............	Dernier montant négocié pour un produit équivalent ....(Dm)
Méthode de calcul du coût objectif et éléments constitutifs	Base de référence du prix de marché • Consultation de... fournisseurs • Consultation de catalogues moins les remises habituelles • Consultation de concurrents à l'achat • Consultation de bases de données professionnelles • Autre.................	Décomposition du montant référence 1-........................ .... Montant.............. 2-........................ .... Montant.............. 3-........................ .... Montant.............. 4-........................ .... Montant.............. 5-........................ .... Montant..............	Principales différences entre le produit équivalent et le produit acheté et chiffrage 1-........................ .... Montant.............. 2-........................ .... Montant.............. 3-........................ .... Montant.............. 4-........................ .... Montant.............. Montant total des différences......(Md) Montant référence Md +/– Dm = ... Pour une quantité référence ....
Commentaires	Commentaires	Commentaires	Commentaires

MONTANT RÉFÉRENCE .... F/unité
QUANTITÉ RÉFÉRENCE ....

Différences par rapport au montant référence :

Différences entre l'achat actuel et le montant référence :	Nature des différences :
– Changement de tranche de prix par changement de quantités .... €/unité	Ancienne tranche de quantités : .... Nouvelle tranche : ....
– Montant correspondant aux différences de qualité .... €/unité	Ancienne qualité : .... Nouvelle qualité : ....
– Incidence d'un délai de livraison différent .... €/unité	Ancien délai de livraison : .... Nouveau délai de livraison : ....
– Incidence d'un service différent .... €/unité	Ancien service : .... Nouveau service : ....
– Incidence du délai de paiement .... €/unité	Ancien délai de paiement : .... Nouveau délai de paiement : ....
– Autres .... €/unité	
TOTAL DIFFÉRENCES + ou – ...... €/unité	Autres : ....

MONTANT NÉGOCIÉ .... €/unité
QUANTITÉ NÉGOCIÉE ....
TOTAL DIFFÉRENCES + ou – .... €/unité
MONTANT RÉFÉRENCE + ou – TOTAL DIFFÉRENCES (=P1) .... €/unité
COMPÉTITIVITÉ/MARCHÉ (P1 – Montant négocié)/P1 = ...%

Utiliser la fiche établissement de la formule de dérive marché

Formule de dérive marché pour le produit considéré :

Pmarché = (P0 × (100 – T)/100 + P0 × (k1 MP + k2 SAL + k3 ENER)) × (100 – Gp)/100 = (… × (100 – …)/100 + … × (…)) × (100 – …)/100

Date échéance de la sous-période	P formule de dérive marché = Pm	P négocié = Pn	Suivi de l'évolution des gains = (Pm – Pn)/Pm
Ss période 1			
Ss période 2			
Ss période 3			
Ss période 4			
Ss période 5			
Ss période 6			
Ss période 7			
Ss période 8			
Ss période 9			
Ss période 10			

Différences par rapport au dernier achat :

Différences entre l'achat actuel et le dernier achat :	Nature des différences :
– Changement de tranche de prix par changement de quantités .... €/unité	Ancienne tranche de quantités :................ Nouvelle tranche :......................................
– Montant correspondant aux différences de qualité .... €/unité	Ancienne qualité :...................................... Nouvelle qualité :......................................
– Incidence d'un délai de livraison différent .... €/unité	Ancien délai de livraison :........................... Nouveau délai de livraison : ....
– Incidence d'un service différent .... €/unité	Ancien service :... Nouveau service :......................................
– Incidence du délai de paiement .... €/unité	Ancien délai de paiement :......................... Nouveau délai de paiement :......................
– Autres .... €/unité	
TOTAL DIFFÉRENCES + ou –...... €/unité	Autres :..

MONTANT NÉGOCIÉ DERNIER ACHAT .... €/unité QUANTITÉ..
MONTANT NÉGOCIÉ DERNIER ACHAT + ou – TOTAL DIFFÉRENCES (=P0)... €/unité
COMPÉTITIVITÉ/DERNIER ACHAT (P0 – Montant négocié)/P0 = ...%

Récapitulatif de la position de la famille sur la matrice risques/profit (importance stratégique)

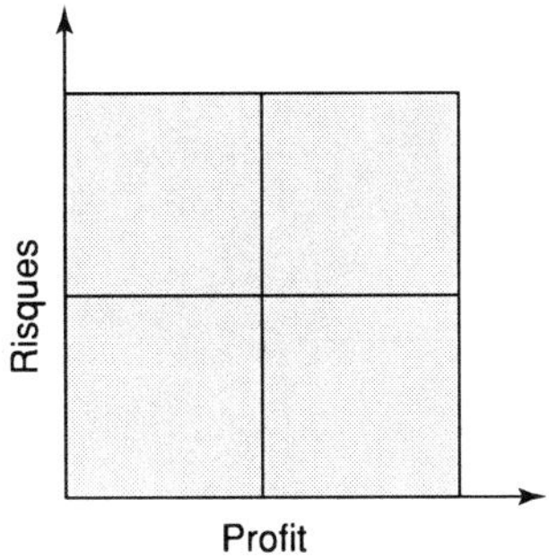

TABLEAU DE REPORTING

FAMILLE :
Rédacteur :
Date :
Référence :

DUREE ☐ trimestre ☐ semestre ☐ année ☐ autres

	Objectifs pour N					Réalisations en N					Prévisions pour N + 1				
Familles	CA achat	CA négociable	CA négocié	gains	% gains[a]	CA achat	CA négociable	CA négocié	gains	% gains[a]	CA achat	CA négociable	CA négocié	gains	% gains[a]
TOTAL															

a. Gains / CA négociable

CHAPITRE 6

L'audit de la fonction achats

1. DÉFINITIONS

► Audit

« L'audit est l'examen par un professionnel compétent et indépendant, en vue de l'expression d'une opinion motivée sur la régularité, la sincérité et l'efficacité d'une information ou d'une série d'opérations d'une entreprise par référence à des critères de qualité. »

Une deuxième définition peut être : « L'audit consiste en une observation, examen, analyse de faits, situations et informations par rapport à des référentiels internes (la politique de l'entreprise) ou externes (la réglementation) de manière à mettre en évidence des écarts ou dysfonctionnements, en rechercher les causes et les conséquences en terme de risques et de coûts, permettant ainsi à l'auditeur de présenter dans un rapport des avis et recommandations à court et moyen terme ».

L'audit peut être interne, financier, opérationnel, stratégique, d'efficacité ou de conformité.

Une autre façon de présenter cette démarche est la suivante : « L'audit est un examen méthodologique et indépendant en vue de déterminer si les activités et les résultats relatifs à l'acte d'achats satisfont aux dispositions préétablies et si ces dispositions sont mises en œuvre de façon efficace et apte à atteindre les objectifs ».

L'audit doit permettre aux entités responsables des activités examinées, d'atteindre et de rester dans la situation idéale qui est celle où la double conformité résultats-moyens est vérifiée sachant que les dispositions préétablies comme les objectifs sont soumis à des évolutions.

Cet ouvrage n'a pas pour but de présenter les méthodes d'audit généralement employées par les organismes compétents, mais plutôt de permettre à un responsable d'achats de vérifier le fonctionnement de son activité par rapport à un référentiel de bonnes pratiques : c'est « le diagnostic ».

▶ Diagnostic

À partir de la définition ci-dessus, nous considérons le diagnostic comme :

- une vue objective de l'organisation achats de l'entreprise,
- un outil de progrès et de motivation.

Le diagnostic décrit ci-après comporte deux dimensions :

- diagnostic qualitatif,
- diagnostic quantitatif.

Par ailleurs, il doit tenir compte de l'évolution actuelle et prévisionnelle de la fonction achats.

2. ÉVOLUTION DE LA FONCTION ACHATS

Nous avons tout au long de cet ouvrage montré les différentes stratégies, techniques et méthodes à employer par les acheteurs pour créer de la valeur pour l'entreprise, et avons également abordé les organisations futures.

Les axes majeurs d'évolution de la fonction achats sont les suivants :

- **Les achats hors production.** Dans la plupart des comptes de résultats des entreprises, les achats dits « hors production » (concrètement les comptes 61 et 62 de la comptabilité générale représentent entre 50 et 100 % des achats de production). Ce gisement de profit généralement sans risque, car ces produits, prestations ou services sont généralement « non revendus », est déjà bien entamé par ce que nous appelons l'**e-achat.** Aujourd'hui les opérateurs présents sur le marché sont en nombre réduit et de plus en plus compétents. Heureusement car ce marché, très lucratif, avait généré de nombreux nouveaux entrants sans aucune compétence achats. Malgré tout, la diversité des familles d'achats (depuis la maintenance jusqu'aux télécommunications en passant par l'intérim, les transports, la publicité...) est telle que l'e-achat continuera son expansion dans la prochaine décennie.

- **L'organisation.** Les organisations achats futures ont été développées dans le chapitre correspondant. Disons simplement que notre diagnostic doit tenir compte de cette évolution qui doit tendre vers des structures rentables et de plus en plus performantes.
- **Les projets d'achat.** La diminution de la durée de vie des produits et services finals des entreprises conduit celles-ci à avoir un nombre croissant de projets à gérer (qu'il s'agisse de produits nouveaux ou de produits existants à reconcevoir). Parallèlement, le recentrage des activités produites sur le cœur de métier oblige les entreprises à gérer des projets positionnant les fournisseurs très tôt dans la vie des projets. Il y a donc cohabitation entre les « acheteurs projets » et les « acheteurs familles » (ceux-ci ayant en charge la gestion du panel fournisseurs propre à leurs familles). Cette cohabitation pose le problème du temps que doivent consacrer les différents acteurs à des tâches parallèles.
- **La supply-chain.** La distinction achats-approvisionnements a été de tout temps un point d'organisation dans la fonction achats. Aujourd'hui, l'exigence accrue des clients sur la réactivité (coût, qualité, service) met l'accent sur les flux physiques et les flux d'information. La supply-chain devient ainsi un élément moteur et la négociation globale intégrant tous les paramètres de flux devient une compétence des acteurs de la fonction achats.

En conclusion, tous ces facteurs obligent à faire en permanence le diagnostic de la fonction achats pour l'adapter de manière très réactive.

3. LE DIAGNOSTIC QUALITATIF

Il s'agit de relier la performance achats et un catalogue de bonnes pratiques.

Nous pouvons effectuer cette mesure selon quatre étapes du processus opérationnel :

- l'expression des besoins,
- la connaissance du marché,
- l'application du processus,
- le suivi de l'exécution.

Auxquelles nous ajouterons :

- une grille de satisfaction des clients internes,
- une mesure de la compétence des acteurs de la fonction achats.

▶ Les étapes du processus opérationnel

Elles sont étalonnées selon une échelle de 0 à 3 comme ci-après.

Expression des besoins

0	Il y a rarement des cahiers des charges pour préparer les dossiers de consultation. Les volumes par famille de travaux, fournitures et services sont peu ou pas connus.
1	Les cahiers des charges sont fréquemment la reprise de solutions (ou propositions) émanant d'un fournisseur. On dispose des volumes consommés les années précédentes.
2	Les prévisions d'achats sont connues par segment d'achats, mais ne sont pas systématiquement corrélées avec le fait générateur. • Achats pour produits finals (corrélation avec les prévisions commerciales). • Achats de fonctionnement général (corrélation avec l'évolution des structures et de l'organisation). • Achats d'investissement (corrélation avec l'équilibre capitaux employés/ressources financières). Les fournisseurs sont généralement consultés sur la base de cahiers des charges techniques.
3	Les prévisions d'achats sont connues et : • corrélées et validées par les fonctions concernées, • consolidées entre les différentes unités et positionnées dans le temps, • définies par un seuil minimum et une fourchette positive (heures formation + 10 % fournitures informatiques : k€ + 5 %). Les cahiers des charges sont établis sur la base de : • l'analyse fonctionnelle, • des coûts objectifs (ou budgétés). Ils sont systématiquement comparés aux standards du marché. Le taux d'échange est fréquemment utilisé vis-à-vis des critères d'appréciation (recherche systématique de variantes).

Connaissance du marché

0	Vous utilisez Internet pour obtenir des informations sur le marché. Un fichier fournisseurs existe, mais il n'y a pas une cartographie mise à jour entre segments d'achats/Fournisseurs/Enjeux éventuellement fonctions utilisatrices.

.../...

.../...

1	Vous connaissez et demandez systématiquement le ratio : • **Chiffre d'affaires traité (ou objet de la consultation) avec le fournisseur,** • Chiffre d'affaires global du fournisseur. Vous avez, pour mieux communiquer avec le marché, construit une « plaquette achats » (décrivant notamment votre métier, vos activités, vos besoins qualitatifs et quantitatifs).
2	Il y a une procédure active et formalisée d'évaluation des fournisseurs basée sur 5 ou 6 critères en vue de l'inscription de ceux-ci au panel fournisseurs. Vous connaissez vos concurrents directs et indirects à l'achat (et notamment pour ces derniers leur métier d'appartenance et la rentabilité sectorielle).
3	Vous connaissez la filière (notamment technologique) sur laquelle se situe le marché fournisseurs ainsi que les facteurs d'influence de celui-ci (fournitures et services de substitution, nouveaux entrants, contraintes réglementaires). Vous connaissez, à partir d'une décomposition sommaire (matières premières, valeur ajoutée industrielle), l'élément déterminant du prix du marché. Les stratégies d'achats sont définies et mises en œuvre à partir d'un outil « marketing achats ».

APPLICATION DU PROCESSUS (consultation, négociation, contractualisation)

0	Vous connaissez le prix de la fourniture (le service) au moment du lancement de la procédure de consultation. Vous négociez commercialement sur la base d'une négociation faite ailleurs. Plus de 50 % de vos achats en valeur sont traités par vous uniquement aux plans administratif et contractuel.
1	Vous utilisez systématiquement une grille d'analyse multicritères des propositions (avec coefficients de pondération et règles de décroissance par critère). Il existe une procédure formalisée distinguant : • demande d'achat (aboutissant à un acte d'achat), • demande d'informations (techniques notamment), • demande de prix (obtention d'une cotation rapide pour une première estimation). Il existe une procédure de définition du besoin par binôme prescripteur/acheteur ou par groupe projet et elle est appliquée.

.../...

.../...

2	Il existe une procédure « groupe projet » associant notamment marketing, études, méthodes, achats/qualité et elle est appliquée. Vous utilisez systématiquement l'échiquier pour préparer vos négociations. Vous négociez dans un contexte mondial. Vous connaissez votre style et celui de votre interlocuteur dans la négociation.
3	Vous négociez en utilisant le « price model » de la fourniture (service) que vous souhaitez acquérir. Le pourcentage de vos achats couverts par des contrats cadres pluriannuels augmente significativement. Vous raisonnez systématiquement en coût global d'acquisition (TCO) en distinguant le prix figurant au contrat, le prix du règlement notamment intégrant l'indexation et le TCO.

Suivi de l'exécution

0	Les achats (jusqu'aux contrats inclus) et les approvisionnements ne sont pas clairement séparés (responsabilités, rattachement hiérarchique). Les litiges sont traités généralement par les achats, mais de manière non formalisée (exemple : la méthode causes-effets, n'est pas appliquée).
1	Il existe une procédure active définissant et distinguant livraison, recette, admission et réception et reliant celles-ci au contrôle factures fournisseurs. Il y a une mesure systématique de la performance des fournisseurs (taux de service global).
2	Vous avez mis en place des procédures de délégation de contrôle pour des fournitures récurrentes (achats de production). La mesure de performance des fournisseurs est reliée systématiquement à la décision de maintien (ou pas) du fournisseur au panel fournisseurs. Des conventions logistiques (traitant les flux physiques et les flux d'information ; ces derniers sous forme de prévisions glissantes) sont signées et appliquées avec les fournisseurs stratégiques.
3	Il existe une procédure active et formalisée pour la mesure de la satisfaction des clients internes. Vous demandez et obtenez fréquemment de la part de vos fournisseurs des plans de progrès (ceux-ci étant définis et priorisés par grands domaines).

▶ La grille de satisfaction des clients internes

La grille ci-dessous (à titre d'exemple) permet de mesurer, si elle est remise régulièrement aux utilisateurs, la satisfaction des clients internes. Cette dimension est importante dans la mesure où elle fournit au directeur des achats les raisons d'un taux de pénétration des achats insuffisant.

On appelle « taux de pénétration » le ratio des achats traités par le service achats sur l'ensemble des achats de l'entreprise. C'est en quelque sorte le **capital de réputation** des acheteurs dans l'entreprise.

	Tout à fait d'accord	Plutôt d'accord	Pas tout à fait d'accord	Pas d'accord
	3	2	1	0
1. La fonction achats a été très présente et active dans la phase « expression du besoin », élaboration du cahier des charges.				
2. Le dossier de consultation (notamment à travers le cahier des charges et les ouvertures à variantes) a bien pris en compte vos attentes.				
3. Le panel fournisseurs proposé par la fonction achats vous a apporté des idées (solutions) nouvelles.				
4. Les propositions des fournisseurs vous ont satisfait parce qu'elles répondaient à vos besoins et en outre proposaient des variantes innovantes.				
5. Le délai du processus achats (de la demande d'achat à la signature du contrat) a été respecté.				

	Tout à fait d'accord	Plutôt d'accord	Pas tout à fait d'accord	Pas d'accord
	3	**2**	**1**	**0**
6. L'analyse comparative des propositions reçues telle qu'établie par la fonction achats vous a permis de faire un choix pertinent.				
7. Les conditions commerciales imposées (ou négociées) par la fonction achats ont constitué un frein dans la relation avec le fournisseur.				
8. En cours d'exécution, le fournisseur s'est comporté comme un véritable partenaire en anticipant sur les difficultés et en vous informant suffisamment tôt.				
9. Le fournisseur a accepté des écarts par rapport à ce qui avait été contractuellement convenu (variations sur quantités, sur délais de livraison...).				
10. La fonction achats a été globalement efficace sur l'ensemble du processus achats.				

Si le résultat est supérieur à 25 : la fonction achats répond bien aux exigences des utilisateurs.

Un résultat situé entre 18 et 25 nécessite un plan de progrès quant aux pratiques d'achats.

Une étude approfondie à partir d'interviews est nécessaire à la compréhension du dysfonctionnement.

▶ Mesure de la compétence des acteurs de la fonction achats

Nous définissons 3 unités de compétences :

COMPÉTENCES TECHNIQUES
Elles reposent sur la chaîne de valeurs achats. Ces compétences concernent les savoirs initiaux, acquis par l'étude théorique, et/ou par la pratique. Ce sont des savoirs de base sans lesquels on ne peut exercer la fonction valablement. Ces savoir-faire de base se transforment au fil de l'expérience en compétences pratiques. Celles-ci concernent la mise en œuvre des savoirs acquis et détenus par le professionnel dans la pratique quotidienne. Elles font référence à des apprentissages ou à des leçons tirées de l'expérience.
COMPÉTENCES RELATIONNELLES
Dans l'exercice de la fonction elles concernent l'aspect relationnel, qu'il soit défini sous un angle « présentiel » ou non, et aussi bien en interne (hiérarchie, services connexes, savoir être vis-à-vis de l'ensemble des acteurs de l'entreprise) qu'en externe (fournisseurs, confrères, médias et membres de la profession). Elles expriment la capacité du professionnel à gérer au mieux ces relations et à construire un réseau réunissant des compétences complémentaires. En particulier, ces compétences se maximalisent avec l'expérience et la capacité des acteurs à évoluer dans des stratégies de fidélisation des fournisseurs dans un domaine interculturel en intégrant toutes les dimensions du développement durable.
COMPÉTENCES COGNITIVES
Elles traitent de l'acquisition, en continu, et de la capitalisation des savoirs acquis par l'étude théorique (par exemple, par la formation continue), ou de la formalisation de ces savoir-faire ou savoir être acquis par l'expérience. Elles peuvent se matérialiser par la capacité à transmettre ces savoirs à des acteurs moins expérimentés, ou à fixer des objectifs professionnels dits « écologiques », c'est-à-dire cohérents avec les pratiques et usages professionnels dans un environnement interculturel.

Ensuite, nous définissons un niveau de compétences selon une notation de 1 à 5.

Niveau 1
C'est le niveau débutant. Les actes professionnels doivent impérativement être cadrés par un acteur plus expérimenté.
Aucun objectif, aussi bien qualitatif que quantitatif, n'est formulé.
Dans ce contexte, le rôle du professionnel est un rôle d'assistant ou d'aide sous forme d'une ressource complémentaire.

.../...

.../...

Niveau 2 Le savoir-faire est acquis à partir d'un programme de formation, de lectures, etc. Le professionnel est en cours d'apprentissage du métier. L'entreprise investit sur cet acteur à potentiel de progrès identifié. Dans ce contexte, son rôle est celui d'un assistant, mais n'a aucune responsabilité dans le processus.
Niveau 3 L'apprentissage du métier est réalisé. Le professionnel a acquis les concepts, outils et méthodes lui permettant de travailler seul selon les directives de sa hiérarchie qui lui fixe ses objectifs tant qualitatifs que quantitatifs. La phase de professionnalisation est en cours à partir d'expériences qui doivent lui permettre de s'approprier pleinement les savoir-faire du domaine.
Niveau 4 Il s'agit d'un très bon niveau de professionnalisme permettant de : – fixer les objectifs créant de la valeur pour l'entreprise, – être responsable des actes vis-à-vis de la hiérarchie, – être force de proposition en interne pour améliorer la prestation attendue, – régler les litiges et minimiser les risques d'approvisionnement, – intégrer les éléments relationnels dans la prestation attendue par l'entreprise.
Niveau 5 C'est le niveau « expert ». En plus du niveau 4, le professionnel doit être capable de : – communiquer, en interne, ses démarches de progrès, – former les débutants avec des approches pertinentes dans le domaine concerné, – conseiller l'ensemble des acteurs de l'entreprise sur les bonnes pratiques d'achats et les mettre en œuvre.

Enfin, des domaines de compétences sont déterminés dans le but de satisfaire au bon fonctionnement de l'entreprise.

Processus et nouvelles technologies	Maîtrise le processus d'achats depuis l'expression du besoin jusqu'à la satisfaction du client final. Inscrit le processus d'achat dans une démarche de qualité totale (Assurance Qualité aux Achats) fédérée par un manuel des achats. Est capable, à partir d'une démarche stratégique élaborée par les acheteurs amont, de faire des choix et de critiquer les tactiques à adopter, notamment sur le choix d'une démarche soit en présentiel, soit en ligne. S'assure de la pertinence des prévisions, en évitant la dispersion des achats entre les différentes unités du groupe et provoque les actions de standardisation.

.../...

.../...

Interface et négociation	Construit les moyens de collaborer efficacement avec tous types d'acteurs (aussi bien en interne qu'en externe). Est capable de « vendre » ses actes, et plus particulièrement la fonction achats en interne. Fait preuve d'adaptabilité et recherche l'atteinte de ses objectifs dans une logique « long terme ». Comprend les enjeux stratégiques et sait les mettre en perspective avec les mesures à court terme, pour négocier dans des conditions optimales.
Environnement interculturel	A de l'intérêt et des sources de savoir quant aux contextes susceptibles d'influer sur ses choix : économique (conjoncture, tendances, quotas, réglementations, concurrence à l'achat), culturel (usages et coutumes, communication infraverbale et non-dits, utilisation du temps, proxémie, prise de décision, modes pour convaincre, comportement social), géographique (climat, modes de vie), développement durable (éthique, commerce équitable, environnement). Prend en compte les différences culturelles dans toutes ses approches client/fournisseur, aussi bien lors des contacts que dans les relations durables.
Anticipation, veille technico-commerciale	Anticipe, en se fondant sur les études de marchés aussi bien de l'offre que de la demande, son intuition et sa connaissance du domaine, pour atteindre ses objectifs sans risque de rupture d'approvisionnement mettant en péril la vie de son entreprise. Propose en interne, les produits de substitution issus des nouveaux entrants sur le marché. Informe l'entreprise sur les démarches effectuées auprès du panel des fournisseurs, par les concurrents à l'achat.
Diagnostic et stratégies d'achat	Sait émettre un diagnostic de la situation des approvisionnements pour un projet défini ou un exercice annuel. Est capable de mettre en place des stratégies d'achats différenciées par famille de produits dans le but d'atteindre les objectifs fixés. Propose la bonne politique d'achat compte tenu de l'environnement et de la position concurrentielle de l'entreprise. Propose les bonnes approches client/fournisseur compte tenu du pouvoir de négociation dont dispose l'entreprise pour chaque achat de prestation, produit ou service. Met en place toute action de progrès permettant d'améliorer le pouvoir de négociation pour les achats futurs. D'une manière générale, recherche toute action permettant de créer de la valeur pour l'entreprise.

.../...

…/…

Management	Conduit une équipe et des collaborations qui ont pour finalité la création de valeur pour l'entreprise à partir de démarches achats. Est capable de fixer des objectifs aussi bien qualitatifs que quantitatifs à son équipe, de déléguer le processus et d'en assurer la bonne marche. Communique à son équipe les éléments de politique générale de l'entreprise et les éventuels changements d'organisation impactant sur le quotidien des acteurs. Assure la formation des acteurs de son équipe dans un double but : – le progrès permanent de son activité, – le bon déroulement de carrière des acteurs. Conseille les membres de son équipe sur les bonnes pratiques d'achats à observer au cas par cas. Met en place les tableaux de bord de l'activité achats. Élabore les règles de déontologie et en assure la bonne application dans son service
Pilotage et gestion	Élabore le tableau de bord stratégique de l'activité achats. Assure la bonne coordination des actions des différents services par rapport aux pratiques d'achat mises en œuvre par l'Assurance Qualité aux Achats. Assure la bonne communication « produits » en interne (utilisation de l'Intranet, d'un ERP…) Pilote l'activité au quotidien à l'aide d'indicateurs pertinents (qualité, respect des délais fournisseurs…). Utilise ces éléments s'ils sont élaborés par un manager achats ou un chef de projets achats.

Ces éléments nous aident à établir un référentiel qui permet de diagnostiquer la bonne adéquation entre les compétences requises et celles actuellement disponibles dans la fonction achats.

On trouvera ce référentiel page suivante.

LE RÉFÉRENTIEL COMPÉTENCES

Compétences requises pour la fonction « d'acheteur senior »

Domaine de compétence	Définition des compétences	Unité de compétence	Niveau requis
Diagnostic et stratégies d'achats	Est capable de réaliser des études de marché aussi bien de l'offre que de la demande. Comprend les différentes stratégies d'achats élaborées par un acheteur leader ou un responsable de projet d'achats, et les met en œuvre. Est capable de visualiser le portefeuille de ses achats.	**Technique**	**3**
	Construit un réseau relationnel interne et externe dans un objectif de relations durables. Assure la bonne relation de long terme avec son panel fournisseurs, et ceci selon les règles de déontologie élaborées par le directeur des achats.	**Relationnelle**	**4**
	Capitalise ses actes dans le manuel des achats ou le produit Intranet de l'entreprise. Informe sa hiérarchie à partir d'un reporting régulier.	**Cognitive**	**3**
Anticipation, veille technico-commerciale	Est capable d'avoir une vision claire du marché en étant force de proposition sur les produits nouveaux existant sur le marché ainsi que sur les produits en fin de vie. Également doit pouvoir mesurer son pouvoir d'achat pour optimiser ses négociations.	**Technique**	**3**
	Est capable de maintenir un bon niveau de relations aussi bien en interne qu'en externe pour obtenir toutes les informations nécessaires au bon déroulement de ses investigations.	**Relationnelle**	**4**
	Informe sa hiérarchie à partir d'un reporting régulier.	**Cognitive**	**3**
Interface et négociation	Est capable de mener des négociations de très bon niveau : – Préparer en groupe les futures négociations avec les acteurs concernés, notamment en fixant les objectifs pour chacune des exigences de l'entreprise. – Mettre en place les démarches de négociation, aussi bien sur les achats hors production que de production. – Proposer un outil de reporting de négociation.	**Technique**	**4**

Domaine de compétence	Définition des compétences	Unité de compétence	Niveau requis
	Est capable de conduire les négociations d'achats seul ou en groupe, c'est-à-dire avec l'appui des spécialistes techniques, logistiques.	**Relationnelle**	**5**
	Doit informer sur les bonnes pratiques en termes de négociation, capitaliser et former les acheteurs juniors et les assistants d'achats sur les démarches négociatrices afin que ceux-ci puissent suivre dans de bonnes conditions la vie des contrats négociés.	**Cognitive**	**5**
Environnement interculturel	Sur demande des acheteurs leaders ou du responsable des achats, doit être capable de réaliser un sourcing international pour comparer les offres en coût global.	**Technique**	**4**
	Doit intégrer les dimensions culturelles de la négociation internationale : – Métaprogramme et stéréotypes interculturels. – Us et coutumes, notamment sur les prises de contact. – Approche négociatrice. – Fiabilité, qualité, respect des engagements, règlement des litiges…	**Relationnelle**	**4**
	Doit capitaliser ses expériences interculturelles.	**Cognitive**	**3**
Processus et nouvelles technologies	Tous les actes constituant la chaîne de valeurs achats doivent être parfaitement assimilés. Doit être capable d'aider efficacement à la rédaction d'un manuel des achats et s'inscrire dans une démarche de qualité totale. Le choix des fournisseurs au panel doit être réalisé selon une méthodologie qu'il doit exposer à sa hiérarchie. Doit être capable d'utiliser les outils actuels d'enchères inversées et d'e-procurement.	**Technique**	**4**
	Doit tisser des relations internes plus que satisfaisantes pour « vendre » sa prestation et raisonner en coût global.	**Relationnelle**	**5**
	Doit être capable de mesurer la satisfaction des clients internes et de proposer les plans de progrès adaptés.	**Cognitive**	**4**

Domaine de compétence	Définition des compétences	Unité de compétence	Niveau requis
Pilotage et gestion	Il applique le mode de gestion mis au point par la direction des achats, et éventuellement propose des axes d'amélioration dans le cadre de son quotidien.	**Technique**	**3**
Management	Ce n'est pas la tâche prioritaire de l'acheteur, mais il doit seulement adhérer au style de management de sa hiérarchie.	**Relationnel**	**3**

Compétences requises pour la fonction « d'acheteur leader ou responsable d'achats »

Domaine de compétence	Définition des compétences	Unité de compétence	Niveau requis
Diagnostic et stratégies d'achats	Est capable de réaliser des études de marché aussi bien de l'offre que de la demande. Propose les différentes stratégies d'achats à mettre en œuvre au titre d'un projet ou au titre de la politique générale de l'entreprise dans un souci de création de valeur. Développe sa capacité de synthèse. Prend de la hauteur par rapport au processus d'achats. Fait des projections étayées sur le devenir de la situation des approvisionnements.	**Technique**	**5**
	Construit un réseau relationnel interne et externe dans un objectif de relations durables. Assure la bonne relation de long terme avec son panel fournisseurs et les acheteurs de la fonction, et ceci selon les règles de déontologie élaborées par le directeur des achats.	**Relationnelle**	**4**
	Doit informer et former les acheteurs aux différentes techniques marketing et stratégies d'achats.	**Cognitive**	**4**
Anticipation, veille technico-commerciale	Fait de l'observation une source d'information méthodique sur ce que recèle le marché d'innovations. Sait détecter les tendances, pressentir les adaptations à réaliser pour tenir compte de la durée de vie des produits, activités ou services à acheter et convaincre de ses idées et choix. Se soucie de l'éthique en raisonnant en permanence à partir des éléments du développement durable.	**Technique**	**5**

Domaine de compétence	Définition des compétences	Unité de compétence	Niveau requis
	Est capable de maintenir un bon niveau de relations aussi bien en interne qu'en externe pour obtenir toutes les informations nécessaires au bon déroulement de ses investigations.	**Relationnelle**	**4**
Interface et négociation	Est capable de mener des négociations de très haut niveau, et ceci dans un but de globalisation : – Préparer en groupe les futures négociations avec les acteurs concernés en fixant notamment les objectifs pour chacune des exigences de l'entreprise, et ceci dans une démarche de négociation centralisée pour l'ensemble de l'entreprise ou des unités d'un groupe d'entreprises. – Mettre en place les démarches de négociation, aussi bien sur les achats hors production que de production. Se positionne comme la personne de référence pour suivre les étapes d'une action.	**Technique**	**5**
	Est capable de conduire les négociations d'achat seul ou en groupe, c'est-à-dire avec l'appui des spécialistes techniques, logistiques… Optimise ses capacités à intervenir dans des domaines nécessitant de la polyvalence. Gère des informations multiples, comme la dispersion des achats et argumente en interne pour globaliser les achats.	**Relationnelle**	**4**
	Formalise ses idées sous forme de dossiers d'expert pour argumenter auprès de la direction générale.	**Cognitive**	**4**
Environnement interculturel	Optimise en permanence sa capacité à intégrer la dimension interculturelle dans toutes ses approches. Est capable de mener à bien des études de délocalisation de produits, activités ou services.	**Technique**	**4**
	Doit intégrer de manière très professionnelle les dimensions culturelles de la négociation internationale : – Métaprogrammes et stéréotypes interculturels – Us et coutumes, notamment sur les prises de contact – Approche négociatrice – Fiabilité, qualité, respect des engagements, règlement des litiges…	**Relationnelle**	**5**
	Est capable de former les acheteurs aux achats internationaux sous toutes leurs formes.	**Cognitive**	**4**

Domaine de compétence	Définition des compétences	Unité de compétence	Niveau requis
Processus et nouvelles technologies	Toutes les étapes du processus d'achat doivent parfaitement être maîtrisées. À ce niveau, l'acheteur leader ou le responsable d'achat doit prendre de la hauteur en proposant des démarches adaptées à l'entreprise.	**Technique**	**4**
	La communication interne doit être le point fort de l'acheteur leader ou du responsable d'achats.	**Relationnelle**	**5**
	Doit être le « référent » au sein de la fonction achats et des fonctions connexes.	**Cognitive**	**4**
Pilotage et gestion	Applique la politique générale de l'entreprise et construit les tableaux de bord de l'activité achats. Le responsable d'achats, que ce soit d'une famille de produits ou de l'ensemble d'un service, doit être capable de faire un diagnostic de son activité et de mettre en place les plans de progrès correspondants. Construit le référentiel des bonnes pratiques à utiliser dans son activité.	**Technique**	**5**
Management	Organise la fonction achats en cohérence avec les services connexes. Pour ce faire, il doit être capable de faire l'audit de l'activité achats et d'en dégager des axes de progrès.	**Technique**	**3**
	Élargit son champ d'action en s'appuyant sur la collaboration de son équipe. Est l'interlocuteur privilégié du directeur des achats ou de la direction générale.	**Relationnelle**	**3**
	Enrichit sa gamme d'outils managériaux pour construire sur sa pratique. S'approprie les méthodes novatrices pour motiver son équipe.	**Cognitive**	**2**

Compétences requises pour la fonction de « acheteur junior »

Domaine de compétence	Définition des compétences	Unité de compétence	Niveau requis
Diagnostic et stratégies d'achats	Doit comprendre les enjeux de la fonction achats avec sa problématique. Des notions de marketing et stratégies d'achats sont requises pour comprendre les différentes décisions prises par les responsables d'achats.	**Technique**	**1**
Anticipation, veille technico-commerciale	Doit comprendre ces notions d'anticipation et de risques de rupture d'approvisionnement.	**Technique**	**1**
	Est capable de maintenir un bon niveau de relations aussi bien en interne qu'en externe pour obtenir toutes les informations nécessaires au bon déroulement de ses actions.	**Relationnelle**	**3**
Interface et négociation	Est capable de préparer des négociations de bon niveau, pour jouer le rôle d'assistant à un acheteur confirmé : – Recherche de l'historique des relations avec le fournisseur, – Recherche de toute information pour assurer une bonne préparation à la négociation, – Constitution du dossier de présentation.	**Technique**	**2**
	L'acheteur junior traite également, en termes de négociation, les achats courants, d'urgence et certains achats hors production. L'acheteur junior doit impérativement tisser un réseau de relations aussi bien en interne qu'en externe. Sa démarche, dans la relation client/fournisseur, doit s'appuyer nécessairement sur une logique « long terme ».	**Relationnelle**	**4**
Environnement interculturel	L'acheteur junior doit, dès ses premières expériences, entrer dans une logique internationale et commencer à en comprendre les enjeux pour la fonction achats.	**Technique**	**1**

Domaine de compétence	Définition des compétences	Unité de compétence	Niveau requis
Processus et nouvelles technologies	Tous les actes constituant la chaîne de valeurs achats doivent être parfaitement assimilés. Doit être capable d'aider efficacement à la rédaction d'un manuel des achats et s'inscrire dans une démarche de qualité totale. Le choix des fournisseurs au panel doit être réalisé selon une méthodologie qu'il doit exposer à sa hiérarchie. L'acheteur junior doit être capable d'utiliser les outils actuels d'enchères inversées et d'e-procurement.	**Technique**	**4**
	L'acheteur junior doit être capable de mesurer la satisfaction des clients internes et de proposer les plans de progrès adaptés.	**Cognitive**	**3**
Pilotage et gestion	Il applique le mode de gestion mis au point par la direction des achats, et éventuellement propose des axes d'amélioration dans le cadre de son quotidien.	**Technique**	**3**
Management	Ce n'est pas la tâche prioritaire de l'acheteur junior, mais il doit seulement adhérer au style de management de sa hiérarchie.	**Relationnelle**	**3**

Compétences requises pour la fonction de « directeur des achats »

Domaine de compétence	Définition des compétences	Unité de compétence	Niveau requis
Diagnostic et stratégies d'achats	Maîtrise l'ensemble des stratégies d'achats permettant de créer de la valeur pour l'entreprise. Propose et argumente ces stratégies en comité de direction et identifie les ressources pour la mise en œuvre de ces leviers de gain. Fait des propositions étayées sur le devenir de la situation des approvisionnements. Participe aux grandes décisions de l'entreprise en amenant la valeur ajoutée « achats ».	**Technique**	**5**
	Construit un réseau relationnel interne et externe au niveau des directeurs des autres fonctions de l'entreprise et des directeurs d'achats d'autres entreprises pour mesurer la pertinence de ses actions.	**Relationnelle**	**5**

Domaine de compétence	Définition des compétences	Unité de compétence	Niveau requis
	Doit informer les acteurs de son service des décisions stratégiques prises par la direction de l'entreprise, impactant sur le fonctionnement des achats. Fixe les objectifs stratégiques de son activité. Communique les actions à mener.	**Cognitive**	**5**
Anticipation, veille technico-commerciale	Son réseau relationnel interne doit lui permettre d'anticiper les problèmes d'approvisionnement sur les projets futurs. Doit informer son équipe des éventuels changements futurs. Le directeur des achats doit faire de l'anticipation son « credo ».	**Relationnelle**	**1**
Interface et négociation	Est capable de mener des négociations de très haut niveau et de manager les équipes devant participer aux négociations. Son expérience technique dans ce domaine doit être significative.	**Technique**	**5**
	Est capable d'intervenir dans les domaines nécessitant de la polyvalence. Doit gérer une masse d'informations multiples en provenance de l'ensemble des fonctions de l'entreprise.	**Relationnelle**	**4**
	Doit être capable de faire des reporting de négociation avec ses équipes et d'en dégager des plans de progrès. Prend la responsabilité des négociations en engageant l'entreprise.	**Cognitive**	**5**
Environnement interculturel	Optimise en permanence sa capacité à intégrer la dimension interculturelle dans toutes ses approches. Est capable de prendre des décisions stratégiques impactant les phénomènes sociaux tels que des décisions de délocalisation en intégrant toutes les dimensions liées au développement durable : – éthique, – commerce équitable, – environnement.	**Technique**	**4**
	Doit former et informer les acheteurs de son service à ces problématiques.	**Cognitive**	**4**

Domaine de compétence	Définition des compétences	Unité de compétence	Niveau requis
Processus et nouvelles technologies	Doit être au courant des nouvelles méthodes et outils d'achats. En particulier, il doit avoir la capacité de synthèse lui permettant de faire des choix concernant l'opportunité d'utiliser les nouvelles technologies. Ces choix doivent tenir compte de l'ensemble des paramètres techniques, financiers, humains et organisationnels.	**Technique**	**4**
	Doit être le formateur permanent de son service et faire preuve d'innovation dans ses approches.	**Cognitive**	**4**
Pilotage et gestion	Recueille toutes les informations en interne et construit : – le tableau de bord stratégique des achats à destination du comité de direction pour informer des leviers d'action utilisés dans le cadre des projets, – le tableau de gestion de son service comprenant les indicateurs pertinents de variation de coûts, de délais et de qualité. Propose les actions correctives. Construit le référentiel des bonnes pratiques à utiliser dans son activité.	**Technique**	**5**
Management	Organise la fonction achats en cohérence avec les services connexes. Pour ce faire, il doit être capable de faire le diagnostic de l'activité achats et d'en dégager des plans de progrès. Les thèmes qu'il doit parfaitement maîtriser sont : – l'organisation, – le processus et les bonnes pratiques d'achat, – les ressources humaines, – le système d'information, – la performance des achats, – les perspectives d'évolution de la fonction.	**Technique**	**5**
	Est capable de gérer la population d'acheteurs à partir d'entretiens constructifs visant à une permanente remise en cause, y compris lui-même.	**Relationnelle**	**5**
	Doit en permanence assurer la convivialité, l'assurance et pratiquer une approche motivante du fonctionnement de l'activité.	**Cognitive**	**5**

4. LE DIAGNOSTIC QUANTITATIF

Ce diagnostic quantitatif revêt une grande importance car, pour répondre aux exigences de la direction générale, le directeur des achats aurait tendance à disposer d'un effectif un peu surabondant et d'un excellent niveau. En réalité, il faut se poser le problème de la rentabilité de la fonction achats. Le cas d'un directeur d'achats annonçant lors d'un comité de direction une performance de réduction de coûts d'achats importante et recevant de la part du contrôleur de gestion la mesure du coût de la fonction achats, supérieure aux gains annoncés, est très fréquent.

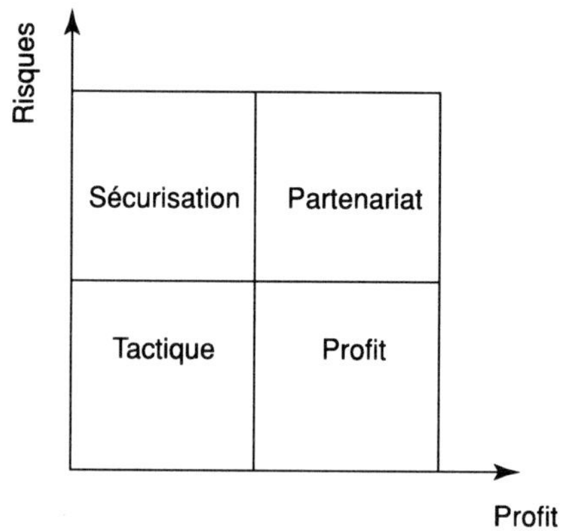

Si donc nous reprenons la matrice stratégique : **Risques/profit,** il est possible de déterminer des profils d'acheteurs capables de mettre en œuvre les stratégies à adopter selon les décisions d'actions prises.

- Dans la région **tactique**, le profil type correspond à un acteur ayant des compétences juridiques, ou tout au moins capable de rédiger des contrats cadres, de traiter les problèmes d'achats courants et une grande propension aux démarches d'achats en ligne et l'utilisation des technologies de type « e-procurement ».
- Dans la région **profit**, le profil type correspond au négociateur, capable de traiter l'ensemble des problèmes liés aux consultations de fournisseurs dans un domaine interculturel. L'outsourcing et la délocalisation des fabrications entrent tout naturellement dans son champ d'activités.
- Dans la région **sécurisation**, les problématiques d'achats nécessitent des contacts internes souvent à haut niveau. Dans les sociétés industrielles, il est bien souvent demandé une compétence technique de

type « ingénieur », ne serait-ce que pour des problèmes de communication interne.
- Enfin, dans la région **partenariat,** la multiplicité des compétences à disposer est telle qu'il convient d'avoir une vue très large sur le fonctionnement de l'entreprise.

Ainsi, après avoir réalisé le diagnostic qualitatif et réfléchi aux stratégies à mettre en œuvre, il devient impossible de traiter l'ensemble des problèmes d'achats, sauf à disposer d'un service « très cher ».

Il convient donc :

- de déterminer la taille et le coût de la fonction achats par rapport à un référentiel,
- d'acheter des compétences additionnelles pour traiter l'ensemble des problèmes d'achats ; c'est le but de **l'organisation à géométrie variable** étudiée précédemment.

▶ Le référentiel quantitatif

Reprenons ici quelques chiffres donnés par une enquête CEGOS mise à jour en 2004 :

Hypothèse : la fonction achats comprend les personnels des services achats et approvisionnement.

Données globales

Effectif de la fonction/effectif total en % (moyenne)	2,04
Dépenses de la fonction/chiffre d'affaires en %	0,62
Dépenses de la fonction/montant des achats en %	1,36
Chiffre d'affaires/salarié de l'entreprise	177 150 €
Valeur ajoutée par salarié de l'entreprise	61 400 €

Remarque sur les données globales

Les achats traités par le service achats représentent 46,9 % du chiffre d'affaires de l'entreprise. En réalité, un certain nombre d'acteurs de l'entreprise traitent également des achats et l'on estime que la valeur réelle des dépenses de l'entreprise est de 65 % du chiffre d'affaires.

Dispersion

– Selon le chiffre d'affaires

Chiffre d'affaires en €	Effectif de la fonction/ effectif total en %	Dépenses de la fonction/ chiffre d'affaires en %
Moins de 30 millions	2,47	1,12
30 à 60 millions	2,40	0,76
60 à 130 millions	1,95	0,60
Plus de 130 millions	1,92	0,54

– Selon le secteur d'activité

Secteur d'activités	Effectif de la fonction/ effectif total en %	Dépenses de la fonction/ chiffre d'affaires en %
Production de biens d'équipement	2,51	0,73
Production de biens intermédiaires	1,78	0,66
Production de biens de consommation courante	1,78	0,49

Indicateurs de coûts des ressources

Répartition des dépenses de la fonction

Frais de personnel	80 %
Dépenses externes de fonctionnement (déplacements, fournitures, téléphone, informatique, bases de données, abonnements)	19 %
Coût moyen de la fonction par personne	53 000 €
Nombre de fournisseurs/effectif de la fonction	85
Coût moyen d'une commande avec la distribution suivante/	31,8 €
– 10 % des entreprises	coût < 20 €
– 50 % des entreprises	coût < 56 €
– 10 % des entreprises	coût > 211 €

Nota

On peut donner un objectif global à la fonction achats, c'est de rapporter 3 à 5 fois ce qu'elle coûte :

1,36 × 3 ou 5 = **4,08 à 6,80 % du montant acheté**

Ces quelques chiffres doivent permettre au directeur des achats de :

- dimensionner les acteurs permanents de la fonction achats (voir le chapitre traitant des organisations achats),
- répartir les activités par rapport au processus d'achats,
- déterminer le niveau d'externalisation et de sous-traitance à réaliser,
- optimiser les coûts de la fonction achats.

À partir de ces données et de la variation dans le temps d'un certain nombre de paramètres, le directeur des achats peut disposer son diagnostic tel que représenté dans les fiches exemples ci-après :

FICHE INDICATEURS D'EFFECTIFS

Indicateurs	Année N	Actions	Année N + 1	Actions correctives
$I_1 = \dfrac{\text{effectif service achats}}{\text{effectif fonction achats}}$				
$I_2 = \dfrac{\text{effectif achats + effectif approvisionnements}}{\text{effectif société}}$				
$I_3 = \dfrac{\text{montant total des achats gérés par le service achats}}{\text{effectif du service achats}}$				
$I_4 = \dfrac{\text{montant total des achats gérés par le service achats}}{\text{effectif de la fonction achats}}$				

FICHE RESSOURCES HUMAINES ET FORMATION

EFFECTIF FIN ANNÉE N

	Responsable Achats RA	Acheteur spécialisé AS	Acheteur ACH	Agent d'Achats AA
Effectif Cible N				
Effectif Réel				
Écart				
Remarques et actions				
Effectif Cible N + 1				

ANALYSE DES TÂCHES (se référer à l'analyse des tâches détaillées page suivante)
(% de temps de travail)

Analyse des tâches	**Management**	**A Marketing**	**B Achats**	**C Suivi**	**D Hors Achat**
Total Cible N					
Total Réel					
Écart					
Remarques et actions					
Total Cible N + 1					

CIBLE (% temps)	**RA**	**AS**	**ACH**	**AA**
Mngt	35	0	0	0
A : Mktg	40	40	20	0
B : Achats	25	40	40	20
C : Suivi	0	20	40	80

FORMATION : Combien reste-t-il de personnes à former et sur quels modules ?

MODULES	**NOMS DES PERSONNES A FORMER**	**NOMBRE**
Tronc Commun		
Travail en groupe		
Aspects juridiques d'un acte d'achats		
Négociation		
Présélection et analyse des coûts		
Achats de bâtiments		
Achats de transport		
Autres		

ANALYSE DES TÂCHES
(% temps de travail)

			Postes							
		Activité Achats	**RA**		**AS**		**ACH**		**AA**	
			Réel	**Cible**	**Réel**	**Cible**	**Réel**	**Cible**	**Réel**	**Cible**
M	**1**	**Management**		**35**		**0**		**0**		**0**
A	**2**	**Analyse du besoin** Formalisation des demandes d'achats								
	3	**Recherche d'informations** Collecte d'informations, enquêtes Recherche de fournisseurs								
	4	**Visites, déplacements** Réception de fournisseurs Visites décideurs, experts								
		Total Tâche A		**40**		**40**		**20**		**0**
B	**5**	**Demande de prix, consultations**								
	6	**Analyse des réponses** Négociations internes/externes								
	7	**Rédaction des marchés**								
		Total Tâche B		**25**		**40**		**40**		**20**
C	**8**	**Saisie bons de commandes**								
	9	**Suivi administratif des marchés**								
	10	**Rapprochement commande/facture/réception**								
	11	**Tenue à jour des fichiers**								
	12	**Téléphone**								
	13	**Classements/Secrétariats**								
		Total Tâche C		**0**		**20**		**40**		**80**
D	**14**	**Réception et distribution** (fournitures)								
	15	**Hors achats** Suivi d'immobilisations, regroupements comptables, trésorerie, suivi consommation EDF, Tél...								
		Total Tâche D		**0**		**0**		**0**		**0**

FICHE INDICATEURS DE VOLUMES D'ACHAT

Indicateurs	Année N	Actions	Année N + 1	Actions correctives
$I_5 = \dfrac{\text{montant des achats gérés par le service achats}}{\text{total des charges de l'entreprise}}$				
$I_6 = \dfrac{\text{nombre de demandes d'achats}}{\text{nombre de commandes}}$				
$I_7 = \dfrac{\text{montant annuel des achats effectués dans le cadre de partenariats contrats ou commandes ouvertes}}{\text{total annuel des achats gérés par le service achats}}$				
$I_8 = \dfrac{\text{montant total des achats à l' étranger}}{\text{montant annuel des achats gérés par le service achats}}$				
$I_9 = \dfrac{\text{montant total des achats de la société}}{\text{chiffre d'affaires ventes de la société}}$				
$I_{10} = \dfrac{\text{nombre d'appels d'offres}}{\text{nombre de commandes}}$				
$I_{11} = \dfrac{\text{nombre de négociations}}{\text{nombre de commandes}}$				

FICHE INDICATEURS DE COÛT DE LA FONCTION ACHATS

Indicateurs	Année N	Actions	Année N + 1	Actions correctives
$I_8 = \frac{\text{coût de la fonction achats}}{\text{total des charges de l'entreprise}}$				
$I_9 = \frac{\text{coût de la fonction achats}}{\text{montant des achats gérés par le service achats}}$				
$I_{10} = \frac{\text{coût salaires et charges de la fonction achats}}{\text{coût de la fonction achats}}$				
$I_{11} = \frac{\text{coût de la fonction achats}}{\text{marge brute}}$				
$I_{12} = \frac{\text{Résultat brut d'exploitation}}{\text{Chiffre d'affaires ventes}}$				
$I_{13} = \frac{\text{Gains sur achats}}{\text{Chiffre d'affaires ventes}}$				
I_{12} = montant moyen d'une commande				
I_{13} = coût de passation d'un contrat				
I_{14} = coût de passation d'une commande				
I_{15} = coût d'une évaluation fournisseurs				
I_{16} = temps de traitement d'une D.A. par le service achats				

FICHE INDICATEURS DE RELATIONS FOURNISSEURS

Indicateurs	Année N	Actions	Année N + 1	Actions correctives
$I_{16} = \frac{\text{mon chiffre d'achats chez un fournisseur sur une famille}}{\text{chiffre d'affaires total du fournisseur sur cette famille}}$				
$I_{17} = \frac{\text{nombre total fournisseurs démarchés}}{\text{nombre total de fournisseurs}}$				
$I_{18} = \frac{\text{nombre de nouveaux fournisseurs}}{\text{nombre total de fournisseurs}}$				
$I_{19} = \frac{\text{montant d'achats de sous-traitance}}{\text{chiffre d'affaires ventes de l'entreprise}}$				
$I_{20} = \frac{\text{montant d'achats à l'étranger}}{\text{montant d'achats géré par le service achats}}$				
$I_{21} = \frac{\text{montant d'achats à l'étranger}}{\text{chiffre d'affaires ventes à l'étranger}}$				
$I_{22} = \frac{\text{montant d'achats géré par le service achats}}{\text{nombre total de fournisseurs}}$				
I_{23} = méthode de travail avec les fournisseurs				

FICHE INDICATEURS DE LITIGES ET RELANCES

Indicateurs	Année N	Actions	Année N + 1	Actions correctives
$I_{24} = \frac{\text{nombre total de litiges qualité à la réception}}{\text{nombre de livraisons reçues}}$				
$I_{25} = \frac{\text{nombre total de litiges qualité sur lignes de production}}{\text{nombre de stocks}}$				
$I_{26} = \frac{\text{nombre total de litiges qualité auprès du client}}{\text{nombre de départs usine}}$				
$I_{25} = \frac{\text{nombre total de litiges prix}}{\text{nombre de factures reçues}}$				
$I_{26} = \frac{\text{nombre total de litiges quantité}}{\text{nombre de livraisons reçues}}$				
$I_{27} = \frac{\text{nombre total de litiges délai}}{\text{nombre de livraisons reçues}}$				
$I_{28} = \frac{\text{nombre de relances}}{\text{nombre de fournisseurs}}$				
$I_{29} = \frac{\text{nombre de litiges}}{\text{nombre de fournisseurs}}$				

FICHE INDICATEURS DE STOCKS

Indicateurs	Année N	Actions	Année N + 1	Actions correctives
$I_{30} = \dfrac{\text{valeur du stock qui n'a pas tourné depuis un an}}{\text{valeur du stock}}$				
I_{31} = taux de rotation des stocks (en nombre de jours de stocks)				
I_{32} = niveau de stock moyen				
I_{33} = nombre de ruptures de stock				
$I_{34} = \dfrac{\text{nombre ruptures de stock ou d'arrêts de production pour cause de retard de livraison}}{\text{nombre de livraisons reçues}}$				

ANNEXES

Guide des bonnes pratiques d'achat

1. Préambule

Ce guide se divise en deux parties distinctes qui correspondent aux deux principales catégories de personnes amenées à utiliser les bonnes pratiques d'achat.

- Le Directeur ou Responsable Achat.
- Les Acheteurs.

Chaque partie comprend :

- Des renseignements à caractère généraux.
- Des renseignements concernant la fonction.
- Des renseignements sur les missions effectuées.
- Des renseignements sur le tableau de bord.
- Des renseignements sur le système d'information.

2. Le directeur Achat

Renseignements généraux concernant la fonction Achat

Votre poste :

Fonction :

Rattachement dans l'organigramme :

Ancienneté dans le poste :

Description du poste (si possible joindre la fiche descriptive du poste) :

Rappel du poste occupé auparavant et antécédents professionnels :

Les Missions

Vos missions :

Les tâches suivantes font-elles parties de vos attributions ? :	**Oui**	**Non**
Élaboration de la politique court, moyen, long terme		
Définition du processus Achat et des procédures Achat		
Définition et mise en place des stratégies Achat		
Définition du budget		
Êtes-vous autonome en ce qui concerne ? :		
La gestion		
La formation		
Le recrutement		

Si vous n'êtes pas autonome sur l'un des trois derniers points, à qui devez-vous vous référer ?

Le service Achat

Rappel du C.A. Achat global de l'entreprise :

Montant et pourcentage des Achats traités par les Achats par rapport au C.A. Achat global (les achats gèrent un Achat lorsque les Achats interviennent de l'expression du besoin jusqu'à la contractualisation) :

Effectif du service Achat : (1) = (2) + (3) + (4)

dont Administratifs (2) :

NOM	ÂGE	FONCTION	CLASSIFICATION

dont Acheteurs (3)

NOM	ÂGE	FONCTION	CLASSIFICATION

dont Approvisionneurs (4) :

NOM	ÂGE	FONCTION	CLASSIFICATION

Nombre de sites que vous gérez pour les Achats :

Localisation des sites et répartition des acheteurs par site :

SITE	ACHETEURS répartition des personnes / sites

Organisation des Achats ? (par famille d'Achat, par groupe fournisseur, par produit final...)

Pratiquez-vous le marketing Achat ? Pouvez-vous nous décrire la méthode employée ?

Utilisez-vous un Cahier des Charges Fonctionnel ?

Les Achats sont-ils impliqués dans des démarches de Conception à Coût Objectif (CCO) lors des lancements de nouveaux produits ?

Description et répartition des familles d'Achat par Acheteur, de la stratégie appliquée pour chaque famille d'Achat :

FAMILLE ACHAT	ACHETEUR	STRATÉGIE	COMMENTAIRE

Montant total et description du portefeuille Achat

TYPE DES ACHATS	NOMBRE DE FAMILLES ET DESCRIPTION DES FAMILLES	MONTANT TOTAL DU CA ACHAT POUR CE TYPE DE FAMILLE
Achat d'investissement		
Achat de travaux neufs		
Achat de composants		
Achat de sous-traitance • Pour produit final • Autres		
Achat de frais généraux et de consommables		
Achat de maintenance (prestation + pièces de rechanges)		
Achat de prestations intellectuelles		

Le tableau de bord Achat

Existe-t-il un tableau de bord qui permet de suivre les performances sur Achat ?

Si oui, quels sont les indicateurs (prix, délai achat...) retenus dans vos tableaux de bord, précisez-les ?

INDICATEURS	COMMENTAIRES

Quelle est la fréquence de remise à jour du tableau de bord ?

Qui se charge de le remettre à jour ?

Comment procède la/les personne(s) responsable(s) de la mise à jour du tableau de bord ?

Système d'Informations Achat

Quel est votre S.I (progiciel intégré ou autre) ?

Existe-t-il un système d'informations « permanent » (ex. : base de données fournisseurs, produits) ?

Existe-t-il un système d'informations variable pour le suivi des processus Achats (ex. : suivi des processus sur le plan des délais Achats) ?

Existe-t-il un système d'information « historique » (ex. : prix, quantité/année) ?

Ces trois systèmes d'informations sont-ils informatisés ?

Le S.I et les commandes :

Comment génère-t-on des commandes grâce à votre système d'informations ?

Pour la génération des commandes, existe-t-il une différence entre les « produits sur catalogue » avec code article et les autres produits sans code (ex. : prestations intellectuelles) ? En ce sens, peut-on commander automatiquement des produits « sur catalogue » par des systèmes de type Internet ou EDI ?

Temps moyen d'une saisie de commande informatique ?

Nombre de lignes pouvant être saisies par commande informatique ?

Part de vos Achats qui sont gérés automatiquement avec un/des fournisseur(s) (Internet/EDI) ? Pouvez-vous préciser le nom du/des fournisseur(s) ?

Points forts du S.I ?

Points faibles du S.I ?

Quelles sont les recommandations que vous feriez concernant le S.I (ex. : nouvelles fonctionnalités que vous aimeriez ajouter au S.I existant) ?

Votre analyse

Point fort du poste :

Point fort du service Achat :

Dysfonctionnements éventuels du poste :

Dysfonctionnements éventuels du service :

Propositions d'amélioration :

Autres :

3. LES ACHETEURS

Renseignements généraux (suite)

Votre poste :

Fonction :

Rattachement dans l'organigramme :

Ancienneté dans le poste et antécédents professionnels :

Description du poste (si possible joindre la fiche descriptive du poste) :

Les responsabilités de ce poste sont-elles clairement définies ?

Nombre de personnes à manager :

NOM	ÂGE	FONCTION	CLASSIFICATION

Le poste

1. Caractéristiques du Poste

Est-ce un poste d'acheteur ou bien un mélange achat/approvisionnement ?

C.A. Achat du poste :

Pourcentage de ce C.A. par rapport au C.A. total du service Achat ?

Schéma de traitement d'une Demande d'Achat, outils utilisés et processus des décisions et des signatures :

2. Description du portefeuille Achat

Nombre total de familles d'Achat dont vous vous occupez :

Nombre de produits pour ce portefeuille :

Connaissance précise des produits, du marché fournisseur :

Nombre de fournisseurs actifs référencés :

Description des types d'Achat de votre portefeuille :

TYPE DES ACHATS	NOMBRE DE FAMILLES ET DESCRIPTION DES FAMILLES	MONTANT TOTAL DU CA ACHAT POUR CE TYPE DE FAMILLE
Achat d'investissement		
Achat de travaux neufs		
Achat de composants		
Achat de sous-traitance • Pour produit final • Autres		
Achat de frais généraux et de consommables		
Achat de maintenance (prestation + pièces de rechanges)		
Achat de prestations intellectuelles		

3. Maîtrise du portefeuille

Comment classeriez-vous les familles d'Achat dont vous vous occupez ?

Achat stratégique (zone de risque et de profit fort dans les analyses de marketing Achat)

MONTANT DU CA	FAMILLE, DESCRIPTION DU PRODUIT	FOURNISSEURS (NOMBRE ET NOMS)	STRATÉGIE APPLIQUÉE ET RELATIONS AVEC FOURNISSEUR	NOMBRE DE COMMANDES OU D'APPEL DE LIVRAISON

Achat spécifié (risque fort, profit faible) : imposition technique de l'amont (BE)
imposition technique de l'aval (clients)

MONTANT DU CA	FAMILLE, DESCRIPTION DU PRODUIT	FOURNISSEURS (NOMBRE ET NOMS)	STRATÉGIE APPLIQUÉE ET RELATIONS AVEC FOURNISSEUR	NOMBRE DE COMMANDES OU D'APPEL DE LIVRAISON

Achat banalisé (zone de risque faible et de profit fort ou faible dans les analyses de marketing Achat, marché concurrentiel)

MONTANT DU CA	FAMILLE, DESCRIPTION DU PRODUIT	FOURNISSEURS (NOMBRE ET NOMS)	STRATÉGIE APPLIQUÉE ET RELATIONS AVEC FOURNISSEUR	NOMBRE DE COMMANDES OU D'APPEL DE LIVRAISON

4. Maîtrise globale du portefeuille

	ACHAT STRATÉGIQUE	ACHAT SPÉCIFIÉ	ACHAT BANALISÉ	TOTAL
nombre de contrats cadres				
nombre d'appels de livraisons				
nombre de commandes ponctuelles				
nombre de livraisons				
nombre de relances pour contrat cadre et appel de livraison pour commandes ponctuelles				
nombre de ruptures				
nombre de litiges prix qualité délai				
nombre de visites fournisseurs				
nombre de fournisseurs				
nouveaux actifs				

Globalement pour votre portefeuille Achat quel est le pourcentage de :

Achat par contrat cadre : %

Achat par commandes ponctuelles : %

Pouvez-vous préciser pour vos contrats cadres leur répartition selon leur durée :

1 an : %

3 ans : %

indéterminé : %

Relations avec les autres Fonctions

Relations que vous avez avec les autres services

Échelle :

1 Bonnes relations professionnelles voire même extraprofessionnelles

2 Assez bonnes relations professionnelles

3 Il y a des litiges fréquents

4 Vous ne côtoyez jamais les personnes de ce service

	1	**2**	**3**	**4**
Commercial				
R & D				
Études et Méthodes				
Production				
Logistique				
Maintenance				
Informatique				
Finance				
Ressources humaines				
Juridique				

L'acte d'Achat

1. Les missions

Décomposition du temps de travail suivant les différentes missions inhérentes à l'acte d'Achat.

MISSIONS	NON	OUI	% PASSÉ À CETTE MISSION EN TEMPS	COMMENTAIRES
Analyse du besoin				
Connaissance du marché fournisseur				
Prospection				
Élaboration de la stratégie d'Achat basée sur les analyses de risque et profit de Marketing Achat				
Consultation formalisée				
Évaluation des fournisseurs				
Négociation				
Élaboration du contrat				
Émission des commandes				
Suivi des commandes				
Relance				
Réception				
Contrôle physique des fournitures				
Contrôle des factures				
Temps de déplacement (visites aux fournisseurs, présence à des salons professionnels)				

Tableau de bord Achat

Existe-t-il un tableau de bord qui permet de suivre les performances des fournisseurs ?

Quels sont les indicateurs retenus dans vos tableaux de bord, précisez-les ?

INDICATEURS	COMMENTAIRES

Quelle est la fréquence de remise à jour du tableau de bord ?

Qui se charge de le remettre à jour ?

Comment procède la/les personne(s) responsable(s) de la mise à jour du tableau de bord ?

Système d'informations Achat

Existe-t-il un système d'informations « permanent » (ex. : base de données fournisseurs, produits) ?

Existe-t-il un système d'informations variable pour le suivi des processus Achats (ex. : suivi des processus sur le plan des délais Achats) ?

Existe-t-il un système d'informations « historique » (ex. : prix, quantité/année) ?

Ces trois systèmes d'informations sont-ils informatisés ? Quel est votre S.I (progiciel intégré ou autre) ?

Le S.I et les commandes :

Comment génère-t-on des commandes grâce à votre système d'informations ?

Pour la génération des commandes, existe-t-il une différence entre les « produits sur catalogue » avec code article et les autres produits sans code (ex. : prestation intellectuelle) ? En ce sens, peut-on commander automatiquement des produits « sur catalogue » par des systèmes de type Internet ou EDI ?

Temps moyen d'une saisie de commande informatique ?

Nombre de lignes pouvant être saisie par commande informatique ?

Part de vos Achats qui sont gérés automatiquement avec un/des fournisseur(s) (Internet/EDI) ? Pouvez-vous précisez le nom du/des fournisseur(s) ?

Points forts du S.I ?

Points faibles du S.I ?

Quelles sont les recommandations que vous feriez concernant le S.I (ex. : nouvelles fonctionnalités que vous aimeriez ajouter au S.I existant) ?

Votre analyse

Point fort du poste :

Point fort du service Achat :

Dysfonctionnements éventuels du poste :

Dysfonctionnements éventuels du service :

Propositions d'amélioration :

Autres :

Les bonnes pratiques Achat

Un questionnaire sur les bonnes pratiques Achat permet de tester les différents acteurs du service Achat et d'évaluer la diffusion de ces bonnes pratiques et les carences éventuelles.

Ce questionnaire a une partie commune à tous les Acheteurs. Il a également été développé une partie qui concerne spécifiquement :

- Les Achats de Matière première.
- Les Achats de sous-traitance.
- Les Achats de prestations ou de services.

- Les Achats sur catalogue.
- Les Achats d'investissement.

La méthode consiste, pour chaque achat significatif, à répondre aux questions posées par oui ou non. Si l'on répond non à une des questions on ne peut pas répondre oui aux questions suivantes ayant attrait à la même catégorie (marché, processus...).

Chaque question est assortie d'une cotation (dans la pratique, elle ne devrait pas être divulguée aux acheteurs et elle peut évoluer dans le temps).

Pour le questionnaire commun la répartition est la suivante :

- Le marché 6 questions ➢ 100 points.
- Le processus 19 questions ➢ 300 points.
- L'expression du besoin 5 questions ➢ 100 points.
- Les approvisionnements 6 questions ➢ 100 points.

Le résultat peut être pris en valeur absolue par rapport à 600 points ou transformé en pourcentage.

On peut adopter la règle simple suivante :

- Jusqu'à 300 points : l'acte d'achat n'est pas pratiqué de manière efficace.
- De 300 à 504 points : la pratique est sur la bonne voie mais des progrès restent à faire.
- Au-delà de 504 points : votre pratique est bonne et votre performance à l'achat doit en découler.
  (504 points représentent 84 % de réponses positives).

QUESTIONS	COTATION	COMMENTAIRES
1. LE MARCHÉ		
1.1. Avez-vous une liste formalisée des prestataires susceptibles de réaliser les prestations ?	10	
1.2. Connaissez-vous les prestations disponibles sur le marché et leurs usages ?	10	– La notion d'usage renvoie à l'aspect fonctionnalité (« C'est fait pour ») et pas uniquement technique. – En croisant 1.1. et 1.2., on doit établir une matrice prestations X fournisseurs potentiels afin de favoriser la mise en concurrence.
1.3. Est-ce que le ratio chiffre d'affaires annuel commandé/chiffre d'affaires annuel du fournisseur concerné (dernier exercice) et son évolution possible sont formalisés ?	15	– Ceci permet de mesurer l'impact des achats sur l'équilibre économique du fournisseur.
1.4. Avez-vous une procédure d'homologation formalisée des fournisseurs ? (qualité, géographie du capital, santé financière, rentabilité, moyens de production, références).	15	
1.5. Connaissez-vous vos concurrents à l'achat ?	25	– Il s'agit d'identifier les acheteurs, utilisateurs de la prestation et d'apprécier votre positionnement comme client cible pour le fournisseur.
1.6. Connaissez-vous l'évolution du marché de ce type de prestation ? (évolution en volume, tendances, nouveaux entrants, ... ?)	25	– On peut ainsi apprécier si la concurrence va s'intensifier ou le contraire et en conséquence d'ajuster sa stratégie d'achat à l'évolution du marché.
2. LE PROCESSUS		
2.1. Connaissez-vous le prix de la prestation au moment de la commande ?	5	– Cela signifie que doivent être prohibés les commandes de régularisation et les achats en dépenses contrôlées.
2.2. Est-ce que l'acheteur a procédé à la négociation commerciale avec le prestataire sur la base d'une consultation faite ailleurs ?	5	

QUESTIONS	COTATION	COMMENTAIRES
2.3. Est-ce que l'acheteur a procédé à une consultation ouverte des fournisseurs à partir d'un cahier des charges ?	10	– Ces trois questions mesurent le degré d'implication de l'acheteur dans le processus.
2.4. Est-ce que l'acheteur a participé à l'élaboration du cahier des charges ?	20	
La sélection		
2.5.1. Est-ce que vous négociez (cherchez à obtenir une remise sur le prix) avec le « moins cher » ou éventuellement le seul consulté ?	5	– La même question peut être posée si l'on a des propositions décomposées (par nature, par destination), et que l'on renégocie sur chaque poste décomposé puis sur le montant global.
2.5.2. Est-ce que vous négociez avec les « moins chers » en réponse à la consultation pour obtenir le mieux disant ?	15	
2.5.3. Avez-vous, sur une consultation comportant un découpage par lot, renégocié lot par lot avant de renégocier le montant global ?	20	
2.6. Avez-vous traité cet achat sous forme de contrats cadres ou de contrat pluriannuels ?	20	– L'objectif est de tendre grâce au découpage du cahier des charges vers l'offre idéale qui serait la somme des moins disants (chaque lot ou chaque décomposition).
2.7.1. Connaissez-vous, à partir d'une décomposition sommaire, l'élément déterminant du prix du marché ?	5	– Il s'agit de repérer : • une matière (évoluant sur un marché mondial), • une qualification précise « pesant » sur le coût main-d'œuvre, • un taux machine déterminant (amortissement, taux d'emploi).
2.7.2. Connaissez-vous le coût complet d'acquisition de la prestation et sa décomposition ?	15	– Il s'agit de la décomposition <u>par destination</u> (études, préfabrication, part matières achetée, transports, manutention, ...).

QUESTIONS	COTATION	COMMENTAIRES
2.7.3. Avez-vous une idée précise avant la négociation avec le fournisseur de la décomposition de son prix de vente? (marge nette, frais généraux, valeur ajoutée industrielle, consommation intermédiaire avec un éclairage charges fixes/variables.)	30	– Il s'agit de la décomposition par nature qui est la seule que l'on peut plus ou moins rapprocher des données comptables de l'entreprise.
2.8. Avez-vous un plan formalisé accepté contractuellement par le fournisseur de réduction de ses coûts de production avec partage des gains (éventuellement avec une contrepartie: promesse de volume, engagement sur la durée, ...)?	50	
La négociation		
2.9. Participez-vous aux négociations?	15	– L'objectif est de savoir si l'acheteur a un rôle passif ou actif lors de l'acte d'achat.
2.9.1. Préparez-vous la négociation en définissant les enjeux, les risques et les opportunités?	20	– Il s'agit de repérer si l'acheteur possède la technique de la négociation.
2.9.2. Menez-vous la négociation?	15	– Il s'agit de vérifier que s'il participe à la négociation, l'acheteur est bien le leader dans cette étape.
2.9.3. Définissez-vous une stratégie et une tactique de négociation?	20	– Il s'agit de vérifier que l'acheteur sait précisément où il veut aller dans la négociation et que ses objectifs sont définis en terme de stratégie et de leviers d'actions opérationnels.
2.9.4. Reconnaissez-vous le style de l'autre?	10	
2.9.5. Connaissez-vous votre style?	10	
2.9.6. Négociez-vous dans un contexte international?	10	

QUESTIONS	COTATION	COMMENTAIRES
3. L'EXPRESSION DU BESOIN		
3.1. Est-ce qu'il existe un document tel que cahier des charges ou spécification fonctionnelle ?	5	– Il faut définir le besoin d'achat en terme de fonction et non de moyens. – Lorsque la prestation peut en faire l'objet, il faut obtenir un découpage obligatoire du cahier des charges en lots indépendants, chiffrés séparément et sous la même forme (chaque lot doit avoir un montant estimé inférieur à 40 % du total).
3.2. Avez-vous une connaissance des standards du marché c'est-à-dire du type de prestation la plus fréquemment achetée donc vendue sur le marché ?	15	
3.3. Essayez-vous de transformer le besoin d'achat en besoin pouvant être satisfait par un standard du marché ?	25	– On peut éventuellement chercher à découper le besoin global en sous ensembles standards et disponibles sur le marché.
3.4. Une évaluation technique du cahier des charges a-t-elle été pratiquée et est-elle formalisée pour soit valider le cahier des charges, soit justifier l'adéquation entre le besoin exprimé par le cahier des charges et le résultat à obtenir ?	25	
3.5. Connaissez-vous les incidences directes et indirectes des variations techniques de la prestation sur le prix de celle-ci ?	30	– L'objectif est que l'acheteur, d'une part, participe à l'élaboration du cahier des charges, d'autre part, mesure le « poids » économique des variantes techniques.

Les bonnes pratiques Achat (suite)

Pour les **Acheteurs de matières premières** :

Lorsque vous achetez des matières premières avez-vous présent à l'esprit :

	OUI	NON
Étude des stocks mondiaux		
Connaissance et suivi de votre puissance d'Achat		
Prévision d'évolution des marchés		
Étude des cycles des matières premières		
Recherche de la fidélité réciproque pour contrer les pénuries		
Les réglementations sur l'environnement		
Maîtrise des coûts de possession		
Couverture sur les monnaies de règlement		
Les définitions du transfert de risque et de propriété		
Prise en compte de la saisonnalité		
Les conditions de chargement/déchargement		
Problème de péremption		

Pouvez-vous préciser la démarche que vous appliquez lors de l'achat de matières premières ?

Pour les **Acheteurs de sous-traitance :**

Lorsque vous achetez de la sous-traitance avez-vous :

	OUI	NON
Participé à l'élaboration du projet dès la phase de développement		
Mis en place un binôme Technicien/Acheteur		
Analysé le marché amont et représenté sous forme matricielle les risques et les profits pour le produit acheté		
Analysé les capacités d'étude du sous-traitant		
Analysé en détail la comptabilité analytique du fournisseur et la santé financière de votre fournisseur		
Analysé la capacité machine du fournisseur		
Analysé l'évolution de votre puissance d'Achat		
Acquis une décomposition des coûts du fournisseur qui implique la transparence des coûts		
Pris conseil au niveau de votre fournisseur sur les aspects techniques de la partie ou système à sous-traiter		
Impliqué et responsabilisé le fournisseur dans la destination finale du produit		
Évalué techniquement et technologiquement vos fournisseurs		
Mis en place un plan d'assurance qualité		
Prévu des plans de progrès avec vos fournisseurs		
Décentralisé les approvisionnements		

Pouvez-vous préciser la démarche que vous appliquez lors de l'achat de sous-traitance ?

Pour les **Acheteurs de prestations ou de services :**

Lorsque vous achetez des prestations ou des services avez-vous :

	OUI	NON
Réalisé une étude Make or Buy		
Utilisé des études Benchmarking		
Obtenu la décomposition des coûts		
Connaissance de l'élément déterminant du coût de la prestation		
Connaissance du droit régissant la propriété intellectuelle		
Globalisé votre offre pour augmenter votre puissance d'Achat		
Utilisé la mise en concurrence comme levier de gain		
Passé des contrats cadres avec un/des fournisseur(s) en nombre limité		

Pouvez-vous préciser la démarche que vous appliquez lors de l'achat de prestation ou service ?

Pour les **Acheteurs sur catalogue (ou certains consommables) :**

Lorsque vous achetez des consommables avez-vous :

	OUI	NON
Mis en place des procédures qui permettent à l'utilisateur final d'exprimer le besoin		
Rationalisé et standardisé le besoin pour avoir une gamme large de produits communs à tous les utilisateurs		
Globalisé le besoin en signant des contrats cadres avec un nombre restreint de fournisseurs		
Prévu des contrats ouverts		
Prévu des conditions logistiques dans vos contrats cadres (notamment au niveau des fréquences de livraisons)		
Mis en place une politique de délégation		
Mis en place des échanges de données informatiques de type EDI avec les fournisseurs		
Mis en place des modes de paiement de type Carte d'Achat		
Utilisé des leviers de gains de type mise en concurrence à intervalle régulier (tous les ans)		

Pouvez-vous préciser la démarche que vous appliquez lors de l'achat de consommables ?

Pour les **Acheteurs d'investissement (ex. équipement) :**

Lorsque vous achetez des investissements avez-vous :

	OUI	NON
Participé à la rédaction du cahier des charges qui définit en termes de fonctionnalité l'investissement à réaliser		
Mis en place un binôme technicien/acheteur		
Pris conseil auprès de vos fournisseurs pour définir le CDC		
Obtenu une décomposition des coûts qui vous permet de connaître l'élément-clé influant sur le prix de l'investissement		
Connaissance du coût global de possession		
Négocié les conditions de maintenance		
Utilisé des formules de retour sur investissement pour guider votre choix (pay back, actualisation)		
Évalué technico économiquement votre fournisseur		
Mis en place un plan d'assurance qualité pour l'investissement		

Pouvez-vous préciser la démarche que vous appliquez lors d'achat d'investissement ?

Glossaire

3PL (Third Party Logistics)
Prestataire logistique traditionnel qui utilise des ressources physiques pour réaliser sa prestation.

4PL (fourth party logistics)
Concept de prestataire logistique étendu qui conçoit des solutions logistiques globales appuyées non pas sur des ressources physiques surtout sous-traitées, mais sur des systèmes d'information qui assurent un pilotage intégré du flux.

ABC classification
Classification utilisée en gestion de stock pour positionner les produits : classe A = 10 à 20 % des produits qui font 80 % de la valeur du stock, classe B = 15 à 20 % des articles qui font environ 15 % de la valeur du stock, classe C = 60 à 75 % des références qui font environ 5 % de la valeur du stock. Cette classification est également utilisée pour déterminer l'enjeu des produits banals.

ABM (Activity Based Management)
Voir Management par les processus.

ACTIVITY BASED MANAGEMENT (ABM)
Voir Management par les processus.

ADVANCED ORDER MANAGEMENT (AOM)
Application informatique, composante des progiciels de SCE*, soutenant la gestion et le traitement administratifs des commandes et des promotions.

ADVANCED PLANNING AND SCHEDULING (APS)

Progiciel permettant de planifier les flux physiques de la dyade fournisseur – producteur à partir des données (issues des ERP* par exemple) générées par chacun des acteurs.

AGILITY

Réactivité.

ANALYSE DE LA VALEUR

Analyse d'un produit à partir de l'utilité de chacun de ses éléments pour obtenir la réponse la plus satisfaisante à la demande des utilisateurs.

AOM (Advanced Order Management)

Progiciel de gestion des commandes et des promotions. Voir SCE.

APPLICATION SERVICES PROVIDER (ASP)

Activité de location d'applications informatiques en ligne, accompagnée généralement d'un ensemble de services (conseil, formation, par exemple) proposés par l'éditeur de progiciels ou la SSII et soutenant la mise en place et l'utilisation de l'application proposée.

APS (Advanced Planning & Scheduling)

Progiciel avancé de planification et de programmation de la chaîne logistique globale pour établir un plan de production optimisé tant pour le profit que pour la satisfaction client.

ASP (Application Service Provider)

Activité de location d'applications informatiques en ligne accompagnée d'un ensemble de services, formation et service après-vente.

BENCHMARKING

Démarche d'apprentissage qui consiste, à l'origine, à observer et à analyser la conduite de certains processus par une entreprise issue d'un domaine d'activité différent mais aux problématiques comparables. Par extension, le benchmarking désigne maintenant la démarche visant à comparer les performances atteintes par l'entreprise sur un processus donné (par exemple, le processus logistique) à celle du leader de son domaine d'activité.

BPR (Business Process Reingeneering)

Reconfiguration des processus.

BUSINESS PROCESS REINGENEERING (BPR)

Reconfiguration des processus : démarche pragmatique de réorganisation des activités de l'entreprise fondée sur l'identification et l'analyse des processus ayant un impact significatif sur les objectifs stratégiques à atteindre.

CAHIER DES CHARGES

Document écrit associé au contrat commercial formalisant les obligations (réglementaires, administratives, techniques, de sécurité...) des parties en présence (un industriel et son prestataire de services logistiques*, par exemple).

CALS (Computer Aided acquisition and Logistics Support devenu Continuous Acquisition and Life Cycle Support) :

Démarche initiée par le DoD et maintenant transférée aux entreprises comprenant règles, outils de modélisation et applications informatiques permettant de tracer et d'optimiser les flux de produits depuis leur conception jusqu'à leur fin de vie.

CANAL DE DISTRIBUTION

Ensemble d'entreprises intervenant de façon séquentielle dans le transfert des produits ou services du producteur au client final. On distingue classiquement le canal transactionnel qui renvoie aux opérations d'échanges commerciaux entre les partenaires et le canal logistique lié aux opérations physiques.

CARRIER OWNED CONTAINER

Voir COC

CASH TO CASH CYCLE TIME

Temps de cycle de rotation des liquidités. Mesure exprimée en jour du temps nécessaire au recouvrement des liquidités une fois payés les fournisseurs et comptabilisé le coût de la gestion de stock. (Total des jours de stock + jours des créances en cours – jours d'encours payables).

CATEGORY MANAGEMENT, MANAGEMENT PAR CATÉGORIES

Gestion des points de vente des distributeurs par « univers ». Développé initialement par les distributeurs en vue d'améliorer la gestion de leurs points de vente (aspects marketing), le « Category Management » désigne aujourd'hui une démarche de collaboration entre un industriel et un distributeur pour gérer globalement des ensembles de produits et/ou services (appelés « univers ») hétérogènes mais considérés comme complémentaires par le consommateur (l'univers bébé regroupe, par exemple, aliments et articles de puériculture).

CHAINE LOGISTIQUE

Ensemble des entreprises interdépendantes (considérées comme les différents maillons de la chaîne) se coordonnant dans la réalisation des activités (approvisionnement, production et distribution) pour assurer la circulation des produits ou services de leur conception à leur fin de vie (service après-vente et logistique de retrait).

CLASSIFICATION ABC

Méthode de classification des produits utilisable en gestion des stocks fondée sur la détermination de trois classes. La classe A regroupe 10 à 20 % des articles représentant environ 80 % de la valeur du stock et pour lesquels seront mises en place les méthodes de gestion les plus fines. La classe B regroupe 15 à 20 % des articles représentant environ 15 % de la valeur. La classe C englobe les articles restants (entre 60 et 75 % des références) dont la valeur est d'environ 5 % et qui feront l'objet d'une moindre surveillance.

CLASSIFICATION 20/80

Méthode de classification des produits utilisable en gestion des stocks, fondée sur la détermination de deux classes. La première regroupe 20 % des références qui contribuent à 80 % de la valeur du stock et bénéficie des méthodes de gestion les plus fines.

CMI (Co-managed inventory)

Voir GPA.

COC

Carrier Owned Container : conteneur propriété de la compagnie maritime à comparer au SOC : Shipper Owned Container.

COMANAGED INVENTORY (CMI)

Voir Gestion partagée des approvisionnements, (GPA).

COMANUFACTURING

Collaboration entre plusieurs entreprises qui vise à s'appuyer sur les compétences spécifiques de chaque entreprise pour réaliser en commun un produit final. Les tâches ainsi réalisées vont de la conception produit à la fabrication et l'assemblage. Ces opérations à valeur ajoutée sont parfois confiées à des prestataires de services logistiques* notamment lorsqu'elles s'intègrent dans les opérations de manipulation des flux qui lui sont confiées. Ainsi, il peut s'agir de prémanufacturing dans le cadre des opérations effectuées lors de la phase d'approvisionnement ou de postmanufacturing lors des phases d'acheminement ou de distribution des produits.

COMPUTER AIDED ACQUISITION AND LOGISTICS SUPPORT maintenant CONTINUOUS ACQUISITION AND LIFE CYCLE SUPPORT (CALS)

Démarche développée par le département américain de la Défense et transférée aux entreprises, comprenant règles, outils de modélisation et applications informatiques (par exemple, les ERP*) permettant de tracer et d'optimiser les flux de produits depuis leur conception jusqu'à leur fin de vie.

COPACKING

Opération de conditionnement, souvent réalisée par le prestataire logistique* dans une zone dédiée de l'entrepôt, qui consiste à assembler sous un même emballage, soit des produits différents (par exemple, associer à un ancien produit un échantillon d'un nouveau produit, soit des produits identiques (dans le cas d'offres promotionnelles, par exemple).

COLLABORATIVE PLANNING AND FORECASTING REPLENISHMENT (CPFR)

Marque déposée par le VICS (Voluntary Interindustry Commerce Standards) en 1996 désignant une démarche de collaboration et d'intégration des processus de prévision et de planification entre clients et fournisseurs. Si un certain nombre d'opérations tests ont été réalisées dans le domaine des produits de grande consommation entre industriels et distributeurs, elle commence aussi à être utilisée entre entreprises industrielles. L'objectif est d'échanger, entre entreprises partenaires, des informations sur les écoulements de produits et leur anticipation afin que les entreprises (distributeurs, industriels, fournisseurs…) puissent synchroniser leurs plans d'opérations. Cette démarche intègre aussi le flux d'informations de l'amont vers l'aval afin de prendre en compte les contraintes industrielles.

CONTINUOUS REPLENISHMENT PROGRAM (CRP)

Démarche de gestion des stocks en collaboration entre industriels et distributeurs développée dans le cadre de l'ECR*. À partir de la définition d'un programme de réassortiment continu, les deux partenaires échangent par EDI* les informations concernant les commandes et les mouvements des stocks pour permettre au fournisseur d'effectuer les réapprovisionnements des entrepôts du distributeur. Sur le même modèle, la gestion des stocks peut être confiée à un tiers, c'est-à-dire à un prestataire de services logistiques*.

COPRODUCTION

Voir Comanufacturing

COUT D'ENTREPOSAGE

Ensemble des charges afférentes aux différentes activités réalisées au sein d'un entrepôt : charges directes et indirectes de personnel, coût de fonctionnement des systèmes d'information, amortissement des installations immobilières et mobilières...

COUT DE CIRCULATION OU COUT DE MOUVEMENT

Ensemble des charges liées à la circulation des produits entre les différentes entités de la chaîne logistique* (exemple : transport d'approche, transport interne au site de production, manutention...).

COUT DE POSSESSION DU STOCK

Ensemble des charges liées au financement et à la tenue des stocks (assurances et taxes diverses...) et aux risques sur stock (dégâts, vols...).

COUT DE REMPLACEMENT

Voir NIFO.

COUTS LOGISTIQUES

Ensemble des charges liées au coût de possession du stock*, aux coûts d'entreposage* et aux coûts de circulation ou de mouvement* des produits.

COUT UNITAIRE MOYEN PONDERE (CUMP)

Méthode de valorisation des sorties de stock qui consiste à calculer la valeur moyenne unitaire des articles en stock en établissant le rapport entre la valeur du stock et les quantités stockées.

CPFR (Collaborative planning, forecasting and replenishment)

Marque déposée par le VICS (Voluntary Interindustry Commerce Standards) en 1996 démarche de collaboration et d'intégration des processus de prévision et de planification entre clients et fournisseurs.via des outils traditionnels (GPA, EDI, etc.).

CRP (Continuous Replenishment Program)

Démarche collaborative de gestion des stocks entre fournisseurs et distributeurs dans un contexte de fonctionnement de type ECR.

CRM

Voir Customer Relationship Management — gestion de la relation client

CROSS-DOCKING

Système de passage sur une plate-forme de dégroupage/groupage sans capacité de stockage pour accélérer la livraison des marchandises et réduire les stocks en préservant la disponibilité du produit en linéaire passant par l'éclatement des lots sur la plate-forme du distributeur (intermediate handling cross-docking) ou la constitution de conditionnements magasins par l'industriel (pre-packed cross-docking) avant une reconsolidation par magasin.

CUSTOMER RELATIONSHIP MANAGEMENT (CRM)

Gestion de la relation client : démarche marketing de fidélisation de la clientèle d'une entreprise soutenue par des ressources humaines (centres d'appel...), technologiques (courriers électroniques...) et financières permettant de conserver, actualiser et interpréter l'ensemble des données afférentes à un client ou à un prospect, d'automatiser des tâches marketing (publipostage...) et de gérer les relations avec les consommateurs (clubs de clientèle, cartes de fidélité...).

DATAMINING

Extraction de données par application informatique qui permet de structurer, analyser et interpréter automatiquement les données stockées dans un entrepôt de données (datawarehouse) pour obtenir des informations à valeur ajoutée pour alimenter le processus de décision de l'entreprise.

DATA WAREHOUSING

Entreposage de données : système informatique de stockage global de données de gestion de formats et d'origines diverses comprenant en général une application interprétative de datamining*.

DC

Dry container : conteneur avec 5 parois solides (métal ou contreplaqué marine) et une double porte à l'arrière.

DERNIER ENTRÉ, PREMIER SORTI

Voir LIFO.

DIFFÉRENCIATION RETARDÉE – postponement/postmanufacturing

Action qui consiste à conserver un produit dans un état banalisé le plus longtemps possible en retardant au plus loin dans la chaîne de fabrication, voire dans la chaîne de distribution, la différenciation des produits en fonction des différents marchés et des différentes clientèles. Chaque marché exige en effet des notices ou des inscriptions dans la langue et selon la législation du pays de vente, des accessoires spécifiques comme les prises électriques, les chargeurs, etc.

Cette méthode de production permet de standardiser au maximum les opérations de fabrication pour réduire les coûts unitaires de production, le volume des stocks et en-cours.

Lorsque ces opérations de différenciation du produit sont confiées à un prestataire de services logistiques* on parle de postmanufacturing.

DISTRIBUTION RESOURCE PLANNING (DRP)

Voir Planification des ressources de distribution.

DRY CONTAINER

Voir DC

EAI (Enterprise Application Integration)

Outils de middleware sur lesquels se fondent de nouveaux systèmes d'information qui savent chercher des informations de format et d'origines diverses, les rendre homogènes, les stocker et les distribuer de manière organisée aux bonnes personnes au bon moment.

EAN-13 ou CODIFICATION DE L'UNITÉ CONSOMMATEUR

Symbole code à barres identifiant le produit destiné à l'utilisateur ou au consommateur final. L'EAN-13 est le code figurant sur le produit (unitaire ou par lot) présent dans les linéaires.

EAN-128 ou CODIFICATION DE L'UNITÉ COMMERCIALE (OU LOGISTIQUE)

Symbole code à barres identifiant l'unité de commande, de livraison et de facturation entre les partenaires commerciaux. L'EAN-128 est le code utilisé en gestion des stocks et de l'entreposage. Une unité commerciale ou logistique identifiée par un EAN-128 (par exemple, un colis) comprend plusieurs unités consommateur identifiées par un EAN-13*.

ÉCHANGE DE FORMULAIRES INFORMATISÉS (EFI)

Solution informatique visant à rendre la technologie EDI* plus accessible. La « station » EFI émet et reçoit des messages EDI* *via* Internet et convertit ces données codifiées en formulaires (par exemple, un document de transport) grâce à un programme de visualisation.

ECR (Efficient Consumer Response)

Réponse efficiente aux besoins du consommateur — stratégie de gamme, approvisionnement, promotion et nouveau produit. « Démarche de partenariat entre industrie et commerce visant, par la connaissance en temps réel des ventes au point de consommation, à gérer en commun les approvisionnements, les promotions et les nouveaux produits ».

Réponse optimale au consommateur : démarche de coopération entre entreprises industrielles et distributeurs dont l'objectif est d'accroître la satisfaction client tout en améliorant la performance économique des entreprises qui y concourent. L'ECR cherche à optimiser l'assortiment des points de vente et à améliorer la performance des actions promotionnelles en s'appuyant sur l'utilisation de techniques ou outils spécifiques :

- Modes de communication (EDI*),
- Système de gestion (GPA*, Category Management*, Cross-Docking*),
- Activity Based Costing.

EDIFACT — EAN COM

Désigne l'un des langages de communication standard utilisés lors des échanges EDI*.

ELECTRONIC DATA INTERCHANGE (EDI), ÉCHANGE DE DONNÉES INFORMATISÉES

Échange de données formatées entre les différentes applications des systèmes informatiques des partenaires (d'ordinateur à ordinateur). Cet échange s'appuie sur la mise en place de langages communs (standard EDIFACT*, par exemple) et l'utilisation de voies de télécommunication.

ENTERPRISE APPLICATION INTEGRATION (EAI), INTÉGRATION DES APPLICATIONS DE L'ENTREPRISE

Outils et méthodes qui permettent d'instaurer des échanges entre des applications non conçues initialement pour communiquer. L'EAI permet, à partir d'une modélisation des échanges entre les applications, de traduire les données pour les rendre utilisables par l'application destinataire et de les « router » correctement par le biais notamment des logiciels de Middleware*. L'EAI a été initialement développé en interne pour faire communiquer les applications composant le système d'information d'une entreprise, il désigne aussi aujourd'hui les logiciels développés dans le cadre du BtoB qui permettent de faire communiquer, par le biais d'Internet et des langages XML, des applications appartenant aux systèmes d'information de différents partenaires.

ENTERPRISE RESOURCE PLANNING (ERP), PROGICIEL DE GESTION INTÉGRÉ

Application informatique permettant l'intégration de l'ensemble des flux d'informations relatifs à la gestion des différentes fonctions de l'entreprise (module comptable, module de gestion de production, module commercial, module logistique).

ENTREPOSAGE DE DONNÉES

Voir Data warehousing.

E-PROCUREMENT

Démarche de gestion des achats et des approvisionnements au moyen des technologies Internet. Cette démarche est initialement développée par une seule entreprise (solution propriétaire), mais peut évoluer vers un modèle partagé dans le cadre des places de marché.

ERP (Enterprise Resource Planning) :

Planification des ressources de l'entreprise à partir d'un logiciel spécialisé dont le principal objectif est de fédérer les fonctions internes de l'entreprise en mémorisant les informations au sein d'une base unique. Il s'agit donc de centraliser les données de base du produit et les ordres successifs qui le concerne ou l'ont concerné. Ces logiciels spécialisés permettent de répondre aux questions « QQOQCP[1] ». Ils vont aussi apporter les outils de requête, de consultation et de mise en forme des données (statistiques, graphes…).

1. Qui, Quoi, Ou, Quand, Combien, Pourquoi.

ÉTIQUETTE DE RADIO FRÉQUENCE

Voir Étiquette intelligente.

ÉTIQUETTE INTELLIGENTE encore appelée « TAG » ou ÉTIQUETTE DE RADIO FRÉQUENCE

Étiquette programmable et réenregistrable lue sans contact grâce à l'utilisation de l'identification radio-fréquence (RFID).

EVA (Economic Value Added)

Indicateur de performance globale de la valeur créée par l'entreprise. Il équivaut au résultat opérationnel de l'entreprise après impôt moins le coût du capital employé.

EXTENDED ENTERPRISE

L'entreprise étendue est un concept de partenariat entre l'entreprise, les clients, les fournisseurs et prestataires dont l'objectif est d'optimiser l'efficience sur toute la chaîne par la recherche constante d'opportunités d'amélioration des performances.

EXTERNALISATION

Décision d'entreprise consistant à confier à un tiers (par exemple, un prestataire de services logistiques*) la réalisation d'activités précédemment assurées en interne. Initialement, les chargeurs (entreprises industrielles ou commerciales) ont externalisé le transport, avant de confier progressivement **à des sous-traitants** des prestations logistiques à plus forte valeur ajoutée (co-packing*, par exemple).

EXTRACTION DE DONNÉES

Voir Data Minning.

E-« X »

Application de l'activité ou du processus « X » considéré au domaine des échanges électroniques. Par exemple, la e-logistique désigne les solutions logistiques mises en place dans le cadre du e-commerce.

FIFTH PARTY LOGISTICS

Voir Prestataire de services logistiques

FIRST IN FIRST OUT (FIFO), PREMIER ENTRÉ PREMIER SORTI

Méthode de valorisation comptable des sorties de stocks qui consiste à « extraire » les articles dans l'ordre où ils sont entrés. Cela conduit à une individualisation fictive des lots sur la fiche de stock et, en période d'inflation, à des coûts de sortie plus faibles et donc des résultats analytiques gonflés.

FLUX POUSSÉS

Modèle de pilotage des flux qui consiste à établir, à partir d'une prévision de la demande sur les marchés de l'entreprise, un plan de production permettant d'y répondre. Sur la base de ce plan de production, les programmes directeurs de production* et d'approvisionnement* sont définis de manière à créer le moins de stocks possible (stock minimum) et à éviter les ruptures.

FLUX TENDUS

Modèle de pilotage en flux tirés dans lequel les quantités produites correspondent au plus juste à la demande du marché. Le Juste-à-Temps* est un modèle de pilotage en flux « hyper-tendus ».

FLUX TIRÉS

Modèle de pilotage des flux qui consiste à déterminer les quantités à produire ou à assembler à partir de la demande (commandes fermes) de manière à la satisfaire immédiatement. Les flux tirés, dont l'objectif principal est de supprimer les coûts engendrés par la possession de stocks à tous les niveaux de la chaîne logistique, peuvent être plus ou moins tendus* en fonction de la marge de sécurité fixée par l'entreprise.

FLUX SYNCHRONES

Modèle de pilotage des flux qui consiste à coordonner l'approvisionnement des différents composants (provenant éventuellement de différents fournisseurs) selon leur ordre d'utilisation sur la chaîne de production. Ce modèle de gestion, utilisé notamment dans l'industrie automobile, permet de livrer au dernier moment les quantités justes nécessaires aux différents postes de travail.

FOURTH PARTY LOGISTICS

Voir Prestataire de services logistiques.

GESTION CALENDAIRE DES STOCKS

Politique de réapprovisionnement à date et quantité fixes : les quantités livrées peuvent se rapprocher de la quantité économique de commande* ou correspondre à une livraison partielle d'un contrat annuel.

GESTION DE LA RELATION CLIENT

Voir CRM.

GESTION PARTAGÉE DES APPROVISIONNEMENTS (GPA)

Mode de gestion des approvisionnements dans lequel le distributeur s'engagc à transmettre en temps réel (généralement par EDI*) au producteur les sorties d'entrepôt et les niveaux de stocks afin que celui-ci établisse une proposition de réapprovisionnement dans le respect de règles préalablement établies dans le cahier des charges*. Cette proposition est considérée comme ferme (version Vendor Managed Inventory* ou VMI) ou soumise à la validation du distributeur (version Co-Managed Inventory* ou CM !).

GPA (Gestion Partagée des Approvisionnements)

En anglais CMI (Co-managed inventory) : « ensemble des pratiques qui reportent la responsabilité de gestion du niveau de stocks vers le fournisseur. Son application peut s'étendre au paiement du fournisseur à la consommation ». Le producteur propose un réapprovisionnement sur les bases des informations de sortie de caisse fournies par le distributeur dans le respect de règles précises définies dans un cahier des charges. Cette proposition est considérée comme ferme : c'est le Vendor Managed Inventory (VMI) ou doit être soumise à la validation de l'acheteur, c'est le Co-Managed Inventory (CMI).

HC ou HCC

High cube container : conteneur de 40 pieds rehaussé ou allongé pour emporter environ 15 % de volume en plus que dans un conteneur de 40 pieds classique.

HIGH CUBE CONTAINER

Voir HC.

INFOGISTIQUE

Terme proposé par l'IREPP (Institut de Recherches et Prospective Postales) mariant informatisation et intégration logistique et s'inscrivant dans le cadre du développement de la e-Iogistique*.

INTEGRATEUR, INTEGRATOR

Prestataire de services logistiques* qui mobilise l'ensemble des modes de transport pour assurer, en propre et de façon intégrée, l'acheminement des marchandises d'un point à un autre (porte-à-porte ou « door-to-door ») pour le compte d'un donneur d'ordre. On désigne notamment par le terme "integrator" les opérateurs internationaux de messagerie express.

INTERFACES

Zone de jonction, tension ou recoupement entre les objectifs, responsabilités et/ou activités de deux ou plusieurs entités : acteurs de la chaîne logistique* (interfaces interorganisationnelles) ou sous-systèmes d'une même organisation (interfaces intra-organisationnelles).

INVENTAIRE PÉRIODIQUE

Mise à jour réalisée à intervalle de temps régulier (le plus souvent manuellement) des niveaux de stocks d'une ou plusieurs références. Ce décompte des unités réalisé sur tout ou partie du stock de façon régulière permet de corriger les écarts entre les niveaux de stocks fournis par l'inventaire permanent* et la réalité.

INVENTAIRE PERMANENT

Mise à jour permanente des niveaux de stocks fondée sur la saisie (informatisée ou manuelle) en temps réel de tout mouvement d'une référence en stock. Divers problèmes (vol, casse, erreurs de saisie...) expliquent les écarts qui subsistent entre les niveaux de stocks théoriques fournis par cette mise à jour et la réalité et impliquent la réalisation d'inventaires périodiques*.

JUSTE-À-TEMPS (JAT) ou JUST IN TIME (JIT)

Modèle de pilotage en flux tendus développé initialement par l'ingénieur Taiichi OHNO chez Toyota avec l'outil KANBAN*, (étiquette, en japonais) qui consiste à contrôler et à maîtriser le système de production afin de supprimer toutes les sources de gaspillage, notamment celles liées aux stocks intermédiaires et à la non-qualité. Ainsi, la production est égale à la demande à tous les stades du processus.

KAÏZEN, AMÉLIORATION CONTINUE

Vient du japonais « Kaï », changement et « Zen », bon (pour mieux). Appliqué à l'entreprise, le Kaïzen est une démarche qui consiste à faire participer l'ensemble des membres de l'entreprise, quels que soient leurs niveaux hiérarchiques, au maintien et à l'amélioration progressive et continue des standards de travail.

KANBAN

Le Kanban est une carte (ou étiquette) attachée à une référence spécifique en cours de fabrication (produit semi-fini ou fini) qui indique notamment à un poste de travail la quantité à délivrer au poste de fabrication situé juste en aval (on parle d'appel par l'aval).

Voir aussi « Juste à temps ».

LAST IN FIRST OUT (LIFO), DERNIER ENTRÉ PREMIER SORTI

Méthode de valorisation comptable des sorties de stocks qui consiste à « extraire » en premier lieu les articles entrés les plus récemment en stock. Cela conduit à une individualisation fictive des lots sur la fiche de stocks et, en période d'inflation, à des coûts de sortie plus faibles et donc à des résultats analytiques diminués.

LOGISTIC BALANCED SCORECARD

Le tableau de pilotage logistique. « Outil de gestion qui comprend un ensemble d'indicateurs de gestion et leurs objectifs pour les principaux axes de performance logistique (coût, actifs, satisfaction clients, qualité).

LOI DE PARETO

Méthode de classification (classification ABC* ou classification 20/80*) des produits en stocks qui permet de distinguer les produits à forte valeur, pour lesquels un contrôle strict sera mis en place, des produits à moindre valeur dont le contrôle sera plus souple.

MANAGEMENT PAR CATÉGORIE

Voir Category Management.

MANAGEMENT PAR LES PROCESSUS, ACTIVITY BASED MANAGEMENT* (ABM)

Démarche de gestion fondée sur l'identification et l'optimisation des processus définis comme un ensemble d'activités reliées entre elles.

MARKETPLACE

Voir Place de marché électronique.

MASS CUSTOMISATION

Mode de fonctionnement : prise de commande, fabrication, approvisionnement et distribution, par lequel des produits sont customisés au souhait du consommateur à partir de sous-ensembles standards.

MATERIAL REPAIRS AND OVERHALL (MRO)

Ensemble des produits et/ou services achetés qui n'entrent pas directement dans le processus de fabrication (par exemple, les consommables, l'outillage, ou encore les frais de déplacements et de séjours).

MATERIAL REQUIREMENT PLANNING (MRP)

Méthode de planification industrielle qui consiste à établir un programme directeur de production* et d'approvisionnement* à partir de la demande finale.

MERCATIQUE ASSOCIÉE

Voir Trade-Marketing.

MES (Manufacturing Execution System)

Progiciel d'optimisation de la gestion d'atelier. Voir SCE.

MÉTHODE DU POINT DE COMMANDE

Politique de réapprovisionnement à date variable et quantité fixe qui consiste à définir le niveau de stock (dit point de commande*) qui déclenche l'ordre de commande.

MIDDLEWARE

Logiciel qui permet de transférer des données entre deux applications informatiques n'ayant pas initialement la possibilité de communiquer entre elles.

MRO (Material repairs and overhall)

Ensemble des produits et services qui n'entrent pas directement dans le processus de fabrication : consommables, outillages, frais de déplacement, etc.

MRP (Material Requirements Planning)

Planification des besoins de matière de la fonction achat.

MPS (Master Production Scheduling)

Organisation générale de la production.

NEXT IN FIRST OUT (NIFO), COÛT DE REMPLACEMENT

Méthode de valorisation comptable des sorties de stock qui ne prend pas en compte la valeur réelle des entrées, mais s'appuie sur la valeur des prochaines entrées. En période d'inflation, cette méthode entraîne une diminution du résultat analytique et alerte donc plus rapidement.

NIVEAU DE RECOMPLÈTEMENT

Politique de réapprovisionnement à date fixe et quantité variable. À chaque période est commandée une quantité permettant d'atteindre le niveau optimum de stock défini au préalable.

NOUVELLES TECHNOLOGIES DE L'INFORMATION ET DE LA COMMUNICATION (NTIC)

Acronyme français pour IT (Information Technology). Actuellement remplacé par TIC (Technologies de l'Information et de la Communication). Ensemble de technologies de traitement et/ou d'échange d'informations résultant de développements croisés entre l'informatique, les télécommunications et l'audiovisuel. Exemple : l'Echange de Formulaires Informatisé (EFI*) via Internet.

ODETTE (Organization for Data Exchange by Tele-Transmission in Europe)

Groupement européen automobile pour la mise en œuvre de l'EDI relayé en France par GALIA : Groupement pour l'Amélioration des Liaisons dans l'Industrie Automobile.

ORDER PENETRATION POINT, POINT DE DÉCOUPLAGE

Identification sur la chaîne logistique, du moment et du lieu à partir desquels les marchandises en circulation sont affectées à un client particulier. Ce point de découplage peut se situer au niveau de la production ou à celui de la distribution et peut constituer le point de rencontre entre les flux poussés par l'industriel et les flux tirés par le client.

ORGANIZATION FOR DATA EXCHANGE BY TELETRANSMISSION IN EUROPE (ODETTE)

Groupe EDI* européen initiateur des échanges de données électroniques dans le secteur de l'automobile. ODETTE dispose de relais domestiques, en France, GALIA (Groupement pour l'Amélioration des liaisons dans l'Industrie Automobile).

PEPS (PREMIER ENTRÉ, PREMIER SORTI)

Premier entré, premier sorti. Voir FIFO (First in First Out).

PLACE DE MARCHÉ ÉLECTRONIQUE, MARKETPLACE

Plate-forme de communication électronique permettant à des entreprises de communiquer avec leurs partenaires (fournisseurs, distributeurs) en vue notamment d'accroître leurs transactions commerciales et d'en optimiser la performance économique.

On distingue généralement trois types de places de marché électroniques :

- les places de marché dites « verticales » qui peuvent réunir l'ensemble des acteurs d'une filière (par exemple, les producteurs, distributeurs et intermédiaires de l'agroalimentaire, du textile, de la chimie…) ;
- les places de marché dites « horizontales » qui peuvent regrouper des entreprises situées à un même niveau de la chaîne de création de valeur et appartenant à un même secteur d'activité (par exemple, l'ensemble des distributeurs) ;

– les places de marché qualifiées de « transversales » ou « publiques » auxquelles peuvent adhérer tout type d'entreprises quel que soit leur secteur d'activité (par exemple, une place de marché regroupant des entreprises spécialisées dans des produits MRO*).

PLANIFICATION DES RESSOURCES DE DISTRIBUTION (DRP)
Méthode qui permet de déterminer par le calcul, pour un réseau de distribution et pour une période donnée, les quantités à approvisionner par référence (par anticipation de la demande), et de définir, sur cette base, les ressources logistiques et financières nécessaires.

POINT DE COMMANDE
Niveau de stock à partir duquel un ordre de réapprovisionnement est passé. Ce niveau de stock correspond à la consommation moyenne du stock pendant le délai de réapprovisionnement à laquelle on ajoute le stock de sécurité*.

POST-MANUFACTURING
Prise en charge par le prestataire de services logistiques* d'opérations productives liées à l'assemblage des produits finis.

POSTPONEMENT
Voir Différenciation Retardée.

PRÉ-MANUFACTURING
Prise en charge par le prestataire de services logistiques* d'opérations productives liées à l'assemblage de biens intermédiaires de production.

PRESTATAIRE DE SERVICES LOGISTIQUES
Entreprise assurant la réalisation d'activités logistiques pour le compte d'un industriel ou d'un distributeur. Selon la complexité et le type d'opérations à valeur ajoutée réalisées par les prestataires logistiques, plusieurs catégories d'acteurs se dégagent :
– les prestataires logistiques classiques qui assurent l'exécution des opérations de logistique physique (transport et entreposage) et dont le système de gestion se limite au suivi de celle-ci pour le compte de l'entreprise cliente ;
– les prestataires logistiques à valeur ajoutée qui intègrent à l'offre du prestataire classique un certain nombre de services allant de la prise en charge d'opérations de manipulations complexes (co-manufacturing, co-packing), à la gestion d'opérations administra-

tives (facturation, commandes) et de gestion de l'information (tracking-tracing...) ;
- les intégrateurs de services logistiques qui se caractérisent par la quasi-absence de moyens physiques propres et dont la spécificité est d'intégrer les prestations de différentes entreprises sous-traitantes (transport, entreposage, opérations à valeur ajoutée...) et d'en assurer la cohérence et la gestion par la maîtrise des flux d'informations qui s'y rapportent.

Il est à noter que différentes appellations anglo-saxonnes caractérisent ces trois catégories. La première et la seconde sont fréquemment regroupées sous le terme de Third Party Logistics (3PL). La troisième correspond à la terminologie déposée par Accenture de Fourth Party Logistics (4PL). Enfin, même s'il reste assez rare et très proche du 4PL, le nom de Fifth Party Logistics (5PL) est attribué à des prestataires de services logistiques qui conçoivent, organisent et réalisent pour le compte d'un donneur d'ordre, des solutions logistiques (notamment en matière de système d'information) en mobilisant les technologies adaptées (niveau conceptuel).

PROFIT DIRECT PAR PRODUIT

Méthode développée initialement (années soixante) pour les produits d'épicerie qui consiste à estimer le coût de passage d'un produit au travers des différents maillons composant la chaîne logistique*. Le Profit Direct par Produit consiste en une évaluation de la contribution de chaque produit à la rentabilité. A la marge brute par produit sont enlevés les coûts de manutention, d'entreposage, de transport ou encore de main-d'œuvre qui lui sont directement imputables.

PROGICIEL DE GESTION INTÉGRÉ

Voir ERP.

PROGRAMME DIRECTEUR DE PRODUCTION

Planification à moyen terme de la production indiquant, pour chaque article, les lancements de fabrication en quantités et délais en fonction de la demande et des capacités de l'entreprise. Le PDP permet notamment d'établir le Programme Directeur des Approvisionnements*.

PROGRAMME DIRECTEUR DES APPROVISIONNEMENTS OU PLANIFICATION EN BESOINS MATIÈRES (PBM)

Planification à moyen terme des besoins en approvisionnement de l'entreprise indiquant, pour chaque référence matière, composant ou produit semi-fini, les quantités et les délais en fonction des lancements de fabrication par l'entreprise.

QUANTITÉ ÉCONOMIQUE DE COMMANDE

Méthode de calcul, à partir de la demande future estimée pour une période donnée, de la taille d'un lot à lancer en fabrication ou à commander auprès d'un fournisseur. Sont pris en compte, pour calculer la quantité économique de commande, les coûts liés à la possession du stock, les coûts de passation de la commande, les coûts de rupture et les éventuelles conditions contenues dans le contrat d'approvisionnement comme les rabais liés à la taille des lots. L'objectif de cette méthode est de minimiser le coût global d'approvisionnement.

QUICK RESPONSE, RÉPONSE RAPIDE AU CONSOMMATEUR

Modèle de pilotage des flux développé dans le secteur de la distribution qui consiste à déclencher juste-à-temps le réassort des points de vente à partir des sorties de caisse afin de réduire les niveaux de stock et d'améliorer la qualité de service en s'adaptant le plus rapidement possible aux rythmes de consommation.

RÉAPPROVISIONNEMENT

Démarche d'alimentation du stock déterminant quantité et date de commande. Les politiques classiques de réapprovisionnement sont au nombre de 4 : la gestion calendaire des stocks*, la méthode de recomplètement, la méthode du point de commande*'; le réapprovisionnement à date et quantité variable.

RÉAPPROVISIONNEMENT CONTINU

Voir CRP.

RÉPONSE OPTIMALE AU CONSOMMATEUR

Voir ECR.

RÉSEAU A VALEUR AJOUTÉE

Réseau informatique alimenté par différents postes (par exemple, les terminaux point de vente, les terminaux embarqués...) permettant par le croisement des données de produire des informations enrichies utiles à la décision.

RETAIL MANAGEMENT REPLENISHMENT (RMR)

Démarche de réapprovisionnement continu pilotée par le distributeur sur la base de ses prévisions de vente à partir desquelles il élabore les programmes de réapprovisionnement qu'il transmet à ses fournisseurs. Ceux-ci effectuent alors le réapprovisionnement des entrepôts du distributeur à partir des appels de livraison de ce dernier.

REVERSE LOGISTICS
Voir Logistique inversée.

RMR (Retail Management Replenishment)
Démarche de réapprovisionnement continu piloté par le distributeur sur la base de ses prévisions de vente.

SCE
Voir Supply Chain Execution

SCEM
Voir Supply Chain Event Management

SCM
Voir Supply Chain Management

SCORE-CARD
Terme utilisé pour désigner une mesure de performances, par exemple dans la gestion d'un panel fournisseurs.

SCP (Supply Chain Planning)
Voir Supply Chain Planning – Planification informatisée de la chaîne d'approvisionnement.

SERIAL SHIPPING CONTAINER CODE (SSCC)
Symbole code à barres identifiant l'unité de transport (par exemple, le conteneur). Le code comporte 18 caractères. Le SSCC est le code qui permet le suivi de la marchandise.

SHIPPING OWNED CONTAINER
Voir SOC.

SMI
Voir GPA.

SOC
Shipper Owned Container : conteneur propriété du chargeur.

SOP (Standard Operating Procedures)
Ensemble des procédures de travail formalisées entre un prestataire logistique et son donneur d'ordre. La nouvelle norme ISO 9000 est fondée pour une bonne part sur la bonne mise en œuvre des SOP.

SOUS-TRAITANCE

Politique d'entreprise consistant pour une organisation (le donneur d'ordre), à confier à un tiers (le sous-traitant, par exemple un prestataire de services logistiques*) la réalisation de certaines activités (le transport, le co-packing*...).

SOUTIEN LOGISTIQUE INTÉGRÉ

Démarche de gestion des éléments et activités (infrastructures, outillage, pièces détachées, documentation, formation...) à mobiliser de la conception à la fin de vie d'un équipement.

SSCC

Voir Serial Shipping Container Code.

STOCK ACTIF

Quantité de produits entrés à chaque livraison et intégralement consommés pendant la période.

STOCK D'ALERTE

Seuil (quantité) qui, lorsqu'il est atteint, doit entraîner la passation d'une commande.

STOCK DE SÉCURITÉ

Quantité destinée à pallier une accélération de la consommation et/ou un retard dans l'approvisionnement/production. Le stock de sécurité est un stock « dormant ».

SUPPLY CHAIN EVENT MANAGEMENT (SCEM)

Mode de gestion qui repose sur la prise en compte des événements qui viennent déclencher, interrompre, modifier le déroulement des flux. Il repose sur une application informatique, développée par le cabinet américain AMR Research afin de piloter, alerter, simuler, contrôler et mesurer la réalisation des activités composant la chaîne logistique. Ce système suppose l'intégration des données et la synchronisation des traitements de l'ensemble des applications destinées à gérer la chaîne logistique (SCE et SCP).

Ce type de logiciel fait dialoguer entre eux les acteurs de la chaîne logistique et alerte le bon maillon en cas de dysfonctionnement. Le bon SCEM surveille les activités de la chaîne logistique étendue, identifie et signale les déviations par rapport aux activités planifiées, évalue les solutions adaptées pour corriger le tir et mesure l'impact des solutions retenues.

SUPPLY CHAIN EXECUTION (SCE)

Logiciel d'optimisation de la logistique de distribution. Il se décompose en progiciel de gestion de commande (AOM), de gestion d'entrepôt (WMS), de gestion des transports (TMS : Transport Management Systems) et d'optimisation de la gestion d'atelier (MES). Le SCE rationalise la totalité du cycle de traitement des commandes de leur connaissance à la livraison, voire au SAV. Ils permettent de suivre la logistique de distribution de l'entreprise en temps réel. Ils utilisent toute la panoplie des technologies modernes de communication : radiofréquence dans les entrepôts et les ateliers, satellite pour le suivi des vecteurs de transport, Internet pour la réception et le suivi des commandes.

SUPPLY CHAIN MANAGEMENT (SCM)

Gestion de la chaîne logistique qui s'entend comme « l'ensemble des processus permettant de planifier, exécuter et gérer les flux physiques, d'information et financier du fournisseur du fournisseur au client du client afin de satisfaire l'attente du client et la stratégie de l'entreprise. Cet ensemble comprend 4 grands processus : planification, approvisionnement, fabrication et livraison ». Le SCM est la démarche de gestion et de synchronisation de l'ensemble des processus qui permettent à un ou plusieurs systèmes clients/fournisseurs de prendre en compte et de répondre aux attentes des clients finals (du fournisseur du fournisseur au client du client). Cette approche vise à la fois l'amélioration de la valeur créée pour le client ainsi que l'amélioration de la performance économique des entreprises qui y concourent. Cette approche regroupe l'ensemble des démarches de collaboration interentreprises : management logistique, CPFR, trade-marketing, gestion partagée des approvisionnements…

Par extension la terminologie de SCM a souvent été appliquée aux progiciels d'optimisation de la chaîne logistique qui reposent sur deux types d'applications informatiques : les SCE et les SCP. Les données de ces deux applications peuvent désormais être intégrées au sein d'un nouveau type de logiciel appelé SCEM.

SUPPLY CHAIN PLANNING (SCP)

Application informatique permettant de simuler et de planifier l'ensemble des processus de la chaîne logistique*.

SYSTÈME EAN – UCC
Ensemble d'outils d'identification automatique (notamment les systèmes codes à barres) facilitateur des échanges producteurs-distributeurs, diffusés dans différents pays par le biais d'associations domestiques (en France : GENCOD – EAN).

TABLEAU DE BORD LOGISTIQUE
Instrument de gestion dynamique et d'établissement rapide, regroupant un ensemble d'indicateurs quantitatifs (financiers et non financiers) et qualitatifs, permettant à un responsable logistique de suivre et de contrôler la réalisation des points clés qu'il souhaite maîtriser et de mettre en œuvre, le cas échéant, des actions correctrices à court terme.

TAG
Voir Étiquette intelligente.

TAUX DE SERVICE LOGISTIQUE
Indicateur de la performance d'une activité ou d'un processus logistique permettant d'appréhender le degré de réalisation des objectifs logistiques fixés. Le taux de service logistique est en général calculé sur la base du nombre de commandes (parfois sur un pourcentage de chiffre d'affaires) livrées conformes aux attentes du client et/ou du consommateur final au bon moment et dans les délais, sur le nombre total de commandes à réaliser.

TEMPS D'ÉCOULEMENT
Indicateur qualitatif mesurant le différentiel de temps (entrée/sortie). Cet indicateur peut être appliqué à différents niveaux du processus logistique, par exemple pour mesurer le temps effectif écoulé entre la prise de commande et la livraison d'un produit.

THIRD PARTY LOGISTICS
Voir Prestataire de services logistiques.

TIME TO MARKET
Indicateur qualitatif mesurant le temps écoulé entre la conception d'un produit et sa commercialisation effective.

TM (Transport Management)
Voir SCE et TMS.

TMS (Transport Management System)

Application informatique composante des progiciels de SCE (Supply Chain Execution) qui a pour vocation l'optimisation de l'organisation et des coûts des tournées de transport.

TOTAL QUALITY MANAGEMENT (TQM)

Démarche de gestion des ressources humaines, financières, physiques et technologiques de l'entreprise fondée sur des pratiques et des méthodes qualité et visant la satisfaction des différentes parties prenantes (clients, actionnaires, salariés...).

TRAÇABILITÉ

Capacité à suivre un produit ou service de sa conception à sa fin de vie. La traçabilité renvoie :

- au tracking : localisation en temps réel de l'entité dans la chaîne logistique ;
- au tracing : possibilité d'obtenir des informations à un moment quelconque par la constitution d'une mémoire du flux (temps différé).

TRADE-MARKETING, MERCATIQUE ASSOCIÉE

Démarche de conception, mise en action et cofinancement d'opérations marketing impliquant conjointement l'industriel et le distributeur.

TRANSPORT MANAGEMENT SYSTEM (TMS)

Application informatique, composante des progiciels de SCP, qui a pour vocation l'optimisation de l'organisation et du coût des tournées de transport.

VENDOR MANAGEMENT INVENTORY (VMI)

Voir GPA.

VMI (Vendor Management Inventory)

Voir GPA

WAREHOUSING MANAGEMENT SYSTEM (WMS)

Application informatique, composant des progiciels de SCE*, qui a pour vocation la gestion des opérations d'entreposage ainsi que leur optimisation.

WEB-EDI

Voir EFI

WMS (Warehouse Management System)
Progiciel de gestion d'entrepôt. Voir SCE (Supply Chain Execution).

WORKFLOW
Terme générique désignant les logiciels permettant la gestion d'un processus (un workflow de production, par exemple).

WTA (Working Together Agrement)
Document de travail permettant d'organiser le travail en commun de différents acteurs d'un même processus. L'importation de biens de consommation est une action complexe qui requiert la mise en œuvre de WTA entre les fournisseurs, les logisticiens, les qualiticiens, les financiers, les informaticiens, les approvisionneurs et les acheteurs.

Bibliographie

Du même auteur

R. PERROTIN, *L'entretien d'achat,* Éditions d'Organisation, Paris, troisième tirage 1995.

R. PERROTIN, *Le marketing achats,* Éditions d'Organisation, Paris, troisième édition 2001

R. PERROTIN et P. HEUSSCHEN, *Acheter avec profit,* Éditions d'Organisation, Paris, troisième tirage 1995

R. PERROTIN et C. VICTOR, *Mieux acheter avec la PNL,* Éditions d'Organisation, Paris, deuxième tirage 1994.

R. PERROTIN, *E-Achat,* Éditions d'Organisation, Paris 2002.

R. PERROTIN et J.-M. LOUBERE, *Stratégies d'achat,* Éditions d'Organisation, Paris, cinquième édition 2005.

Autres ouvrages

C. VINCENT, *Le management décloisonné,* Éditions d'Organisation, Paris 2001.

F. MOREAU, *L'entreprise élargie : de nouvelles formes d'organisation,* Insep Consulting Éditions, Paris 2003.

J.-C. CASTAGNOS et D. RETOUR, *Le management des achats,* Presses Universitaires de Grenoble, 2002.

C. HORVAT, *Les achats industriels à l'étranger,* Éditions d'Organisation, Paris 2001.

M. JORAS et J. LEPAGE, *La responsabilité sociétale des acheteurs,* Éditions d'Organisation, Paris 2005.

M. NGUYEN-THE, *Importer,* Eyrolles/Éditions d'Organisation, Paris 2002.

J. MILLER, *Challenge to global sourcing*, interview de Karen Prema pour Purchasing, avril 2006.

W. ATKINSON, *Midmarket company paves the way to strategic sourcing,* Purchasing, May 4, 2006.

C. REY, *Enchères inverses : pour plus de rigueur et d'éthique en achat,* L'entreprise Ethique N17, octobre 2002.

P. KORDA, *Vendre et défendre ses marges,* Éditions Dunod, Paris 1994.

G. MERLI, *CO-Makership,* Productivity Press.

L. CORDIN, *Stratégies gagnantes,* Éditions Dunod, Paris 1992.

A. BENSOUSSAN, *Le Facilities Management et le droit,* Mémento-guide, Hermes, Paris 1994.

M. LANGLOIS et S. GASCH, *Le commerce électronique BtoB,* Éditions Dunod, Paris 2001.

P. EVANS et T. WURSTER, *Net stratégies,* Éditions d'Organisation, Paris 2000.

INDEX

Composé par Compo-Méca sarl
64990 Mouguerre
Achevé d'imprimer : JOUVE, Mayenne
N° d'éditeur : 3462
N° d'imprimeur : 752902X
Dépôt légal : septembre 2011

Imprimé en France